U0926143

保险蓝皮书

中国保险市场发展分析(2017)

寇业富◎主编

陈辉　张宁　刘达◎副主编

Blue Book of Insurance

Analysis of China Insurance Market Development (2017)

中国经济出版社
CHINA ECONOMIC PUBLISHING HOUSE
北京

图书在版编目（CIP）数据

保险蓝皮书：中国保险市场发展分析．2017／寇业富等主编．
北京：中国经济出版社，2017.10
ISBN 978-7-5136-4826-4

Ⅰ．①保…　Ⅱ．①寇…　Ⅲ．①保险业—经济发展—研究报告—中国—2017　Ⅳ．①F842

中国版本图书馆 CIP 数据核字（2017）第 211419 号

责任编辑　张利影
责任印制　巢新强
封面设计　华子图文

出版发行　中国经济出版社
印 刷 者　北京力信诚印刷有限公司
经 销 者　各地新华书店
开　　本　710mm×1000mm　1/16
印　　张　24.25
字　　数　350 千字
版　　次　2017 年 10 月第 1 版
印　　次　2017 年 10 月第 1 次
定　　价　96.00 元
广告经营许可证　京西工商广字第 8179 号

中国经济出版社 网址 www.economyph.com **社址** 北京市西城区百万庄北街 3 号 **邮编** 100037

序　言

风险无处不在，而经济在高速发展中不断涌现出了新的不确定性、新的风险。于是，对不确定性事务的管理，对风险管理的安排，对风险管理工具升级的呼唤，一刻也不曾停止。

保险，作为最重要的风险管理工具，人们已经无法离开了，无论是市场机制的，政府机制的，还是混合机制的，全社会高度关注着保险服务的逻辑和发展演进中的一举一动，人们想知道，这是怎样的一个产业。

2016 年，是中国自 1979 年恢复保险业务以来全社会对保险行业最为关注的一年，也是《保险蓝皮书——中国保险市场发展分析（2017）》重点报告的年度。

这一年，从全球市场看，仅仅 10 个交易日后，全球股市就损失了逾 4 万亿美元市值，各国央行出售储备以支撑本币汇率，同时投资者竞相买入安全资产。到 1 月份第三个星期，油价暴跌至本年度最低水平，布伦特（Brent）原油价格触及每桶 27.10 美元。1 月底，日本央行（BOJ）宣布采取负利率政策。

这一年，英国公投后退欧，由于投资者之前坚信英国将会留在欧盟，英国公投退欧成为对市场的真正冲击。英国央行随后恢复量化宽松政策。英国退欧的冲击过后，投资者惶恐中把美国大选赌注下给希拉里·克林顿（Hillary Clinton），最终唐纳德·特朗普（Donald Trump）胜选，很快，投资者接受了如下观点：共和党控制的国会将会推出财政刺激政策、减税并放松对美国企业的监管，以改变局面，即财政政策将会为经济提供动力并培育通胀。华尔街股市进一步上涨至创纪录水平。欧佩克（OPEC）回归，协议推升油价。

在这样的国际形势中，在中国国内，年初中国人民银行启动了宏观审慎评估体系（MPA），4月投贷联动试点工作启动，个人账户分类管理制度开始全面推进，10月人民币纳入SDR货币篮子正式生效，市场化债转股启动，十七个部门联合开展互联网金融风险专项整治，年底深港通开闸。这一年，债券市场违约量增加。

在这一年里，中国保险市场规模在过去几年连续超越了德国、法国、英国的基础上，达到原保费收入30960.01亿元，超过日本，排名世界第二。原保费收入同比增长27.5%；总资产151046.5亿元，同比增长22.2%；赔款支出10481.48亿元，同比增长20.84%；保险资金投资收益率在5%~6%之间，高于银行存款和国债的收益率水平。本来，在目前发展阶段保险的职能中，无论是风险治理还是价值创造和资源配置，多是面对经济社会存量的，而对增量的依赖相对较少；与经济发展速度的关系比其他领域相对少些；但在经济面临L型挑战的时期，保险发展的诸多表现还是让人们觉得，中国保险业站到了台风口。

一是商业车险费率改革方案全国落地，中小公司在激烈竞争下谋划变革。

商车费改在试点一年之后于2016年全面落地，激烈的竞争考验着保险公司自主定价和风险管理的能力。老公司市场份额大、经验数据丰富、全网点格局；中小公司却谋划借此机会实现弯道超车。借助互联网技术的力量，通过电商平台、共享平台等模式，实现用户数据共享、查勘资源共享等，深入细分领域发展，建立核心竞争力，成为中小保险公司谋变的重点。

二是相互保险正式获批，保险业供给侧结构改革开启。

2016年6月22日，国内首批3家相互保险社获准筹建。相互保险可打破保险公司股东与整个投保人群体之间的博弈关系，有关利润或收益归于投保会员，符合保险保障的初始目标，可以对现有保险市场主体形成有益补充。引入相互保险，是保险行业在供给侧结构改革上的具体举措之一。同时，监管部门对市场上的伪相互保险——网络互助平台连番进行了整治和规范。社会期待相互保险会为激活整个保险市场发力。

三是健康险增速迅猛，保费规模达4042.50亿元，多险企推税优健康险产品。

1月1日起，商业健康保险个人所得税税前扣除政策在北京、上海、天津、重庆等31个城市试点。投保人购买税优健康险可享受减税福利。税优健康险不仅可以对基础医保形成补充，还允许带病投保，可保证续保至法定退休年龄。2月、3月、7月，有三批共16家险企陆续获准经营税优健康险业务。税优政策是撬动保费收入进入快车道的最大杠杆，该税优政策必将加大健康保险市场的内在增长动力。

四是年内又批筹一批保险公司，保险市场在竞争中进入优胜劣汰模式。

数据显示，2016年，监管部门批筹了20家保险公司（包括获批的2家保险资管公司），否决了3家。与此同时，很多经营不善者被淘汰出局。2016年，一些中小保险公司股东变更频繁，一些中小险企发布了增资计划，拟增资额甚巨；多家保险公司发布股权变更公告，显示保险市场在竞争中进入优胜劣汰模式。

五是部分险资举牌频繁，相关企业反响强烈，监管部门强化对险资举牌监管。

从旷日持久的“宝万之争”，到恒大人寿的“买而不举”，再到前海人寿与南玻交锋。部分险企高度关注被低估的上市公司，并大举举牌收购。虽始于政府鼓励入市救市时期，但相关上市公司反响甚巨，社会影响较大。保险资金已经成为国内资本市场的重要力量。保险资金有利于资本市场改善投资者结构，对稳定性和流动性都有利，但个别保险资金"快进快出"，炒高股票获利迹象明显，遭到保监会约谈整改。2016年，保险资金运用余额由年初的11.18万亿元增长至年底的13.39万亿元，投资于股票和证券投资基金的保险资金，高时为11月底的1.88万亿元，年底回落至17788.05亿元，占保险资金运用余额13.28%。12月13日，监管部门指出，保险资金运用必须把握审慎稳健、服务主业的总体要求，不能让保险资金成为资本市场的"泥石流"。监管部门的强硬表态并强化对险资举牌监管后，保险资金运用的情况和保险业务结构开始变化。

六是互联网保险风起，淘宝天猫平台创造了单日6亿元保单的世界纪录。

以信息技术变革为中心的新技术的发展引发了人们对科技未来无限的畅想，尤其在AlphaGo战胜人类围棋冠军后，大数据、区块链、人工智能等技术引领的科技产业似乎正以不可逆转的姿态改变甚至颠覆经济社会传统作业方式。2016年也是保险消费者对信息技术更加接受的一年。截至第一季度，得到互联网保险服务的用户已经超过3.3亿；"双十一"当天，五大类、30多个保险产品在淘宝天猫平台创造了单日6亿元保单的世界纪录，成为全球保单量最大的险种。（蚂蚁金服保险和第一财经商业数据中心（CBNData）联合发布的首份互联网保民报告，2016年6月）。同时，针对网络互助平台公开承诺责任保障，公开宣称足额赔付和提取准备金，向公众收取费用并积累资金，将互助计划与保险产品进行挂钩和比较，发布误导或虚假宣传，有关监管部门负责人表示，以上行为已涉嫌向社会公众"承诺赔偿给付责任"，根据《保险法》等法律法规，对于非法实际或变相从事保险业务的，将依法予以查处。

如上林林总总，使2016年成为保险业发展不同寻常的一年。社会公众对保险业显示出了更高的关切和更多的要求。不变的是社会公众热切期待保险业健康发展，让保险对经济社会，特别是对于新常态螺旋式前进中的当今社会，不断做出更大的贡献。

《保险蓝皮书——中国保险市场发展分析（2017）》力图客观总结保险市场演进数据，深刻认识其发展的内在规律，为发现各类保险服务需求得以实现的动态临界条件奠定基础，希望能够针对特定发展阶段，实现保险业的创新，实现对风险的标本兼治，实现保险市场的共建共享，服务经济社会的健康发展。

《保险蓝皮书——中国保险市场发展分析（2017）》在2016年蓝皮书的基础上有所细化，并将保险产品与服务，中国保险市场发展的技术、创新与监管，作为两个部分。

本书以2016年的相关发展情况为中心，总结了中国和以澳、日为主的国际保险产业发展情况，展望了未来的发展前景；量化评价分析了我国中小保险公司的价值成长性，较清晰地展示了保险公司、保险中介机构的若干发展规律，总结了我国保险资产管理的制度建设、公司经营状况以及发展机遇和挑战；分析了我国人身保险和财产保险的市场份额、产品结构与服务水平，以及2016年互联网保险市场的发展情况，研判了未来互联网保险的趋势；梳理和总结了保险科技对保险业包括保险监管的影响；报告了保险市场监管的发展趋势。著作信息丰富、分析客观、风格朴实，较为忠实地反映了我国保险市场发展的基本面貌；对于关注保险业发展的人士来说，具有重要的参考价值。

作者近年来完成的《中国保险公司竞争力评价研究报告》和《中国保险公司竞争力与社会责任评价研究报告》等系列著作，以及《保险蓝皮书——中国保险市场发展分析（2016）》，在社会上有较大反响，诸多原创指标、参数随着时间的推移越来越显示出了可报告和可比较意义，已成为许多关注保险业发展人士的常用参考书。期待作者能够继续以客观公正、朴实无华的风格把这些工作持续下去。

李晓林

中央财经大学保险学院院长

2017 年 8 月 15 日

前言

2016年12月21日是中国加入“WTO”15周年的日子。中国保险业作为最早对外开放的金融行业，从入世之初的备受争议、挑战，发展到保费收入“居三望二”，可以说走过了一段披荆斩棘、奋发有为的发展路程。

为了对中国保险业的发展有一个比较全面的了解，项目组在出版年度系列研究成果《中国保险公司竞争力评价研究报告》的基础上，2016年开始对保险业的发展状况进行梳理分析，希望能够为业界、学界和政府部门等有关单位的研究提供支持和参考。本书主要从保险产业发展与政策、保险经营主体分析、保险产品与服务、中国保险市场发展的技术创新与监管四方面对中国保险产业的发展进行总结分析，并始终坚持“公开、客观、科学”的原则。

所谓“公开”包括两方面的含义：一是信息数据来源、评价方法等全部公开；二是指梳理分析或评价结果的有的放矢或可验证性。尽管在相关数据的可得性方面还存在不少问题，但是随着我国保险业的不断发展以及对信息数据的重视，无论是信息公开的渠道、方式还是内容等方面，数据的公开性、可得性越来越好。

保险产业的发展离不开经济发展水平、经济制度、产业政策等综合复杂因素的影响。所谓“客观”一是指分析的理论基础尽量符合中国的国情和发展道路；二是指评价过程、评价方法等尽量避免或者减少主观因素的干扰。我们尽量在分析中做到客观、公正。

所谓“科学”一是指能够历史、辩证地看待中国保险业的发展；

二是指分析评价方法的科学。中国保险业的快速发展既得益于保险业的改革开放，也得益于中国经济的快速发展为保险业提供了健康发展的广阔空间。

本书的主要内容和结构如下：

第一部分保险产业发展与政策，包括第一章和第二章的内容。

第一章产业经济学与保险产业。从产业经济学的研究对象、研究内容和研究方法等几个方面，分析了保险产业的结构与发展、政策与市场机制之间的关系。第二章中国与国际保险产业发展（澳、日）。主要分析澳、日两国保险产业的发展状况，包括市场特点、产业链、产业结构与发展以及保险产业政策等，希望对中国保险产业的发展有所借鉴。

第一部分主要是根据产业经济学和保险产业发展理论，以产业经济学、产业组织学等为理论基础，分析中国以及澳大利亚、日本保险产业的发展现状，提出评价及发展展望等；并强调市场结构、市场行为、市场绩效之间的相互影响和关联性。通过西方发达国家的保险产业发展与政策，为中国保险产业的发展方向和发展思路等提供借鉴和参考。

第二部分保险经营主体分析。主要是根据各保险公司的年度信息披露报告、保险年鉴、保险公司官网以及保监会网站等公开的信息数据，对中国中小型保险公司的价值成长性、中国保险中介结构的发展、中国保险资产管理业的发展等进行分析评价，包括第三章、第四章和第五章的内容。

第三章中国中小型保险公司的价值成长性分析。中小型保险公司占全部保险公司的80%左右，因此中小型保险公司的发展状况对中国保险业的发展具有重要的影响。我们建立“保险公司价值成长性”概念，构建包括市场拓展能力、融资能力、盈利能力、风险管理能力和经营创新能力等一级指标和50多个二级指标的评价体系，采用定性和定量相结合的方法对中国中小型保险公司的各一级指标和价值成长性等进行评价分析。第四章中国保险中介机构的发展。保险中介是保险市场不可或缺的重要组成部分，对于保险产品创新、管理创新、服务创新和保险科技的快速发展与应用等发挥着不可替代的重要作用。本章分别对保险代理公司、保险经纪公司和保险公估公司的发展进行了梳理和分析，并对发展中存在的问题和不足进行了探讨。第五章中国保险资产管理机构的发展分析。主要从保险资产管理业制度建设、中国保险资产管理公司的经营状况、经营热点问题分析、中国保险资产管理公司的机遇与挑战等方面对中国保险资产管理行业和公司发展进行了梳理总结。

第三部分保险产品与服务。主要分析了当前中国保险公司的产品、服务，特别是消费者的投诉与处理，包括第六章、第七章的内容。

第六章人身险产品市场和服务情况。主要对寿险、意外险、健康险的产品结构进行了分析，并对保险公司服务及消费者投诉进行了统计，阐述了其趋势和特点。第七章财产险产品市场和服务分析。主要内容包括对企业财产保险、农业保险、责任保险以及机动车辆保险的产品结构进行分析，对财产险公司的产品市场发展和服务情况及消费者投诉等方面进行统计分析。

第四部分中国保险市场发展的技术、创新与监管。随着保险产业发展规模、市场监管的不断发展和完善，保险科技、创新和监管的技术与手段等对保险业的发展越来越重要，包括第八章、第九章和第十章的内容。

第八章中国互联网保险发展研究。从互联网保险发展情况、互联网保险市场及互联网保险未来发展趋势三个方面展开了深入的理论和实践研究。互联网保险不仅为客户创造了全新的生活方式和消费体验，也极大地影响和改变了现代企业的组织经营方式，不断催生出新的商业机会和商业模式，对传统保险市场的竞争格局和竞争方式产生深远的影响。第九章中国保险科技创新发展研究。主要从中国金融科技的发展现状与应用领域、中国保险科技的发展状况与应用领域，以及保险科技创新的驱动力、主体及方法等几方面进行分析，并就保险科技创新对中国保险业的影响进行探讨。第十章中国保险市场监管趋势研究。首先就2016年保险监管的总体思路、成效与变化，以及2017年保险监管的趋势研判进行分析；其次分别就财险市场和人身险市场监管的主要动态和发展趋势进行探讨；最后就保险资金运用监管情况进行了梳理和分析。

本报告的结构由寇业富提议，项目组成员讨论通过。各成员具体负责内容如下：刘达、寇业富负责第一章、第二章的编写，寇业富负责第三章、第四章、第五章和专题部分的编写，张宁负责第六章、第七章的编写，陈辉负责第八章、第九章、第十章的编写。

无论是保险资本的实力、保险管理与技术水平，还是国家对保险业的定位与要求，中国保险业面临快速发展与矛盾累积同时叠加的情况。保险业对国内的经济发展、经济结构的改善和供给侧改革，以及“一带一路”建设等方面都发挥着越来越重要的作用，也面临着更多的挑战。在保险业如何更好地保护广大消费者、保险公司的合法利益，发挥国有企业的核心竞争力，促进社会主义制度建设等方面还有很多问题亟待研究。本报告是项目组第二年的工作，限于能力、知识、精力和信息数据等各方面的因素，不足之处在所难免，望各位读者能够不吝指教，我们必将在以后的工作中有所补充改进，谢谢！

寇业富

保险数据文献中心主任

中央财经大学保险学院、中国精算研究院

2017年9月16日

目　录

第一部分　保险产业发展与政策

第二部分　保险经营主体分析

第一部分

保险产业发展与政策

第一章　产业经济学与保险产业

第一节　产业经济学的概念

一、产业和产业链

（一）产业的概念和产业分类

产业（Industry）是指具有某种相同属性的经济活动的集合或系统，是由利益相互联系的，具有不同分工的，由各个相关行业所组成的业态总称。产业是社会分工的产物，随着社会分工的产生而产生和发展。尽管不同产业的经营方式、经营形态、企业模式和流通环节有所不同，但是它们的经营对象和经营范围却是围绕着共同产品而展开的，并且可以在构成业态的各个行业内部完成各自的循环。

产业经济学以产业作为专门的研究对象。在产业经济学意义上，产业具有自己特定的内涵与外延。从狭义上看，由于工业在产业发展中具有特殊地位，而经济发展又和工业化过程密切相关，产业有时特指工业部门。广义的产业泛指国民经济的各行各业。从生产领域到文化、教育部门，大到行业，小到部门，都可以称为产业。

产业是介于微观经济细胞（企业和家庭消费者）与宏观经济单位（国民经济）之间的若干“集合”。现代经济社会中，存在着大大小小的处于不同层次的经济单位，企业和家庭是最小的，也是最基本的经济单位，整个国民经济是最大的经济单位；介于二者之间的是规模不同、数目繁多的，因具有某种同类属性而组合在一起的企业集合，同时可看作国民经济按某一标准划分的部分，这就是产业。简单的讲，产业就是生产物质产品的集合体，包括工业、农业和交通运输业等，一般不包括商业。

产业的分类法有：关联分类法、三次产业分类法、国家标准分类法、国际标准分类法、两大部类分类法、农轻重产业分类法、生产要素分类法等，以下主要介绍常用的 4 种分类方法。

1. 关联分类法

将具有某种相同或相似关联方式的企业经济活动组成一个集合的分类方法，有技术关联分类（如制造业、建筑业、运输业）、原料关联分类（如电力、煤气、采石、渔业）、用途关联分类（如单向关联产业、前向关联产业横向关联产业、环向关联产业）、战略关联分类（如主导产业、支柱产业、重点产业、先导产业）方法等。

2. 三次产业分类法

三次产业分类法由新西兰经济学家费歇尔首先创立，他将人类经济活动的发展分为三个阶段，对应的是三个产业。第二次世界大战以后，西方国家大多采用了三次产业分类法。在中国，三次产业的划分是：

第一产业为农业，包括农、林、牧、渔各业；

第二产业为工业，包括采掘、制造、自来水、电力、蒸汽、热水、煤气和建筑各业；

第三产业是广义上的服务业，包括运输业、通信业、金融业、房地产业、旅游业、文化、教育科学、新闻公共行政、国防、生活服务等。

3. 国家标准分类法

2017 年 6 月 30 日，国家质量监督检验检疫总局、国家标准化管理委员会批准发布《国民经济行业分类（GB/T 4754—2017）》，将行业划分为 20 个门类、97 个大类、470 多个中类和更多的小类，20 个门类如表 1-1 所示。

表 1-1 国民经济行业分类

三次产业分类	《国民经济行业分类（GB/T 4754—2017）》		
	门类	大类	名称类别
第一产业	A		**农、林、牧、渔业**
		01	农业
		02	林业
		03	畜牧业
		04	渔业
第二产业	B		**采矿业**
		06	煤炭开采和洗选业
		07	石油和天然气开采业
		08	黑色金属矿采选业
		09	有色金属矿采选业
		10	非金属矿采选业
		12	其他采矿业
	C		**制造业**
		13	农副食品加工业
		14	食品制造业
		15	酒、饮料和精制茶制造业
		16	烟草制品业
		17	纺织业
		18	纺织服装、服饰业
		19	皮革、毛皮、羽毛及其制品和制鞋业
		20	木材加工和木、竹、藤、棕、草制品业
		21	家具制造业
		22	造纸和纸制品业
		23	印刷和记录媒介复制业
		24	文教、工美、体育和娱乐用品制造业
		25	石油、煤炭及其他燃料加工业
		26	化学原料和化学制品制造业
		27	医药制造业
		28	化学纤维制造业
		29	橡胶和塑料制品业

续表

三次产业分类	《国民经济行业分类（GB/T 4754—2017）》		
	门类	大类	名称
第二产业	C	30	非金属矿物制品业
		31	黑色金属冶炼和压延加工业
		32	有色金属冶炼和压延加工业
		33	金属制品业
		34	通用设备制造业
		35	专用设备制造业
		36	汽车制造业
		37	铁路、船舶、航空航天和其他运输设备制造业
		38	电气机械和器材制造业
		39	计算机、通信和其他电子设备制造业
		40	仪器仪表制造业
		41	其他制造业
		42	废弃资源综合利用业
	D		**电力、热力、燃气及水生产和供应业**
		44	电力、热力生产和供应业
		45	燃气生产和供应业
		46	水的生产和供应业
	E		**建筑业**
		47	房屋建筑业
		48	土木工程建筑业
		49	建筑安装业
		50	建筑装饰、装修和其他建筑业
第三产业（服务业）	A	05	农、林、牧、渔专业及辅助性活动
	B	11	开采专业及辅助性活动
	C	43	金属制品、机械和设备修理业
	F		**批发和零售业**
		51	批发业
		52	零售业
	G		**交通运输、仓储和邮政业**
		53	铁路运输业

续表

三次产业分类	《国民经济行业分类（GB/T 4754—2017）》		
	门类	大类	名称
第三产业（服务业）	G	54	道路运输业
		55	水上运输业
		56	航空运输业
		57	管道运输业
		58	多式联运和运输代理业
		59	装卸搬运和仓储业
		60	邮政业
	H		**住宿和餐饮业**
		61	住宿业
		62	餐饮业
	I		**信息传输、软件和信息技术服务业**
		63	电信、广播电视和卫星传输服务
		64	互联网和相关服务
		65	软件和信息技术服务业
	J		**金融业**
		66	货币金融服务
		67	资本市场服务
		68	保险业
		69	其他金融业
	K		**房地产业**
		70	房地产业
	L		**租赁和商务服务业**
		71	租赁业
		72	商务服务业
	M		**科学研究和技术服务业**
		73	研究和试验发展
		74	专业技术服务业
		75	科技推广和应用服务业
	N		**水利、环境和公共设施管理业**
		76	水利管理业

续表

三次产业分类	《国民经济行业分类（GB/T 4754—2017）》		
	门类	大类	名称
第三产业（服务业）	N	77	生态保护和环境治理业
		78	公共设施管理业
		79	土地管理业
	O		**居民服务、修理和其他服务业**
		80	居民服务业
		81	机动车、电子产品和日用产品修理业
		82	其他服务业
	P		**教育**
		83	教育
	Q		**卫生和社会工作**
		84	卫生
		85	社会工作
	R		**文化、体育和娱乐业**
		86	新闻和出版业
		87	广播、电视、电影和录音制作业
		88	文化艺术业
		89	体育
		90	娱乐业
	S		**公共管理、社会保障和社会组织**
		91	中国共产党机关
		92	国家机构
		93	人民政协、民主党派
		94	社会保障
		95	群众团体、社会团体和其他成员组织
		96	基层群众自治组织及其他组织
	T		**国际组织**
		97	国际组织

4. 国际标准分类法

为统一世界各国的产业分类，联合国于1971年编制并颁布了《全部经济活动的国际标准产业分类索引》。国际标准产业分类法将全部经济活动分为大、中、小、细4个层次，并规定了统计编码。全部经济活动共分为10个大项，再将每个大项细分为若干个中项，然后将各中项细分为若干个小项，最后将小项细分为若干个细项。其中，10个大项是：

（1）农业、林业、狩猎业、渔业；

（2）矿业和采石业；

（3）制造业；

（4）电力、煤气及供水业；

（5）建筑业；

（6）批发与零售业、餐馆与旅店业；

（7）运输业、仓储业和邮电业；

（8）金融业、不动产业、保险业和商业性服务业；

（9）社会团体、社会及个人的服务业；

（10）不能分类的其他活动。

（二）产业链

产业链是产业经济学中的一个概念，是各个产业部门之间基于一定的技术经济关联，并依据特定的逻辑关系和时空布局关系客观形成的链条式关联关系形态。产业链形成的动因是产业价值的实现和创造。产业链是产业价值实现和增值的根本途径。

1. 产业链的四维调控机制

产业链包含价值链、企业链、供需链和空间链四个维度的概念。其中，价值链是指企业创造价值的一系列生产经营活动，这些活动是企业设计、生产、销售、发送和辅助其产品的过程中进行各种活动的集合体，可以分为基本活动和辅助活动。基本活动包括内部后勤、生产作业、外部后勤、市场和销售、服务等；辅助活动则包括采购、技术开发、人力资源管理和企业基础设施等。这些相互区别但又相互关联的生产经营活动，构成了一个价值创造的动态过程，即价值链。

企业链是指由企业生命体通过物质、资金、技术等流动和相互作用形成的企业链条。组成企业链的企业彼此之间进行物质资金的交易实现价值的增值，又通过资金的反向流动相互联系，企业链是企业生命体与生态系统的中间层次。不同点上的企业对企业链的形成和稳定都有一定的作用，企业的活力和优势决定了企业链的活力和优势；同时，企业链也会对企业进行筛选，通过优胜劣汰，实现企业与企业链的协同发展。企业链中的企业也通过不同渠道与自身企业链以外的企业进行合作，不同企业链实际上是相互联系的，构成网状结构，优势企业会形成核心节点，占据优势地位。

供应链是由物料获取并加工成中间件或成品，再将成品送到顾客手中的一些企业和部门构成的网络。根据 APICS 的概念，供需链是一种具有生命周期的流程，包含物流、信息、资金和知识流，其目的是通过众多链接在一起的供应商提供产品和服务，满足最终用户的需求。

空间链是指同一种产业链条在不同地区间的分布。

这四个维度在相互对接的均衡过程中形成了产业链，这种“对接机制”是产业链形成的内在模式，作为一种客观规律，它像一只“无形之手”调控着产业链的形成。随着产业链的发展，产业价值由在不同部门间的分割转变为在不同产业链节点上的分割。

2. 产业链的本质

产业链的本质是一个具有某种内在联系的企业群结构，它是一个相对宏观的概念，存在两维属性：结构属性和价值属性。产业链中存在着大量上下游关系和相互价值的交换，上游环节向下游环节输送产品或服务，下游环节向上游环节反馈信息。为了创造产业价值最大化，产业链的本质是体现“1+1>2”的价值增值效应。这种增值往往来自产业链的乘数效应，它是指产业链中某一个节点的效益发生变化时，会导致产业链中其他关联产业效益相应地发生倍增效应。产业链价值创造的内在要求是生产效率大于内部企业生产效率之和，同时，交易成本小于内部企业间交易成本之和。企业间的关系也能够创造价值，价值链创造的价值取决于该价值链中企业间的投资，不同企业间的关系将影响它们的投资，进而影响被创造的价值。

3. 产业链形成的内在规律

产业链形成的内在规律是：从供需链内部的需求链和技术链的对接开始，引起产业链的载体——企业链的有效对接并形成一定的空间布局。由于产业链内不同地区和形式的企业链实现价值不同，直接导致产业链的组织形式、空间布局、供需流动存在特性和差异。这些差异会促使企业链之间不断竞争并推动产业链的不断演变，直到在“四维对接”机制的作用下，产业链内部实现一种均衡并达到稳定状态时，产业链才最终得以形成。在产业链的四个维度中，以价值链为主导，以企业链为载体，通过企业链在空间的分布，来实现供需链的相互链接和价值链的实现。

4. 产业链的四大模式

产业链在其内在规律和作用机制下，在现实中形成了一些具体模式。划分模式的标准是看产业链中主要节点之间的主要企业与企业的关系。企业之间有3种主要关系及其契约形式，即纯粹的市场交易关系、产权关联式关系（体现为企业通过收购、并购、持股、控股、参股等形式对其他企业进行控制）、准市场式关系（即企业间通过关系型契约建立的较稳固关系）；相应的契约形式有：市场交易式契约即纯粹的商品买卖合同、产权契约即企业持股或控股数量与质量的制度安排、关系型契约即既非产权又非完全商品交易的契约关系。按照上述关系和契约形式，可以把产业链的形成模式分为市场交易式（市场交易关系、市场交易式契约）、纵向一体化式（产权关联、产权契约）、准市场式（准市场关系、关系型契约）和混合式产业链4种。

二、产业经济学

产业经济学是现代经济学中用于分析现实经济问题的新兴应用经济理论。产业经济围绕企业、行业、市场这三个经济社会的基本层次，以产业内企业间垄断与竞争的关系结构为中心，把不完全竞争的状态作为分析出发点，研究各种不完全的实证及规范含义，探讨市场结构、企业行为、市场绩效之间存在的内在关系，旨在提高市场绩效的各种公共政策效应。

为适应产业经济学的各个领域在进行产业分析时的不同目的需要，可将产业划分成若干层次，这就是“产业集合”的阶段性。具体地说，产业在产业经济学中有三个层次：

（1）第一层次是以同一商品市场为单位划分的产业，即产业组织，现实中的企业关系结构在不同产业中是不同的。产业内的企业关系结构对该产业的经济效益有极其重要的影响，要实现某一产业的最佳经济效益需使该产业符合两个条件：首先，该产业内的企业关系结构的性质使该产业内的企业有足够改善经营、提高技术、降低成本的压力；其次，充分利用“规模经济”使该企业的单位成本最低。

（2）第二层次是以技术和工艺的相似性为根据划分的产业，即产业联系。一个国家在一定时期内所进行的社会再生产过程中，各个产业部门通过一定的经济技术关系发生投入和产出，即中间产品的运动，它真实地反映了社会再生产过程中的比例关系及变化规律。

（3）第三层次大致以经济活动的阶段为根据，将国民经济划分为若干大部分所形成的产业，即产业结构。产业结构是指各产业的构成及各产业之间的联系和比例关系。

（一）产业经济学的研究对象

产业经济学是应用经济学，它以“产业”为研究对象，研究产业组织、产业结构发展规律及其相互作用。产业经济学的研究对象是介于宏观经济领域与微观经济领域的中观经济领域的产业。中西方的产业经济学研究的对象是不同的。中国是社会主义国家且受日本产业政策的影响，产业和经济受到国家的干预，所以中国的产业经济学以研究产业结构、产业关联、产业政策为主。西方国家主要是受到“马歇尔悖论”（规模经济与垄断无效）的影响，主要研究产业组织，就是研究企业与企业之间的关系与反垄断。

（1）在欧美，经济学界将产业经济学等同于产业组织理论，尤其是在美国，一般不提产业经济学，而是说“产业组织理论”。在欧洲，虽有“产业经济学”这一说法，但实质上其研究对象及学科内容与产业组织理论一致。

产业组织理论以产业内企业与企业之间互动联系的经济规律为研究对象。产业组织理论可追溯到亚当·斯密的劳动分工理论中关于市场机制的论述。比较完整的产业组织理论是 20 世纪 30 年代在美国以哈佛大学为中心逐步形成的，其标志是 SCP 范式的建立。

SCP 范式建立后，不同的产业组织理论流派相继发展起来，具有影响力的包括芝加哥学派、新奥地利学派、新制度学派。这些流派的研究对象及内容体系也不尽相同。

（2）日本产业经济学的学科内容体系中不仅包含产业组织理论，还包括产业关联理论、产业结构理论、产业布局理论和产业政策研究等方面的内容。

产业布局理论：以产业的空间分布规律为研究对象；

产业政策研究理论：以产业政策制定及实施规律为研究对象。

日本的产业经济学，尤其是产业政策研究理论，在日本战后经济飞速发展的进程中发挥着重要作用。

（二）产业经济学的研究领域

理论界一般认为，产业经济学的学科领域包括以下六个方面。

1. 产业组织学

产业组织学研究产业内部各企业之间相互作用关系的规律。产业组织学的起源可以追溯到亚当·斯密（Adam Smith，1776）的劳动分工理论和竞争理论。1959 年，贝恩（Bain，Joe S.）出版了第一部系统论述产业组织理论的教科书《产业组织》。在书中，贝恩明确指出，产业组织学研究的产业指的是生产具有高度替代性的产品企业群。在一系列基本概念的基础上，贝恩完整提出了构成传统产业组织理论核心内容的结构（Structure）—行为（Conduct）—绩效（Performance）模式，简称 SCP 模式，为产业组织学的创立奠定了理论基础。

SCP 模式理论的逻辑：市场结构是决定市场行为和市场绩效的基础；市场行为受市场结构的制约，但同时又决定了市场绩效；市场绩效受市场结构和市场行为的共同制约，是反映产业配置优劣的最终评估标志；市场行为和市场绩效又会反作用于市场结构，影响未来的市场结构。

在《产业组织》中，贝恩指出，产业组织学的研究范围不包括金融企业，也不涉及非金融企业作为生产要素市场上的买者的问题，其原因是金融企业有着许多与非金融企业不同的特点和所需要研究的问题。保险业作为金融业的一个分支，我们也不采用 SCP 模型进行研究分析。

2. 产业结构理论

产业结构的概念始于 20 世纪 40 年代，是指在社会再生产过程中，一个国家或地区的产业组成，即资源在产业间的配置状态，国民经济各产业之间的生产技术经济联系和数量比例关系。

产业结构可以从以下两个角度来考察：

一是从“质”的角度动态地揭示产业间技术经济联系与联系方式不断发生变化的趋势，揭示经济发展过程的国民经济各部门中，起主导地位或支柱作用的产业部门进行不断替代的规律及其相应的“结构”效益，从而形成狭义的产业结构理论。

二是从“量”的角度静态地研究和分析一定时期内产业间联系与联系方式的技术经济数量比例关系，即产业间“投入”与“产出”的量的比例关系，从而形成产业关联理论。广义的产业结构理论包括狭义的产业结构理论和产业关联理论。

产业结构演变与经济增长之间具有内在的联系。产业结构的高变换率会导致经济总量的高增长率，而经济总量的高增长率又会导致产业结构的高变换率。随着技术水平的不断提高，社会分工越来越细，这两者间的内在联系日益明显，产业部门增多，部门间的资本流动、劳动力流动、商品流动等联系也越来越复杂。生产要素在部门之间的流动对经济增长的影响，引起诸多专家、学者们的注意，他们开始重视研究生产要素在不同产业之间的这些变化与经济增长之间的内在联系，他们注意到，大量的资本积累和劳动投入虽然是经济增长的必要条件，但并非充分条件，因为大量资本和劳动所产生的效益在很大程度上取决于部门之间的技术转换水平和结构状态，不同产业部门对技术的消化、吸收能力有很大的不同，这在很大程度上决定了部门之间投入结构、产出结构的不同。

从工业化发展来看，产业结构的演变经历了前工业化时期、工业化时期、工业化中期、工业化后期和后产业化时期；从三大产业内部来看，体现为由低级向高级的发展；从市场结构导向来看，经历了封闭性—进口替代型—资本密集型—知识密集型的演变；从产业结构演变的顺序来看，产业结构由低级向高级发展是难以逾越的，但各阶段的发展过程可以缩短。

3. 产业关联理论

产业关联理论又称产业联系理论或投入产出理论，侧重于研究产业之间的中间投入和中间产出之间的关系，这些主要由里昂惕夫的投入产出法解决。

产业关联理论能很好地反映各产业的中间投入和中间需求，这是区别于产业结构和产业组织的一个主要特征。产业关联理论还可以分析各相关产业的关联关系（包括前向关联和后向关联等）和产业的波及效果（包括产业感应度和影响力、生产的最终依赖度以及就业和资本需求量）等。

里昂惕夫在1986年版的《投入产出经济学》一书中，将投入产出理论应用于国民经济核算、国内生产和国际贸易、地区结构的分析、裁军对经济的影响、环境问题对经济的影响、人口增长与经济发展的问题等。一方面，从应用范围看，其涵盖了宏观、中观和微观经济领域，并扩展到国际经济范围。里昂惕夫早期将其用于一国经济的分析，目前已扩展地区、部门、企业和地区间、部门间的经济活动。1977年，里昂惕夫出版了《世界经济的未来》一书，研究了国际投入产出模型；1985年，日本编制了亚洲11个国家和地区的投入产出表。另一方面，应用的内容不断拓展。从最初的产品投入产出表到目前的固定资产、投资、环境、劳力占用及非物质投入产出表，并运用投入产出的基本原理研究其他专门问题，如能源、环境保护、水资源、人口、人才、教育、银行、财会、信息等，为国民经济综合平衡和分析提供了更多的信息。

4. 产业布局理论

产业布局是指产业在一国或一地区范围内的空间分布和组合的经济现象。产业布局在静态上看是指形成产业的各部门、各要素、各链环在空间上的分布态势和地域上的组合。在动态上，产业布局则表现为各种资源、各生产要素甚至各产业和各企业为选择最佳区位而形成的在空间地域上的流动、转移或重新组合的配置与再配置过程。

产业布局理论的形成期是在 19 世纪初到 20 世纪中叶，以后起国家为出发点的西方产业布局理论有增长极理论（法）和点轴理论。

增长极理论（法）：在一国经济增长过程中，由于某些主导部门或者有创新力的企业在特定区域或者城市聚集，从而形成了一种资本和技术高度集中、增长迅速并且有显著经济效益的经济发展机制。由于其对临近地区经济发展有着强大的辐射作用，因此被称为“增长极”。根据增长极理论，后起国家在进行产业布局时，首先可通过政府计划和重点吸引投资的形式，有选择地在特定地区和城市形成增长极，然后凭借市场机制的引导，使增长极的经济辐射作用得以充分发挥，并从其临近地区开始逐步带动增长极以外地区经济的共同发展。

点轴理论：点轴理论是增长极理论的延伸。从区域经济发展的空间过程看，产业特别是工业等集中于少数点，即增长极。随着经济的发展，工业的增多，点与点之间由于经济联系的加强，必然会建设各种形式的交通线路使之相联系，这一线路即为轴。轴线一经形成，对人口和产业具有极大的吸引力，会吸引企业和人口向轴线两侧聚集，并产生新的增长点，从而由点到轴，由轴带面，最终促进整个区域经济的发展。

5. 产业发展理论

产业发展是指产业的产生、成长和进化过程，既包括单个产业的进化过程，又包括产业总体，即整个国民经济的进化过程。进化过程既包括某一产业中企业数量、产品或者服务产量等数量上的变化，也包括产业结构的调整、变化、更替和产业主导位置等质量上的变化，而且主要以结构变化为核心，以产业结构优化为发展方向。因此，产业发展包括量的增加和质的飞跃，包括绝对的增长和相对的增长。

产业发展理论是研究产业发展过程中的发展规律、发展周期、影响因素、产业转移、资源配置、发展政策等问题。

（1）产业结构演变理论：产业结构同经济发展相对应而不断变动，在产业高度方面不断由低级向较高级演进，在产业结构横向联系方面不断由简单化向复杂化演进，这两方面的演进不断推动产业结构朝合理化方向发展。

（2）区域分工理论：从区域分工的角度确定城市产业发展定位是城市发展的客观要求，区域分工理论从区域角度分析城市在区域中的优势、劣势和发展潜力等，确定城市在区域中所发挥的作用、扮演的角色，进而确定城市产业，避免“就城市论城市”的产业确定方式。

（3）发展阶段理论：美国经济学家 H. 钱纳里运用投入产出分析方法、一般均衡分析方法和计量经济模型，通过多种形式的比较研究考察了以工业化为主线的第二次世界大战以后 1950—1970 年 101 个发展中国家的发展经历，构造出具有一般意义的“标准结构”，即根据国内人均生产总值水平，将不发达经济到成熟工业经济整个变化过程分为 3 个阶段 6 个时期：第一阶段是初级产品生产阶段（或称农业经济阶段），第二阶段是工业化阶段，第三阶段为发达经济阶段。不同阶段不同时期对应的人均 GDP 不同。

6. 产业政策研究

产业政策是政府为了实现一定的经济和社会目标而对产业的形成和发展进行干预的各种政策的总和。产业政策的功能主要是弥补市场缺陷、有效配置资源、保护幼小民族产业的成长、抚平经济震荡、发挥后发优势和增强适应能力等。

产业政策由于研究的角度不同，在国际上尚没有统一的定义，主要有以下几种：其一，将之理解为是各种指向产业的特定政策，即政府一切有关产业的政策的总和。例如，“产业政策是与产业有关的一切国家法令和政策”。其二，将其理解为是弥补市场缺陷的政策。即当市场调节发生障碍时，由政府采取的一系列补救的政策。例如，日本学者认为，“产业政策是政府为改变产业间的资源分配和各种产业中私营企业的某种经营活动而采取的政策”。其三，是将之理解为产业赶超政策，即工业后发国家为赶超工业先进国家而采取的政策总和。例如，中国有些学者定义为：“产业政策就是当一国产业处于比其他国家产业落后状态，或者可能落后于其他国家时，为加强本国产业所采取的各种政策。”

产业经济学各研究领域与宏观经济学、微观经济学的关系如图 1-1 所示。

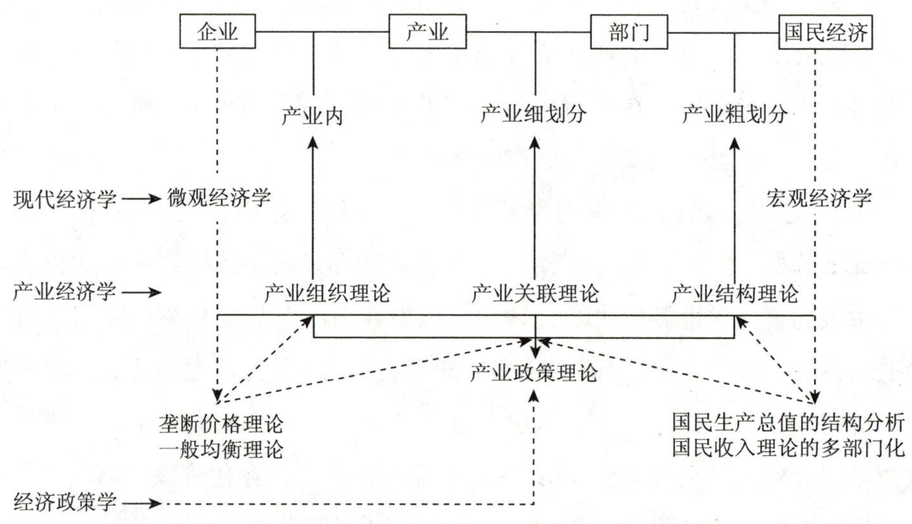

图 1-1　产业经济学研究领域示意图

（三）产业经济学研究方法

多年来，产业组织理论的研究方法通常被认为是一个既无规范理论又无规范计量手段，多少带有理智色彩和经验主义的方法体系，涉及范围很广，实证方法多种多样。在这个方法体系中，虽然没有一个统一的理论主线加以概括，但是在发展过程中，已经逐步一致化，主要采用博弈论进行逻辑推理，实现整个产业组织理论的再造。产业结构理论目前主要还是处在经验实证阶段，不过得益于现代计量经济学和计算机技术的快速发展，实证效果大大提高。

在产业经济的研究中一般采用以下几种研究方法：

（1）实证分析与规范分析相结合。实证分析就是用实际的证明和数据进行论证分析，产业经济研究用博弈论、矩阵代数等研究产业组织、产业关联规律为实证分析方法。而规范分析就是进行常规分析，给出一定数据进行归纳总结分析，如市场分析，经济发展、社会福利和经济效率联系。实证分析必须要做规范分析，而规范分析不用实证分析也可以进行实证分析。

产业经济研究中往往要将调查统计所得的各种经济变量的实际数值与理论规律做比较，用理论规律加以解释，探讨对实际产业运作规律的认识。

（2）定性分析与定量分析相结合。定性分析和定量分析是经济学研究的两种基本手段。前者是对经济事物本质及其属性的分析；后者是对经济事物进行量的考察。定性分析是用文字对现象和方法方略进行描述，主要是基于分析者主观上的直觉、经验对事物的分析和判断，对研究对象的特点、性质和变化趋势进行预测和判断；定量分析是基于数学模型，在进行充分的统计调研之后，利用数学上的数字数据进行分析描述的方法。

产业是一个系统，涉及众多因素纷繁的联系和多个变量，要想从总体上得到优化结果，就需要将系统各方面的关系抽象化，用数学关系来表达真实的系统关系，然后建立模型，进行试验和计算，探讨系统规律。产业经济研究中的案例分析方法等就是一种定性与定量相结合的方法。

（3）静态分析与动态分析相结合。静态分析，考察在既定的条件下某一经济事物在经济变量的相互作用下所实现的均衡状态。动态分析，是在引进时间变化序列的基础上，研究不同时点上变量的相互作用在均衡形成和变化过程中所起的作用，考察在时间变化过程中均衡状态的实际变化过程。

产业经济学的研究更着眼于动态的、发展的观点，所以动态分析是产业经济学研究的主要方法。

（4）统计分析与比较分析相结合。统计分析是以统计资料为依据，以统计方法为手段，定量分析与定性分析相结合去认识事物的一种分析研究活动，是统计工作的最后阶段，是充分发挥统计职能的高级阶段。

比较分析试图通过对事物异同点的比较，以区别事物，达到对每个事物深入的了解和认识，从而把握各个事物的特点。在调查资料的理论分析中，需要通过比较两个或者两个以上事物或者对象的异同来达到对某个事物的认识。

（5）博弈论。产业组织理论主要研究产业内企业的相互作用及其规律，是最早应用博弈论进行研究的领域，现代博弈论常常用于研究寡头垄断、不完全竞争市场定价、企业兼并、反垄断规制的问题。

（6）投入产出分析法。投入产出分析，是研究经济系统各个部分间表现为投入与产出的相互依存关系的经济数量方法。投入产出法应用投入产出表和投入产出数学模型，将一国或一地区在一定时间内所从事的社会在生产过程中的各产业部门间通过一定的经济技术联系所发生的投入产出关系进行量化，以此分析该国或该地区在这一时期内社会再生产过程中的各种比例及特性。

（7）案例研究。案例研究法是以典型案例为素材，结合实际发生的经济案例，通过具体分析和解剖，定性或定量地阐明某一经济规律。案例分析研究方法还能揭示出普遍经济规律在不同的实际环境中所表现的不同形式，特别适用于无法精确定量分析的实际的复杂经济事例，在比较研究中一般要用到大量的案例研究方法。

（8）系统动力学方法。系统动力学方法是一种以反馈控制理论为基础，以计算机仿真技术为手段，通常用于研究复杂的社会经济系统的定量方法。系统动力学注重各个经济变量之间的动态反馈结构，而对变量的精确数值要求不高，适合于产业经济学这种许多方面难以定量的复杂系统的研究。现在国内外已有许多学者用系统动力学来研究产业结构、产业布局、产业组织的研究，取得了令人满意的效果。

第二节　产业政策

一、产业政策的内涵和特征

产业政策的构成要素包括政策对象、政策目标、政策手段和措施、政策实施机构以及政策的决策程序与决策方式。

产业政策按其功能可以分为产业组织政策、产业结构政策和产业布局政策。

1. 产业组织政策

产业组织政策是为了获得理想的市场绩效，国家根据国民经济运行规律调整产业组织形式和结构，从而提高供给总量的增长速度，使供给总量适应需求总量要求的所有政策措施及手段的总和。

产业组织政策的任务是协调生产者之间的关系及组织结构、规模结构，使之合理化和高效化，促进资源的有效分配和产业效率的提高，最终促进供给的增加。

产业组织政策的主要内容是通过利用规模经济、组织适度竞争秩序、提高产业技术等途径，实现产业组织的高效化和合理化。

产业组织政策的实施手段主要包括控制市场结构、调节市场行为和控制市场绩效，以达到直接改善资源配置状况不合理的目的。

2. 产业结构政策

产业结构政策是指一国政府依据本国在一定时期内的产业结构现状，遵从产业结构演进的一般规律，规划产业结构逐渐演进的目标，并分阶段确定重点发展的战略产业，实现资源的重点配置，引导国家经济向新的广度和深度发展的政策。

产业结构政策是根据经济发展的内在联系，揭示一定时期内生产结构的变化趋势及过程，并按照生产结构的发展规律规定各产业部门在社会经济发展中的地位和作用，同时，提出协调生产结构内部比例关系及保证生产结构顺利发展的政策措施。

产业结构政策的核心是促进产业结构的合理化，提高产业结构的转换能力，从推动产业结构合乎规律的转换中求速度、求效益。

产业结构政策包括产业计划、经济立法、税收结构、预算分配结构以及价格政策、信贷政策在内的调节系统。科学的产业结构政策能够反映生产结构的协调性发展规律、整体性发展规律、在时间组合上的有序发展规律，以及生产结构的企业规模结构合理化发展规律。

产业结构政策按照目标和措施的不同，可以划分为多种不同的类型，主要包括主导产业选择政策、战略产业扶植政策、衰退产业撤让政策、产业间的可持续发展政策等。

3. 产业布局政策

产业布局政策是指政府机构根据产业的经济技术特性、国情、国力状况和各类地区的综合条件，对若干重要产业的空间分布进行科学引导和合理调整的意图及其相关政策措施。产业区域布局政策即产业空间配置格局的政策。这一政策主要解决如何利用生产的相对集中所引起的“积聚效益”，尽可能缩小由于各区域间经济活动的密度和产业结构不同所引起的各区域间经济发展水平的差距。

产业布局政策的内容主要包括：

第一，制定国家产业布局战略，完善产业投资环境，加速产业集中，优化区域产业结构。制定国家产业布局战略，规定战略期内国家重点支持发展的地区，同时，设计重点发展地区的经济发展模式和基本思路；以国家直接投资的方式，支持重点发展地区的交通、能源和通信等基础设施，使直接投资介入当地有关产业的发展；利用各种经济杠杆形式，对重点地区的发展进行刺激，以加强该地区经济自我积累的能力；通过实施差别性的地区经济政策，使重点发展地区的投资环境显示出一定的优越性，进而引导更多的资金和劳动力等生产要素投入该地区的发展。

在产业集中发展战略方面，可供采用的产业布局政策主要包括：通过政府规划的形式，确定有关具体产业的集中布局区域，以推动产业的地区分工，并在一定意义上发挥由产业集中所导致的集聚规模经济效益；建立有关产业开发区，将产业结构政策重点发展的产业集中于开发区内，既使其取得规模集聚效益，也方便政府产业结构升级政策的执行。

第二，地区发展重点产业的选择政策。在经济不发达阶段，政府通常更强调产业布局的非均衡性，即强调优先发展某些地区，通过这些地区经济的超常规增长，带动其他地区以及整个国家经济的增长。此外，政府往往倾向于以建立开发区或在某些地区实行特殊政策的方式，将某些在政府经济发展战略中承担重要功能的产业（如出口加工业）和高新技术产业相对集中，以令其有较快的增长，进而提高其对经济增长的贡献度。

当经济较为发达之后，政府从维护经济公平和社会稳定等目标出发，偏重于强调地区经济的均衡性。因此，除个别特殊产业（如对环境保护有较大妨碍的产业）之外，政府已不倾向于通过重点扶持某一地区的经济发展来带动国民经济的增长，而往往对不发达地区经济给予较多的支持，甚至在某些经济发达地区或产业高度集中地区实行一定程度的限制进入政策。

二、产业政策的手段和作用

产业政策的手段通常可分为直接干预、间接诱导和法律规制三大类型。

1. 直接干预

直接干预包括政府以配额制、许可制、审批制、政府直接投资经营等方式，直接干预某产业的资源分配与运行态势，以及纠正产业活动中与产业政策相抵触的各种违规行为，以保证预定产业政策目标的实现。

2. 间接诱导

间接诱导主要指通过提供行政指导、信息服务、税收减免、融资支持、财政补贴、关税保护、出口退税等方式，诱导企业在有利可图的情况下自主决定服从政府的产业政策。

3. 法律规制

法律规制是以立法的方式严格规范企业行为、政策执行机构的工作程序、政策目标与措施等，以保障预定产业目标的实现。法律规制通常适用于比较成熟和稳定的产业政策。随着法治原则的普及，越来越多的产业政策将以法律规制作为实现目标的主要手段。

产业政策的作用主要体现在以下几个方面：

第一，弥补市场失灵的缺陷。通过推行产业组织政策和产业结构政策，政府可以限制垄断蔓延，促进有效竞争的形成，特别是在基础设施建设、环境污染、教育科技发展等公共产品、外部性等市场失灵的领域发挥作用。

第二，实现超常规发展，缩短赶超时间。利用产业政策充当贯彻国家经济发展战略的工具。对于基础设施（交通、电力、通信等）和基础工业等外部性较强且对整个经济发展具有重大作用的产业，其投资大、营利性低、资本回收期长，仅靠市场机制无法在短期内达到经济起飞所要求的条件。例如，韩国效仿日本的做法，以产业政策为手段，运用政府的力量推动产业结构的优化，在二三十的时间里完成了老工业国用一二百年才走完的历程。实践证明，产业政策是后发国家实现超常规发展，缩短赶超时间的重要工具。

第三，促进产业结构合理化与高度化，实现产业资源的优化配置。通过制定和实施产业结构政策，政府可以有效地支持未来主导产业和支柱产业的成长和壮大，有秩序、低成本地实现衰退产业的撤退和调整，从而加速产业结构的合理化，实现产业资源的优化配置。

第四，增强产业的国际竞争力。产业的国际竞争力是建立在本国资源的国际比较优势、骨干企业的生产力水平、技术创新能力和国际市场的开拓能力基础之上的。产业政策对增强企业创新能力和开拓国际市场能力等都有重要的作用。

第五，在经济全球化过程中趋利避害，保障国家经济安全。这是产业政策最近十几年表现出来的新功能。经济全球化极有可能给对此没有任何防备的发展中国家造成严重的灾难，例如，1997—1998 年的东南亚金融危机造成的重大影响。在全球化进程中，各国政府会以产业政策为武器，尽可能趋利避害，确保国家经济安全。

第三节 保险产业的特点与发展

一、保险产业及其特点

（一）保险产业及相关概念

从产业本质来看，保险产业是保险商品经济活动发展到一定阶段的产物，是资本、劳动、知识等生产要素和非生产要素资源逐渐从其他行业部门中分离出来，以风险为中心，专职分散风险，提供保障功能的一种特殊行业。

保险产业属于第三产业中的金融业，简单来说，保险产业是指将通过契约形式集中起来的资金，用于补偿被保险人的经济利益业务的产业。从产业经济学的角度来说，保险产业就是专门生产保险及其相关产品的部门，也就是提供保险及其相关服务的部门。

保险产业一般有 4 个构成要素：为保险交易活动提供各类保险商品的卖方或者供给方，实现交易活动的各类保险商品的买方或需求方，具体的交易对象及各类保险商品和为供需双方提供服务的保险中介。

1. 保险商品的供给方

保险商品的供给方是指在保险市场上提供各类保险商品，承担、分散和转移他人风险的各类保险人，它们以各种保险组织形式出现在保险市场上，依其经营主体的不同，可分为 4 种类型：国家经营保险组织，又称公营保险，指国家、地方政府或者其他公共团体所经营的保险机构；公司经营保险组织，属民营保险组织之一。根据责任形式，公司包括有限责任公司、股份有限公司、无限公司等形态。股份保险公司组织具有经营灵活、业务效率高的特点，但由于公司的控制权操纵在股东手中，被保险人的权益易受到限制和忽略，因此，各国在立法上均对公司经营保险组织进行监督管理；保险合作组织，属民营保险中非公司形式的一种，是一种由社会上需要保险保障的人或单位共同组织起来采取合作方式办理保险业务的组织，有相互保险合作社、相互保险公司、保险合作社等形式；最后一种是个人经营保险形式，世界上只有英国法律允许个人为主体作为保险承保保险业务。个人承保保险业务是通过劳合社这一组织开展的。劳合社是保险市场上的一种特殊现象，它自 1871 年以劳埃德公司的名义向政府注册以来存在至今。按我国原《保险企业管理暂行条例》的规定，我国保险事业的组织体制是由国家保险管理机关、中国人民保险公司、其他保险企业和农村互助保险合作社组成的。

现行《保险法》规定：保险公司应当采取的组织形式是国有独资公司和股份有限公司。关于国有独资保险公司和股份有限保险公司，除《保险法》有特别规定的外，适用我国《公司法》的有关规定。至于保险公司的其他组织形式，如相互保险公司等，可以根据保险业改革和发展的情况，由法律、行政法规另行规定。

2. 保险商品的需求方

保险商品的需求方是指在一定时间、一定地点等条件下，为寻求风险保障而对保险商品具有购买意愿和购买力的消费者的集合。

3. 保险中介

保险中介是指介于供需方之间，专门从事保险业务咨询与销售、风险管理与安排、价值衡量与评估、损失鉴定与理算等中介服务活动，并从中依法获取佣金或手续费的单位或个人。

保险中介人的主体形式多样，既包括活动于保险人与投保人之间，充当保险供需双方的媒介，把保险人与投保人联系起来并建立保险合同关系的人，即保险代理人和保险经纪人；也包括独立于保险人和投保人之外，以第三者身份处理保险合同当事人委托办理的有关保险业务的公证、鉴定、理算、精算等事项的人，如保险公证人或保险公估人、保险律师、保险精算师、保险理算师、保险验船师等。

4. 保险商品

具体的交易对象及各类保险商品为保险市场的客体。首先，保险是指投保人根据合同约定，向保险人支付保险费，保险人对于合同约定的可能发生的事故因其发生而造成的财产损失承担赔偿保险金责任，或者当被保险人死亡、伤残和达到合同约定的年龄、期限时承担给付保险金责任的行为。在保险市场中，保险的表现形式是可以进行交换的保险商品，实质是一种契约经济关系。保险商品是一种特殊形态的商品，从经济学的角度看，保险市场的客体是一种无形的服务商品，具有无形性、非渴求性和灾难联想性的特点。

按照保险标的的不同，保险可分为财产保险和人身保险两大类。

财产保险是指以财产及其相关利益为保险标的的保险，包括财产损失保险、责任保险、信用保险、保证保险、农业保险等。它是以有形或无形财产及其相关利益为保险标的的一类补偿性保险。

人身保险是以人的寿命和身体为保险标的的保险。当人们遭受不幸事故或因疾病、年老以致丧失工作能力、伤残、死亡或年老退休时，根据保险合同的约定，保险人对被保险人或受益人给付保险金或年金，以解决其因病、残、老、死所造成的经济困难。

按照与投保人有无直接法律关系，保险可分为原保险和再保险。发生在保险人和投保人之间的保险行为，称为原保险；发生在保险人与保险人之间的保险行为，称为再保险。

按照保险经营性质的不同，保险可分为政策性保险和商业保险。绝大多数保险都具有商业动机，由保险公司按商业管理经营；而政策性保险则通常是按照政府有关法令或政策规定开办的，包括社会保险、财产保险和责任保险等，多为贯彻政府的某一项经济或社会政策服务。

按保险实施方式可分为自愿保险和强制保险。自愿保险是当事人在平等互利和自愿的基础上确立的合同关系，被保险人可自行决定是否投保、保险标的种类、金额和期限等，保险人也可以选择承保与否及其有关承保项目和内容。强制保险又称法定保险，是政府以法令或政策形式强制规定被保险人与保险人的法律关系，在规定范围内，不管当事人双方是否自愿，必须按规定办理保险。凡属法令规定必须保险的保险标的，其保险责任自动开始，保险金额按规定标准收取，被保险人不得自行选定。强制保险的另一种形式是政府规定某些行业或个人从事某种经营或其他活动时，必须参加保险，否则不准从业。

保险市场是保险产业产品的交易场所，是保险商品交换关系的总和或者是保险商品供给与需求关系的总和。它可以是集中的有形市场，如保险交易所，也可以是分散的无形市场。保险市场的交易对象是保险人为消费者所面临的风险提供的各种保险保障及其他保险服务，以及各类保险商品。

（二）保险产业的特点

保险产业生产的保险产品就是保险服务，但是保险服务具有不同于其他产品或服务的特征，根据国外经济学家的总结，保险产业的特点主要有以下九点：

（1）无形性。一项具体的保险服务不会对购买者的触觉、味觉、听觉等起作用，它是一种无形的、非实体化产品，并且难以进行证明或展示。因此，有赖于保险机构告诉消费者服务的内容及特别的益处，以得到消费者的支持。

（2）不可分性。这是由于保险服务的生产和销售是同步进行的，这种“无库存性”使消费者更加关心保险机构提供的产品以及产品的价格、促销方式等是否恰当，可否满足需求。

（3）异质性。保险机构向不同区域的不同消费者提供范围广泛的服务，但是这些服务一般都不能被标准化。

（4）缺乏专门特性。在客户看来，不同保险机构提供的服务没有什么差异，客户选择保险机构的标准一般是基于便利原则。

（5）高度个体化的直销系统。保险服务的一项内容就是设立分支机构，直接、紧密的保险服务客户关系决定了保险服务的方式是直接销售渠道。

（6）地理分散性。即为满足国际、国内和地区的需要，保险机构必须建立分支网络，使服务既具有吸引力又能够广泛应用。

（7）风险性。在出售保险产品时，保险机构是在买入风险，因此，必须在增长和风险之间保持一定的平衡关系。

（8）需求波动性。对某些特别的保险服务的需求一般受经济活动水平的影响波动非常大。

（9）劳动力密集。保险产业仍属于劳动力密集的产业，人工费用直接影响产品的价格。在这种条件下，为了节省人工费用成本，也为了方便消费者，科技在保险服务中的应用日益广泛。

二、保险产业链

从本质上来说，保险产业链是保险产品被创造并且不断增值的过程，既涵盖了保险公司内部产业创造流程，也包括了保险相关主体之间的产业增值过程。保险产业链根据不同种类的保险产品或者不同类型的保险标的可能有不同的模式。一般来说，保险产业链是由保险人、保险代理人、保险经纪人、保险公估人、保险营业服务中心、相关技术供应商，甚至为保险公司专门印刷单证保单条款的印刷公司等组成，以风险管理为手段，通过相关利益主体的紧密联系、相互作用，实现协同效应，形成长效机制的一系列整体活动。

因为保险产业具有不可分性，保险产品的生产和消费同步产生，一般不存在中间产品，那么保险产业的价值增值主要存在于产品生产部分、产品销售部分和产品服务部分。

1. 生产部分

保险产业链中的保险公司处于保险产业链的上游。因为保险公司的产品研发部凭借其专业的风险管理技术和相关资讯可以进行保险产品的研发，也就是说保险公司扮演着生产部门的角色。随着信息技术和科技的发展，再加上保险产品基于大数法则的属性，大数据的发展和运用对保险业有着巨大的推动力和颠覆力。保险公司可以和独立的信息技术公司合作，或者培养自己的 IT 部门和技术，研发更加先进和符合消费者需求的保险产品。因此，保险产业链中保险产品生产这一部分可能是以纵向一体化式或者市场交易式模式形成的。

2. 产品销售部分

保险产业链中的保险代理人和保险经纪人是保险产品销售部分的主要

节点。

保险代理人是指根据保险人的委托，在保险人授权的范围内代为办理保险业务，并依法向保险人收取代理手续费的单位或者个人。在现代保险市场中，保险代理人已成为世界各国保险企业开发保险业务的主要形式和途径之一。保险代理人分为专业保险代理人、兼业保险代理人和个人保险代理人 3 种。其中，专业保险代理人是指专门从事保险代理业务的保险代理公司。在保险代理人中，只有专业保险代理人具有独立的法人资格。兼业保险代理人是指受保险人委托，指定专用设备、专人为保险人代办保险业务的单位，主要有行业兼业代理、企业兼业代理和金融机构兼业代理、群众团体兼业代理等形式。个人保险代理人是指根据保险人的委托，在保险人授权的范围内代办保险业务并向保险人收取代理手续费的个人。个人代理人展业方式灵活，被众多寿险公司广泛采用。按照保险代理人的种类可将保险代理人与保险公司对接模式分为市场交易式、准市场式和纵向一体化式 3 种。

保险经纪人是基于投保人的利益，为投保人与保险人订立保险合同提供中介服务，并依法收取佣金的机构。一般来说，保险经纪人有个人制、合伙制和公司制 3 种组织方式。大多数国家，如美、英、日、韩等，都允许个人保险经纪人从事保险经纪业务活动。英国等一些国家允许以合伙方式设立合伙保险经纪组织，但要求所有的合伙人都必须是经过注册的保险经纪人。公司制保险经纪人一般采取有限责任公司形式，这是所有国家都认可的保险经纪组织形式。各国对保险经纪公司的清偿能力都做了具体要求，要求最低资本金，缴存营业保证金，参加职业责任保险。保险经纪人虽然向保险人收取佣金，却代表投保人的利益，不受保险人的约束。因此，保险公司内部一般不会设立或建立保险经纪人。那么按照保险经纪人的种类可将保险经纪人与保险公司对接模式分为市场交易式、准市场式 2 种。

保险代理人和保险经纪人作为联系消费者和保险人的中介，能够有效地解决信息不对称问题，还能够利用规模优势降低交易成本，从而为保险产业创造价值。

3. 产品服务部分

保险作为一种特殊商品，它的交易具有承诺性，而不是实物商品具有的交易即时性。当投保人决定购买某一险种，并缴纳了保费之后，商品的交易并没有完成，因为保险人只是向投保人做出承诺，该承诺的实质内容是：如果被保险人在保险期间发生了合同中所规定的保险事故，保险人将依照承诺做出保险赔偿或给付。可见，在保险产品交易的场合，投保人缴付了保费以后，该投保人与保险公司的关系不仅没有结束，而且是刚刚开始。

随着保险产业链的不断延伸，保险服务也更加完善。保险产品销售前期有风险咨询服务、风险检查服务等；保险产品销售后，有风险管理服务、理赔服务等。

其中，保险公估人是指依照法律规定设立，受保险公司、投保人或被保险人委托办理保险标的的查勘、鉴定、估损以及赔款的理算，并向委托人收取酬金的公司。公估人的主要职能是按照委托人的委托要求，对保险标的进行检验、鉴定和理算，并出具保险公估报告，其地位超然，不代表任何一方的利益，使保险赔付趋于公平、合理，有利于调停保险当事人之间关于保险理赔方面的矛盾。保险公估人代替保险公司独立承担保险理赔领域的工作，从而实现了保险理赔工作的专业化分工。这种分工一方面有利于保险理赔技术的不断升级和横向交流，促进保险公估业整体执业水平的提高，从而促进整个保险行业的发展；另一方面，规模效应以及逆向选择和道德风险的减少，必然会大大降低保险理赔费用从而降低保险成本，最终提高整个社会的福利。

除了保险公估公司，保险产业链的服务部分根据不同保险产品，有不同的企业参与。例如，健康保险产业链中，保险公司与医院、专业健康管理公司等机构都有合作与对接；汽车保险产业链中，保险公司与汽车制造商、汽车销售商和4S店等也进行了合作与交流。

另外，随着科技的进步和网络的普及，互联网技术也加入到保险产业链中，不仅能够在保险产品销售环节增加信息透明度，降低交易成本，还能够形成自身的互联网保险产业链。

4. 微笑曲线

保险产业价值链和一般产业价值链的形成具有共性，包括保险险种开发与销售、保险运营到保险品牌和服务提升的经营过程，也是保险产业价值的创造过程。但在保险发展的不同时期，不同经营环节的价值创造呈现出不同的特点。在保险发展的初期，各经营环节的附加值基本均衡，随着保险的发展，保险价值链中的附加值向产品开发与销售、保险品牌和服务两端聚集，中间运营环节的附加值开始下降，曲线向上弯曲，显现出“笑脸”——微笑曲线（见图 1-2）。

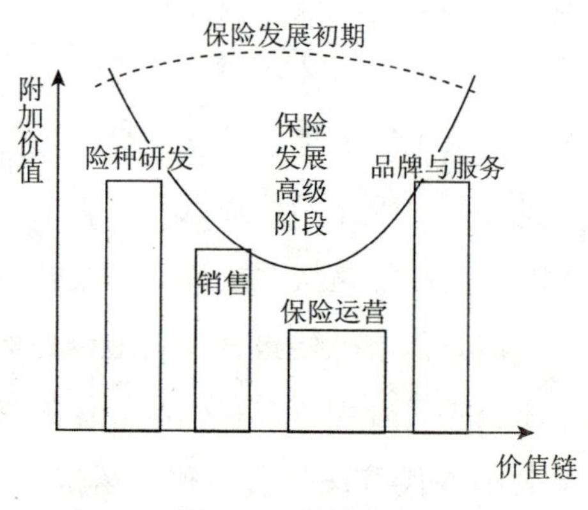

图 1-2　微笑曲线

三、保险产业结构和发展

保险产业结构是指保险产业内各公司间的关系，如资本规模、市场份额等。了解保险产业结构的发展历程，分析产业结构的现状，是研究保险业发展的基础。

保险产业结构是在产业的中观层面研究所有保险经济活动以及相应的组织机构间的关系，探讨如何通过产业价值链的整合与重构来提升整个产业的组织化程度，拓展保险产业的功能，提高保险产业的经济与社会产出效率，引导合作竞争替代垄断竞争，形成运行效率较高的有竞争优势的保险产业组织结构。从这个角度讲，保险产业结构是指构成保险产业总体或总量的各个组成部分的组成、规模、分布、运作与配合等方面在物质技术层次、组织制度层次和文化意识形态层次的各种联系、影响和制约关系的状态。具体来说，保险产业结构包括各种保险商品和保险经济活动组织机构的形式、功能、性质及其相对发展规模、区域分布、开放度等。保险产业结构体现着保险要素的组合配置与运行状态，反映了保险发展的程度及其在国民经济中的地位。

1. 保险产业结构衡量指标

审视保险产业结构的角度有两个方面，一是从静态截面考察，表现为保险要素的种类、规模、比例和市场份额等指标；二是从动态纵向角度考察，表现为发展变化的时间序列数据，例如，保费增长率、资金运用增长率、资产规模增长率和利税率等指标的变化。保险产业结构的变化源于保险需求结构的变化，也集中体现在其市场结构上，而市场结构又体现在保险产品功能结构的创新上。这时的"产业"与"市场"常常是同义语，因此，保险产业结构状况主要通过保险产业集中度（CRn）或赫尔芬达尔—赫希曼指数（HHI）来反映。产业集中度越高，产业垄断程度越高；行业集中率越低，产业垄断程度也越低。

综上所述，保险业组织结构类型、经营主体数量、增长速度、市场份额、保费收入、保险密度、保险深度构成了研究保险产业结构的分析指标。

（1）保险业组织结构类型。按照保险业组织结构类型，大致可以分为寿险企业、非寿险企业、再保险企业。寿险产品承保的是与人身相关的生存风险、健康风险等，具有长期性、储蓄性和给付性，与财产保险等短期的保障型保险的经营策略、管理策略以及监管策略都不同，所以一般不允许保险公司兼业经营。非寿险公司是除寿险公司以外的保险公司的总称，包括财产保险公司、信用保险公司、健康保险公司等。

再保险是指保险人将其承担的保险业务，部分转移给其他保险人的经营行为。转让业务的是原保险人，接受分保业务的是再保险人。这种风险转嫁方式是保险人对原始风险的纵向转嫁，即第二次风险转嫁。再保险公司是指专门从事再保险业务，不直接向投保人签发保单的保险公司，也就是保险公司的保险公司。保险公司为了分散风险，把一些大的承保单位再分保给其他保险公司，接受这一保单的公司就是再保险公司，一般在财险中出现较多。

（2）保费收入。保费收入是保险公司为履行保险合同规定的义务而向投保人收取的对价收入。保费收入有两个方面的内涵：一方面，保费收入是投保人依据保险合同的约定向保险人缴付保险费而形成的，从经济的角度观察，保险费是保户为形成共同风险保障而分摊的资金；从法律的角度观察，保险费是保户为获得赔付请求而付出的代价。另一方面，保费收入是保险公司最主要的资金流入渠道，同时也是保险人履行保险责任最主要的资金来源。从资产层面看，保险费收取形成了保险资金的流入，是保险资产增长的主要动力；从负债层面看，保险资金流入的前提是保险人要履行约定的保险责任，因此，资金流入的结果造成了保险负债的增加。

（3）保险密度。保险密度是指按当地人口计算的人均保险费额。保险密度反映了该地国民参加保险的程度和保险普及度，体现了一国国民经济和保险业发展水平的关系。

（4）保险深度。保险深度是指某地保费收入占该地国内生产总值（GDP）之比，反映了该地保险业在国民经济中的地位。保险深度取决于一国经济总体发展水平和保险业的发展速度。值得注意的是，在一些保险产业成熟、保险市场发达的国家，其保险深度排名并不靠前，例如：中国台湾地区的保险深度就一直排在首位，而保险市场成熟的美国却排不进前10名，这是因为美国等经济大国拥有复杂的产业结构，保险产业作为服务业的一个分支占据很小的份额，而像中国台湾地区等只具有单一的产业结构，服务业本身占有很大的比重，所以保险产业占GDP的比重自然相对比较高。因此，在比较保险深度的时候应持客观态度。

（5）市场集中度。市场集中度是对整个行业的市场结构集中程度的测量指标，它用来衡量企业的数目和相对规模的差异，是市场势力的重要量化指标。市场集中度是决定市场结构最基本、最重要的因素，集中体现了市场的竞争和垄断程度，经常使用的集中度计量指标有：行业集中度（CRn 指数）、赫尔芬达尔—赫希曼指数（HHI，以下简称赫希曼指数）、基尼系数、洛仑兹曲线、逆指数和熵指数等，其中，行业集中度（CRn）与赫希曼指数 2 个指标经常被运用在反垄断经济分析之中。

行业集中度（CRn 指数）是指该行业的相关市场内前 N 家最大的企业所占市场份额的总和。集中度的缺点是它没有指出行业相关市场中正在运营和竞争的企业的总数。

赫希曼指数是指基于该行业中企业的总数和规模分布，即将相关市场上所有企业的市场份额平方后再相加的总和。赫希曼指数具有数学上绝对法和相对法的优点，是较理想的市场集中度计量指标，它可以衡量企业的市场份额对市场集中度产生的影响，是政府审查企业并购的重要行政性标准。

2. 保险产业结构与保险业发展的关系

一个国家或地区的保险产业结构是保险业发展过程中内在机制决定，是自然的、客观的结果或保险业发展的现实体现。在保险产业总量或总体发展的同时，保险产业结构也随之发生变动，这是一个互动的过程。保险业发展的重要标志是保险产业结构的变化。通过保险产业结构的变化，可以观察到保险产业发展是否存在问题，是否具有合理的效率，是否符合保险业发展的内在规律，是否与现实社会经济的发展需要相匹配。保险产业结构不仅是保险发展的具体体现，而且对一国或地区的保险发展具有重要的决定作用和影响力。

保险业发展是指保险经济活动的工具、规模、范围等量的扩大和保险产业结构优化带来的保险功能增多与保险产业绩效的持续提高。保险业发展表现在量的增多与质的提高两个方面，即保险总量的增长和保险结构的优化。量的增多是保险业总量扩张，表现为保险业机构数量、保险费收入总规模、保险资产规模、保险资金运用规模等的增加，以及风险管理与保险技术的不断提高，反映保险业发展的广度。质的提高是保险业结构优化，即通过持续不断的风险管理与保险创新促进保险业结构的变迁与升级，以及保险功能的增多和效率的提高，表现为保险密度、保险深度、劳动力吸收率、利税率、保险业在金融服务业中的相关比率等指标的提高，反映保险业发展的深度，也是衡量一国保险业成熟和发达程度的重要标准。从保险业总量指标和保险业结构指标两者的比较来看，总量指标对于保险业发展一般只具有直观的表征意义，而通过对一些结构指标的考察和比较，则往往能够透露出总量指标反映不出来的，保险业运行中更深层次的，本质性内容或亟待解决的问题。与总量指标相比，用结构指标衡量保险业发展的功能和效率变化更为准确。

保险产业总量的增长与保险产业结构的调整与优化密不可分，二者存在着相互依存的辩证关系。

保险总量增长是与经济总量增长相适应的，是保险业发展的前提与基础。通常保险总量增长在先，保险结构调整在后。只有在保险总量不断增长的基础上，才能逐渐形成发达而完善的保险产业结构。显然，保险产业结构不能脱离保险总量而孤立存在，它只是保险总量在各构成要素分布上的一个现实反映，保险产业结构任何方面的变化都会表现为保险总量与各总量构成要素的同方向或反方向的不同比率的增减。同时，保险产业结构对保险总量也有很强的影响力，一个合理而完善的保险产业结构可以促进保险总量健康、快速地增长；相反，如果保险产业结构不合理，保险总量的增长必然会失去持续发展的动力，甚至出现增长偏离正确方向的问题。从保险发展来看，保险总量的持续增长是量的积累过程，而只有经过保险结构的不断优化之后才能实现不同保险发展阶段质的飞跃。保险总量的增长和保险结构的优化是保险发展不可或缺的有机组成部分。因此，要在保险总量持续增长的基础上进行保险产业结构的优化调整，而结构的优化调整又会促进保险总量的进一步增长，这个持续不断的动态过程便表现为保险业不断发展、不断深化的过程。

四、保险产业政策与市场机制

随着保险产业结构不断演化，组织结构类型不断增多，保险机构数量也在不断增多，它是集中在发达国家全球并购引起的保险机构数量减少和发展中国家迅速发展的保险业引起的保险机构数量增多二者共同作用的结果，也是发达国家近年来经济增长减缓而发展中国家增长强劲在保险业的体现，但这只是目前世界保险业发展过程中伴随着保险业组织结构演化而出现的暂时现象。可以预测，在今后很长一段时间内，随着经济金融一体化和自由化进程的加快，世界经济发展向好，发达国家保险业并购浪潮后保险机构数量略有下降和发展中国家保险主体数量增长迅速，全球保险主体数量增长的趋势不会改变，然而，总的增长趋势会减缓。

从全球保险产业结构的演化与保险发展趋势可以看出，世界保险业已进入了“寡头主导，大、中、小共生”的垄断竞争格局的快速发展时期。未来国际保险市场的发展模式将是一个保险资源与保险技术共享的业务融合性的统一的国际保险大市场。这种保险产业结构模式有利于保险市场垄断竞争结构的形成，有利于保险公司经营绩效的提高，有利于一国或地区保险业的繁荣与稳定。

中国保险业贯彻落实科学发展观，实现了数量与质量的同步提升，增长方式也逐步从粗放型向集约型转变，保险产业结构不良引起的增长与发展相背离的现象也逐步得到缓解。中国保险业主动顺应世界经济金融化和金融自由化潮流，以保险资源重组为核心做战略性结构调整，并积极引导建成一个既能满足日益多样化的消费需求，又适应社会经济发展，又有利于在开放背景下持续、快速、协调、健康发展的保险产业结构。

第二章　中国与国际保险产业发展[①]（澳、日）

第一节　澳大利亚保险业研究

一、澳大利亚保险产业及保险市场特点

澳大利亚的经济在过去的50多年时间内发生了巨大变化，农牧业、采矿业等传统产业发展水平与发展中国家相似，而制造业和服务业等第三产业的发展水平又与发达国家相齐。20世纪80年代以来，澳大利亚通过实施一系列经济结构调整与改革的政策和措施，迅速跻身全球经济增长迅速的发达国家行列。但是澳大利亚在基础建设领域如建立高效率的交通运输系统和通信系统方面一直发展缓慢，一度成为经济发展的最大壁垒。澳政府近年来重视基础设施领域建设，在实施多项计划以及调整一系列投资的同时，还注重保险在基础设施领域甚至整体经济建设过程中所起到的重要作用。保险作为化解经济建设过程中各项风险以及减轻企业损失的有效手段，在社会经济发展过程中起着保驾护航的作用。并且随着社会经济、商业、政治以及科学技术的不断发展，澳大利亚保险业在发挥风险管理、促进经济发展作用的同时，也实现着自身的创新与发展。

---

① 关于美国、英国的保险产业发展状况，请参考《保险蓝皮书——中国保险市场发展分析（2016）》，中国经济出版社。

（一）澳大利亚保险业发展历史

澳大利亚的保险业起步于19世纪中期，至今已有超过150年的历史。成立之初，澳大利亚保险就遵循国际惯例按照规范化模式设立并且进行经营管理。澳大利亚保险业经历了外国资本大举入侵、本国保险业由盛而衰、然后沉寂百年，之后外国保险公司撤出，国内保险企业重新占据主导地位的过程，大致分为3个发展时期，分别是初创期、繁荣期、稳定期。从19世纪中期到第二次世界大战结束是澳大利亚保险业初始发展阶段，国内保险公司崛起并迅速居于垄断地位。1945—1980年是澳大利亚保险业繁盛时期，由于战后世界经济得到恢复与发展，澳大利亚的经济也蓬勃发展，并迎来保险业的辉煌机遇。这一时期，国内保险公司占据主导地位，同时国外保险公司开始在澳境内入驻，并占据了近20%的市场份额。从20世纪90年代至今，澳大利亚保险业进入稳步发展阶段，保险市场日趋成熟，竞争秩序也更加激烈而规范，保险公司之间的兼并现象时有发生，保费收入以及保险密度、保险深度居世界前列。澳大利亚第三产业成熟发展，带来了其保险产业长足高效地发展，并且在其基础设施领域，逐步发展为各类保险比重大、成熟度高的盛况。最初澳大利亚保险市场是以国内市场业务为主，后来逐渐发展到与其关系密切的周边国家和地区，如中国香港、新西兰、南太平洋岛国等，目前其业务已遍及亚洲各国，并逐步建立了多元化和国际化的发展渠道。在其成熟的保险市场中，超级保险公司出现并占据越来越多的市场份额，形成了具有自身特色的先进保险市场。

（二）世界经济中的澳大利亚保险

截至20世纪60年代末期，世界范围内保险业务的保费收入，都是寿险业务低于非寿险业务，并且寿险平均占比不到20%。1970—1990年，是世界寿险市场极大发展时期，随着世界主要发达国家经济的重新繁荣以及新型工业化国家的崛起，全球保险业务呈现爆炸式增长，1970年，全球保费收入为448.98亿美元，保费收入年均增长速度高达15.08%，

1987 年，全球寿险保费收入首次超过非寿险保费收入，到 1990 年全世界保费收入达到 7072.73 亿美元，是 1970 年的 15.75 倍，寿险业务逐渐占据保险市场的首要地位。20 世纪 90 年代之后，寿险保费收入以平均每年 7%的速度攀升，与非寿险保费收入的差距越来越大。

2016 年，全球保费收入达 4.21 万亿美元，澳大利亚保费收入为 121 亿美元。

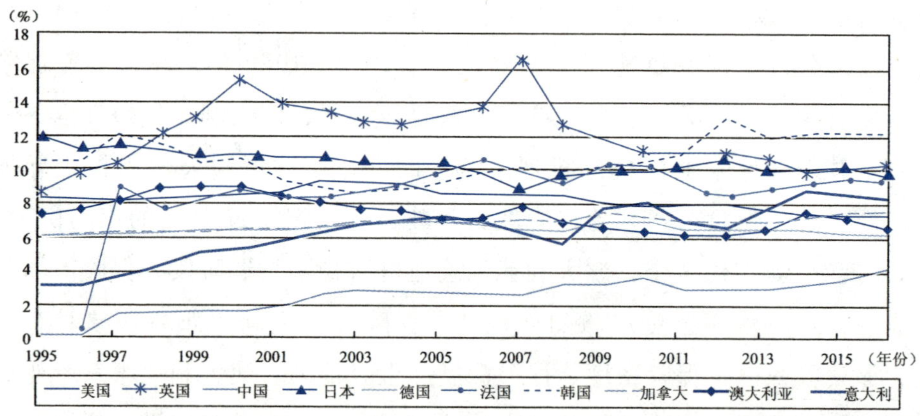

图 2-1　世界保费收入前 10 国家的保险深度

虽然澳大利亚保费收入居于全球前列，但是保险深度（保费收入占 GDP 的比例）要远低于其他发达国家的保险市场。以 2015 年数据为例，2015 年澳大利亚保险深度为 0.97%，而美国是 1.6%，英国的这项数据为 2.4%，西欧国家平均值为 4.7%。通过图 2-1 也可以看出，2000 年之后，澳大利亚保险深度虽然一直呈现平稳态势，但整体上是递减的，2000 年，保险深度为 8.9%，在这之后，其保险深度再未超过 8.9%，其寿险市场也继续萎缩，但是澳大利亚保险市场在世界地位一直增长，尤其是在经历 2011 年亚太地区一系列重大灾难后，澳大利亚保费收入依然保持了强劲的增长态势。

澳大利亚保险市场是一个有多年历史的成熟的保险市场，但澳大利亚经济目前处于转型期，并且由于国内矿业和制造业等传统产业疲软，对整个经济发展造成影响，保险业发展也受到一定程度的影响。但另一方面，澳大利亚良性通货膨胀环境以及国民风险意识加强，使得澳大利亚国内对于保险的整体需求增加，连续疲软的澳大利亚财产险市场境况得到改善。以责任险为例，澳大利亚境内2000强企业中以海外投资居多，占据近1/3的比例，而全球经营需要应对不同的宏观环境，面临不同风险并且承担不同的责任，根据出口要求以及外国子公司的各种规章制度，澳大利亚在国外市场的公司要面临包括政治、经济、金融以及不同监管方面规定的状况，因此，衍生出澳大利亚公司为适应复杂市场环境而产生更多的全球责任险方面的需求，也使得责任险成为财产险增加的主要驱动力。

（三）澳大利亚保险市场特点

1. 高度集中的保险市场

澳大利亚保险公司初期以国内业务为主，并占据绝对的市场份额，但随着澳大利亚保险业务的多元化和国际化，保险市场格局也逐渐发生变化，之后超级保险公司出现，并占据一半以上的市场份额。例如，澳大利亚境内最大的综合险公司——澳大利亚保险公司（Australian Insurance Company），保费收入占全国财产险总保费收入的13.7%，澳大利亚最具实力的人寿保险公司——澳大利亚互助保险公司（Australia Mutual Provident Society）和国家互助人寿保险公司（National Mutual Life Association of Australasia），保费收入占全国寿险保费收入的55.3%。

2. 竞争激烈，兼并加快

20世纪90年代以来，澳大利亚保险市场进一步完善，成熟市场的竞争也更加激烈，主要是国内超级保险公司与国外实力强劲的保险公司之间的竞争，同时，大型保险公司之间的相互兼并以及购买行为也不时出现并且速度加快。超级保险公司积极拓展海外业务，国家互助人寿保险公司（National Mutual Life Association of Australasia）就大力发展其在英美市场的业务，并率先开拓出亚洲保险市场，在主攻中国内地和中国香港市场之后，又将目标瞄向马来西亚和新加坡等市场，进行全球市场的拓展。

二、澳大利亚保险产业链

澳大利亚的保险产业经过100多年的发展，已拥有相对完善和成熟的保险产业链。近年来，在资本市场不景气的情况下，澳大利亚保险企业仍然取得了不斐的经营成绩，表明实行差异化经营，发挥自身专业优势，是在日趋激烈的竞争中脱颖而出的重要保证。

1．保险人

澳大利亚保险人分为国营和私营两类，其经营主体有所不同。国营保险公司由州政府以及联邦政府经办，主要经营社会保险以及出口信用保险，国营保险公司在整个澳大利亚保险市场的份额为20%左右。私营保险业务占市场份额的80%，目前，澳大利亚境内的私营保险公司共200家，非寿险公司和寿险公司比例为3∶1。

2．保险产品

（1）人寿险种产品丰富。澳大利亚的人寿保险险种相当丰富，不仅有普通人寿保险、定期人寿保险、伤残保险，还有储蓄性保险、退休养老保险、失业保险甚至丧葬保险等。成熟的市场会导致经济需求出现差异性，而这种发达市场上的需求差异性又会带来产品的进一步细分。澳大利亚以其先进保险市场提供专业性服务，例如，人寿保险业务以养老金、年金和一次性付清形式提供退休金的服务。

（2）传统险种占比高。商业保险是对人寿保险的重要补充，以满足社会某些层次人群的特殊需求，构成了澳大利亚整个社会高水平的保险体系。与其他发达国家一样，与机动车相关的险种是澳大利亚最重要的保险形式，也是其主要保费来源。日常生活中最普遍的是火灾险、家庭财产保险、承包商责任险、海上保险、机动车第三者责任险、雇主责任险等险种。澳大利亚经济发展迅速，有众多基础设施项目，相关险种如建筑险和工程险，虽然品种单一但需求量大；相对应的是一般责任险种，虽然种类繁多但是需求量小。随着科技的发展和市场需求的变化，经营一般保险的公司在传统险种的基础上不断进行服务创新，例如，家庭财产保险方面，有保险公司利用新技术为投保人提供家庭安全电子监控系统，更加体现了保险的风险管理功能，进一步促进了保险产业链的完善性。

（3）实行全民医疗。澳大利亚是世界上为数不多的实行全民医疗保险的国家之一。澳大利亚的医疗保险费用主要由政府、保险公司和个人三方承担，其中，政府承担 67.6%，私人医疗保险基金承担 11.2%，个人承担 16.5%，其他 4.7%。在澳大利亚政府提供支持的基本养老金制度和全民医疗制度的基础上，商业保险公司十分重视险种和服务的创新，以满足人们对未来资金和风险保障的需求，提高保险产业价值。

3. 保险营销

在澳大利亚，保险市场发展的不同阶段市场各主体在保险营销中的地位和营销的方式不同。从澳大利亚商业保险发展的情况看，20 世纪 60 年代以前，保险人直接承保的情况占主导地位，60 年代以后，尽管遭到保险人的不断抵制，但保险经纪人发展在商业保险业务中逐渐占据主导地位。

目前，澳大利亚有 500 多家保险经纪公司。保险经纪公司不仅能提供保险销售服务，而且具有开发保险产品、提供保费融资的功能。澳大利亚法律不禁止保险人投资保险经纪公司，但保险人向保险经纪公司的投资超过 14.9%时，应向监管机关报告。不过目前在澳大利亚由保险人全资拥有的保险经纪公司还很少，因为此类保险经纪人的身份很难得到其他保险公司的认同。

4. 保险服务

（1）行业组织。行业组织代表保险业与政府机构协调有关政策。澳大利亚主要有 4 家保险行业组织：澳大利亚和新西兰保险与金融学会、澳大利亚保险理事会、投资和金融服务协会、全国保险中介人协会。其中，澳大利亚保险理事会是澳大利亚最大的非寿险保险行业协会，共有 58 家会员，会员业务占各行业业务总额的 90%以上。该理事会在维护会员利益和为政府分忧解难方面发挥了较大的作用。在过去费率统一时，主要协调各家保险公司之间的利益。费率放开后，主要代表行业与政府部门协调有关政策。

（2）教育培训。澳大利亚保险业的迅速健康发展得益于重视从业人员素质的培训、教育和提高。早在 1884 年，保险业尚处于起步阶段，澳大利亚就成立了维多利亚保险学院，后于1919年以联合澳大利亚保险学院的名义登记注册，并于1964年正式更名为澳大利亚保险学院。该学院一百多年来为整个澳大利亚保险界培养了一批又一批的专业人才。近几年来，该学院为了适应澳大利亚对外经贸发展在亚太地区的战略需要和保险市场国际化的要求，大力培养亚太地区保险专业人才，包括新加坡、马来西亚、印度尼西亚、中国台湾、中国香港和中国大陆等国家和地区。

澳大利亚保险公司也十分重视在职员工的素质培训和提高，他们认为这是公司生存发展的生命力，是企业永续生存的不竭动力。澳大利亚保险界注重员工培训教育，一以贯之，对保险从业人员尤其是保险管理者的业务和管理能力的提高起了重要推动作用。

（3）互联网和保险。在保险领域引入互联网可大大提高工作效率和服务质量。澳大利亚保险公司普遍建立了专业化的整套先进互联网保险系统。借助于互联网，可以全程为客户提供全方位的服务，有些公司专门为其业务人员配备手提电脑，便于直接为客户服务；保险公司还直接与客户家庭电脑联网，销售保险产品并且提供即时性服务。并且在澳境内，只要是同一保险公司的系统，均可实现客户在任何时候任何地点进行投保并且信息存储和检索，一旦出现保险责任内的事件，客户在全国范围内可就近提出索赔，大大提高了保险业的工作效率和服务质量，也为其他国家保险业的发展提供了范本。

三、澳大利亚保险产业结构与发展

（一）保险产业总量指标

1. 保费收入

图2-2描述了1980—2015年澳大利亚保险市场的保费收入情况。从图中可以看出，1986年以前，澳大利亚的保费收入都处于较低水准，并且寿险保费收入低于非寿险保费收入，之后在1986—1996年寿险和非寿险保费几乎保持同比增长，甚至非寿险略占上风。但从1997年开始，寿险保费收入开始超过非寿险保费收入并且差距增大，但是从整体来看，两者保费收入差距保持

相对稳定的水平，没有出现拉大或者缩小的趋势。2008 年，由于全球金融危机导致寿险保费收入经历剧烈波动，非寿险增长趋势平稳。2009 年澳大利亚保费收入相较于 2008 年有所下降，寿险保费收入下降程度远大于非寿险市场，不过在 2011 年，不论是寿险保费还是非寿险保费均超过了危机前水平。值得注意的是，2015 年，寿险保费和非寿险保费收入均有不少程度的下降，这主要是由投资关联产品销售大幅波动，残疾险和收益保障产品业绩不佳以及责任险增长乏力所致。

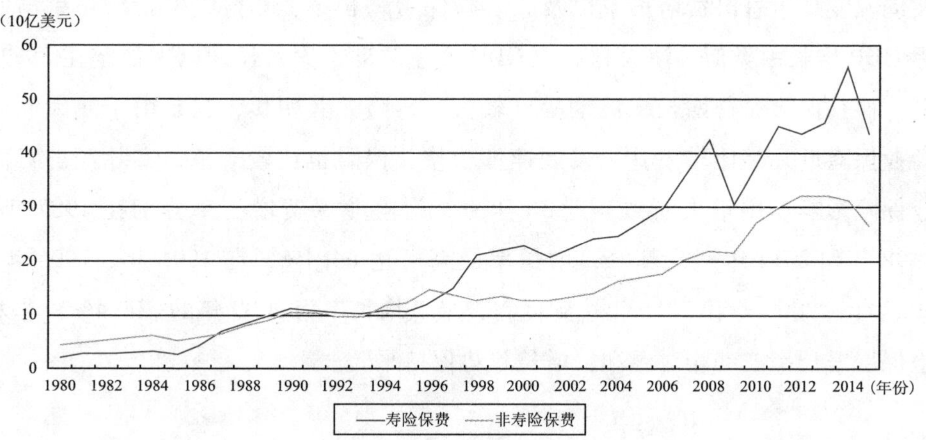

图 2-2　1980—2015 年澳大利亚保费收入

2. 保险机构数量

2015 年，澳大利亚共有 28 家寿险公司，其中，有 2 家相互保险公司，分别为 CML（The Colonial Mutual Life Assurance Society Limited）和 NMLA（The National Mutual Life Association of Australasia Limited），其 2015 年市场份额占比分别为 9. 96%和 6. 25%。非寿险公司共有 114 家，其中，本地保险公司 85 家，外资保险公司 29 家。再保险公司 9 家，劳合社 1 家。经营一般保险业务的保险中介机构有 1642 家。

3. 保险资产总量

2015 年，澳大利亚寿险业务总资产为 2960 亿美元，其中，相互保险公司总资产为 273 亿美元，占比 9. 22%。非寿险资产 1226 亿美元，再保险公司总资产为93亿美元，占比7.6%；劳合社总资产23亿美元，占比1.86%。

（二）保险产业结构衡量指标

1. 保费收入变化率

图2-3刻画了1980—2015年澳大利亚总保费增长率、寿险保费增长率、非寿险保费增长率以及实际GDP增长率的变化趋势，从图中可以看出，寿险保费增长路径波动最大，与世界保险市场保费增长趋势一致，澳大利亚保险市场的寿险保费收入在1987年和1999年出现峰值，2009年出现低谷，整体波动幅度高于总保费增长率以及非寿险保费增长率，非寿险保费增长率与实际GDP增长率类似，澳大利亚的GDP增速波动不大，长期以来稳定在3%左右，而其保险保费增长率波动幅度较大，寿险尤其明显，这是由于澳大利亚商业保险近几年比较发达，发展速度很快，保险也比较规范，实际经济对商业保险影响作用很大所致。近36年来，寿险业保费增长率分别在1987年、1998年和2014年迎来高峰，增长率最高可达64.4%，在1991年、1995年、2003年、2009年和2015年达到低谷，最低增长率为2009年的-24.4%。非寿险保费增长率波动相对温和，增长趋势保持平缓。

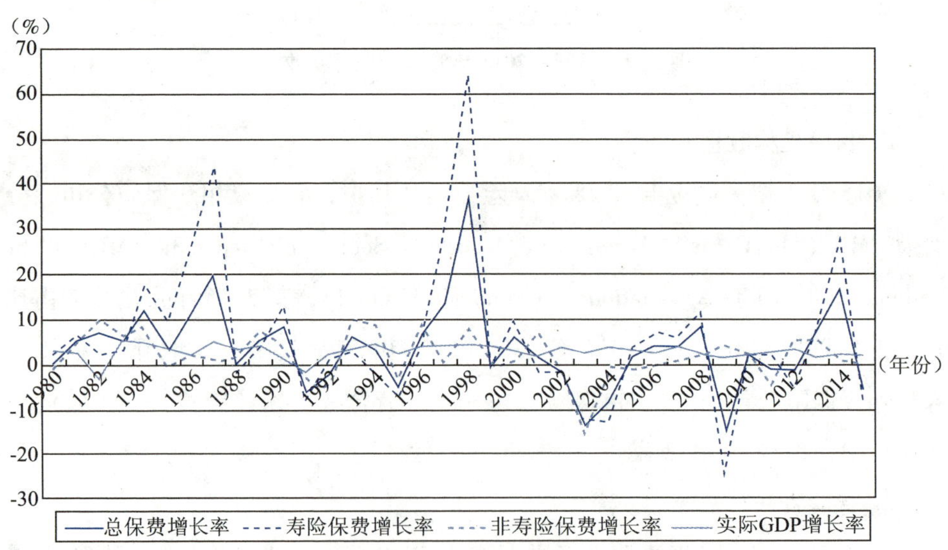

图2-3 1980—2015年澳大利亚扣除通胀的保费增长率变化趋势

2. 保险深度和保险密度

图 2-4 刻画的是 1980—2015 年澳大利亚保险深度变化趋势，可以把保险深度变化分为 3 个阶段，第一阶段是 1980—1987 年，此阶段寿险保费占 GDP 的比重低于非寿险保费所占比重，但是寿险保费占比在快速发展；第二阶段是 1987—1997 年，寿险深度和非寿险深度持平，二者达到相当的水平并且平稳波动；第三阶段是从 1998 年至今，1998 年，寿险深度有一个质的提升，达到了一个新阶段，自此以后，寿险保费占 GDP 的比重一直高于非寿险业，但是 1998 年到达峰值之后，无论是寿险深度还是非寿险深度均呈现下坡走势。从整体发展情况来看，非寿险深度发展平缓，其中，1980—2001 年始终在 3%左右微小浮动，2001 年进入下降阶段，从 2001 年的 3.4%下降到 2008 年的 3.1%后，进入另一个相对平稳阶段，始终在 2%左右小范围波动；寿险深度波动较大，尤其是在 1997 年超过非寿险深度之后，在 2000 年又进入了下降阶段，近 10 年在 3.5%上下较大范围地波动，2004—2015 年，寿险深度在 2.8%~4.2%之间波动，非寿险深度的波动范围则是在 2.0%~3.4%，并且寿险波动频率高于非寿险。

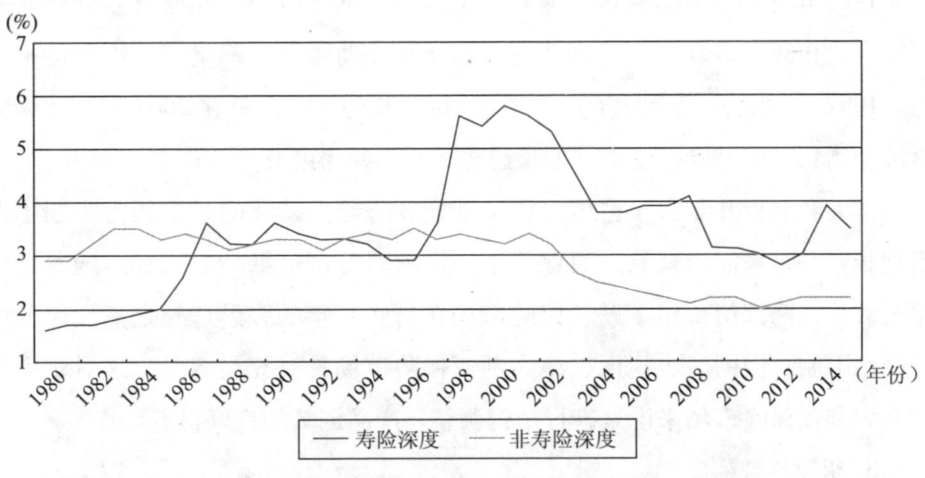

图 2-4 1980—2015 年澳大利亚保险深度变化趋势

图 2-5 刻画了澳大利亚人均保费水平，我们可以看到，澳大利亚保险密度与保费增长率以及保险深度变化趋势一致。澳大利亚保险密度整体趋势是增加的，但是寿险密度增幅高于非寿险密度增幅，并且波动也较大，波动频率也较高。

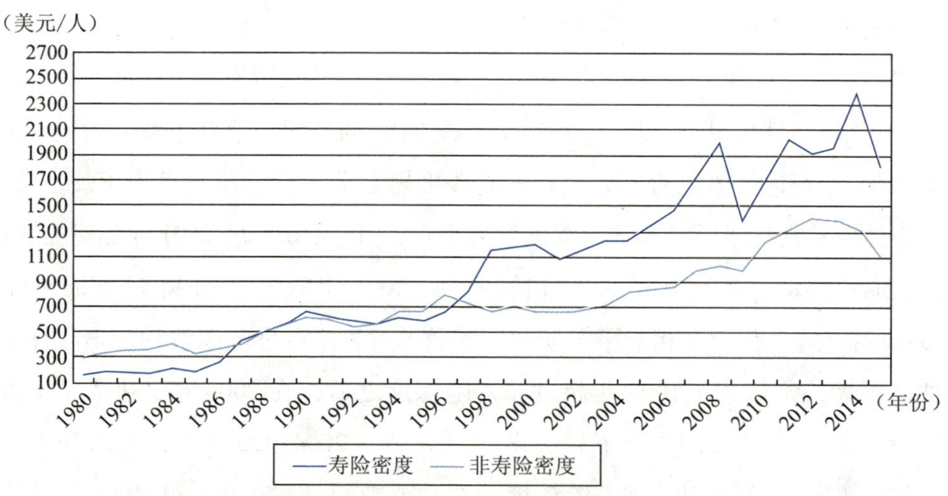

图 2-5　1980—2015 年澳大利亚保险密度变化趋势

1987 年之前，寿险密度与非寿险密度都很低，但是寿险密度要低于非寿险密度。1987—1997 年，二者从增长幅度和波动频率上都呈现出吻合持平态势。1997 年之后，寿险密度呈现出旺盛的增长势头，并且在 2008 年之后大幅度波动增长，非寿险密度整体增长趋势相对寿险密度要平缓许多。

澳大利亚近几年由于整体经济呈现疲软态势，持续的经济压力限制了保费增长，并带来需求疲软，而保险市场需求对经济周期特别敏感。随着经济增长放缓，两部门价格下跌，保险市场在历经几年的强劲增长之后，保费增长受到限制；但同时也说明，澳大利亚保险市场具有充足容量，这对于疲软的澳大利亚保险市场来说是进行结构调整、产品创新的良好机遇。

3. 保险投资构成

最新披露的数据显示，2016 年 6 月底，澳大利亚寿险总资产为 2930 亿美元，比 2015 年减少了 2%（2015 年 6 月底为 2990 亿美元）。其中，47.7%投资于股票，35.4%投资于债券，5.9%为现金，5.1%投资于不动产。

图 2-6 显示了 2008—2016 年第二季度澳大利亚寿险公司投资资产构成情况。从中可以看出，寿险公司资产主要用于投资债券和股票，几乎占据投资份额的 90%以上。

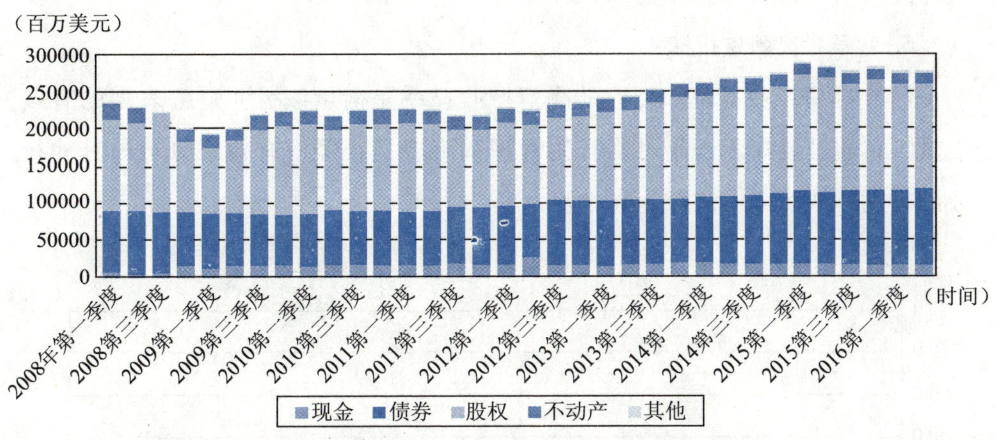

图 2-6 2008—2016 年澳大利亚寿险资产投资构成

4. 保险市场细分

澳大利亚保险市场可以分为 3 个部分：寿险（Life Insurance）、一般险（General Insurance）和健康险（Health Insurance）。

寿险市场上销售的产品主要包括定期寿险、终身寿险和残疾收入保险，其特点是寿险人提供一次性付清方式和永久残疾保险。销售渠道包括直接销售和通过保险中介销售。寿险资金可以分为法定基金和一般基金，其中，法定基金占主要地位，法定基金按照基金类型可以分为投资连结基金和非投资连结基金，按照业务类型可以分为退休养老业务和一般业务。

一般保险市场竞争激烈，产品种类繁多，主要有屋主保险、商业机动车辆保险、国内机动车辆保险、旅游保险、火灾保险、海上保险、航空保险、消费者信用保险、贷款保险、机动车强制第三者责任保险、公众责任保险、产品责任保险、职业责任保险和雇员责任保险等，其中，屋主保险、国内机动车辆保险、火灾保险和机动车强制第三者责任保险为主要险种。

澳大利亚拥有全民健康保险制度，名称为“Medicare”，所以澳大利亚的私人健康保险仅限于那些没有被“Medicare”覆盖的人或者是私立医院所提供的服务。澳大利亚税收制度鼓励中高收入者购买私人健康保险。大多数纳税人则需要1.5%的医疗保险税，而那些收入超过88000美元且没有购买私人健康保险的纳税人则要额外支付1%的医疗保险附加税。

5. 竞争状况衡量指标

（1）净资产收益率。行业的净资产收益率是衡量该行业财务表现的有效工具，它通过披露该行业对资产的管理和配置是否经济有效来分辨与其他行业的差别，从而突出该行业的竞争力。

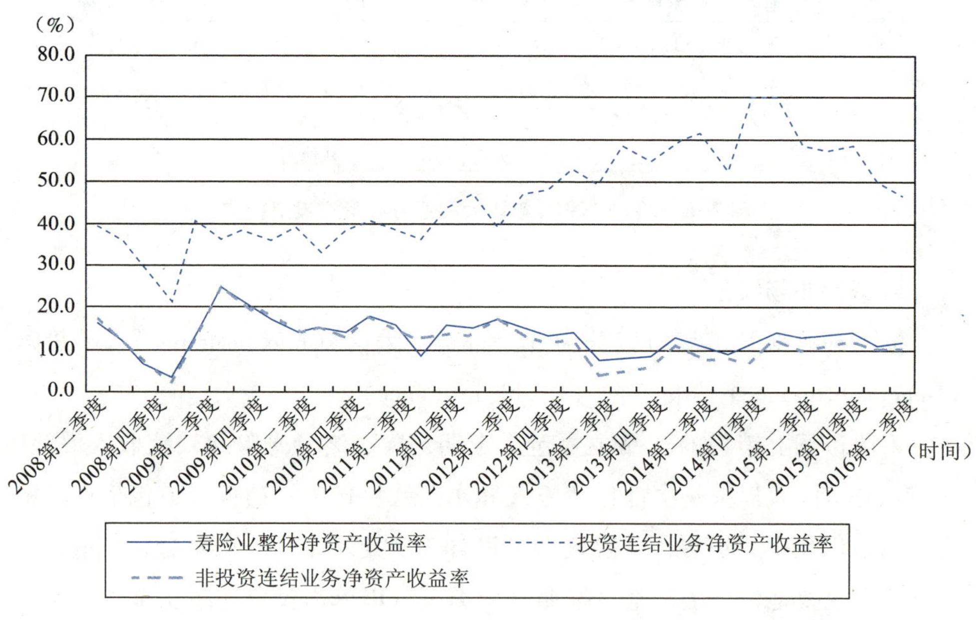

图2-7　2008—2016年澳大利亚寿险市场净资产收益率变化趋势

图2-7是澳大利亚寿险市场2008—2016年季度净资产收益率，首先可以看到近8年来净资产收益率均为正值，低谷出现在2009年第一季度的3.4%，这是因为受2008年经济危机的影响，但是2009年第二季度就已经开始恢复，

并于第三季度达到峰值25%，在这之后经历了两个阶段的平稳时期，其中，2010—2012年净资产收益率在15%上下浮动，2013—2016年在10%上下浮动。其次，我们可以看到非投资连结业务净资产收益率变化趋势与整体净资产收益率基本一致，而投资连结业务净资产收益率一直高于整体净资产收益率，而且在2012年之后的变化趋势呈现出明显的不同，这主要是因为投资收益率表现良好使投资连结业务收益率增加，但2015年之后由于市场疲软导致净资产收益率不断下降。

（2）税后净利润。图2-8描绘的是2008—2016年寿险业季度税后净利润，可以看出其变化趋势与图2-7中寿险业整体净资产收益率大体一致，这也说明了净资产收益率可以很好地反映行业的利润表现，净资产收益率越高，利润表现越好。

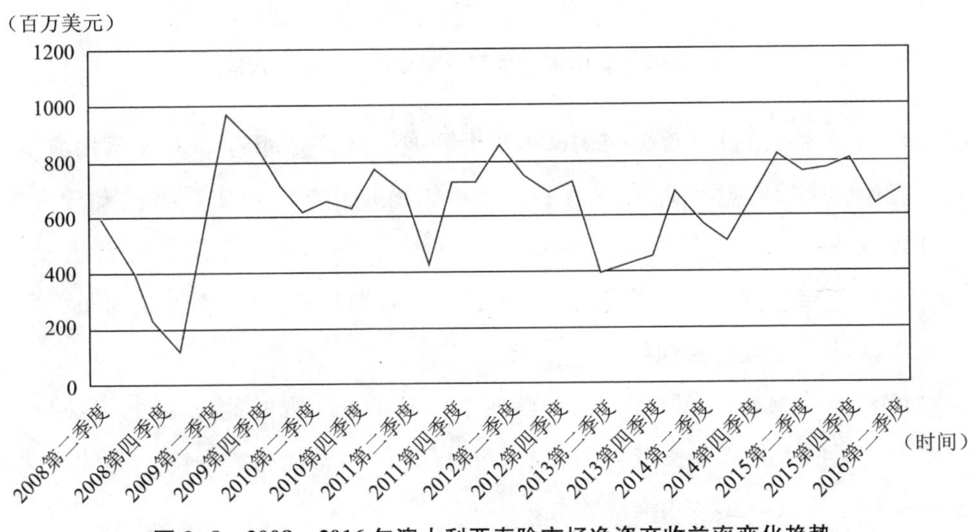

图2-8　2008—2016年澳大利亚寿险市场净资产收益率变化趋势

（3）收入构成柱状图。保险产业业务收入来源主要有承保收益和投资收益，投资收益主要靠资产管理能力和市场稳定性来保证，承保收益主要靠保险产品质量和服务质量来保证，二者的构成情况可以反映该行业的侧重点和竞争力。

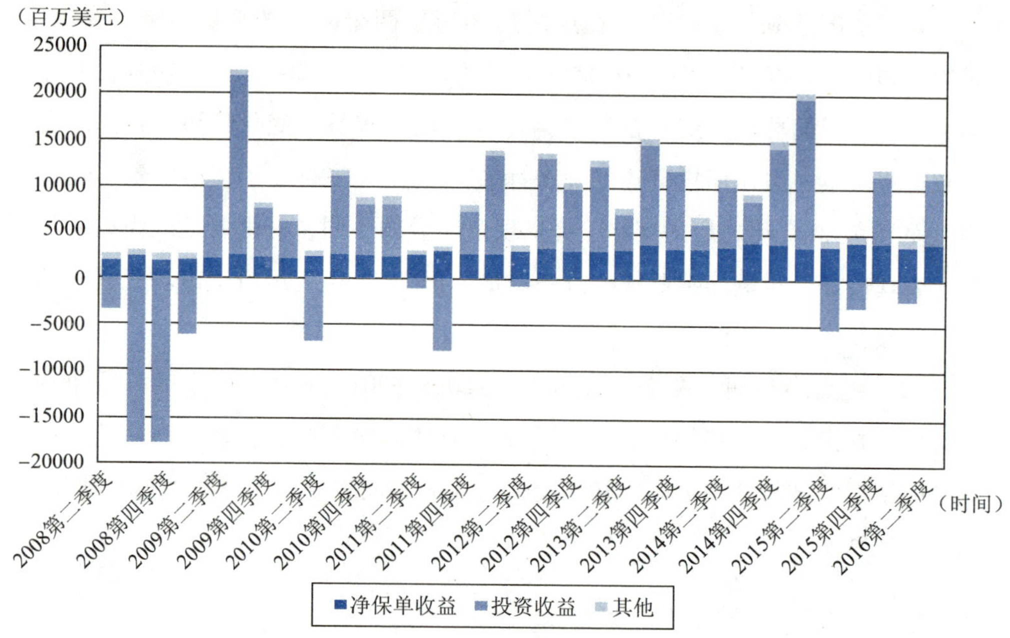

图 2-9　2008—2016 年澳大利亚寿险市场业务收入构成

图 2-9 显示的是 2008—2016 年澳大利亚寿险产业季度业务收益构成情况，其中，承保收益呈现出较为平稳的小幅增长趋势，投资收益波动较大，按年度来看，2008 年和 2009 年因为受经济危机影响导致投资收益为负，2010—2015 年，投资收益均为正，虽然 2016 年第一季度投资收益为负，但 2016 年下半年投资收益向好。

（4）运营成本。保险产业的运营成本占有不可忽视的地位，因为保险产业需要大量的人力资源去获得客户和维持产品的正常运行。保险产业的运营成本一般分为获取成本和维持成本。

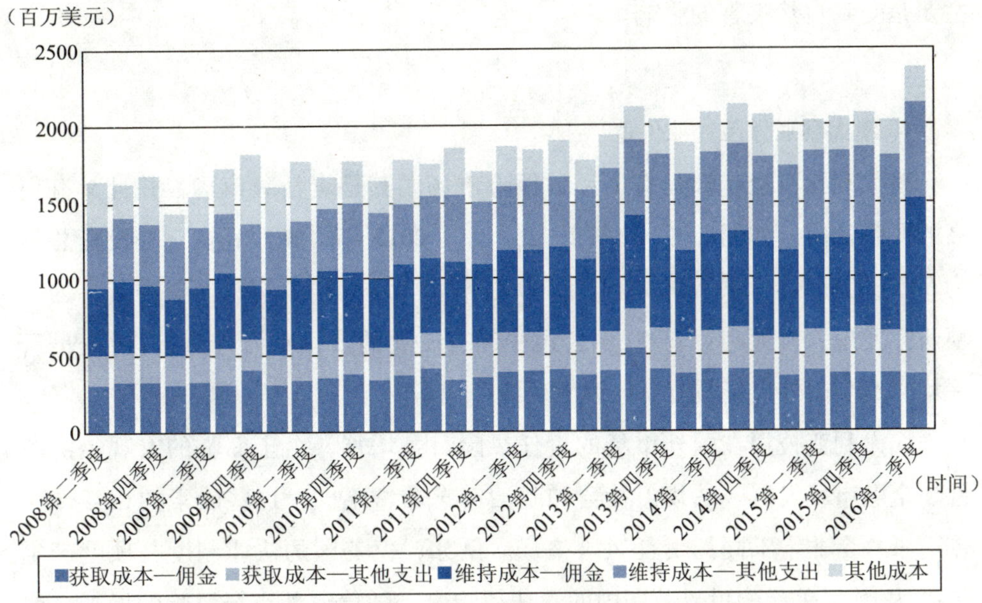

图 2-10　2008—2016 年澳大利亚寿险产业运营成本构成

图 2-10 显示了 2008—2016 年澳大利亚寿险产业的运营成本构成情况。我们可以发现，每一年的第一季度相较于其他季度运营成本都是最低的，这并不是因为某一类成本的降低，而是所有成本都有所下降导致的。另外，运营成本中，维持成本是占比最高的，获取成本中的佣金成本占比较高。

（5）一般保险业务结构。2012 年 6 月—2013 年 6 月的会计年度里，一般保险业务已赚保费收入为 326 亿美元，其中，128 亿美元（即 39%）发生在新南威尔士州和澳大利亚首都地区，而且这个地区各个险种的已赚保费均占比最高（雇员责任保险除外）。西澳大利亚的雇员责任保险保费收入最高，占该险种总已赚保费收入的 61.22%，新南威尔士和首都地区占比 22%，排在第 2 位。

该会计年度已发生赔付总额为 208 亿美元，其中，84 亿美元（即 41%）的赔付发生在新南威尔士州和澳大利亚首都地区，该地区各个险种的赔付支出均位列第 1（抵押保证保险和雇员责任保险除外）。

屋主保险、国内机动车辆保险和火灾保险的赔付总额占总赔付额的 54%，主要是受到自然灾害的影响。

（三）澳大利亚保险产业发展指标

1. 澳大利亚保险产业价值

澳大利亚在全球都具有广泛的保险市场尤其是责任险市场，并且具有很高的风险价值。如图 2-11 和图 2-12 所示，2015 年，澳大利亚对外投资总额为 5430 亿澳元，高于 2001 年的 2300 亿澳元。澳大利亚贸易投资委员会的一项研究发现，澳大利亚 2000 强公司中约有 1/3 的公司在海外直接进行投资，平均 4.5 个国外市场就有 1 家澳大利亚公司。

澳大利亚公司在国外市场的责任风险日益增加，由于面临的宏观经济条件、金融市场发展、法规、社会和政治动态非常不同，这些因素的相互作用创造了一个非常不同的责任风险格局。例如，仅美国的法律制度一项就产生了高达 10 亿美元的世界范围内的责任保险金。随着海外市场风险的增加，澳大利亚企业在未来几年可能会要求更多的全球责任。

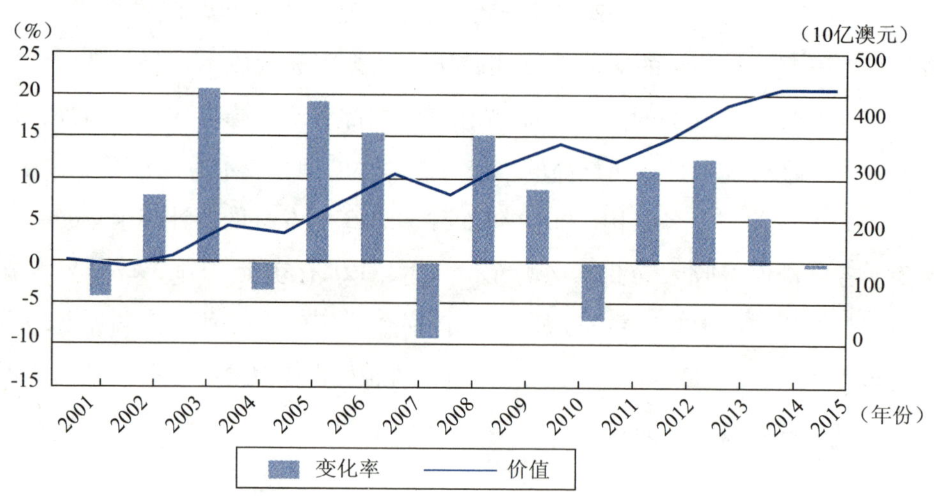

图 2-11　2001—2015 年澳大利亚海外投资年度变化百分比

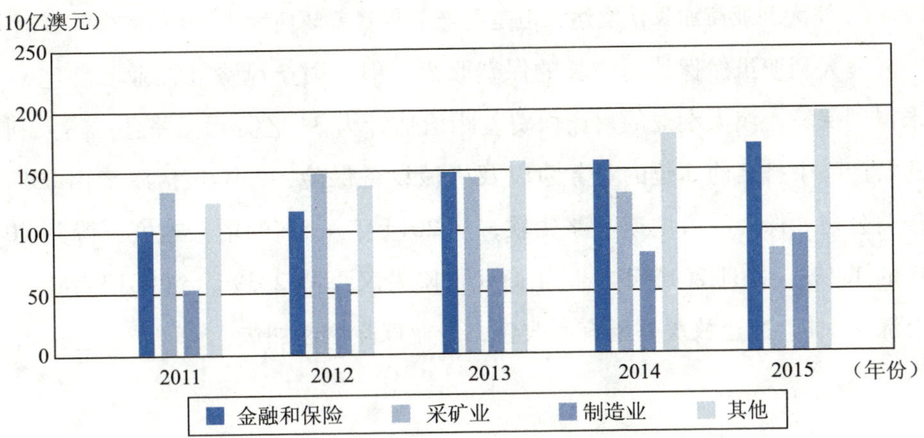

图 2-12　2011—2015 年澳大利亚海外投资

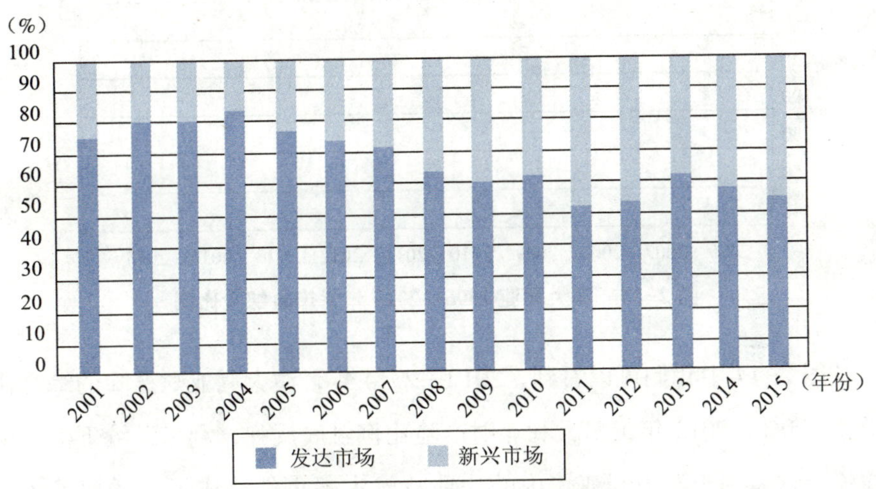

图 2-13　2001—2015 年澳大利亚海外投资份额（按地区划分）

从图 2-13 中我们可以看出，发达市场仍然是澳大利亚境内公司投资的主要目的地（占 2015 年境外投资总额的 55%），但新兴市场份额亦正在上涨（2015 年为 45%，高于 2001 年的 25%），其中，投资总额最大的行业有金融保险、制造和采矿业。在过去的 6 年中，澳大利亚制造业企业在海外投资最多，2013—2015 年，对外投资年增长率接近 20%。

2. 澳大利亚商业保险发达，但是财产险保费差缺口大

澳大利亚虽然保持高增长的保费收入，但是财产风险（商业和住宅）仍未得到保障，澳大利亚的财产保费差距值估计为34亿美元。并且，澳大利亚的财产险中排名前5位的业务险以及机械设备保险，并不包括澳境内80%的相关公司。保费收入增速一路疲软，从2014年4.5%的增长速度下降到2015年的1.1%，并且2016年上半年商业保险费又下降2.3%，到2017年上半年上涨1.1%，减速放缓并且有所改善，专业保险增速加快。

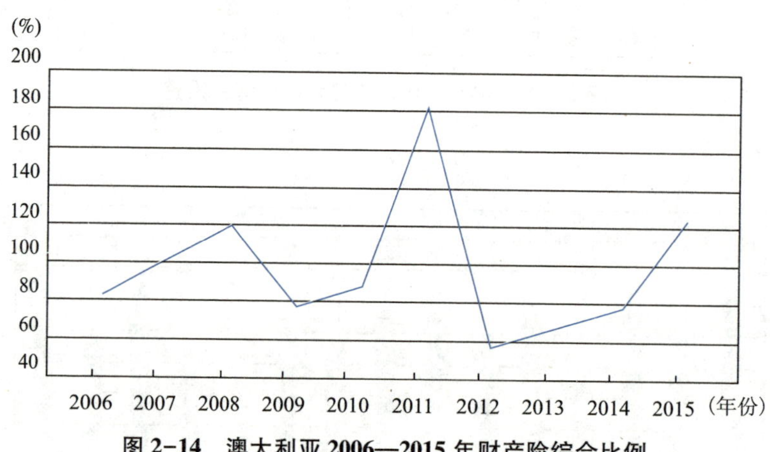

图2-14　澳大利亚2006—2015年财产险综合比例

从图2-14中我们可以看到，2012—2014年，澳大利亚财产险的综合比例远低于100%，2012年，澳大利亚财产险比例触底反弹，利率继续下滑，但进展缓慢，这是由于澳大利亚境内的一些自然灾害事件造成了一系列重大损失所致，包括旋风“马西亚”，发生在新南威尔士州和东南昆士兰州的大风暴，悉尼出现的雹、风和南澳大利亚的森林火灾等。但在2014年之后，澳大利亚财产险比例迅速增加，增长速度高于2006年、2009年、2012年的速率。

近年来，澳大利亚商业财产保险保费收入在基督城地震之后的2011—2013年保持高速增长，同期澳大利亚境内的再保险公司增加。从图2-15中我们可以看出，在澳大利亚的商业保险总额中，2013年为0.29%，2014年为0.25%，到2015年下降至0.24%，2015年财产险比例为24.6%，财产险的保

险深度进一步下降。在保费收入上，财险市场一直呈现疲软态势，继 2014 年下降 8.6%之后，2015 年虽达到 40 亿澳元（1 澳元等于 0.78 美元），但同比下降 1.9%，2016 年以来，澳大利亚境内索赔环境良性发展，疲软趋势已经实现逆转。2016 年澳大利亚的商业保险费在 2015 年下降至 1.1%之后，在 2016 年下滑 2.3%。然而，由于经济表现的加强，保费增长的前景正在改善。

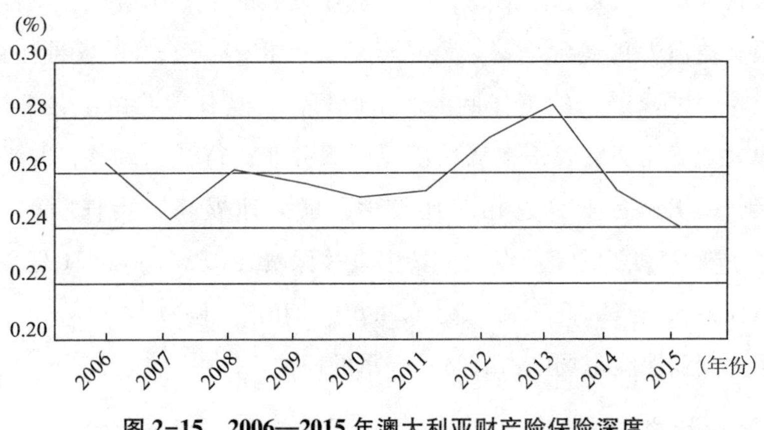

图 2-15　2006—2015 年澳大利亚财产险保险深度

（1）车险自愿险与强制险并行。澳大利亚汽车险是在欧美发达国家车险市场范本的基础上发展起来的，澳大利亚车险产品主要分为三类：第三者责任险、第三方财产保险、综合全面保险。澳政府重视车险市场的自我调节能力，仅对第三者责任险的手续费（15%左右）做强制投保规定，第三方财产保险和综合全面保险都是自愿投保险种。目前，澳大利亚境内可提供车险投保服务的保险公司主要有 AAMI、澳大利亚安联保险公司、NRMA、RACV 等。澳大利亚车险市场步入成熟发展阶段，市场虽竞争激烈但都是有序竞争，不存在费率混乱价格战的情形，澳大利亚车险市场投保和理赔都非常方便，通过现代通信设备以及网络技术便可以实现，澳大利亚车险市场的发展历程大体同其保险市场整体发展轨迹一致。

2015 年，澳大利亚商用机动车险的直接保费收入为 21 亿澳元，同比下降 0.7%，占澳大利亚汽车保险业务总额的 15.1%。2008—2012 年，商用机动车险市场份额下降，相反，个人机动车险的保费率增长速度加快。这反映出个人机动车险的保费率上升速度加快，二者合并比例从2014年的91.6%上升至96.5%，商用机动车险的份额相对稳定。

（2）发展完备的责任保险。责任保险产生于19世纪的欧美国家，20世纪70年代占整个非寿险业务的45%~50%。西方保险界称责任保险是继海上保险、火灾保险和人寿保险后，整个保险业发展的第三个阶段，即保险业由承保物质利益损失扩展到承保人寿风险后，又扩展到了承保各种法律风险。责任险反映了国家严格的责任制度。由此可见，责任保险的地位非同一般。目前，澳大利亚经济发展正在从采矿业向服务业进行新的调整，并平衡服务业的发展，由于服务业公司相对比较多，极大地提高了责任险的需求量。2015年，在澳大利亚的商业保险市场中直接保费（DPW）为121亿美元，责任保险占比为33.6%，高于财产险（24.6%）和汽车险（12.9%），可见责任保险在澳大利亚保险市场中占有举足轻重的地位。

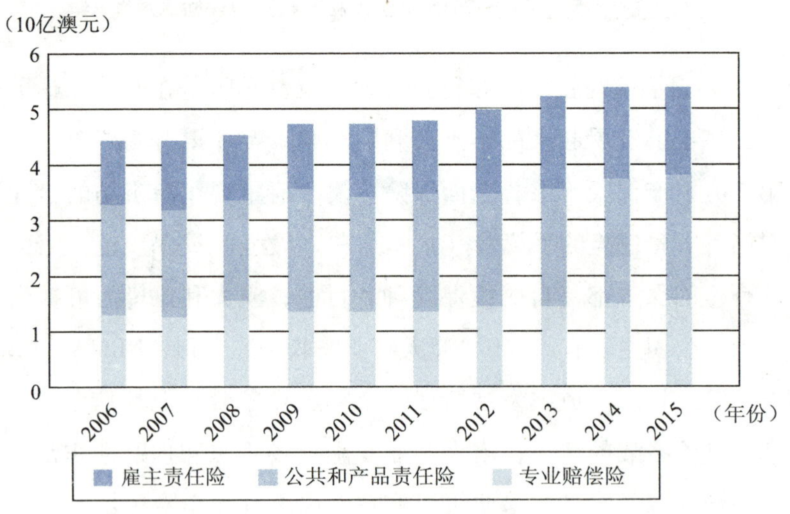

图2-16　澳大利亚2006—2015年责任险承保保费

澳大利亚主要的责任险产品是雇主责任险、专业赔偿险和产品责任险。在澳大利亚设有私人保险公司可以承保西澳大利亚州、塔斯马尼亚州和北领地3个州工人的薪酬政策，其他州对工人赔付进行集中资助。澳大利亚的责任保险虽然需求量小，但是种类繁多，除了发达的经济环境等要素，其法律体系的完备以及民众的法律意识、风险意识较强，也是责任保险发展的重要原因。2002年，澳大利亚进行侵权制度改革（工人赔偿保险的改革），使得包括产品责任险和雇主责任险等在内的大量保险储备释放，澳大利亚责任险深度从2006年的0.46%下降到2015年的0.33%（见图2-17）。

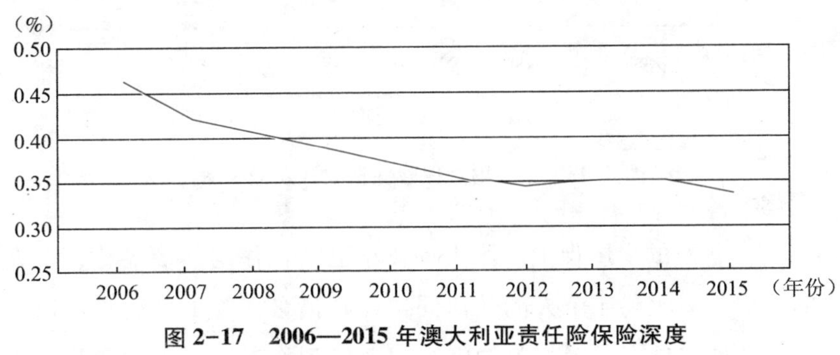

图2-17　2006—2015年澳大利亚责任险保险深度

（3）以特色著称的专业化保险。经济繁荣促使商业保险需求推升，特别是在专业化保险领域，经济增长带来的就业增长、库存价值和建筑活动直接转化为保费收入的增长。随着经济增速放缓，澳大利亚的商业保险费增长在过去2年有所放缓，商业保险费的增长率由2014年的4.5%下降至2015年的1.1%。不过鉴于客户保险需求的多样性和复杂性，澳大利亚许多大型保险公司都开展以专业化为特色的保险业务。例如，澳大利亚基础建设项目众多，人们对相关险种的需求非常强烈。基础项目险种单一，需求量大，使得风险控制难度大、涉及方面错综复杂等，为了提高基础建设项目险种的管理和服务水平，还出现了很多专门针对基础项目的险种，如健康险和工程险等，但专业化保险体现了澳大利亚保险产业价值链的高附加值。

近年来，澳大利亚采矿业和建筑行业持续低迷，导致相关保费市场也持续低迷，2015年，澳大利亚海运险的保费收入为7.19亿澳元，同比下降了2.2%，2015年海上保险的保险深度仅为0.045%。

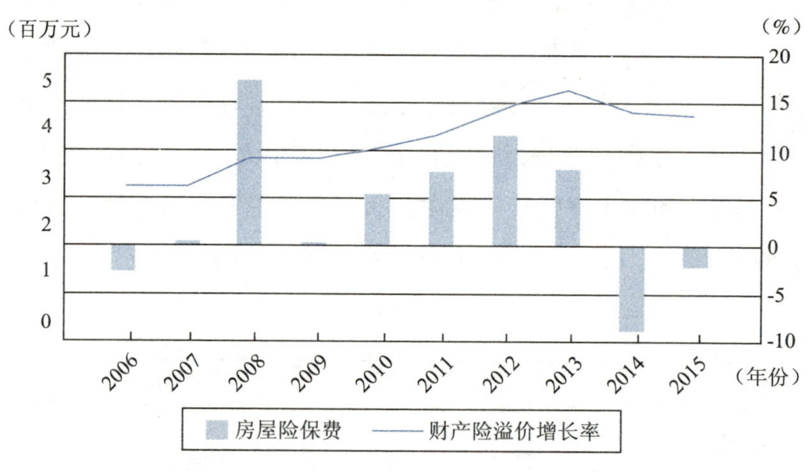

图 2-18　企业财产保险保费收入及增长率

（4）广泛普及的房屋保险。澳大利亚早已实行住房的商品化，个人都拥有自家的住房。澳大利亚个人的住房同样面临诸多风险的威胁，难以预料的自然灾害、种种与自家房屋相关的因第三者受到伤害而引起的法律纠纷等都时有发生。

这些风险威胁构成了房主对保险保障的迫切需求。为此，澳大利亚有很多保险公司都开展了房屋保险业务。客户购买房屋保险后，各种天灾人祸引起的房屋损失，如房屋失火、积雪压坏屋顶、小偷破坏门窗家具、顽童踢球打破玻璃等，都可以及时得到保险公司的赔偿，使人们能安居乐业。

（四）商业健康险市场

澳大利亚商业健康保险覆盖人群超过 1100 万人，参保率达到 47%，保费收入超过 152 亿美元，商业健康保险支出占全国卫生总费用支出的 8%，在发达国家中名列前茅。澳大利亚商业健康保险是该国医疗保障体系的重要组成部分，是私立医院的主要资金来源，促进了医疗保障体系和医疗卫生制度的发展。

早在 19 世纪，澳大利亚就以行业为基础，发展相互保险协会（Friendly Societies），为会员提供医疗保障，澳大利亚目前大部分商业健康保险公司就起源于当地的相互保险协会。澳大利亚的全民医疗保险制度的核心由两个部分组成。

一是覆盖全民的医疗照顾制度（Medicare）和药品照顾制度（PBS）。例如，国民在公立医院看病住院均可享受免费医疗待遇（包括病人伙食费等），国民在部分私立医疗机构也可享受免费或部分补助待遇（如全科医疗诊所、专科医疗诊所等）。

二是私人医疗保险制度，由政府直接给予部分补助，个人自愿参加。澳大利亚医疗保险由联邦政府、州政府和市政府三级管理，卫生拨款、公立和私立医疗基金及公立医院等都受政府控制。澳联邦政府在建立和完善Medicare制度和PBS制度的基础上，积极引导和鼓励私人医疗保险的发展。对公民参加私人医疗保险的费用，由联邦政府给予30%。目前，澳大利亚约有43%的公民购买了私人医疗保险。在澳大利亚，私人医疗保险的提供者、保险种类、覆盖范围和服务内容多种多样，个人和家庭可以根据自身情况做出恰当的选择。

澳大利亚医疗保障体系是由联邦政府的健康与家庭服务部每年将公共医疗基金以国民医疗保险拨款、财政资助拨款等形式拨给州政府的财政部门。州政府的财政部门将此拨款连同本州的医疗基金一起拨给州政府的医疗主管部门，由该部门将医疗基金再拨给公立医院及私人管理的公立医院。同时，随着私人医疗保险的逐步完善，澳大利亚形成了公共医疗保险与私人医疗保险并存的双重医疗保险体制，并逐步向以私人医疗保险为主的医疗体制过渡。

这一系列高福利政策以及规范性管理措施，使得澳大利亚的医疗保险市场规范有序，为社会和家庭生活的稳定起到了保障的作用。总结起来就是满足消费者需求的产品设计和完善的服务使得其医疗保险非常发达。

1. 澳大利亚健康险经营主体特点

（1）市场主体日益集中。澳大利亚法律规定，健康保险公司（Health Fund）在法律允许范围内经营健康保险。对于相关的健康险业务也可以经营，但必须与健康保险业务相对独立。1971 年，澳大利亚有超过 110 家健康保险公司，2002 年减少至 43 家，通过近年的合并，目前共有 34 家。由于健康险市场较高的准入门槛和竞争壁垒，近 20 年澳大利亚仅新设立 3 家健康保险公司。

（2）营利性健康保险公司数量少，但占据 60%以上的市场份额。澳大利亚健康保险公司分为营利性（For-profit）和非营利性（Not-for-profit）两种。其中，营利性公司 11 家，一般为股份制公司形式。非营利性公司 23 家，一般为相互制保险公司，可以免征收入税，但对资产使用有限制，仅限于投资、满足偿付能力需要、支付赔偿与费用、开展医疗研究等。由于非营利性保险公司利用资本市场的能力有限、仅能通过盈余来扩大资本规模等影响，公司数量和所占市场份额日趋缩小。营利性健康保险公司占据近 70%的市场份额，非营业性保险公司占 30%。

（3）开放经营范围的健康保险公司数量多，占据 90%以上的市场份额。健康保险公司根据经营人群的大小，分为开放（Open）经营范围和限制（Restricted）经营范围。其中，开放经营范围保险公司 22 家，对投保人群没有限制。限制经营范围保险公司 12 家，针对特定人群（如按职业、商会、行业协会等）提供商业健康保险。例如，针对警察的警察健康公司，针对铁路和交通部门的铁路和运输基金公司，针对医生的医生健康基金公司，针对教师的教师联盟健康公司。在澳大利亚，开放经营范围的健康保险公司占主流，市场份额超过 90%。

（4）前五大健康保险公司市场集中度超过 80%。澳大利亚财政为当年 7 月 1 日到次年 6 月 30 日。2013 年 7 月 1 日—2014 年 6 月 30 日，前五大健康保险公司（包括 Medibank Private Limited、Bupa Australia Pty Ltd、The Hospitals Contribution Fund of Australia Ltd、NIB Health Funds Ltd、HBF Health Ltd）都是开放经营范围的保险公司，市场份额为 81.6%。其中，3 家为营利性保险公司，2 家为非营利性保险公司，但规模最大的前两家 Medibank Private Limited、Bupa Australia Pty Ltd 都是营利性保险公司。澳大利亚最大的健康保险公司 Medibank 原是国有企业，经过股份化和公开募股，2014 年 12 月 25 日正式上市。

澳大利亚被划分为 6 个州和 2 个领地。6 个州分别是：新南威尔士、昆士兰州、南澳大利亚州、塔斯马尼亚州、维多利亚州、西澳大利亚州；两个领地则是澳大利亚首都领地、北领地。目前，33 家健康保险公司都允许在 8 个州和领地开展业务，仅有 Queensland Country Health Fund 公司仅在昆士兰州开展业务。

2. 商业健康保险产品的分类

澳大利亚商业健康保险产品分为医院保险（Hospital Cover）产品和附加保险（General Cover）产品。

（1）医院保险产品。主要保障客户支付住院时产生的全部或部分医疗费用，包括医生服务费、住院食宿费，手术室费用、药品费用，以及必要情况下的救护车费用（在澳大利亚，除了昆士兰州和塔斯马尼亚州，其他州和领地政府不提供免费的紧急救护服务。商业健康保险可以包括救护车保险，在需要救护车时，由保险公司支付相关的费用）等。

住院保险产品可分为全面（Top）、中等（Medium）、基本（Basic）和公立（Public）四类：全面医院保险产品实行综合保障，覆盖绝大多数的住院保障服务，个人自付医疗费用很小；中等医院保险产品提供中等水平的住院费用保障，明确未覆盖的医疗费用项目（如妊娠和分娩相关服务，辅助生殖服务，肩关节、膝关节、髋关节和肘关节置换，治疗慢性肾功能衰竭和透析等），保障水平低于全面医院保险产品；基本医院保险产品提供一般的住院费用保障，覆盖较小的住院保障项目，一般不包括心脏、康复、精神科、姑息治疗等费用，有一定的个人费用负担；公立医院保险产品提供的保障范围与国家医疗保障制度范围相同，对社保自付的医疗费用进行适当保障。

（2）附加保险产品。主要涵盖大多数牙齿检查和治疗、大多数的物理治疗、职业病治疗、语言障碍矫正、视力治疗、脊柱推拿治疗、足部治疗、心理服务、针灸、光学配镜、助听器、家庭护理、外科修复移植用的假体等。

投保人可以选择单独购买医院保险或附加保险，也可以同时购买这两种保险。综合保险（Comprehensive Cover）同时覆盖医院保险和附加保险的责任。

此外，澳大利亚的一些保险公司为持工作签证在澳大利亚工作，或持短期访问签证去澳大利亚旅游、探亲、考察的外国人专门提供海外访问者医疗保险（Australia Overseas Visitors Health Cover），包括医院保险和附加保险，可以帮助解决在澳大利亚看病的后顾之忧。海外访问者医疗保险一般报销在投保人重病需要转送回母国，或者投保人意外死亡后运送遗体回国相关费用。

3. 实行社区定价

1953 年，澳大利亚实施了国家卫生法（National Health Act），该法律确立了社区费率（Community Rating）定价原则，禁止以年龄、性别、健康状况为基础进行差异定价，对于同一保险产品，所有被保险人实行统一费率，目的是减少或消除保险公司挑选低风险被保险人的行为，使投保人都有同等机会购买商业健康保险，且健康保险公司不能拒保。目前，澳大利亚商业健康保险仍实行社区费率定价。

四、澳大利亚保险产业政策

澳大利亚政府在巨灾保险、农业保险和医疗保险等方面都有不同程度的介入，一定程度上弥补了保险市场机制自身的缺陷和不足，具体表现在：一是政府鼓励商业保险成为应对大灾风险的主力，避免角色定位不准而影响财政支出的平衡与稳健；二是在灾害易发、多发地区，政府应结合当地经济发展水平给予投保人适度补贴，强制投保；三是巨灾损失超过再保险公司承保能力以上部分，由政府承担最后保险人角色给予财政担保或者再保；四是政府深入研究和商业保险市场的优化组合问题，避免过度参与对商业保险产生“挤出效应”，阻碍商业保险公司的创新动力和能力。

澳大利亚与保险相关的法律法规主要有《1973 年保险法》《1984 年保险合同法》《1984 年保险代理商和经纪人条例》。20 世纪 90 年代之后，澳大利亚保险业进入稳定发展的成熟时期，保险市场竞争更加激烈，市场秩序也更加规范，1995 年，澳大利亚联邦政府对保险行业法规进行重大修改，出台《保险代理商、经纪人条例》。随着政策法规的不断完善，澳大利亚保险市场开始步入稳定发展期，市场份额也有所分散。与其他商业市场发展轨迹相似，进入成熟发展期之后，高速发展的保险市场开始出现大型公司甚至国际保险公司的兼并，保险市场日趋完善。随着保险市场越来越成熟，各项总量指标以及保险竞争力在全球排名不断攀升，澳大利亚已进入世界先进保险国家行列。

1973 年，澳大利亚颁布《保险法》，建立了类似欧洲偿付能力 I 的偿付能力监管体系。此后，澳大利亚偿付能力监管经历了 3 次重大改革。一是 1995 年制定了寿险保单负债、偿付能力、现金价值等计量标准；二是 2002 年对非寿险偿付能力要求进行了修订；三是从 2010 年开始，澳大利亚审慎监管局（Australian Prudential Regulation Authority，以下简称 APRA）基于增强风险防范能力、积极与国际监管接轨、提高资本监管一致性的目的，于 2013 年 1 月 1 日正式实施《寿险及非寿险公司资本标准》（Life and General Insurance Capital，简称 LAGIC）。LAGIC 整体框架采用与欧Ⅱ、巴塞尔资本协议相一致的三支柱体系：第一支柱是与资本要求和资本基础相关的定量监管要求；第二支柱是监管审查，包括 APRA 评估保险公司的风险和资本管理能力以及可能对资本要求进行的监管调整；第三支柱是信息公开披露要求。

第二节 日本保险业研究

一、日本保险产业及保险市场特点

日本的保险业发展历史已有 150 多年，1861 年，日本境内出现第 1 家外国保险公司，1879 年，日本创立第 1 家也是目前日本规模最大的本土财产保险公司——东京海上日动火灾保险株式会社。日本保险业大致经历了 4 个阶段，20 世纪 20 年代末的昭和金融恐慌以及“二战”战后是日本保险业重建时期；在 20 世纪 50 年代随着经济腾飞保险业进入繁荣发展时期；进入 80 年代，日本经济高速发展，步入“黄金时代”，这一时期日本货币流通量达到历史巅峰值，保险业也迎来黄金时代；1996 年是日本经济的一个分界线，日本经济从高速发展期迅速进入衰退期，保险业也进入平缓发展甚至衰退时期。但是，日本依然拥有全世界最大的寿险市场，而且日本的保险产业从规模到业务量上，都是仅次于美国的超级保险大国。

日本保险市场的特点主要有以下几点：

1. 内向限制、稳定垄断的保险市场

日本经济由于政府主导，具有稳定性特征，保险业也得到稳定发展。由于日本具有独特的历史沿革特点，保险业又与其经济发展密切相关，日本的保险业发展也随其经济发展，经历了由封闭市场到开放市场的演变。

日本保险业竞争在国内范围非常激烈，但是在国外市场的业务量大大减少，并且由于政府的严格限制，竞争只能在限制范围内进行。

日本保险业的国内业务比例高达80%~90%，保险公司大多依托于银行集团或者信托银行，保险业务的运营与资金的运转分别由保险公司和银行来承担。日本保险经历了由严格管制到逐步放开的阶段。战后初始时期，由于日本保险法规定了日本每个保险公司只能经营商业保险中的一类业务，日本保险公司形成了国内封闭的内向集中型的市场，外国保险人参与高度发达的保险市场机会很小。例如，在人寿保险中政府对产品的价格有着严格的范围规定，这使得价格竞争是有限度的，所以人寿保险公司更多的是把重心放在投资收益率的提高，多元化服务渠道的开拓，寿险商品的开发等附加价值之上。1996年，在世界贸易组织和国内经济形势的双重压力下，日本废除产、寿险不得混业经营的禁令，并且在同年通过了新的保险法。新保险法以法律形式规定允许从事寿险或者非寿险的总公司以设立子公司的方式彼此兼营有关意外伤害、疾病及护理方面的保险业务。自此，日本向国外公司提供了平衡发展的机会，也使日本朝着保险行业大市场的方向发展。

2. 储蓄型保险业务普遍

日本居民的高储蓄率（这里的储蓄不包括不动产类投资及储蓄）带来了日本家庭的高投保率。1959年，日本家庭户均收入约1200美元/年，此后持续上升，在2014年达到峰值约9.37万美元/年；户均储蓄余额自1959年的800美元上升至2014年的高点22.96万美元。但以5年移动平均黄金价格调整的这一约等于实际购买力的角度审视日本家庭的收入与储蓄状况，则会发现日本家庭的收入在1999年即已达到峰值227盎司黄金，而储蓄余额的顶点则出现在21世纪，为527盎司黄金，日本家庭的收入及储蓄实际上在21世纪是持续下降的。但是，日本家庭对保险的储蓄并未因经济周期的波动出现如有价证券等的波动，1959—1980年，日本居民对保险的储蓄稳定在19%左右，20世纪80年代开始持续高于20%，2014年为24.8%。日本的保险业是在海上保险、火灾保险的基础上发展起来的，战后特别是20世纪50年代之后，日本社会经济飞速发展的同时，日本经历了家庭小型化的演变，各种储蓄类的替代型保险产品迅速增多。

（1）寿险业务占据超级地位。伴随着社会老龄化以及人口数量的激增，日本的寿险业务得到了飞速发展，并且在90年代初达到了高峰。1994年，日本的总保费收入、寿险业务量、保险密度及保险深度等总量指标均居世界第1。其中，总保费收入达6060亿美元，人均保费达4849美元，首次超过美国。2014年，日本总保费收入为479762亿美元，其中，寿险保费收入为371588亿美元，占世界寿险保费收入的14%。日本保险在世界保险市场上的超级地位在很大程度上仰赖于其人寿保险的地位。

（2）储蓄型非寿险业务比较普遍。日本的住房和个人意外事故保险都会规定到期退费，对于一张5年期的保单，如果保险事故未发生，被保险人将得到相当于保险金额10%或者全部保费的退还。另外，国际保险学人还向被保险人支付投资产生的红利。

3. 商业保险普及率高

（1）日本的商业保险就是个人保险。日本的商业保险是一种保险人与被保险人之间的商业行为，必须经过政府保险管理机关批准设立才能营业。商业（个人）保险主要包括生命保险（寿险）和损害保险（非寿险）两大部分。此外，还存在第三领域的保险（包括癌症、医疗和人身意外伤害保险）。

日本保险市场的险种可分为3类：简易保险、特约保险和委托保险。简易保险以家庭和个人为对象，主要有家庭生活保险、养老保险等；因各种原因入院治疗，均可参加特约保险，解决医疗的问题；委托保险包括火灾保险、汽车保险等13类保险。

（2）人寿保险是日本最大的保险业务。日本的寿险业务主要有民间保险公司、邮政局（2007年进行私有化）和农协共济会经营。日本邮政局可以同时兼营邮政、邮政储蓄、简易保险业务。此外，日本政府还规定了日本邮政局经营的简易保险最高保额为1000万日元/人。

（3）非寿险市场集中度高，新型保险众多。日本绝大部分的非寿险业务集中在本国25家大型非寿险公司，其中包括2家再保公司，同时，允许在日本境内经营的34家外国非寿险公司占日本非寿险市场份额的3%。

汽车保险比例相当大。2015年，日本自愿机动车保险费收入为3991亿日元。火灾保险和海上运输保险比例很小，火灾险的保费收入为1591亿日元。新型保险不仅种类繁多，保费收入也占很大的比例，1988年仅为400亿日元，2015年已增加到1176亿日元，险种扩展到包括盗窃险、玻璃险、风灾水灾险、保证保险、信用保险、工伤补偿保险、锅炉与涡轮机组保险、牲畜保险、赔偿责任保险、船客伤害赔偿责任保险、建筑工程保险等各类新型险种。日本的汽车保险非常发达，其原因主要有以下几个方面：

首先，日本机动车拥有量居世界前列，汽车保险市场容量或市场潜力较大。

其次，日本法律规定，机动车保险属于纯粹自愿型保险，但是保险车辆出险赔偿优厚。除赔偿基本赔偿费外，有的保险公司还负责车祸受伤后的工资损失、法庭和车祸调查人员的费用、汽车内部遭到的盗窃以及汽车抛锚拖车费等。

最后，车险已形成有效的风险控制机制。例如，保险费因投保人的年龄、职业、领取驾驶执照的时间以及居住地区的不同而不同；18岁或25岁以下的人、初领驾驶执照者、有违章记录者、住家地区安全状况恶劣者、有抽烟习惯者以及价格昂贵的车辆等，在投保时须缴纳较高的保险费；车辆一旦出险致损，无论驾驶者为何人，法院只追究车主的责任等。这一系列措施使得日本的汽车保险市场规范有序，为社会和家庭生活的稳定起到了保障作用。总结起来，就是满足消费者需求的产品设计和完善的服务使得汽车保险非常发达。

二、日本保险产业链

1. 保险人

按照日本保险法中的规定，日本保险公司分为股份公司和相互公司。按照日本保险业法的规定，可经营民营保险的公司必须是股份公司或相互公司，股份公司既适用于《商法》的有关规定，又由于保险业的特殊性质，在《保险法》中有一些补充。日本的相互公司是以社员（即相互公司的投保人）相互保险为目的的社团法人。相互保险公司既不是公益法人，也不是营利法人，而是按照《保险法》规定设立的中间法人。

2. 保险产品

根据国家干预的程度，日本的保险可以分为 3 类：纯粹自愿型商业（个人）保险、具有强制性的社会保险以及保护产业型的经济政策保险。经过多年的发展，目前在日本的保险市场上，适应市场需要的保险产品如人寿保险、汽车保险、健康保险、责任保险等无所不有，保险已成为人们生活中不可或缺的要素。其中，生命保险（寿险）和损害保险（非寿险）共同构成了日本庞大的商业保险体系。高普及率的商业保险在减轻意外灾害对家庭生活的冲击的同时，对日本社会经济、金融的发展也起着至关重要的作用。

按照《保险法》规定，日本的保险业务可以分为：

（1）生命保险，也就是日本的寿险业务，基本险种包括死亡保险、生存保险和生死混合保险。

（2）损害保险，即日本的非寿险业务，主要险种包括火灾保险（包含普通火灾、储蓄型火灾、住宅店铺综合、利益、地震等）、海上保险（有船舶险和货物险）、运输保险、汽车保险、伤害保险、信用保险、盗窃保险、风灾水灾保险、玻璃保险、动物保险、航空保险、保证保险、锅炉保险、机械保险、劳工保险、赔偿责任保险等。20 世纪 60 年代以来出现的储蓄性长期保险，可在满期给付红利，如先后出现的储蓄型火灾保险、储蓄型伤害保险、储蓄型劳工险、储蓄型护理费用险等。

（3）再保险，日本的生命保险和损害保险都有直保市场和再保市场。生命保险方面，有一些大型公司参与的欧美国际再保险集团；损害保险方面，常利用共同险和再保险共同分散风险。日本再保险业务主要是海外市场业务。

3. 保险营销

（1）保险代理人。日本保险营销制度有自己鲜明的特点。日本保险营销主要依靠公司外勤职员和代理店来进行。其非寿险90%以上的业务由代理店来招揽。日本之所以能成为世界第二大寿险市场，主要归功于日本保险业巨头——生命保险公司所属的数十万生命保险营销员及其所构筑的庞大的销售网络。日本寿险公司在成立初期，通常都是通过有势力的乡绅作为代理店来推销保险。随着日本国民经济收入的不断增加，人们的风险意识及保险意识不断增强，公众对保险的需求日益加大，之前的代理店销售模式很难满足人们的需要。受此种环境的影响，20世纪初期，日本保险业开始引进外务员模式。在此种模式下，外务员与保险企业既不是雇佣关系也不是委托关系。这些外务员在从事销售工作之余，其相关权益无法得到保证。20世纪40年代末，《劳动基准法》出台，保险公司应承担的外务员法律责任也排上了重要议事日程。为了解决这个问题，各保险公司针对实际情况采取了不同的解决方案，有些公司选择了将外务员转型成为“雇佣关系营销员”，也有一些公司选择使外务员成为“委托关系代理人”。无论选择哪种制度，此时保险公司发放薪资采用的均为佣金制。

（2）保险经纪人。1996年4月，日本新的《保险法》开始实施，经纪人这一形式才被引进。日本引进经纪人制度采用的是登记制（申请登记即可），而不是执照制。经纪人直接向大藏省登记注册，但要求经纪人寄存一定数目的保险金，超过最低保证金的部分由经纪人投保赔偿责任保险（E&Q）。日本有关专家指出，由于日本保险业长期以来都实行代理店制度，这种制度效果良好，而且这些代理店在一定程度上也具有保险经纪的功能，因此，日本的保险经纪要取得实质性发展仍需付出巨大的努力。

4. **保险服务**

日本保险服务遵循现代化服务理念，为社会公众提供一切有价值的活动，并且表现出与传统性的经济赔偿与给付的服务明显的外延扩张特征。服务内容包括提供保险保障、咨询与申诉、防灾防损、契约保全、附加价值服务等。其中，保险保障是核心服务，其他是扩散性服务。核心服务与扩散性服务的关系是：核心性服务是根本，扩散性服务围绕核心性服务展开。

日本保险服务包括售前服务、售中服务和售后服务。售前服务是指推销保险商品之前为顾客提供的涉及保险方面的服务，往往伴随着对人们保险需求心理的精心研究和精准分析，对潜在客户的一种激励方法。售中服务是指在保险商品买卖过程中，直接为销售活动提供的各种服务，它是销售实现的关键环节。售后服务集中体现保险公司特色，保险公司可以采取各种措施，尽量减少保险事故的发生以减少损失；提供附加价值服务、契约保全服务，制定咨询与申诉制度等。

在日本各式各样的保险服务中，“保险超市”作为日本独特的一种服务模式而广为人知。由于财险服务模式比寿险更具多样性，日本的保险服务代理部门有专业代理服务和兼业代理服务，涉及银行、汽车相关行业、不动产门店等行业。日本“保险超市”服务理念由 Life Plaza Holding 株式会社提出，采用与传统保险服务模式相反的思维，使消费者主动上门寻求服务，在可比较环境中自由选择各项服务，并且实行多品牌服务战略，使得消费者在自主选择的同时，可得到专业化的咨询服务。

5. **产业链的价值**

日本的保险业在保险密度和保险深度方面超过美国，处于保险产业发展的高级阶段。日本的寿险业务支撑着日本世界保险超级大国的地位，日本非寿险业务占保险业务总量的20%，但是其在世界非寿险市场的比例高达14%。日本的保险产业价值链符合“微笑曲线”，即附加价值主要集中在险种的研发、销售以及品牌与服务上。

三、日本保险产业结构与发展

（一）保险产业总量指标

（1）保费收入。图 2-19 刻画的是 1980—2015 年日本保险市场保费收入情况。从中可以看出，日本寿险保费始终高于非寿险保费，且寿险保费波动较大。1980—1995 年，差距逐渐增大，但是从 1995 年起，寿险保费增长速率下降且波动较大，在 2011 年至最高点之后又开始出现下降，而非寿险保险则呈平稳波动趋势。

（2）保险代理机构数量。日本保险销售机构采用会员制，日本寿险公司经营过程中会员最多的年份是 2009 年和 2010 年，达到 46 家，2016 年，会员数量减少到 41 家，由于日本经济的衰退，保险代理机构数量由 2002 年的 13 万家减少到 2016 年的 92990 家。

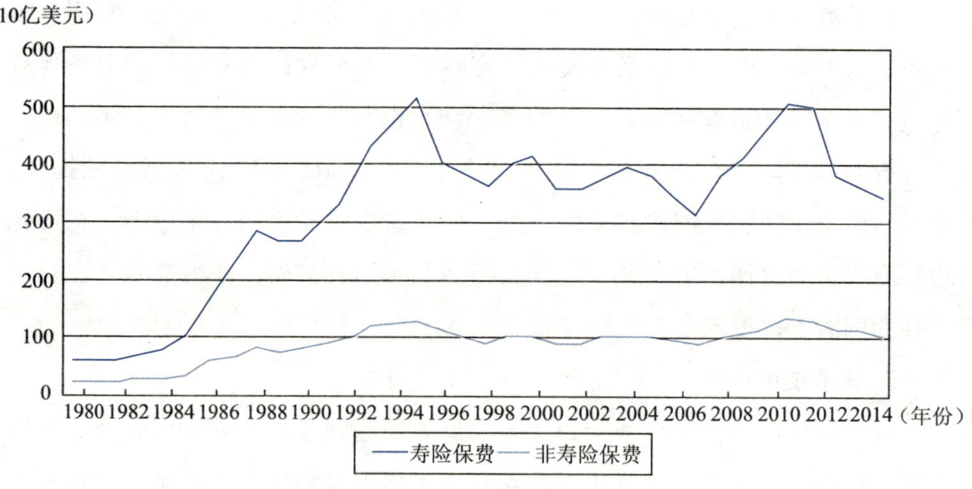

图 2-19　日本 1980—2015 年保费收入

（3）保险业劳动人口。根据日本生命协会统计，日本保险固定经纪人数在 2002 年为 26.8 万人，2016 年为 22.9 万人；代理机构内销售代表的人数在 2002 年为 71.3 万人，2014 年达到峰值 101.5 万人。根据日本生命协会数据，日本发达的代理人制度是日本保险业的一大特色，日本保险市场代理机构数量以及保险从业人员数量变化如图 2-20 所示。

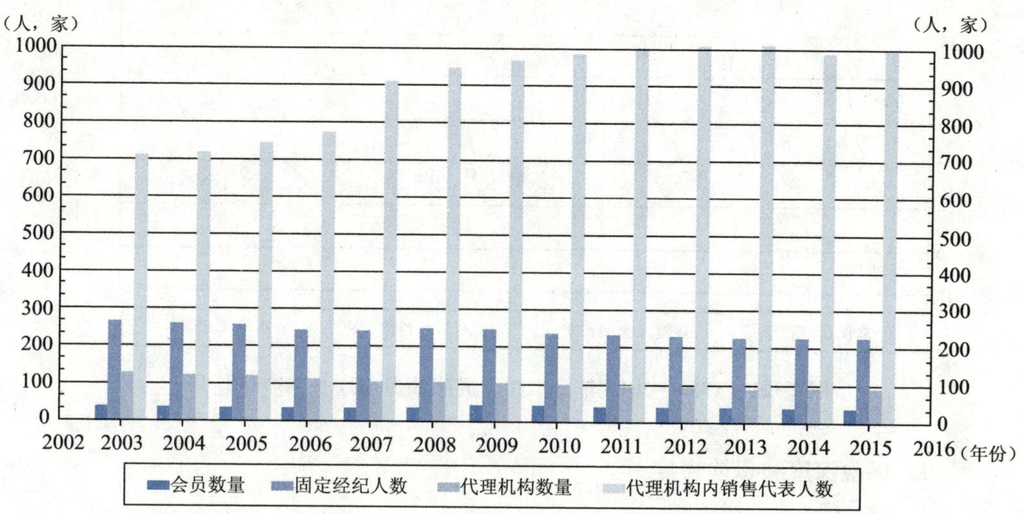

图 2-20　2002—2016 年日本保险代理机构以及从业人员变化示意图

（二）保险产业结构衡量指标

1. 保费收入变化率

如图 2-21 所示，寿险保费增长率与总保费增长率变化趋势一致，但是与实际 GDP 增长率变化趋势不一致，这是因为日本居民的储蓄率非常高。1990 年以前，日本的总保费增长率都保持高速增长并且远高于实际 GDP 增长率。在此期间，非寿险增长率波动幅度极大，1986—1988 年，非寿险保费收入增长率由 26.7%下降到-3.2%。1990 年之后，随着日本经济进入“滞胀”发展期，其保费增长率包括寿险和非寿险保费增长率都保持在 GDP 增长率相齐的水平，但整体上非寿险波动要强于寿险波动水平。

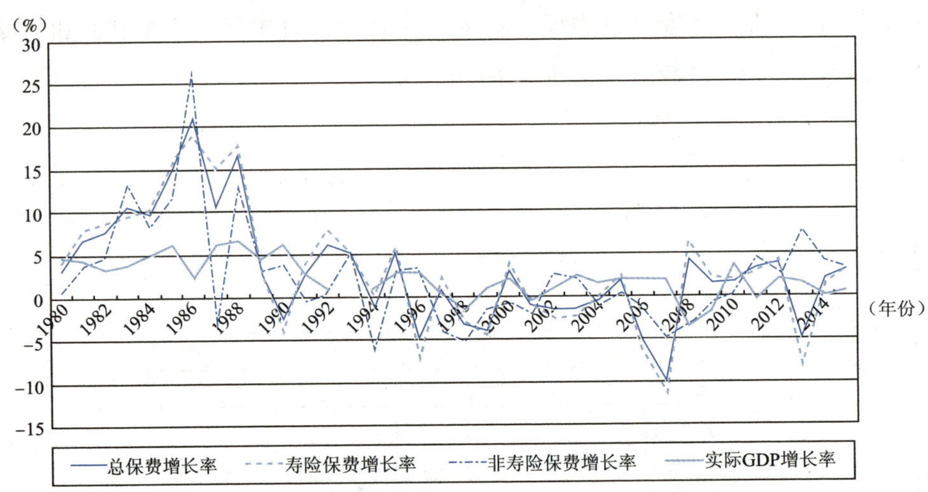

图 2-21　1980—2015 年日本扣除通胀的保费增长率变化趋势

2. 保险深度和保险密度

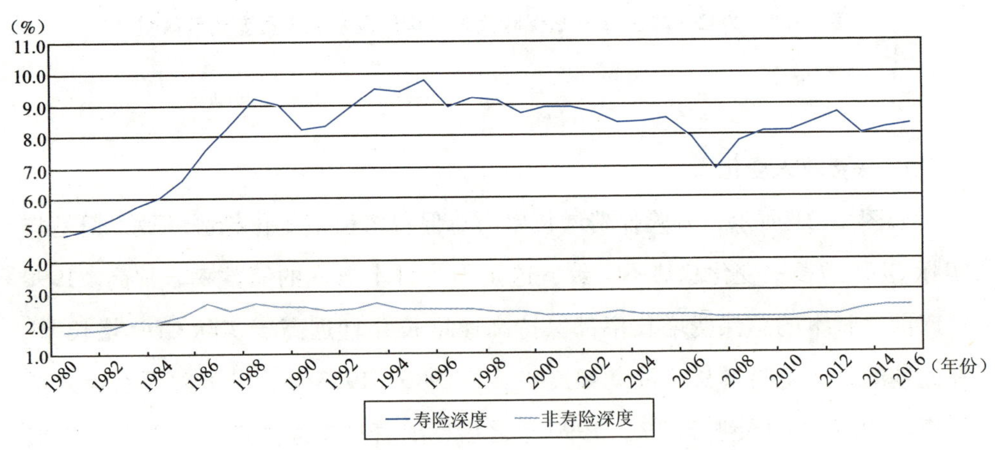

图 2-22　1980—2016 年日本保险深度变化趋势

从图 2-22 中我们可以看到，1980—2016 年，日本的寿险深度一直高于非寿险深度，从 1986 年开始，寿险深度提高，并且在之后与非寿险深度之间保持相对稳定的差距。值得注意的是，大体上日本的寿险深度与非寿险深度的变化趋势是一致的，非寿险深度变化更加趋于平缓。例如，在 1980—1988 年都经历了不同幅度的攀升。2004—2010 年，二者整体上都呈现下降趋势，2007 年，日本寿险深度达到低谷，仅为 6. 98%，之后从 2008 年开始，恢复迅速增长，直到 2012 年达到峰值之后，开始出现下降。综合来看，寿险深度在 4. 8%~10%波动，而非寿险深度波动范围仅为 1. 7%~2. 6%，远低于寿险波动范围，并且波动频率也是寿险高于非寿险。

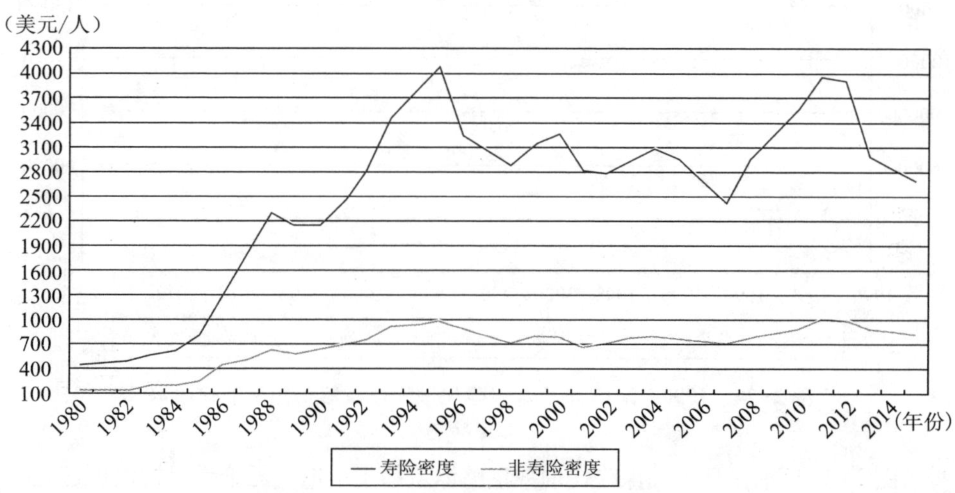

图 2-23　1980—2016 年日本保险密度变化趋势

从图 2-23 中我们可以看到，日本寿险密度自 1980 年至今始终高于非寿险密度，从 1986 年开始差距逐渐加大，并在 1996—2008 年趋于平稳。从整体上看，日本非寿险密度与寿险密度都随时间而增长，但非寿险密度增长趋势较为平缓，波动较小，寿险密度则相反。尤其是 1986—1994 年日本的寿险密度经历了高速增长，并且在 1994 年达到峰值。1994—2007 年寿险密度经历了不同幅度的下降并且波动程度较大，在 2007 年达到低谷值。2008—2011 年又经历高速增长之后开始迅速下降，整体寿险密度波动幅度较大。

3. 保险代理人市场

2004 年以前，日本作为世界第二大经济体，拥有最成熟和完善的保险市场，即使近 10 年其经济总量落后于中国，但是由于成熟的保险市场，日本的保险业也依然居于世界前列。日本的保险公司数量始终未超过50家，但是发达的保险代理人市场使得日本保险业得到快速发展，并且这也是其保险市场的一大特点。

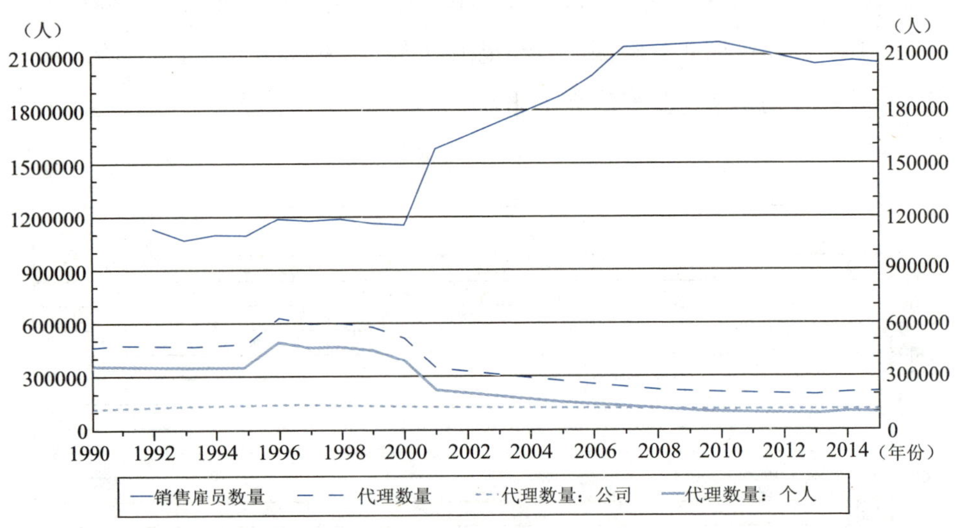

图2-24 1990—2015年日本保险代理人以及雇员数量变化趋势

图2-24显示，日本的保险代理数量整体上趋于平稳，无论是机构代理还是个人代理都从2000年开始降低，并且在接下来的时期处于减少状态的平稳阶段。相反，保险销售雇员数量在2000年开始激增，并且在2006年开始趋于平稳状态。

随着日本保险市场的迅猛发展，20世纪50年代初，借由大量营销员来扩张市场份额的粗放式经营成为寿险市场销售主导，这种发展形式产生的直接结果是营销员的准入标准过低，服务质量下降，诱导情况频发，市场秩序混乱，保险公司受到了社会舆论的强烈谴责。为了改变这种状况，生命人寿率先进行了大幅度的改革：提升新人准入标准，建立并完善培训体系，改革代理制度，增加固定底薪比例。此次改革基本形成了日本现行的寿险营销员制度。

从图2-25可以看出，无论是日本国内损险业务还是国外损险业务，保险代理渠道份额均超过90%，甚至在2000年接近100%。销售雇员数量超过200万，代理数量由1990年的46万减少到2015年的20万，而保险经纪人渠道比例极低，不足0.5%。

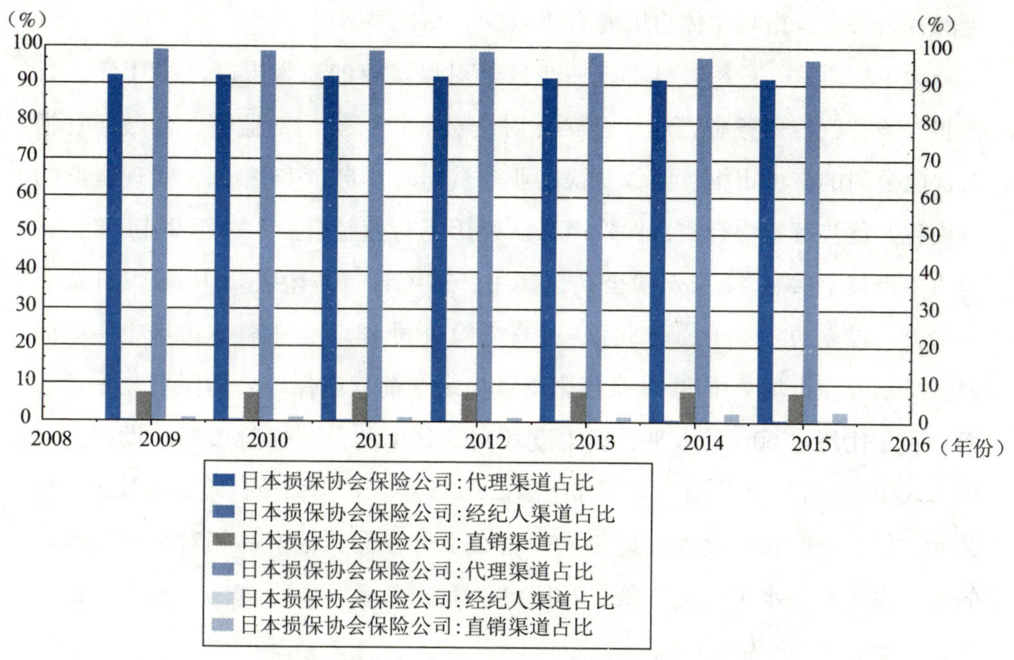

图 2-25　1990—2015 年日本损险不同代理渠道占比

4. 市场竞争格局

（1）寿险业务。日本商业寿险在战后经历了由严格管制到逐步放开的过程，这种监管层面的沿革在市场主体层面具体体现为由分业经营向混业经营的转变和相互制保险公司和股份制保险公司之间转化限制的破除。

日本在战后至 20 世纪 60 年代末期一直只有日资保险公司经营商业人身险业务。直到 20 世纪 70 年代初期，外资保险公司才开始参与日本寿险的市场竞争，例如，专项销售医疗保险的 Alico Japan 和 Aflac Japan 等外资保险公司在 1973 年 12 月以后，相继进入日本的保险市场。同时，截至 1995 年，日本保险市场一直都是分业经营的。1996 年，日本进行一系列金融自由化改革，被称为“金融大爆炸”，从那时起，日本保险业开始允许人身保险公司和损害保险公司以子公司的形式参与对方领域的业务。管制放开的当年，日本即有 13 家损害保险公司设立了寿险子公司。行业在 20 世纪末蒙受了巨额利差损导致的经营困境，许多寿险公司在当时不得不破产重组，尤以日资保险公司受到的冲击最大，市场主体也因此有所减少。

为了应对这一危机，日本进一步放开对保险业的监管限制，2001 年，日本将大藏省改为财务省，成立金融厅对金融业进行专门的监管，金融厅管辖对保险公司的许可审批、监督及检察业务。同时，自 2011 年起，实现全面的自由化，逐步解禁银行销售保险产品。经历了行业整合后，截至 2014 年，日本寿险市场上共有 42 家保险公司，其中，传统日资寿险公司 19 家，日资非寿险公司设立的寿险子公司 5 家，外资寿险公司 18 家。就整体市场集中度而言，日本寿险市场集中度 60 余年来持续稳定在前 6 家保险公司保费收入占市场总和之比超过 60%的水平，集中度较高。日本的商业保险市场在世界排名第 4，前 3 位分别是美国、英国和中国。2015 年，日本商业保险费共计 335 亿美元。保险密度和保险深度近年来一直在上升，但其他产品相对于发达国家的先进保险市场水平仍然较低。2015 年，日本商业保险深度为 0. 81%，而美国为 1. 6%，英国为 2. 4%。

（2）个人险与团体险。日本个人保险业务量始终占据寿险市场最大的比重。

图 2-26 显示，2015 年，日本个人保险保有合同数量达 1938 万，新签合同数量为 1988 万，个人保险保有合同金额为 858604 亿日元，新签合同金额为 69333 亿日元。个人年金保险保有合同数量达 2075 万，新签合同数量为 153 万，个人年金保险保有合同金额为 103595 亿日元，新签合同金额为 8326 亿日元。团体保险保有合同数量达 3875 万，新签合同数量为 46 万，团体保险保有合同金额为 375152 亿日元，新签合同金额为 3873 亿日元。从日本生保协会保险公司对业务的进一步披露来看，个人保险业务的保费收入占比并没有出现如有效保额一样的占比下降，而是持续平稳。结合其新业务保额的变动来看，日本生保协会保险公司主动调整了其业务结构——近期销售了大量件均保障额度较低的个人保险产品。

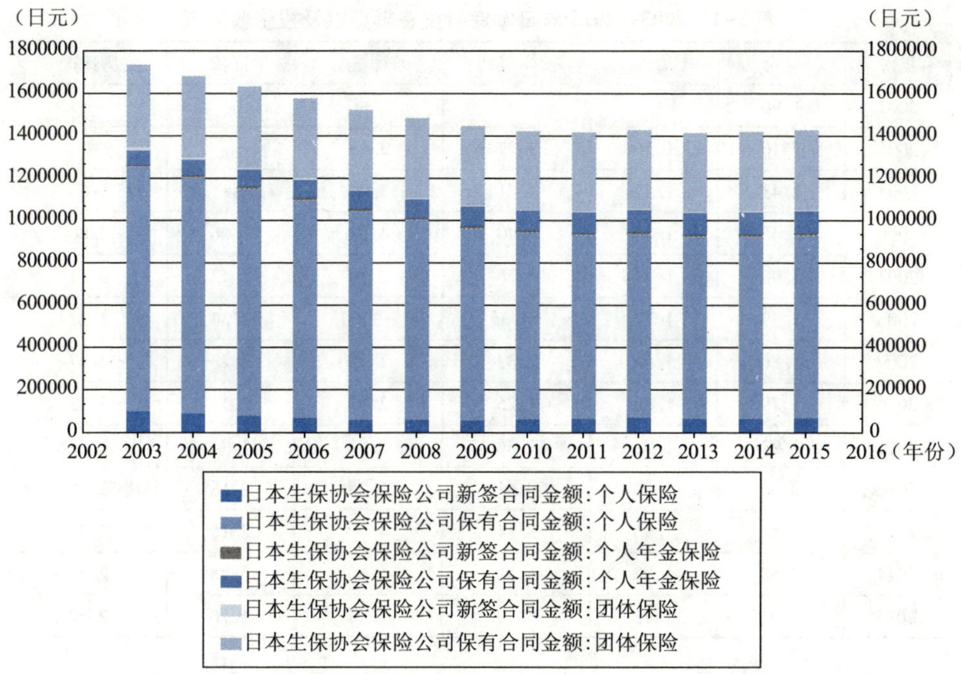

图 2-26 2002—2016 年日本个人险以及团体险保单金额

（3）投资收益率。行业盈利水平的变化可以反映不同行业间的竞争状况，与之相关的投资收益率指标还可以反映出行业竞争力。产业中的竞争情况可以根据行业集中度、保险公司所占市场份额等主标来衡量。另外，企业间的收购和兼并情况也反映出行业的竞争情况。

表 2-1 是日本 2003—2015 年保险资金主要投资渠道以及投资收益率。从中可以看出，日本金融市场保险资金主要投资渠道为债券、国内股票、外国证券、贷款以及房地产，其中，购买国内股票的投资收益率以及购买国外证券的投资收益率高于其他投资渠道，并且在 2004 年、2014 年分别为投资收益率的峰值，根据周期性理论，可以预测下一个利润率峰值应该在 2020—2022 年。另外，2008 年投资于国内股票和国外证券的投资收益率首次出现负值，是由于受到全球金融危机冲击的影响所致。

表 2-1　2003—2015 年日本保险投资渠道以及投资收益率　（%）

年份	综合	债券	国内股票	外国证券	贷款	房地产
2003	1.96	—	—	—	—	—
2004	2.16	1.56	3.77	3.03	—	—
2005	2.43	1.53	4.71	3.96	—	—
2006	2.45	1.42	5.40	4.03	2.06	2.86
2007	1.90	1.77	3.26	2.18	2.13	3.12
2008	1.39	1.72	-4.35	-3.00	2.34	3.22
2009	1.86	1.64	2.33	2.52	2.23	2.87
2010	1.79	1.86	1.25	2.06	2.17	2.52
2011	1.92	1.91	1.56	2.91	1.94	2.27
2012	2.36	2.00	0.61	5.25	2.18	2.35
2013	2.40	1.95	5.14	4.60	2.15	2.43
2014	2.58	1.88	5.31	5.50	2.28	2.50
2015	1.92	1.75	5.17	2.24	1.70	2.62

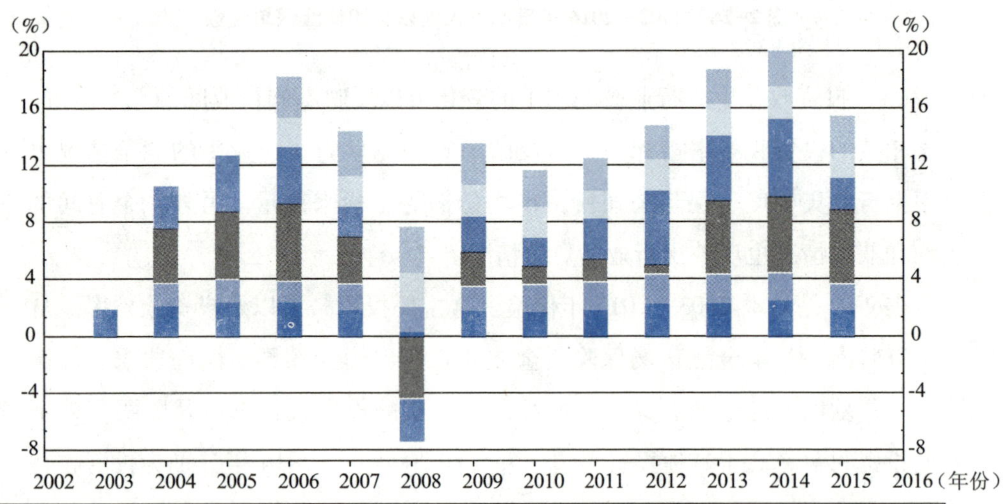

图 2-27　2002—2016 年商业寿险投资回报率及综合收益率

图 2-27 是 2002—2016 年由日本生命协会提供数据生成的商业寿险投资回报率及综合收益率图，显示了日本财产险和意外险市场的投资资产收益率，可以发现，迄今为止综合财产险和意外险的投资资产收益率没有超过 2.6%。除 2008 年全球金融危机影响导致国内股票和外国证券收益率为负之外，在 2014 年各项投资收益率达到高峰，但之后收益率开始出现各种下滑，但日本的保险市场总体上仍是承保盈利的，并且预期 2017 年收益率要低于 2016 年。

5. 损害保险业市场

（1）法律规定。1949 年，日本颁布了《关于外国保险事业者的法律》，允许外资损害保险公司向日本国民及企业开展保险业务，同年外资损害保险协会也正式成立。目前，该协会已经拥有 15 家正式会员公司（已经取得日本政府许可的外资保险公司）和 5 家准会员公司（外资保险公司办事处以及正在申请许可的外资保险公司）。外损保险协会的主要功能是代表会员公司为维护在日本市场的正常权益向日本政府发表意见。与此同时，该协会还收集资料和研究日本损害保险市场，并为会员公司提供相关法律咨询以及经营支援。

（2）代理机构。日本损害保险代理行业极为庞大，目前全国拥有约 21 万家代理店，从业人员达到 210 万之多，损害保险保费约 92%来自于代理店的业务。其主要营销渠道是由财产保险公司通过保险代理店进行营销而形成，保险商品主要依靠上述的代理店完成销售任务。同时，保险公司还组织相关人员向投保人提供售后服务。

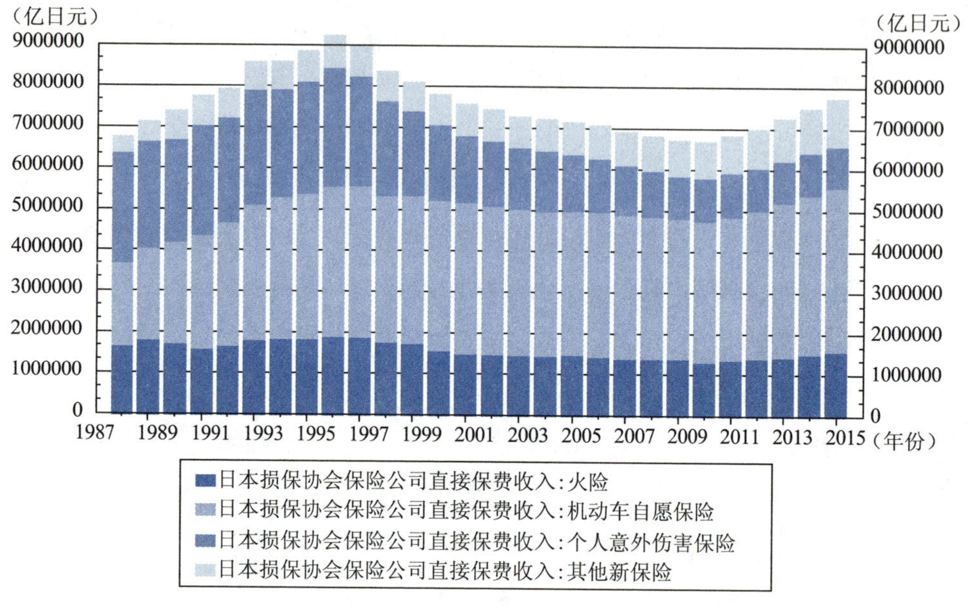

图 2-28　1987—2015 年日本损险市场保费收入

注：2016 年日元兑美元平均汇率为 108.8

图 2-28 显示了日本损害保险中火险、机动车自愿保险、个人意外伤害保险、其他新兴险的保费收入情况。从中可以看出，机动车自愿保险占比最大，火险保费收入非常稳定，个人意外伤害保险保费收入逐渐降低。

从以上数据可以看出，整体上来说，日本的损害保险市场处于一个非集中的良性竞争状态。但是把非寿险细分成不同的产品线来看，会发现一些险种的竞争状态并不是很理想。例如，火险和其他新型保险集中度非常高，市场进入和退出也相对持平。

四、日本保险产业政策

日本政府对于保险产业的重视程度从其产业政策上可见一斑，日本的保险产业政策一直是重规模、轻效益，重保护、轻竞争，保险公司数量相对很少，宽松的政策环境使得日本的保险市场可以真正从投保人的利益出发进行产品设计以及制度管理。

1. 法律法规

日本民众的保险意识很强，这与日本政府对全社会保险普及的重视有关，日本政府会根据民众需求对保险业法进行补充修订，制定协从法律和特殊法律等，并且在全国范围内对保险进行宣传，保险知识的普及使得日本民众把保险当作日常生活不可缺少的一部分，这对于保险业务的开展也十分有利。日本的保险法律分为《保险法》《合同法》以及《保险特别法》，1900 年颁布《保险业法》，1995 年实施新《保险业法》，其中规定了保险企业组织以及监督管理的形式、企业行为规范等。《保险合同法》一直是在《商法》中设置章节，其中包括非寿险合同、寿险合同、海上保险合同等，2008 年 5 月 30 日，颁布《保险法》，这是日本第一部保险合同的法律。日本的保险特别法主要是《地震保险法》以及《机动车辆责任保障法》，其中规定了地震保险体制以及政府和保险公司的分保责任，主要为鼓励居民投保地震险设置；机动车损害赔偿保障法主要规定了保费赔偿范围以及保险人相关责任义务。

2. 社会保障体系

日本目前建立起了完善的社会保障体系，其社会保障费用支付囊括了特别会计核算的年金、劳动保险、船员保险、国民健康保险、后期高龄者医疗保险、共济组合、组合管理的健康保险、全国健康保险协会、介护保险等支出项目。对于老龄化问题，日本政府于 1997 年制定了《介护保险法》，并于 2000 年 4 月正式实施。“介护”是介于“照顾”和“护理”之间的一种服务。介护保险制度实施 10 余年来，在很大程度上推动了日本社会养老模式由家庭化向社会化的转变，也在一定程度上缓解了高度老龄化所带来的各种社会问题。

日本的养老保险中最重要的是年金保险。日本的年金保险分为 3 个层次：其一是基础年金，覆盖的是“全体国民”。具体包含了居民中的三类被保险人与外国常驻日本的非居民：第一类被保险人针对的是年龄在 20~60 岁的自营业者、农民、学生、自由职业者以及无业者；第二类被保险人指的是公务员和企业员工；第三类被保险人则对应的是第二类被保险人的配偶。基础年金的经营管理机构是厚生劳动省下辖之社会保险厅。其二是厚生年金和共济年金，两种年金分别对应企业员工和公务员、学校教职工。其三则是企业年金。三个层次中，第一、二层是公营年金保险，而第三层则是效益较好的民营企业为了改善员工退休后的生活而在公营年金的基础上为员工增设的养老保障。

完善的社会保障体系对日本社会经济的发展起到了至关重要的社会安全网作用，奠定了日本的福利基础。根据日本国立社会保障与人口问题研究所公布的年报，其国内社会保障支出中用于养老和健康的年金类给付和医疗类给付占国民收入比重持续攀升。最新的数据显示，2012 年，日本社会保障支付 108.5 万亿日元，约合 1.3 万亿美元，占其 GDP 的 22.8%。其中，医疗保障支出 7.4%，年金支出 11.3%，福祉与其他支出占 GDP 比重为 4.1%。20 世纪 60 年代初期，社保费用支出占 GDP 比重为 4.6%：医疗保障支出占比 2.5%，年金给付占比 1%，福祉及其他占比 1.1%。社保支出的增长，尤其是养老和医疗费用的提升除了受到社会发展带来的生活成本增加影响外，主要是由于日本人口老龄化所致。

五、日本保险业前瞻

按业务线，2015 年，日本的商业保险业中汽车占保费的 34.6%，其次是财产险（17.7%）和责任险（17.1%）。日本 2011 年的洪水事件导致火灾和地震保险的比例较高，继日本地震、海啸之后，2015 年，日本的商品房保费恢复稳健增长。日本保险业仍然面临财产风险（商业和住宅）很大以及保额不足的问题。日本的责任险份额与其他先进国家相比较小，2016 年，日本的商业保险费估计已经出现收缩趋势，下降了 0.6%，反映出疲软的需求以及溢价率下降的状况。此外，保险需求会继续受到经济表现疲软的影响。商业保险保费在 2017 年上涨 1.1%。保险公司将继续面临具有挑战性的投资环境，其收益机会有限并且金融市场持续波动。

经济增长是商业保险需求的主要动力，从长期来看，日本制造业萎缩，工业企业资金量下降，对于保险行业来说不是一个好的信号。但是，提高业务中断风险的意识将有可能提升财产保险需求。另外，由于服务行业财务风险不断增长，新的服务类公司承担财务风险的责任范围扩大，因此，在全球经营的许多大型日本公司，由于承担不同的责任及其出口和外国子公司的制度以及不同宏观环境的相互作用，使得责任风险增加，相应的全球责任保险需求也会增加。另外，技术因素也在改变着保险承保环境。例如，网络安全是导致声誉和业务中断风险的重要来源，并已成为当今全球范围内公司议程的最高项目，它是增加责任保险需求的另一个驱动因素。

第三节　中国保险产业发展

自 1805 年成立第一家保险公司以来，中国保险业已经走过了 200 多年的历史。中国保险业自 1979 年以来获得了快速发展。根据最新可得的国际比较数据，2016 年，中国保险业保费收入达到 3. 1 万亿元，总资产达到 15. 1 万亿元，市场份额占世界保险市场份额的 9. 44%。保险密度 324. 7 美元/人，同比增长 15. 57%，保险深度为 4. 16%，同比增长 0. 57 个百分点。保险业为全社会提供风险保障 2373 万亿元，同比增长 38. 1%；赔款和给付 10512. 89 亿元，同比增长 21. 2%。保险业增速达 27. 5%，是 2010 年以来最高的一年。全年保险行业投资收益率达 5. 66%。保险行业的国际地位大幅提升，世界排名从 2010 年的第 6 位上升至 2016 年的第 3 位，对国际保险市场增长的贡献度达 29%，居全球首位。

一、中国保险市场的基本情况

自 1980 年恢复国内业务以来，党中央国务院十分重视保险市场发展，出台了一系列促进保险业改革发展的政策措施，促进了我国保险业的发展。

总体来看，保险市场保持强劲增长的势头，结构调整成效显现，有效防范风险，助实体、惠民生能力明显提升。全国保费收入从 2011 年的 1. 4 万亿元增长到 2016 年的 3. 1 万亿元，年均增长 16. 8%；保险业总资产从 2011 年的

6 万亿元增长到 2016 年的 15. 1 万亿元，年均增长 20%。其中，2016 年，全行业共实现原保险保费收入 3. 10 万亿元，同比增长 27. 50%；财产险和人身险业务分别同比增长 9. 12%和 36. 51%；累计赔付支出 10512. 89 亿元，同比增长 21. 20%；为社会提供风险保障金额 2372. 78 万亿元，同比增长 38. 09%；保险业资产总量 15. 12 万亿元，较年初增长 22. 31%。具体来看，保险市场运行呈现出以下特点：

第一，业务规模快速增长，增速创 2008 年以来新高。2016 年，保险市场业务规模快速增长。一是寿险业务一马当先，实现原保险保费收入 17442. 22 亿元，同比增长 31. 72%。其中，普通寿险贡献突出，实现原保险保费收入 10451. 65 亿元，同比增长 55. 34%，对行业保费收入增长的贡献率为 55. 77%。二是健康险业务高速增长，实现原保险保费收入 4042. 50 亿元，同比增长 67. 71%。三是财产险业务增速保持稳定，实现原保险保费收入 8724. 50 亿元，同比增长 9. 12%。其中，车险业务实现原保险保费收入 6834. 55 亿元，同比增长 10. 25%。

第二，结构有所优化，市场集中度进一步下降。从业务结构来看，与国计民生密切相关的农业保险、责任保险保持良好发展势头。2016 年，农业保险、责任保险原保险保费收入分别为 417. 71 亿元和 362. 35 亿元，同比分别增长 11. 42%和 20. 04%，占产险业务的比例分别为 4. 79%和 4. 15%，分别同比上升 0. 10 个和 0. 37 个百分点。人身险公司普通寿险业务原保险保费收入 10451. 65 亿元，同比增长 55. 34%，占人身险公司全部业务的 48. 18%，同比上升 5. 76 个百分点；健康险业务占人身险业务的 18. 18%，同比上升 3. 38 个百分点。从行业结构来看，2016 年，已开业全国保险机构共 203 家，较年初增加 9 家。其中，保险集团公司 12 家，新增 1 家；财产险公司 79 家，新增 6 家；人身险公司 77 家，新增 1 家；保险资产管理公司 22 家，新增 1 家。人身险公司前 10 家公司原保险保费收入合计 15683. 75 亿元，市场份额为 72. 3%，同比下降 3. 55 个百分点。财产险公司前 10 家公司原保险保费收入合计 7924. 67 亿元，市场份额为 85. 52%，同比下降 0. 72 个百分点。

第三，保障能力增强，“保险业姓保”的发展理念得到彰显。从风险保障看，2016年，保险业提供风险保障金额2372.78万亿元，同比增长38.09%，高于原保险保费收入增速10.59个百分点，保额增速明显快于业务增速。其中，财产险公司提供风险保障金额1282.88万亿元，同比增长36.22%；人身险公司提供风险保障金额1089.90万亿元，同比增长40.35%。从赔付支出看，2016年，保险业累计赔付支出10512.89亿元，同比增加1838.75亿元，增长21.20%，同比上升1个百分点。其中，财产险、意外险、健康险业务赔款支出5652.27亿元，同比增长14.85%；人身险业务死伤医疗给付461.23亿元，同比增长23.28%，满期给付3647.56亿元，同比增长31.26%；年金给付751.83亿元，同比增长25.41%。

第四，服务大局作用显著，保险服务能力再上新台阶。2016年，保险业积极发挥保险功能作用，抓住服务供给侧结构性改革和脱贫攻坚战略两大主线，推动保险服务能力再上新台阶。服务供给侧结构性改革方面，一是助力振兴实体经济。2016年，首台（套）保险和科技保险分别为我国装备制造企业和科研机构、科技型自主创新企业提供风险保障486.62亿元和1.03万亿元，同比大幅增长196.72%和631.25%。二是促进外向型经济发展。出口信用保险累计为8.22万家出口企业提供风险保障4167亿美元。三是支持国家重大战略项目。截至2016年底，累计发起设立债权、股权和项目支持计划659项；合计备案注册规模1.7万亿元，为“一带一路”、长江经济带、京津冀协同发展等国家战略项目提供资金支持。四是为稳就业做出积极贡献。截至2016年底，保险营销员达657.28万人，较年初增加185.99万人，占当年城镇新增就业总数的14.15%，保险业就业吸纳能力显著增强。助推脱贫攻坚和民生改善方面，从农业保险来看，2016年，参保农户2.04亿户次，提供风险保障2.16万亿元，为3822.71万户农户支付赔款299.21亿元，同比增长26.22%。从大病保险来看，截至2016年底，全国31个省（区、市）保险公司承办的大病保险业务覆盖人群达9.7亿人，累计支付赔款300.90亿元。大病保险患者实际报销比例在基本医保的基础上提升了13.85%，整体报销比例达到70%。

第五，创新行业发展，新技术应用方兴未艾。2016年，云计算、移动互联网等新技术在保险业应用不断深入。从云计算应用看，全行业已有50余家机构与第三方社会化云平台合作，有效降低运营成本，促进产品创新。从电子保单应用看，全行业有104家机构签发了3.61亿张电子保单，其中，财产险公司46家，电子保单数量1.98亿张；人身险公司58家，电子保单数量1.63亿张。从互联网保险业务看，117家保险机构开展互联网保险业务，实现签单保费2347.97亿元。其中，财产险公司56家，实现签单保费403.02亿元；人身险公司61家，实现签单保费1944.95亿元。2016年，新增互联网保险保单61.65亿件，占全部新增保单件数的64.59%。其中，退货运费险签单件数达44.8 9亿件，同比增长39.92%；签单保费22.36亿元，同比增长24.97%。

2016年，保险业在我国经济结构转型升级中发挥出高效引擎作用，行业规模和社会影响力持续扩大，有效防范风险，保障能力增强，为各行各业提供了较为全面的风险保障，大大提升了国内各行各业的信心，实现了“十三五”规划的良好开局，服务大局作用显著。由此也为保险业下一步紧紧围绕供给侧结构性改革这条主线，以服务民生为重点提高保险供给质量，以深化改革为手段培育供给新动能，以风险防范为保障夯实供给侧改革基础，抓好各项重点难点保险改革发展任务奠定了基础。

二、中国保险市场的竞争格局

1. 中国人身险市场的竞争格局

2016年，人身险业务原保险保费收入22234.60亿元，同比增长36.51%；2016年，人身险公司创新发展持续推进，商业模式转型升级，大型险企转型，聚焦个险，诉求负债端有价值增长，平台型公司借由规模产品通道，实现资产驱动负债；在政策支持上，健康税优试点启动，推动健康险保费快速增长；在科技创新上，互联网、大数据、云计算等新科技日益渗透到保险销售、服务、经营的各个场景，互联网保险和保险互联网呈现出加速跨界、融合之势，逐步迈向生态化。

（1）分险种保费情况。近10年，寿险业务结构总体趋向稳定。2016年，寿险保费规模为17422.17亿元，占人身险总保费的78.45%，总体占比变化不大，较2015年占比下降2.85个百分点。2016年，健康险保费收入为4042.50亿元，占人身险总保费的148.18%，相比2015年占比提高3.38%，2015年8月，中国保监会印发《个人税收优惠型健康保险业务管理暂行办法》，鼓励发展健康保险业务；与此同时，国民健康险意识不断提高，都是健康险发展的动力因素。2016年，人身意外伤害险保费达到749.89亿元，占人身险保费的3.37%，略有下降。表2-2给出了2015—2016年分险种保费收入比较，图2-29显示了2016年人身险各险种保费收入分布情况。

表2-2 2015—2016年人身险分险种保费收入比较 单位：万元

险种	保费（2016）	占比（2016）（%）	增长（2016）（%）	保费（2015）	占比（2015）（%）
寿险	174422166.77	78.45	31.72	132415207.17	81.30
意外险	7498892.86	3.37	17.99	6355584.95	3.90
健康险	40424967.91	18.18	67.71	24104715.15	14.80

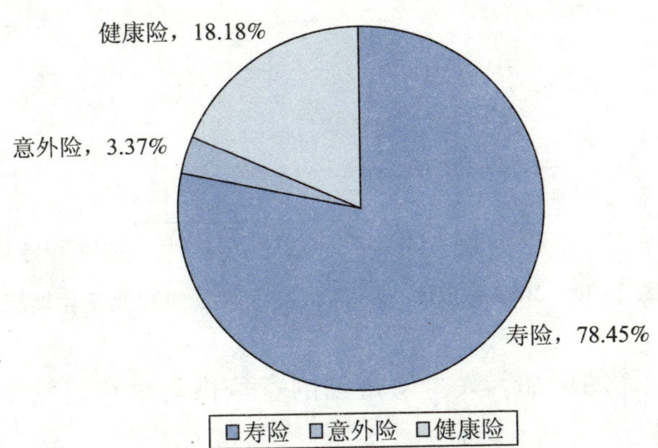

图2-29 2016年人身险各险种保费收入分布

（2）人身险公司的市场集中度。随着中国加入世贸组织，保险市场进一步开放，大量外资寿险公司进入中国市场，本土中小保险企业也迅速发展壮大。截至2002年底，人寿保险公司仅为23家。但到了2006年底，全国已发展到48家，其中，中资人寿险公司23家，外资公司25家；综合性人寿保险公司41家，专业健康险公司4家，专业养老金公司3家。截至2016年底，全国人身保险公司达到77家，较2015年末增加了2家；其中，中资公司49家，外资公司28家。

2016年，中国人身保险市场格局发生变化，继2014年人保寿险超越泰康人寿跃居第五大人寿保险公司后（2014年，泰康人寿市场份额排名第6位，前5名分别是中国人寿、平安寿险、新华人寿、太保寿险、人保寿险），安邦人寿超越新华保险跃居第4位（前5名分别是中国人寿、平安人寿、太保人寿、安邦人寿、新华人寿）。

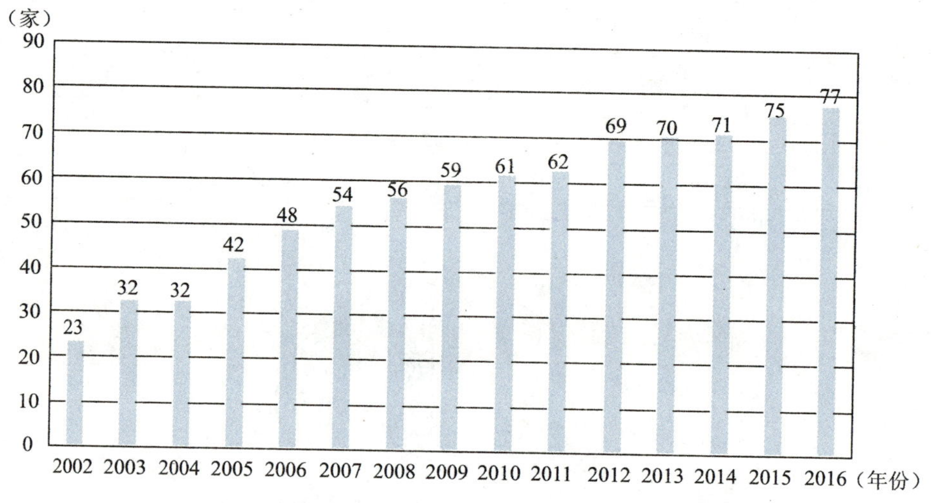

图2-30　2002—2016年国内人身保险公司数量变化情况

随着市场主体的增加，人身险市场的竞争格局也在悄然改变，市场从寡头垄断竞争阶段进入垄断竞争时期。

表 2-3　人身险公司的市场集中度

年 度	2010	2011	2012	2013	2014	2015	2016
CR4（%）	64. 5	65. 4	64. 5	66. 2	56. 3	50. 0	44. 1

（3）赔付情况。2016 年，寿险业务给付 4602. 95 亿元，同比增长 29. 11%；健康险业务赔款和给付 1000. 75 亿元，同比增长 31. 17%；意外险业务赔款 183. 01 亿元，同比增长 20. 53%。表 2-4 展示了 2016 年人身保险保费收入和赔款支出。

表 2-4　2016 年人身保险保费收入和赔款支出

月 份	单月保费收入（万元）	每月保费占比（%）	各月赔付支出（万元）	每月赔付占比（%）
1	54508245. 34	24. 52	6254553. 92	10. 81
2	22130203. 37	9. 95	6004497. 66	10. 38
3	21608720. 76	9. 72	5894745. 30	10. 19
4	13703262. 36	6. 16	4286235. 54	7. 41
5	13816254. 08	6. 21	4099125. 87	7. 08
6	19341820. 58	8. 70	4429028. 12	7. 65
7	13404517. 18	6. 03	4219295. 91	7. 29
8	14725500. 59	6. 62	4452670. 15	7. 69
9	14738263. 48	6. 63	4650976. 17	8. 04
10	11943143. 77	5. 37	4269296. 11	7. 38
11	10998235. 76	4. 95	4628543. 43	8. 00
12	11427860. 27	5. 14	4678092. 77	8. 08

2. 中国财产险市场的竞争格局

2016 年，财产保险业务规模持续增长，结构调整不断深入。财产保险原保费收入 8725 亿元，同比增长 9. 12%。与国民生计联系紧密的农业保险同比增长 11. 42%，与民生保障关系密切的健康保险同比增长 67. 71%，具有辅助社会管理作用的责任保险同比增长 20. 04%，险种结构调整不断深入。

整体实力持续增强，经营效益显著提高。2016 年，财产保险业提供保险保障 1282. 88 万亿元，同比增长 36. 22%；支付赔款 5042. 33 亿元，同比增长

13.35%。其中，农业保险累计为2.04亿户次农户提供风险保障2.16万亿元，向4575.51万户次农户支付赔款348.02亿元。责任保险提供风险保障118.2万亿元。小额贷款保证保险为8.91万家小微企业提供风险保障348.67亿元，帮助企业获得融资金额315.90亿元。

（1）分险种保费情况。截至2016年底，所有财产保险公司偿付能力充足率均达标。2016年，商车改革试点在全国铺开，消费者普遍获益，商业车险车均保费较改革前下降5.26%，商业第三者责任保险平均责任限额提升17.4%。产品改革步伐加快，实现7×24小时在线实时注册和注册产品向社会全面公开，2016年底，注册主险和附加险产品6104个。2016年，巨灾保险建设迈出新步伐，地震巨灾保险产品正式全面销售，2016年，累计出单18.07万笔，保费收入475.34万元，保险金额177.62亿元。广东10个地市开展巨灾指数保险探索，黑龙江开展农业财政巨灾指数保险试点，巨灾保险实践探索不断推进。

截至2016年末，财产险公司保户投资款和独立账户余额6991.77亿元，较年初增长135.76%。其中，安邦产险余额4473.00亿元，较年初增长169.80%；天安余额2474.82亿元，较年初增长95.33%。

表2-5　2016年中国财产保险市场分险种的保费收入情况　　单位：亿元

险种	原保费收入	同比增长（%）
机动车辆保险	6834.6	10.25
企业财产保险	381.5	-1.20
货运保险	85.5	3.1
责任保险	362.4	20.1
农业保险	417.7	11.4
信用保险	200.6	4.2

其中，2016年，机动车辆保险业务电话销售和互联网销售渠道原保险保费收入1286.58亿元，同比下降18.25%。电话销售渠道实现原保险保费收入944.01亿元，同比增长5.43%；互联网销售渠道实现原保险保费收入342.57

亿元，同比下降 49.51%；分别占机动车辆保险业务比例的 13.81%和 5.01%。

2016 年，中国财产险业务累计赔款支出 4726.18 亿元，同比增长 12.68%。其中，企业财产保险赔款支出 266.17 亿元，同比增长 23.01%；机动车辆保险赔款支出 3647.89 亿元，同比增长 9.36%；责任保险赔款支出 166.24 亿元，同比增长 28.62%；货运保险赔款支出 55.28 亿元，同比增长 19.70%；农业保险赔款支出 299.21 亿元，同比增长 26.22%。

（2）财产险公司的市场集中度。截至 2016 年底，国内财产保险市场共有 81 家财产保险公司。81 家财产保险公司中，中资财产险公司 59 家、外资财产险公司 22 家、互联网保险公司 3 家、专属保险公司 3 家。开展相互保险试点，批设首批 3 家相互制保险机构；筹建保险业并购基金；有序增加专业互联网保险公司试点；成立上海保险交易所，完善保险要素市场体系。

表 2-6 财产险公司的市场集中度

年度	2016	2015	2014
CR4（%）	72.44	69.98	70.06
CR8（%）	85.41	82.83	82.85

（3）赔款支出。2016 年，财产保险公司赔款支出累计达到 4726 亿元，保费收入累计达到 8725 亿元。

表 2-7 展示了 2016 年财产保险保费收入和赔款支出。

表 2-7 2016 年财产保险公司保费收入和赔款支出情况 单位：万元

月份	保费收入	保费收入占比（%）	赔付支出	赔付支出占比（%）	赔付率（%）
1 月	9259091	10.61	3871774	8.19	41.82
2 月	4777246	5.48	2856808	6.04	59.80
3 月	7507701	8.61	4030919	8.53	53.69
4 月	7306736	8.37	3574908	7.56	48.93
5 月	6584304	7.55	3650461	7.72	55.44

续表

月 份	保费收入	保费收入占比（%）	赔付支出	赔付支出占比（%）	赔付率（%）
6月	7584582	8.69	3670638	7.77	48.40
7月	6772004	7.76	3723732	7.88	54.99
8月	6559185	7.52	3992037	8.45	60.86
9月	7354978	8.43	3844592	8.13	52.27
10月	6477993	7.43	3485375	7.37	53.80
11月	7546723	8.65	4609981	9.75	61.09
12月	9514438	10.91	5950613	12.59	62.54

三、中国保险产业发展层次

保险密度和保险深度是国际公认的2个衡量保险产业发展层次的重要指标。

保险密度是指按照当地人口计算的人均保费，从不同角度反映了保险的规模程度，同时也体现了一个国家或地区保险的普及程度。财产保险市场的保险密度说明该地财产保险产品的普及程度，是衡量财产保险市场发展情况的一项重要指标。

保险深度是指保费收入占该地区国内生产总值（GDP）之比，它反映了该地区保险业在国民经济中所处的地位。财产保险市场的保险深度即财产保险保费占该地国内生产总值之比，说明财产保险市场在国民经济中的重要程度。

1. 中国人身险产业的发展层次

2016年，国内人身保险市场的保险密度达到了1608.87元，较上一个年度增长36.39%。从近年的保险密度来看，国内保险市场的保险密度增长迅速，从2002年的161.46元增长到1608.87元，增幅达到896.04%（见表2-8）。从近年来人身保险市场的保险密度数据来看，一方面，国内人身保险市场的发展较好，人身保险产品的普及程度越来越高；另一方面，国内人身保险市场发展程度还需要进一步深化。

表 2-8 2010—2016 年国内人身保险市场保险密度

年 份	保费收入（亿元）	人口数量（万人）	保险密度（元/人）
2010	9680	134091	721. 86
2011	9721	134735	721. 52
2012	10157	135404	750. 13
2013	11010	136100	808. 96
2014	13031	136782	952. 72
2015	16287	138067	1179. 68
2016	22235	138200	1608. 87

2016 年，国内人身险保险深度升至 2. 99%。从近年来保险深度的变化趋势来看，国内人身险市场的保险深度波动性较大，从 2002 年的 1. 72%逐年增长到 2010 年的 2. 41%，自 2011 年又逐年下降，2016 年上涨到 2. 99%（见表 2-9）。较低的保险深度说明国内人身险市场在国民经济中的地位仍然需要加强。

表 2-9 2010—2016 年国内人身保险市场保险深度 单位：亿元

年 份	保费收入	国内生产总值	保险深度（%）
2010	9680	401513	2. 41
2011	9721	472882	2. 06
2012	10157	519322	1. 96
2013	11010	568845	1. 94
2014	13031	636463	2. 05
2015	16287	676708	2. 41
2016	22235	744127	2. 99

2. 中国财产保险产业的发展层次

2016 年，国内财产保险市场的保险密度达到了 630. 97 元，较上一个年度增长 8. 96%。从近年的保险密度来看，国内保险市场的保险密度增长迅速，从2002年的60.59元增长到630.97元，增幅达到941.38%（见表2-10）。从近年来财产保险市场的保险密度数据来看，一方面，国内财产保险市场的发展较好，财产保险产品的普及程度越来越高；另一方面，国内财产保险市场发展程度还需要进一步深化。

表2-10　2010—2016年国内财产保险市场保险密度

年 份	保费收入（亿元）	人口数量（万人）	保险密度（元/人）
2010	3896	134091	290.55
2011	4618	134735	342.75
2012	5531	135404	408.48
2013	6212	136072	456.52
2014	7544	136782	551.56
2015	7995	138067	579.07
2016	8725	138200	630.97

2016年，国内财产保险市场保险深度达到了1.17%，较2015年的1.18%略有下降。从近10年保险深度的变化趋势来看，国内财产保险市场的保险深度表现出较为稳定的增长，从2002年的0.65%增长到2016年的1.17%（见表2-11），增幅达到81.34%。一方面，不断增长的保险深度说明国内财产保险市场在国民经济中的地位不断增强；另一方面，较低的保险深度说明国内财产保险市场在国民经济中的地位仍然需要加强。

表2-11　2010—2016年国内财产保险市场保险深度　　单位：亿元

年 份	保费收入	国内生产总值	保险深度（%）
2010	3896	401513	0.97
2011	4618	472882	0.98
2012	5531	519322	1.06
2013	6212	568845	1.09
2014	7544	636463	1.19
2015	7995	676708	1.18
2016	8725	744127	1.17

四、中国保险产业的发展展望

当前我国保险公司的利润来源仍主要依靠杠杆融资进行投资并获取投资利差为主，受宏观经济周期波动的影响较大。经济下行造成市场投资收益出现下滑，而行业融资端负债成本相对稳定，这会导致行业整体利差收窄，对行业整体利润水平造成负面影响。此外，市场参与主体增多加剧行业竞争，监管政策趋严倒逼险企调整产品结构，以及准备金折现率下调侵蚀账面利润等因素使当前保险行业发展面临诸多不确定因素。

在财产险方面，车险独大，且由于机动车险市场竞争越来越激烈、4S店等车险代理机构手续费持续提升以及汽车消费政策效力的递减，可能会导致机动车险发展速度有所减缓，但是随着农业保险、责任保险等其他险种的快速发展，财产险产品结构有望得到继续改善。在人身险方面，短期难以摆脱困境，由于资本市场波动和银保渠道受阻，人身险面临着比财产险更为艰难的发展困境，但是随着普通型人身保险费率政策改革效果的显现，保障型产品将有所发展，有助于人身险行业尽快走出困境；健康险业务和意外险业务的快速发展将继续推动人身险业务持续健康发展。

从长期来看，我国经济持续较快发展的态势将继续保持，保险业发展的强大动力依然没有改变，在未来相当长的时期内，保险业将继续保持持续快速的增长趋势，随着相关政策的出台及其效果的显现，保险产品的保障能力将有所上升，保险业服务经济社会的范围和能力将进一步扩大和提升。随着新型城镇化、人口老龄化和工业化进程的加快，以及国家支持金融业服务实体经济、积极发展健康产业等相关政策的出台，保险市场的需求将不断扩大，在服务民生领域、节能环保领域、支持“三农”领域、科技创新领域等都将有较大的发展机遇。目前，我国保险业与国际发达水平相比仍处于较低的发展水平，我国人均GDP处于5000~10000美元的保险业快速发展阶段，以及我国人口结构变化，根据保险业自身的发展规律和国际经验，这些因素都将有利于我国保险业的长期快速发展，中国保险业仍处于重要的战略机遇期，若能坚持改革创新，积极防范和化解风险，着力保护消费者利益，在完善现代金融体系、社会管理体系、宏观风险管理体系等方面积极作为，中国保险业仍有着10~15年的黄金发展期。

未来20年乃至更长一段时期，保险业将迎来快速发展的“黄金时代”。可以预见，在“十三五”承上启下的2017年，随着监管部门继续推动市场化改革、鼓励创新、引导民生保障，保险业的稳健发展态势或将持续。

1.“十三五”时期我国保险业发展的主要目标初步形成

主要目标为：到2020年，基本建成保障全面、功能完善、安全稳健、诚信规范，具有较强服务能力、创新能力和国际竞争力，与我国经济社会发展需求相适应的现代保险服务业，努力由保险大国向保险强国转变，使保险成为政府、企业、居民风险管理和财富管理的基本手段，成为政府改进公共服务、加强社会治理的有效工具。具体目标是：

（1）保险业实现中高速增长。“十三五”期间，保险行业规模稳步扩大，2020年全国保险保费收入争取达到5万亿元，保险发展质量和效益稳步提升。保险深度达到5%，保险密度达到3500元/人，保险业总资产争取达到20万亿元。

（2）行业影响力稳步提升。大型保险集团综合实力和国际影响力稳步提高，中小型保险公司实现差异化、特色化发展，保险市场体系丰富多元。保险公司经营管理水平和自主创新能力不断提升，更多国内保险机构跻身世界500强。保险资产在金融业总资产中的占比显著增加，成为金融业有较强竞争力的重要支柱。

（3）保险服务能力显著增强。现代保险服务业成为促进经济提质、增效、升级的高效引擎，创新社会治理的有效机制，改善民生保障的有力支撑，完善金融体系的支柱力量，保险在促进资金融通、优化资源配置、灾害事故应对、经济损失补偿等领域的作用日益提升。各级政府更加注重运用保险机制转变公共管理职能，全社会学保险、用保险的氛围日益浓厚。

（4）保险消费者满意度明显提升。理赔难、销售误导等突出问题得到有效遏制，保险消费者投诉率大幅下降，保险纠纷多元化解决机制基本完善，保险消费者合法权益得到有效保护。保险服务手段更加丰富，服务效率和质量进一步提高，行业赢得全社会的高度认可。

（5）保险业法治化水平显著提高。大力推动《保险法》不断完善，加快重点领域立法，构建多层次的保险法律制度体系。严格依法行使监管职权，探索保险监管权力清单制度，完善监管执法程序。健全市场主体经营活动规则，强化保险公司合规经营意识，积极完善合规管控制度。

（6）保险监管现代化不断深入。第二代偿付能力监管制度运行顺畅，保险业资本补充机制不断完善，资本金实力明显增强，偿付能力整体充足。保险机构治理结构和内控机制进一步完善，风险管理体系不断健全，风险识别、防范和处置机制不断优化。市场行为监管的针对性、科学性和有效性不断提高，市场秩序不断规范。

2. 2017 年保险业发展整体向好

2017 年，保险业将认真贯彻党中央、国务院总体部署，坚决落实习近平总书记关于做好金融工作的重要指示精神，牢牢把握稳中求进的工作总基调，坚持“保险业姓保，保监会姓监”，把风险防控摆在更加突出的位置，强化严监管各项政策措施落地落实，实现平稳较快发展。

总体来看，2017 年保险市场将保持较快的增长势头，业务结构将得到优化，资金运用收益平稳，行业防控风险能力增强。具体而言，2017 年保险市场运行会呈现出以下特点：

一是业务保持较快增长，但增速有所放缓。分险种看，财产保险业务会积极向好，企财险和货运险业务将结束负增长；与国计民生密切相关的责任保险和农业保险业务继续保持高增长；人身保险业务稳中趋缓，健康险业务将保持较快增长。

二是坚持“保险业姓保”，业务结构将有所优化。从产险公司业务看，在宏观经济企稳和政策支持等积极因素的推动下，产险公司非车险业务占比将提升。其中，企财险、责任险、货运险提升较大。从人身险公司业务看，普通寿险业务提升较大。

三是资金运用比例将持续调整，投资收益平稳增长。在服务国家战略大局、重大基础设施建设和实体经济方面，投资比例将持续加大，长期股权投资和其他投资将会大幅上升；保险资金运用收益会平稳增长。

四是惠民生效果显著，“稳定器”作用进一步发挥。从服务“三农”和助推脱贫攻坚看，农业保险参保农户、受益农户户次等数量都会增加；大病保险业务赔付支出、受益人数将会上升。从吸纳就业看，保险业职工人数、保险营销员数量会稳定上升，为稳就业做出积极贡献。

五是互联网创新业务活跃，新兴业态快速发展。随着“互联网+”进程的深入，互联网与金融体系融合渗透加强，创新型业务保持较快发展态势。互联网渠道具有低成本直达客户、客户信息真实、客户强互动性高黏性、资源集约高效运营、业务风控等优势。通过社交媒体和各类移动应用，保险公司具备了与海量客户之间直通直达的沟通能力，客户体验得到了显著改善；从社会属性的角度看，互联网保险在服务和促进科技创新方面，在保障互联网经济和电子商务发展方面，发挥了“助推器”和“稳定器”作用，是对传统保险的有益补充。

第二部分

保险经营主体分析

第三章　中国中小型保险公司的价值成长性分析

第一节　保险公司价值成长性的概念①②

“成长”的定义最早来源于生物学的研究，表现在两个方面：一是体积或重量的由小到大；二是能力由弱到强，生命力由成熟到衰老的过程。经济管理学中的成长是一种变化和趋势，在经济学中，成长表现在数量的增加，往往用增长代替，如“国民经济增长”“消费指数增长”等；管理学中的成长表现了一种趋势或者过程，如“企业成长”“成长战略”“素质成长”等。

公司成长是指公司的生存和发展，生存是发展的前提，发展是生存的目的。公司成长的外在表现是企业规模由小到大，内在表现是企业素质的提高。公司成长性是质和量相互作用的过程，是两者的有机统一。

随着我国经济的快速发展和企业主体数量的大量增加，研究企业成长或成长力的文献越来越多。

王钦、贺俊（2008）定义企业成长力是企业成长所依赖的资源和能力。他们将企业成长力分解为企业家抱负、企业家能力、企业制度与治理以及组织战略与能力 4 个要素，对我国的企业成长理论基础和指标体系构建进行了探讨。但是，该文的理论分析与指标构建针对性不足，第二产业的企业与第

---

① 在《保险蓝皮书——中国保险市场发展分析报告（2016）》中，我们主要基于 2015 年的数据，对中国中小型保险公司进行价值成长性分析。

② 关于中国保险公司竞争力的评价，可参考《2017 中国保险公司竞争力评价研究报告》（中国财政经济出版社）

三产业的企业成长力显然有明显的区别。另外，指标过于粗糙、依赖于调查问卷的设计和分析，评价结果的客观性容易受到质疑。

梁毕明（2012）认为，企业的成长性包括两方面的内容，一方面，包括可以量化的财务指标朝好的方向发展，例如，企业规模的扩大，销售收入的增长；另一方面，包括不可量化的非财务指标也朝好的方向发展，例如，创新能力的增强。企业的成长性是可以量化的财务指标和不可量化的非财务量化指标共同作用的结果。

宋鹏（2012）认为，企业的成长性是企业未来有效配置资源的能力，这种能力是企业的创新能力、市场能力、管理能力等各方面能力的综合体现。

梁博（2013）通过因子分析法对中小板上市公司成长性进行评价，选取2007年12月31日前上市的201家中小企业板上市公司为样本，实证检验了股权结构与公司成长性之间的关系。分别分析了第一大股东持股比例与公司成长性关系、第二至第五大股东持股比例与公司成长性关系、股权制衡度指数与公司成长性关系。

龚福和、高娟（2013）以2011年前上市的30家中小制造型企业为例，运用因子分析法对企业成长进行了评价。设立了偿债能力、盈利能力、营运能力、成长能力、抗风险能力和科技创新能力6个一级指标，每个一级指标下，设立数量不等的二级指标，共设立了14个二级指标。最后，对现阶段我国中小制造企业的成长提出了建议措施。

钱佩华（2013）从增长能力、盈利能力、资金运营效率、核心能力、市场预期能力、规模能力等方面构建了企业成长性评价指标体系。其中，在增长能力方面，主要选取主营业务增长率、股东权益平均增长率等财务指标；在资金运营效率方面，主要选取每股经营性现金流量、现金满足投资比等财务指标；在核心能力方面主要选取的是应收账款周转率、总资产周转率等指标；在市场预期能力方面主要选取净资产倍率、利润增长率与市盈率之比等指标。

夏宁、董艳（2014）认为，除高管薪酬对于企业成长的速度至关重要之外，员工薪酬对于企业成长同样具有激励作用。通过对深交所上市公司2007—2011年的数据进行实证分析，研究员工薪酬激励与企业成长性之间的关系。结果表明，员工薪酬与高管薪酬在国有中小上市公司中具有激励作用，可以提高其成长性；企业在设计员工薪酬时要考虑企业所处的具体情境和高管团队协作需要、财务风险、技术复杂性等多种因素。

郝臣、王旭、丁振松（2016）通过上市公司的薪酬和财务数据来检验高管薪酬与保险公司成长性之间的关系，以探讨保险公司高管薪酬激励的有效性。他们指出，成长性作为企业努力追求的目标之一，以主营业务收入增长率、净资产增长率、总资产增长率3个指标衡量保险公司成长性；利用固定效应模型检验了高管薪酬和保险公司成长性之间的关系。实证结果表明，我国保险公司高管薪酬和成长性呈现显著正相关关系，高管薪酬激励机制有效发挥了作用。

魏文兰、黄佑军（2017）认为，企业成长性是企业各利益相关者共同追求的目标，是企业生存和发展的前提。通过选取深交所上市公司中的42家成长性最高的企业为样本和13个财务指标，对样本企业2014年的财务数据进行了因子分析，结果表明企业成长性与流动比率、速动比率、总资产增长率、主营利润增长率、现金债务总额比、销售现金比率、代理成本率有显著的相关性，并对分析结果进行了检验，检验结果具有较高的一致性。但是，该文以营业收入增长率代表企业成长性的依据并不充分，因子分析结果对企业成长力的说明作用有待商榷。

虽然研究企业成长性的文献较多，但是针对某个具体行业的经营特点和发展规律进行相关研究，并提出具有针对性的分析方法和指标体系的研究文献并不多见。

寇业富、陈辉、张宁、刘达在《保险蓝皮书——中国保险市场发展分析（2016）》中，对中国保险公司的价值成长性建立了比较系统、科学的评价分析，对中国保险公司的价值成长性进行了比较全面的分析。

2016年5月，中央财经大学中国精算研究院与中国保险报业股份有限公司联合组建“中国保险公司价值成长性分析”项目组，对中国保险公司的价值成长性进行分析评价。项目组根据保险公司和中国保险市场的经营特点，以及保险监管政策和保险业发展规律，从多方面、多角度探寻中小险企的内涵价值、成长规律和动力逻辑，发现可能创造行业未来的新生力量。

我们认为，保险公司的价值成长性不以成立营业时间长短和经营规模为判断优劣的标准。我们根据多年的相关研究，以及对保险行业发展规律的认识，构建了保险公司价值成长性的定义。

保险公司价值成长性的定义如下：由于自身的某些优势（如行业领先技术、管理高效和经营创新等）而可能在将来迸发出潜力，获得相对于竞争对手所表现出来的更强的生存能力、创新能力、抵御风险能力和持续发展能力的总和。保险公司的价值成长性至少包含如下含义：公司的成长性、长期可持续性、符合国家监管政策和保险业发展规律、注重服务理念和新技术，并平衡对股东、客户、员工、政府和社区环境的社会责任等。一般研究公司的价值成长性，往往主要针对中小型经营主体，并根据各国保险业发展及其市场结构状况制定标准，我们也将遵循这一原则。

价值成长性研究将在解决市场信息不对称、提高市场运转效率和透明度、加强风险管理能力等方面发挥重要作用，并有利于保险行业的长期可持续发展。

第二节　保险公司价值成长性评价指标体系建设

一、保险公司价值成长性指标的构建原则

保险公司价值成长性是反映公司生存能力、成长能力和持续发展能力的一个综合性指标。因此，在构建指标时，必须根据保险公司的经营特点，进行综合分析平衡，能够比较全面地反映保险公司的价值成长性。

1. 可得性原则

可得性原则既是指具体指标的可量化和可计算性，又是指具体数据的可得性。在进行保险公司价值成长性分析时，各种指标的建立和定义不可避免。此时既要考虑各种指标的具体量化和计算方法，又要考虑各种数据的可获得性。近些年来，虽然我国的信息化建设取得了飞速发展，中国保监会于 2010 年 6 月 12 日颁布施行了《保险公司信息披露管理办法》，中国保监会、保险行业协会、各公司的网站等为相关研究提供了比较权威和系统的数据，但面临各种具体研究时，在数据方面仍然感到捉襟见肘。

2. 客观性原则

在构建指标时，既要客观反映人身险公司和财产险公司在经营模式、发展思路、监管要求等方面的区别，又要体现出保险业的发展特点，并真实反映保险公司竞争力的各个不同方面。

3. 均衡性原则

课题组把二级指标分为 3 类：规模性指标、结构性指标和比率性指标。规模性指标是指保费收入、资产规模等反映公司经营规模的指标；结构性指标是指反映公司当年的经营思路和发展水平的指标，它是由公司自己当年的经营业绩指标计算得到，与公司往年的表现和其他公司无关，如综合费用率、综合赔付率、退保率等指标；比率性指标是反映公司经营业绩的年度变化情况的指标，如保费收入增长率、净利润增长率等指标。

毋庸讳言，以上各类指标对于不同规模、经营策略和风险管理能力等的保险公司的评价影响是不同的。规模性指标的设立对于股本、资产规模较大的保险公司的价值成长性评价结果比较有利；比率性指标对于成立时间较短、发展比较迅速的保险公司价值成长性的评价结果有利。因此，在设立指标时，需要考虑各类指标间的均衡性问题，均衡性原则尤其重要。

值得欣慰的是，中央财经大学“保险公司价值成长性分析研究”课题组注意到了相关问题。我们在指标设立时，综合考虑各项因素，并加以综合均衡。

二、保险公司价值成长性的指标①

基于保险公司价值成长性定义，并根据保险公司的发展规律和负债经营的特征，我们构建了包括一级指标和二级指标的指标体系。其中，一级指标包括市场拓展能力、融资能力、盈利能力、风险管理能力和经营创新能力。

根据人身险公司和财产险公司的经营特点与规律，在每个一级指标下，构建数量不等的二级指标。其中，人身险公司的价值成长性分析包括57个二级指标；财产险公司的价值成长性分析包括46个二级指标。可以把二级指标分为规模性指标、比率性指标和结构性指标3类指标。

随着保险市场的发展变化，我们对保险业经营规律认识的加强，以及研究的不断深化，对指标体系甚至评价方法都或有改变完善。

1. 财产险公司的二级指标

市场拓展能力主要从公司的市场份额及其变化、分支机构数目、资产管理效率等几个方面考察。

二级指标有：市场份额、发展系数、总资产周转率、净资产周转率、机构数量、业务拓展能力、人均产能、保险业务收入增长率、应收分保率、总资产周转率、净资产周转率、报告期营业收入、资本利用率，共13个二级指标。

融资能力主要从公司所有者权益的规模及其变化、资金融通能力、资本管理、公司的资本负债比等几个角度进行分析。

二级指标包括：所有者权益、所有者权益增长率、资金融通能力、负债权益比率、资本管理系数、投资资产占总资产比率、运营类资产占比、融资风险率、资产现金回收率、实际资本变化率等，共14个二级指标。

盈利能力主要从净利润及其变化、投资收益、承保收益等几个方面进行分析。

① 部分指标的定义可参考《2017中国保险公司竞争力评价研究报告》（中国财政经济出版社）的相关内容，也可以与本报告的主编联系。

二级指标包括：总资产收益率、净资产收益率、净投资收益率、承保利润率、净利润、净利润增长率、人均利润、人均综合收益、所有者权益利润率、综合收益率等 10 个二级指标。

风险管理能力主要从公司的偿付能力、流动性管理、准备金提取以及保险负债占总资产比等几个角度进行分析。

二级指标包括：偿付能力充足率、流动性比率、肯尼系数、收现比、付现比、现金盈余保障倍数、总利润赔付支出覆盖率、保险负债占总资产比、未决赔款准备金赔付率等 9 个二级指标。

经营创新能力从产品创新、技术创新和管理创新等几个方面进行分析评价。

二级指标包括：险种集中度系数、险种集中度系数变化率、手续费及佣金比率、综合成本率、再保险分出率、自留比率、业务及管理费增长率、综合成本率的变化率、认可资产增长率、应收分保率、资产杠杆系数、保户储金与投资款比率等 12 个二级指标。

2. 人身险公司的二级指标

市场拓展能力主要从公司的市场份额及其变化、分支机构数目、资产管理效率等几个方面考察。

二级指标包括：市场份额、就业人数增长率、发展系数、保险业务收入增长率、分支机构数目、业务拓展、人均产能、应收保费率、总资产周转率、净资产周转率、退保率等 12 个二级指标。

融资能力主要从公司的所有者权益的规模及其变化、资金融通能力、资本管理、公司的资本负债比等几个角度进行分析。

二级指标主要包括：所有者权益、所有者权益增长率、资金融通能力、负债权益比率、资本管理系数、可运用资金与净资产比、资金成本率、资本利用率、盈余缓解率、资本运用充分率、投资资产占总资产比率、运营类资产占比、实际资本变化率等 14 个二级指标。

盈利能力主要从净利润及其变化、投资收益、承保收益等几个方面进行分析。

主要二级指标包括总资产收益率、净资产收益率、投资收益率、承保利润率、净利润、净利润增长率、所有者权益利润率、人均利润、人均综合收益和综合收益率等10个二级指标。

风险管理能力主要从公司的偿付能力、流动性管理、准备金提取以及保险负债占总资产比等几个角度进行分析。

二级指标主要包括：偿付能力充足率、流动性风险、肯尼系数、收现比、付现比、现金盈余保障倍数、分出率、保险负债占总资产比、资产杠杆率、准备金安全率等10个二级指标。

经营创新能力从产品创新、技术创新和管理创新等几个方面进行分析评价。

二级指标包括：险种集中度系数、险种集中度系数变化率、两年平均赔付率、综合费用率、分出率、自留比率、业务及管理费增长率、手续费及佣金比率、应收分保率、净投资收益率、保户储金与投资款比率等11个二级指标。

3. 指标的处理

为了突出中小型保险公司的成长性和发展潜力，相对于《2017中国保险公司竞争力评价研究报告》的有关内容，在一级指标上，项目组更看重市场拓展能力、融资能力和经营创新能力对公司价值成长性的影响；在二级指标上，比率性指标权重较大。

从公司的角度看，有的指标是正向的，即取值越大越好，称为正向指标；有的指标取值是逆向的，即取值越小越好，称为逆向指标；有的指标取值取中间值为好，太大或太小都会带来不足，我们称之为均衡指标。

首先根据指标的正向和逆向进行数据的预处理、统一，使处理后的全部指标数据为正向，即数据越大越好；其次，指标数据中有些是比率指标，有些是数值指标，为了避免“以大欺小”以及避免指标单位对评价结果的影响，我们假设全部数每个指标的所有公司数据都是基于公司数据呈现正态分布，因此，对其进行标准正态分布化，则全部指标数据都在 0~1 间取值。

特别说明：

本研究分析尽量采用可获得的披露数据进行分析，并根据实质重于形式的原则，对发现个别公司披露数据存在错误或异样的年报信息进行调整或者在涉及该指标时进行批注说明。

本研究分析采用的数据皆来源于已公开的资料或课题组成员的个人分析，但我们不保证上述信息的完整与准确性，中国精算研究院不对因使用本报告而产生的一切后果承担责任，只以此作为学术研究以及学界和业界的信息交流与参考。同时，本研究分析为课题组成员的个人观点，并不代表中国精算研究院的观点。

对有关问题的讨论或争议，请使用电话或电子邮件的方式与我方联系。

第三节 中国人身保险公司价值成长性评价结果与分析

中小型保险公司占行业内经营主体的 80%左右。因此，中小险企的健康快速发展直接影响着中国保险行业的未来。项目组成员主要根据保险公司 2016 年度及其以前的有关数据，通过精算模型、大数据平台和现代统计分析方法对中国保险公司的价值成长性进行综合分析评价。

建立指标体系后，确定中小型保险公司的标准、评价方法等，得到中小型人身险公司的价值成长性评价结果。

1. 研究对象的选择

目前，国内学术界、业界尚没有公认的关于“中小型保险公司”的划分标准；项目组基于人身险和财产险不同的市场经营特点，以及中国保险业的发展规律，给出了自己的划分标准。

根据中国保监会网站，截至 2016 年 12 月 31 日，中国共有 77 家人身险保险公司成立营业，其中，中资公司 49 家，外资公司 28 家。

第一，主要根据公司股本、净资产和保费收入情况进行中小型保险公司的筛选。

以股本 80 亿元（不含）［《保险合同相关会计处理规定》（财会〔2009〕15 号）］以上为主，并综合考虑公司的净资产和保费收入筛选中国的大型保险公司，则剔除以下 16 家公司①。剩余的 61 家公司为中小型人身险公司，占全部公司的 79.2%。

第二，在这些中小型公司中，上海人寿、中华联合人寿、新华养老都是在 2015 年 1 月 1 日以后成立营业，截至 2016 年底，满期经营不到 2 年；截至 2017 年 5 月底，我们没有搜集到国寿存续的年度信息披露报告。因此，对这 4 家公司不予评价。

国寿养老、长江养老、泰康养老这 3 家养老保险公司主营业务定位于经营信托型企业年金管理业务和养老保障委托管理业务，暂不涉及其他保险产品的经营，因此，不适用偿付能力的信息披露要求，缺少 2016 年度的偿付能力状况表和产品信息表等，不予评价。

中意人寿 2015 年和 2016 年度的信息披露报告都没有披露，华汇人寿由于股权诉讼案件尚未完结，2016 年度的报告暂缓披露，不予评价。

国联人寿、中融人寿、太保安联健康、渤海人寿的年度信息披露报告的部分数据缺失，不予评价。

此外，中法人寿、新光海航、长生人寿、同方全球、安邦养老、农银人寿、珠江人寿的评价指标数值异常（并不表示这些公司的指标有问题，也不表示指标的优劣。只是因为这些公司的部分指标不具有代表性、可持续性；或者是因为市场环境、公司发展阶段与策略等出现的短暂表现。如果把这些公司纳入到综评价体系里面，则会比较严重地干扰对其余公司的评价），不予评价。

上述 20 家公司，如果有任何问题、建议或者意见，请与课题组联系。

最后共对 41 家中小型人身险公司进行价值成长性评价。

---

① 平安人寿、安邦人寿、国寿股份、人保寿险、阳光人寿、华夏人寿、天安人寿、生命人寿、太平人寿、和谐健康、工银安盛、人保健康、前海人寿、太保人寿、泰康人寿、中邮人寿。

2. 人身保险公司价值成长性的评价方法

（1）数据处理。为了避免被评价分析的各公司指标数据的单位不同，对结果造成影响，首先假设各指标的数据取值符合正态分布，然后对每个指标数据进行正态标准化，从而每个二级指标的取值范围为0~1。

（2）评价方法。参评的公司共有41家保险公司，即对于每一个评价指标，我们可以得到41个样本数据，因此，我们可以假设这些样本数据服从正态分布。

首先，对每项指标的数据进行正态化分布处理，每家公司对应的指标数据即为该公司在该项指标上的得分。

其次，在计算各公司一级指标得分时，赋予各项二级指标相同的权重，通过加总，得到该公司该项一级指标的评价得分。

最后，赋予各项一级指标相等的权重，通过加总得到公司的价值成长性评价。

（3）评价结果的处理。根据公司的评价得分，进行百分制化。即根据最高分与最低分之间的差距大小，分别设定最高分为95~100分，最低分为30分，从而得到各公司的评价得分。

3. 人身保险公司价值成长性的评价结果

根据上述指标和评价方法，得到主要基于2016年数据的中国人身险公司价值成长性的评价结果。

表3-1 价值成长性排名前20位的中国人身险公司

公司	排名	得分	公司	排名	得分
建信人寿	1	97.0	交银康联	11	75.9
新华人寿	2	96.8	平安养老	12	75.8
民生人寿	3	88.6	君康人寿	13	75.8
百年人寿	4	88.2	中德安联	14	74.6
国华人寿	5	86.2	太平养老	15	73.6

续表

公 司	排 名	得 分	公 司	排 名	得 分
利安人寿	6	85.0	招商信诺	16	71.5
合众人寿	7	84.7	幸福人寿	17	71.4
信诚人寿	8	83.4	中宏人寿	18	71.3
中美联泰	9	80.0	友邦人寿	19	69.1
中英人寿	10	76.0	中荷人寿	20	68.2
前 10 名的均值		87.6	第 11~20 名的均值		72.7
前 10 名的标准差		6.5	第 11~20 名的标准差		2.7

表 3-1 给出了中国人身险公司价值成长性排名前 10 位的排名与得分。

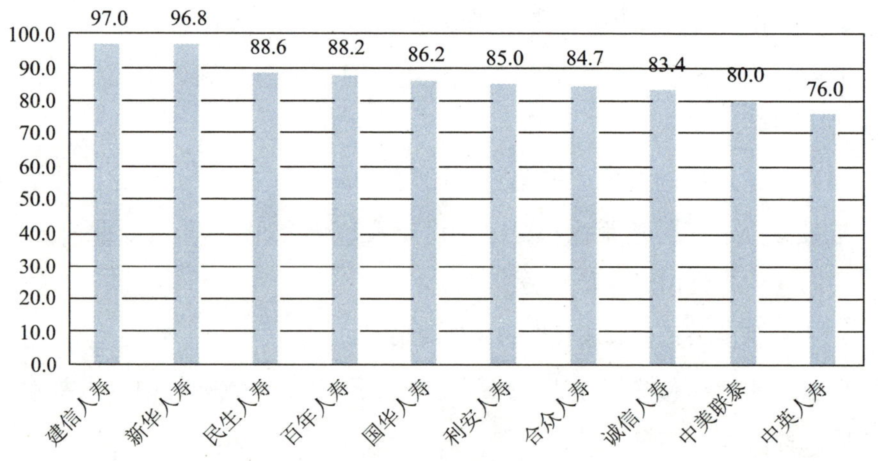

图 3-1　价值成长性排名前 10 位的公司的得分比较

从图 3-1 可以看出，建信人寿和新华人寿在价值成长性评估中占有比较明显的优势，比第 3 名高出 10 分左右。

为了更好地对这些公司做进一步了解，表 3-2 给出了价值成长性排名前 10 位的人身险公司的一级指标的排名结果与得分。

表 3-2　价值成长性排名前 10 位的人身险公司的一级指标排名与得分

公 司	一级指标的定量评价结果									
	市场拓展能力		融资能力		盈利能力		风险管理能力		经营创新能力	
	排名	得分	排名	得分	排名	得分	排名	得分	排名	得分
建信人寿	2	93.8	3	86.1	8	90.2	38	39.6	2	94.2
新华人寿	1	97.0	2	86.3	9	89.4	27	53.9	17	69.2
民生人寿	13	58.8	6	82.3	15	83.1	8	75.3	5	84.1
百年人寿	9	68.3	13	67.4	6	91.3	21	59.4	4	87.4
国华人寿	3	80.2	15	65.9	4	92.4	30	52.7	13	73.9
利安人寿	11	64.3	18	62.2	23	78.2	9	74.7	8	78.3
合众人寿	5	73.6	1	96.0	19	79.4	41	30.0	22	65.7
信诚人寿	15	57.5	9	71.7	5	92.0	28	53.6	21	66.2
中美联泰	17	53.4	10	70.0	24	77.6	20	59.8	11	74.8
中英人寿	23	50.6	17	64.0	13	84.4	22	58.5	21	68.0

4. 价值成长性排名前 10 位的中国人身保险公司的发展分析

对排名前 10 位的人身险公司的评议（排名不分先后）如下：

建信人寿保险有限公司（“建信人寿”）成立于 1998 年，是中国建设银行股份有限公司控股的人寿保险公司，总部位于上海，是一家全国性中型寿险公司。注册资本金 45 亿元，总资产为 1099 亿元。2016 年，实现原保费收入 4611692.35 万元，市场占比 2.13%，排名全国寿险公司第 11 位。建信人寿的各项一级指标表现优秀，其中，市场拓展能力排名第 2 位、盈利能力排名第 8 位、经营创新能力排名第 2 位，其他各项一级指标表现优良。建信人寿在市场份额、报告期营业收入、分支机构数目、市场拓展能力、总资产周转率、净资产周转率、应收保费率、资本管理系数、可运用资金、资本利用率、资本运用充分率、投资收益率、险种集中度系数、险种集中度系数变化率、综合费用率、手续费及佣金比率、保户储金投资款比率等二级指标上表现突出。总资产周转率、应收保费率、资本充分运用率、综合费用率和手续费及佣金比率在 10 家公司中排在首位。

新华人寿保险股份有限公司（“新华人寿”）成立于 1996 年 9 月，总部位于北京市，是一家大型寿险企业。注册资本金 31 亿元，总资产为 6990 亿元。2016 年，实现原保费收入 11255979. 54 万元，市场占比 5. 19%，排名全国寿险公司第 5 位。新华人寿的各项一级指标表现优秀，其中，市场拓展能力排名第 1 位、融资能力排名第 2 位、盈利能力排名第 9 位，其他各项一级指标表现优良。新华人寿在市场份额、就业人数增长率、报告期营业收入、分支机构数目、市场拓展能力、应收保费率、所有者权益、可运用资金、资本运用充分率、融资风险率、总资产收益率、净利润、综合费用率、保户储金及投资款比率等二级指标上表现突出。市场份额、报告期营业收入、分支机构数目、市场拓展能力、所有者权益、保户储金与投资款比率、净利润和融资风险率在 10 家公司中排在首位，市场份额和市场拓展能力明显高于其他公司，所有者权益和净利润也远高于其他公司。

民生人寿保险股份有限公司（“民生人寿”）成立于 2002 年 6 月 18 日，注册资本金 60 亿元，总资产为 730 亿元。2016 年，实现原保费收入 1252075. 51 万元，市场占比 0. 58%，排名全国寿险公司第 27 位。民生人寿的各项一级指标表现优秀，其中，融资能力排名第 6 位、风险管理能力排名第 8 位、经营创新能力排名第 5 位，其他各项一级指标表现优良。民生人寿在分支机构数目、应收保费率、资金融通能力、负债权益比率、资本管理系数、盈余缓解率、总资产收益率、偿付能力充足率、险种集中度系数、综合费用率、业务及管理费增长率、保户储金与投资款比率等二级指标上表现突出。资金融通能力、盈余缓解率、偿付能力充足率、业务及管理费增长率、肯尼系数在 10 家公司中排在首位，其中，盈余缓解率远远高于其他公司。百年人寿保险股份有限公司（“百年人寿”）成立于 2009 年 6 月 3 日，总部设在大连，是经中国保险监督管理委员会批准成立的全国性人寿保险公司。注册资本金 77. 948 亿元，总资产为 505. 866 亿元。2016 年，实现原保费收入 1829442. 15 万元，市场占比 0. 843%，排名全国寿险公司第 21 位。

百年人寿的各项一级指标表现优秀，其中，市场拓展能力排名第 9 位、盈利能力排名第 6 位、经营创新能力排名第 4 位，其他各项一级指标表现优良。百年人寿在分支机构数目、总资产周转率、应收保费率、资金融通能力、资本管理系数、负债权益比率、资金成本率、总资产收益率、险种集中度系数变化率、综合费用率、手续费及佣金比率、保户储金与投资款比率等二级指标上表现突出，净利润增长率、险种集中度系数变化率和资本管理系数在10家公司中排在首位。

国华人寿保险股份有限公司（“国华人寿”）成立于2007年11月，总部位于上海，注册资本金38亿元，总资产为1099.2亿元。2016年，实现原保费收入2658764.83万元，市场占比1.23%，在全国寿险公司中排名第17位。国华人寿的各项一级指标表现优秀，其中，市场拓展能力排名第3位、盈利能力排名第4位，其他各项一级指标表现优良。国华人寿在市场份额、报告期营业收入、市场拓展能力、应收保费率、退保率、资金成本率、资本运用充分率、投资收益率、综合收益率、综合费用率、手续费及佣金比率、保户储金与投资款比率等二级指标上表现突出，综合收益率和退保率在10家公司中排在首位。

利安人寿保险股份有限公司（“利安人寿”）成立于2011年7月，总部位于南京。注册资本金47.2亿元，总资产为279亿元。2016年，实现原保费收入1140276.00万元，市场占比0.53%，在全国寿险公司中排名第29位。利安人寿的各项一级指标表现优秀，其中，市场拓展能力排名第11位、风险管理能力排名第9位、经营创新能力排名第8位，其他各项一级指标表现优良。利安人寿在分支机构数目、总资产周转率、应收保费率、所有者权益增长率、负债权益比率、资本管理系数、资金成本率、投资收益率、承保利润率、偿付能力充足率、资产杠杆率、综合费用率、手续费及佣金比率、保户储金与投资款比率等二级指标上表现突出，负债权益比率、流动性比率和资产杠杆率在10家公司中排在首位，流动性比率和资产杠杆率远高于其他公司。

合众人寿保险股份有限公司（“合众人寿”）成立于2005年1月28日，是由中发实业集团、意大利欧利盛人寿股份有限公司、日本太阳生命保险株式会社等国内外知名企业组成的一家综合性人寿保险公司。注册资本金 42.8 亿元，总资产为 765.5 亿元。2016 年，实现原保费收入 1882927.62 万元，市场占比 0.87%，在全国寿险公司中排名第 20 位。合众人寿的各项一级指标表现优秀，其中，市场拓展能力排名第 5 位、融资能力排名第 1 位，其他各项一级指标表现优良。合众人寿在分支机构数目、净资产周转率、应收保费率、资金融通能力、资本管理系数、可运用资金、资本利用率、融资风险率、险种集中度系数、综合费用率、保户储金与投资款比率等二级指标上表现突出，净资产周转率、资本管理系数、可运用资金和资本利用率在 10 家公司中排在首位，且远高于其他公司。

信诚人寿保险股份有限公司（“信诚人寿”）成立于 2000 年 10 月 13 日，由中国中信集团公司和英国保诚集团共同发起创建，是中国第 1 家中英合资人寿保险公司，公司总部原设立于广州，后迁至北京。注册资本金 23.6 亿元，总资产为 546.72 亿元。2016 年，实现原保费收入 823105.89 万元，市场占比 0.38%，在全国寿险公司中排名第 35 位。信诚人寿的各项一级指标表现优秀，其中，盈利能力排名第 5 位、融资能力排名第 9 位，其他各项一级指标表现优良。信诚人寿在可运用资产、人均产能、退保率、资本管理系数、偿付能力充足率、人均综合收益、人均利润、实际资本变化率、净资产收益率、险种集中度系数、综合费用率、保户储金与投资款比率等二级指标上表现突出，实际资本变化率、资本管理系数、人均综合收益、人均利润、净资产收益率在 10 家公司中排在首位。

中美联泰大都会人寿保险有限公司（“中美联泰”）于 2005 年 8 月 10 日在上海正式成立，是由美国大都会集团下属公司和上海联和投资有限公司合资组建而成的保险公司。注册资本金 27.2 亿元，总资产为 358.47 亿元。2016 年，实现原保费收入 857364.60 万元，市场占比 0.40%，在全国寿险公司中排名第 34 位。中美联泰的各项一级指标表现较为优秀，其中，融资能力排名第 10 位、经营创新能力排名第 11 位，其他各项一级指标表现优良。中美联泰在退保率、资金融通能力、资本管理系数、可运用资金、偿付能力充足率、险种集中度系数、综合费用率、保户储金与投资款比率等二级指标上表现突出，险种集中度系数在10家公司中排在首位。

中英人寿保险有限公司（“中英人寿”）成立于2002年，于2003年1月1日正式开业，由英国英杰华集团与中国中粮集团合资组建而成。注册资本金29.4598亿元，总资产为267.3亿元。2016年，实现原保费收入612900.83万元，市场占比0.28%，在全国寿险公司中排名第38位。中英人寿的各项一级指标表现比较优秀并且均衡，其中，融资能力排名第17位、盈利能力排第13位，基本排在第20位左右，其他各项一级指标表现优良。中英人寿在退保率、资金融通能力、负债权益比率、资本管理系数、总资产收益率、险种集中度系数、综合费用率、保户储金与投资款比率等二级指标上表现突出，总资产收益率在10家公司中排在首位。

第四节　中国财产保险公司价值成长性评价结果与分析

近10年来，在中国保险市场上，财产保险公司的保费收入占保险行业全部保费收入的40%左右，其中，中小型财产保险公司占财险市场经营主体的80%左右。因此，中小险企的健康快速发展直接影响着中国财产保险行业的未来。项目组成员主要根据保险公司2016年度及其以前的有关数据，通过精算模型、大数据平台和现代统计分析方法对中国保险公司的价值成长性进行综合分析评价。建立指标体系后，确定中小型财产保险公司的标准、评价方法等，得到中小型财产保险公司的价值成长性评价结果。

1. 研究对象的选择

目前，国内学术界、业界尚没有公认的关于“中小型保险公司”的划分标准；项目组基于人身险和财产险不同的市场经营特点，以及中国保险业的发展规律，给出了自己的划分标准。

根据中国保监会网站，截至2016年底，中国共有81家财产险公司，其中，中资59家，外资22家。

首先，主要根据公司股本、净资产和保费收入情况进行中小型保险公司的筛选。

以股本50亿元（不含）［《保险合同相关会计处理规定》（财会〔2009〕15号）］以上为主，并综合考虑公司的净资产和保费收入筛选中国的大型财产保险公司，则剔除以下11家公司①。剩余70家公司属于中小型财险公司，则中小型财险公司占全部财险公司的86.4%。

其次，在这70家中小型财险公司中，中原农业、中铁自保、阳光渝融、泰康在线、易安财产、东海航运、久隆财产、安心财产、前海联合、珠峰财险、海峡金桥、建信财产都是在2015年1月1日以后成立营业，截至2016年底，这12家公司都没有2个完整的经营年度，不予评价。

在剩余的58家公司中，劳合社的经营业务特殊；出口信用保险未披露年度信息披露报告；中路财险、合众财险、燕赵财险披露的数据不完整，不予评价。

现代财产、亚太财险、爱和谊财产、鑫安汽车保险、史带财险、三井住友、北部湾财险、信利财险、富德财险、众安在线、中意财产的评价指标数据异常，不予评价。

最后，共对42家财产险公司进行价值成长性评价。

（注：上述公司如果有任何问题、建议或者意见，请与课题组联系。）

2. 财产保险公司价值成长性的评价方法

（1）数据处理。为了避免被评价分析的各公司指标数据的单位不同，对结果造成影响，首先假设各指标的数据取值符合正态分布，然后对每个指标数据进行正态标准化，从而每个二级指标的取值范围为0~1。

（2）评价方法。参评的公司共有42家保险公司，即对于每一个评价指标，我们可以得到42个样本数据，因此，我们可以假设这些样本数据服从正态分布。

首先，对每项指标的数据进行正态化分布处理，每家公司对应的指标数

① 安邦保险、平安保险、太保财险、天安财险、国寿财险、人保财险、中华联合、大地保险、阳光财产、太平财险、中石油保险。

据即为该公司在该项指标上的得分。

其次，在计算各公司一级指标得分时，赋予各项二级指标相同的权重，通过加总，得到该公司该项一级指标的评价得分。

最后，赋予各项一级指标相等的权重，通过加总得到公司的价值成长性评价。

（3）评价结果的处理。最后，根据公司的评价得分，进行百分制化。即根据最高分与最低分之间的差距大小，分别设定最高分为 95~100 分，最低分为 30 分，从而得到各公司的评价得分。

3. 财产保险公司价值成长性的评价结果

根据上述指标和评价方法，得到主要基于 2016 年数据的中国财产保险公司价值成长性的评价结果。

表 3-3　价值成长性排名前 20 位的中国财产保险公司

公 司	排 名	得 分	公 司	排 名	得 分
安信农业	1	98.0	紫金财险	5	87.0
华农财险	2	97.7	美亚财险	6	86.7
诚泰财险	3	92.7	鼎和财险	7	82.3
永安财险	4	90.2	华安财险	8	82.2
安华农业	9	80.1	长安责任	15	76.3
永诚财险	10	79.5	华泰财险	16	76.1
英大泰和	11	78.8	阳光农业	17	75.0
恒邦财险	12	77.8	国元农业	18	74.9
中航安盟	13	77.3	中银保险	19	74.5
三星财险	14	77.1	泰山财险	20	73.7
前 10 名的均值		87.6	第 11~20 名的均值		76.2
前 10 名的标准差		6.5	第 11~20 名的标准差		1.5

表 3-3 给出了中国财产保险公司价值成长性排名前 20 位的排名与得分。

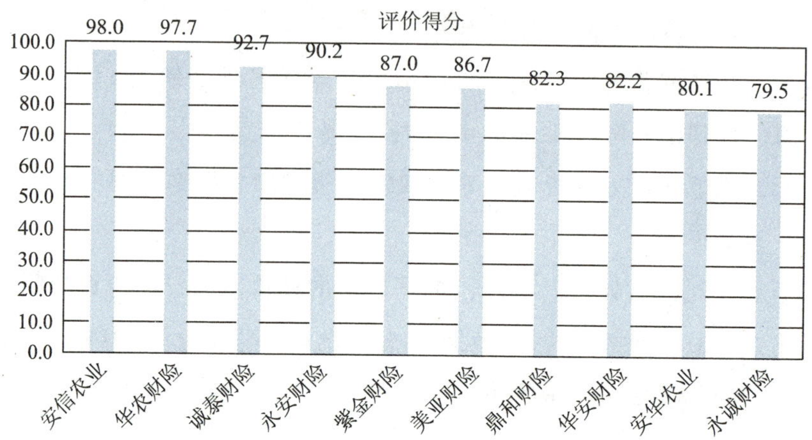

图 3-2　价值成长性排名前 10 位的财产险公司

从图 3-2 中可以看出，价值成长性排名前 10 位的财产险公司的评价得分差距不大，占有比较明显优势的是安信农业和华农财险。

为了更好地对这些公司做进一步了解，表 3-4 给出了价值成长性排名前 10 位的财产险公司的一级指标的排名结果与得分。

表 3-4　价值成长性排名前 10 位的财产保险公司的一级指标排名与得分

公司	一级指标的定量评价结果									
	市场拓展能力		融资能力		盈利能力		风险管理能力		经营创新能力	
	排名	得分	排名	得分	排名	得分	排名	得分	排名	得分
安信农业	36	50. 1	2	81. 6	4	85. 3	10	72. 6	7	77. 9
华农财险	3	91. 5	1	97. 0	19	71. 2	7	75. 4	38	46. 5
诚泰财险	32	53. 6	4	73. 6	14	75. 5	3	90. 6	21	63. 4
永安财险	8	83. 2	16	56. 1	1	98. 0	27	53. 5	33	52. 2
紫金财险	7	84. 2	6	67. 6	8	80. 2	23	56. 7	27	56. 5
美亚财险	38	46. 9	22	53. 1	18	74. 1	16	60. 4	2	93. 4
鼎和财险	31	54. 2	24	52. 5	11	78. 9	11	64. 8	14	66. 2
华安财险	1	96. 0	37	43. 1	3	85. 5	36	43. 1	35	47. 5
安华农业	4	89. 9	34	44. 1	28	61. 9	35	44. 8	13	68. 2
永诚财险	15	76. 6	14	58. 0	31	60. 9	34	45. 1	12	71. 2

4. 价值成长性排名前10位的中国财产保险公司的分析

对排名前10位的财产险公司的评议分析（排名不分先后）：

安信农业保险股份有限公司（“安信农业”）成立于2004年9月17日，股东由上海国际集团有限公司等13家市、区（县）国有资产管理公司组成，公司总部设立于上海。注册资本金7亿元，总资产为26.46亿元。2016年，实现原保费收入106779.66万元。安信农业的各项一级指标表现优秀，其中，融资能力排名第2位、盈利能力排名第4位、风险管理能力排名第10位、经营创新能力排名第7位，有4项进入前10位，其他各项一级指标表现优良。安信农业在负债权益比率、资本金增长率、融资风险率、资本管理系数、投资资产占总资产比率、资本管理系数、实际资本变化率、总资产收益率、净资产收益率、承保利润、人均综合收益、所有者权益净利润率、人均利润、流动性比率、肯尼系数、总利润赔付支出覆盖率、保险负债占总资产比、险种集中度系数、手续费及佣金比率、综合成本率、业务及管理费增长率、应收分保率、保户储金与投资款比率等二级指标上表现突出。人均综合收益、人均利润和手续费及佣金比率在10家公司中排在首位，其中，手续费及佣金比率相对较高。

华农财产保险股份有限公司（“华农财险”）是成立于2006年1月24日的一家全国性财产保险公司，总部设在北京，公司由国务院国有资产管理委员会直接管理的中国农业发展集团总公司组织发起设立。注册资本金10亿元，总资产为19.6亿元。2016年，实现原保费收入97351.06万元。华农财险的各项一级指标表现优秀，其中，市场拓展能力排名第3位、融资能力排名第1位、风险管理能力排名第7位，其他各项一级指标表现优良。华农财险在发展系数、总资产增长率、净资产增长率、保险业务收入增长率、应收分保率、总资产周转率、所有者权益增长率、负债权益比率、资本金增长率、融资风险率、投资资产占总资产比率、资产现金回收率、实际资本变化率、人均综合收益、人均利润、偿付能力充足率、流动性比率、保险负债占总资产比、认可资产增长率、保户储金与投资款比率等二级指标上表现突出。发展系数、净资产增长率、保险业务收入增长率、应收分保率、所有者权益增长率、资本金增长率、投资资产占总资产比率、实际资本变化率在 10 家公司中排在首位。

诚泰财产保险股份有限公司（“诚泰财险”）于 2011 年 12 月 31 日在云南省昆明市注册设立。注册资本金 40 亿元，总资产为 60 亿元。2016 年，实现原保费收入 92065.82 万元。诚泰财险的各项一级指标表现优秀，其中，融资能力排名第 4 位、风险管理能力排名第 3 位、盈利能力排名第 14 位，其他各项一级指标表现优良。诚泰财险在总资产增长率、净资产增长率、所有者权益增长率、负债权益比率、资本金增长率、融资风险率、投资资产占总资产比率、资产现金回收率、实际资本变化率、净利润增长率、人均综合收益、人均利润、偿付能力充足率、流动性比率、肯尼系数、保险负债占总资产比、险种集中度系数变化率、认可资产增长率、应收分保率、保户储金与投资款比率等二级指标上表现突出。负债权益比率、资本金增长率、净利润增长率、偿付能力充足率、流动性比率、肯尼系数、保险负债占总资产比、险种集中度系数变化率、综合成本率的变化率、认可资产增长率、应收分保率在 10 家公司中排在首位。

永安财产保险股份有限公司（“永安财险”）成立于 1996 年 9 月 13 日，总部位于陕西省西安市。注册资本金 30.09416 亿元，总资产为 131.65 亿元。2016 年，实现原保费收入 910182.867 万元。永安财险的各项一级指标表现优秀，其中，市场拓展能力排名第 8 位、盈利能力排名第 1 位、融资能力排名第 16 位，其他各项一级指标表现优良。永安财险在市场份额、机构数量、总资产周转率、净资产周转率、报告期营业收入、所有者权益、负债权益比率、融资风险率、资本管理系数、总资产收益率、净资产收益率、净投资收益率、净利润、承保利润、所有者权益净利润率、综合收益率、付现比、综合成本率、资产杠杆系数、保户储金与投资款比率等二级指标上表现突出。总资产周转率、所有者权益、总资产收益率、净资产收益率、净投资收益率、净利润、所有者权益净利润率、综合收益率和付现比在 10 家公司中排在首位。

紫金财产保险股份有限公司（“紫金财险”）成立于2009年5月8日，由江苏省国信资产管理集团有限公司等13家公司共同发起成立，是首家总部设在江苏省的全国性财产保险公司。注册资本金25亿元，总资产为73亿元。2016年，实现原保费收入500785.83万元。紫金财险的各项一级指标表现优秀，其中，市场拓展能力排名第7位、融资能力排名第6位、盈利能力排名第8位，其他各项一级指标表现优良。紫金财险在机构数量、总资产周转率、净资产周转率、负债权益比率、融资风险率、资本管理系数、投资资产占总资产比率、资产现金回收率、人均综合收益、综合收益率、付现比、认可资产增长率、资产杠杆系数、保户储金与投资款比率等二级指标上表现突出。机构数量在10家公司中排在首位。

美亚财产保险有限公司（“美亚财险”）成立于2009年5月8日，是美国国际集团（American International Group，AIG）旗下在中国经营财产责任险保险的独资子公司，在上海注册设立，总部设于美国纽约市，目前在北京市、上海市、广东省、深圳市、江苏省等设有分支机构。注册资本金约9亿元，总资产为29.74亿元。2016年，实现原保费收入161655万元。美亚财险的各项一级指标表现优秀，其中，经营创新能力排名第2位、风险管理能力排名第16位、盈利能力排名第18位，其他各项一级指标表现优良。美亚财险在负债权益比率、融资风险率、资本管理系数、运营类资产占比、总资产收益率、净资产收益率、承保利润率、净投资收益率人均综合收益、人均利润、所有者权益净利润率、肯尼系数、付现比、总利润赔付支出覆盖率、险种集中度系数、手续费及佣金比率、综合成本率、自留比率、业务及管理费增长率、应收分保率、资产杠杆系数、保户储金与投资款比率等二级指标上表现突出。承保利润率、总利润赔付支出覆盖率、险种集中度系数、综合成本率、再保险分出率、自留比率和业务及管理费增长率在10家公司中排在首位。

鼎和财产保险股份有限公司（“鼎和财险”）成立于2008年5月22日，是一家全国性财产保险公司，总部设在深圳。注册资本金30.18亿元，总资产为66.28亿元。2016年，实现原保费收入319188万元。鼎和财险的各项一级指标表现优秀，其中，盈利能力排名第 11 位、风险管理能力排名第 11 位、经营创新能力排名第 14 位，其他各项一级指标表现优良。鼎和财险在负债权益比率、融资风险率、资本管理系数、运营类资产占比、总资产收益率、净资产收益率、承保利润率、净利润增长率、人均综合收益、人均利润、肯尼系数、付现比、总利润赔付支出覆盖率、保险负债占总资产比、险种集中度系数、综合成本率、应收分保率、保户储金与投资款比率等二级指标上表现突出。未决赔款准备金赔付率在 10 家公司中排在首位。

华安财产保险股份有限公司（“华安财险”）是经中国人民银行批准，于 1996 年 10 月 18 日正式创立的一家专业性保险公司，总部设于深圳。注册资本金 21 亿元，总资产为 141.25 亿元。2016 年，实现原保费收入 102.75 亿元。华安财险的各项一级指标表现优秀，其中，市场拓展能力排名第 1 位、盈利能力排名第 3 位，其他各项一级指标表现优良。华安财险在市场份额、机构数量、业务拓展能力、应收分保、总资产周转率、净资产周转率、资本利用率、报告期营业收入、所有者权益、资金融通能力、负债权益比率、资本管理系数、总资产收益率、净资产收益率、承保利润率、净投资收益率、综合收益率、收现比、总利润赔付支出覆盖率、综合成本率、资产杠杆系数、保户储金与投资款比率等二级指标上表现突出。市场份额、业务拓展能力、报告期营业收入和收现比在 10 家公司中排在首位。

安华农业保险股份有限公司（“安华农业保险”）是于 2004 年 12 月 30 日成立的商业化运作、综合性经营，并为政府代办政策性业务的全国性农业保险公司，总部设在吉林省长春市，在国家探索政策性农业保险制度的大环境下应时而生。注册资本金 10.575 亿元，总资产为 108.6 亿元。2016 年，实现原保费收入 46 亿元。安华农业保险的各项一级指标表现较为优秀，其中，市场拓展能力排名第 4 位、经营创新能力排名第 13 位，其他各项一级指标表现优良。安华农业保险在总资产增长率、业务拓展能力、应收分保率、净资产周转率、资本利用率、融资风险率、投资资产占总资产比率、运营类资产占比、资产现金回收率、人均综合收益、人均利润、付现比、现金盈余保障倍数、业务及管理费增长率、认可资产增长率、资产杠杆系数、保户储金与投资款比率等二级指标上表现突出。净资产周转率、资本利用率、运营类资产占比、资产现金回收率、现金盈余保障倍数和资产杠杆系数在10家公司中排在首位。

永诚财产保险股份有限公司（“永诚财险”）成立于2004年9月27日，是一家由国内实力雄厚的大型电力企业集团和产业投资集团共同发起组建的全国性股份制财产保险公司，总部设在上海，注册资本金21.78亿元，总资产为102.14亿元。2016年，实现原保费收入54.58亿元。永诚财险的各项一级指标表现较为优秀、均衡，其中，市场拓展能力排名第15位、融资能力排名第14位、经营创新能力排名第12位，其他各项一级指标表现优良。永诚财险在机构数量、总资产周转率、净资产周转率、资本利用率、资金融通能力、融资风险率、资本管理系数、承保利润率、人均综合收益、人均利润、付现比、险种集中度系数、综合成本率、业务及管理费增长率、资产杠杆系数、保户储金与投资款比率等二级指标上表现突出。资金融通能力、资产杠杆系数在10家公司中排在首位。

第四章　中国保险中介机构的发展①

保险中介是保险市场不可或缺的重要组成部分，是保险业市场化改革的必然结果，是保险业走向成熟的标志。伴随着国民经济特别是保险业的发展，保险中介的地位越来越突出，作用也越来越重要。保险中介机构是联系保险公司与广大投保人的桥梁和纽带，在保险产品创新、销售渠道创新和服务方式创新等方面有自己的独特优势，保险中介机构的发展能够进一步完善保险产业结构，实现产业分工的科学化、合理化。

自 2002 年实行市场化准入以来，我国保险专业中介机构迅速增加。截至 2015 年底，全国共有保险专业中介机构 2497 家，其中，保险代理机构 1719 家，保险经纪机构 445 家，保险公估机构 333 家。

2015 年，全国保险公司通过保险中介渠道实现保费收入 19760.2 亿元，占 2015 年全国总保费收入的 81.4%。

保险中介市场的快速发展增强了保险业服务经济社会的能力：保险中介的价值在于使得保险产品更有竞争力，保险更能发挥风险保障作用。保险中介市场提高了保险市场的运行效率，完善了保险市场结构，提高了保险业服务能力。例如，大童作为一家保险销售公司近年来一直在健康风险管理、大健康、健康保险和其他的一些新兴保险领域进行逐步创新。

① 本章数据资料主要来自历年中国保险年鉴、各公司的年度信息披露报告。

第一节　保险代理公司的发展

一、保险代理人

保险代理人是根据保险人的委托，向保险人收取代理手续费并在其授权范围内代为办理保险业务的单位或个人。保险代理人与保险人之间是委托代理的关系，代理人在授权范围内代理保险业务的行为所产生的法律责任，由保险人承担。

根据我国保险代理人的相关规定，保险代理人包括专业代理人、兼业代理人和个人代理人。专业代理人是专门从事保险代理业务的保险代理公司，其组织形式主要为有限责任公司。兼业代理人是受保险公司委托，在从事自身业务的同时，指定专人为保险公司代办保险业务的单位，兼业代理人只能代理与本行业直接相关，且能为投保人提供便利的保险业务。个人代理人则是指接受保险公司委托，由保险公司支付代理手续费，并在其授权的范围内代为办理保险业务的个人。

保险代理人因类型不同业务范围也有所不同。保险代理公司的业务范围是：代理推销保险产品，代理收取保费，协助保险公司进行损失的勘查和理赔等。兼业保险代理人的业务范围是：根据保险兼业代理许可证批准的代理险种，代理销售保险产品，代理收取保费。个人代理人的业务范围是：财产保险公司的个人代理人可以代理家庭财产保险、运输工具保险、责任保险和被代理保险公司授权的其他险种。

保险代理人的作用包括以下几个方面：

第一，直接为各保险公司收取大量的保险费，并取得了可观的经济效益。

第二，保险代理人的展业活动渗透到各行各业，覆盖了城市乡村的各个角落，为社会各层次的保险需求提供了最方便、最快捷、最直接的保险服务，发挥了巨大的社会效益。

第三，直接、有效地宣传普及了保险知识，对提高和增强整个社会的保险意识起到了积极的作用，进一步促进了我国保险事业的发展。

第四，保险代理人的运行机制，对国有独资保险公司的机制转换有着直接和间接的推动作用，对领导有启发，对员工有触动。

二、保险代理人的发展现状

我国的保险代理起步较晚，但是发展迅猛，以下主要对专业代理人进行分析。我国保险专业代理人总量与其他两类专业机构（保险经纪公司和保险公估公司）相比具有绝对的优势。2001 年底，保险代理机构仅 121 家，但到了 2007 年底增长到 1755 家，随后保险代理机构发展状况如表 4-1 所示。

表 4-1 保险专业代理机构数量 单位：家

年 份	2007	2008	2009	2010	2011	2012	2013	2014	2015
数 量	1755	1822	1903	1853	1823	1770	1767	1764	1719

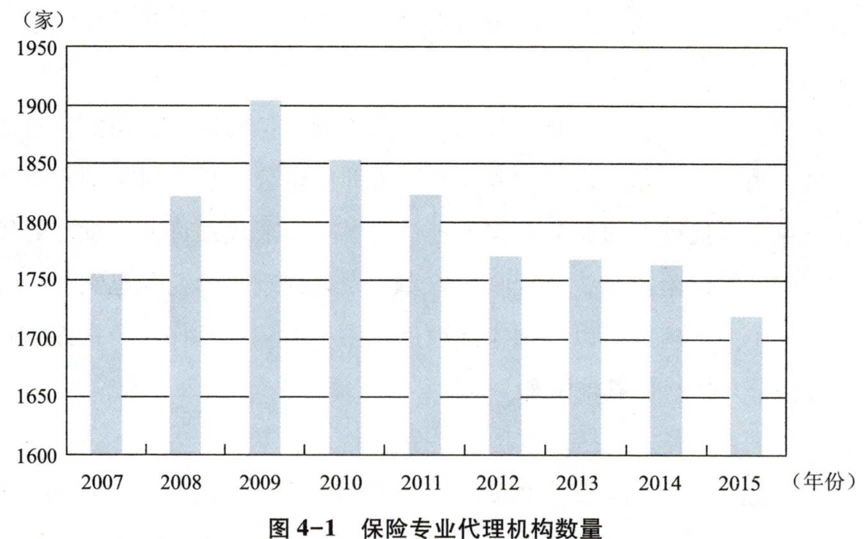

图 4-1 保险专业代理机构数量

专业保险代理机构的迅猛发展势头一直延续到 2009 年达到顶峰，2009 年底，全国保险专业代理机构突破1900多家。但是，在2009年一季度末，全国共有保险专业机构2439家，之后，当年一季度退出43家，其中，24家因为经营不善等原因主动解散，与此同时，通过并购等方式形成的一些大型专业机构实力增强，市场出现明显的整合迹象。随后多年来持续上升的保险专业代理机构数量开始出现下滑，其后几年，保险代理机构数目开始出现小幅收缩，但是基本保持稳定的发展状态，并没有出现大量保险代理机构退市的现象。

从保费收入来看，随着中国保险业的发展，通过保险代理机构实现的保险收入也有了大幅增长，占全国总保费收入比值也有了逐步的提高，如表4-2所示。

表4-2 专业保险代理机构保费收入状况 单位：百万元

年份	2007	2008	2009	2010	2011	2012	2013	2014	2015
代理机构数（家）	19058	26970	32887	48168	52972	58664	71805	96790	115170
同比增加（%）	50.51	41.52	21.94	46.50	9.97	10.80	22.40	34.80	19.00
全国保费收入占比（%）	2.71	2.76	2.95	3.32	3.69	3.80	4.17	4.80	4.70

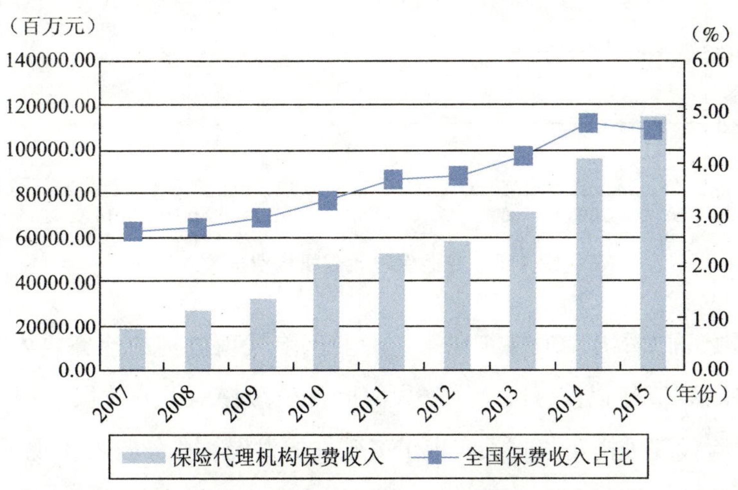

图4-2 专业保险代理机构保费收入状况

2007 年以来，通过专业保险代理机构实现的保费收入有了明显的增加，2015 年实现的保费收入是 2007 年的 6 倍，规模达到 115170 百万元，但是这不能排除受到我国保险行业全行业迅速发展的影响。图中还显示，通过专业保险代理机构实现的保费收入在全国保费收入的占比情况虽然有所上升，但是上升速度非常缓慢，最高占比为 2014 年，实现全国保费收入占比 4.8%。

从业务收入来看，如表 4-3 所示。

表 4-3　专业保险代理机构业务收入　　单位：百万元

年 份	2007	2008	2009	2010	2011	2012	2013	2014	2015
业务收入	2148.0	3353.0	4482.0	6309.0	8153.0	10209.0	13099.0	28364.1	24990.0

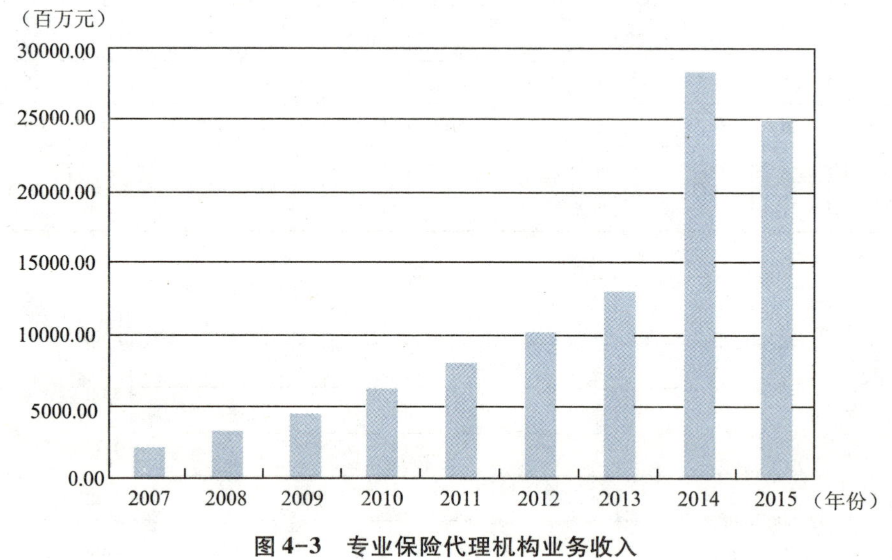

图 4-3　专业保险代理机构业务收入

从图中可以看出，2007 年以来，专业保险代理机构的业务收入总体呈现上升趋势。2013 年以前，经历了一段时间比较缓慢地上升阶段，2014 年的全国专业保险代理机构业务收入实现了突破性的发展，业务收入实现了 28364.1 百万元，这主要是因为 2013 年初，中国保监会大幅提高保险专业中介法人机构准入门槛，同时在暂停一年后，恢复对区域性保险专业代理分支机构的审批，政策的总体从严和局部释放导致分支机构数量在短时间内激增，从而导致2014年的专业保险代理机构业务收入激增。2015年虽有所下滑，但是规模仍然维持在了25000百万元左右的规模。

从市场集中度来看，我们考虑保险代理市场中业务排名前4家（CR4）和前8家（CR8）家机构的业务收入在整个市场中的占比程度，分析结果如表4-4所示。

表4-4 业务收入在市场中的占比 （%）

年 份	2008	2009	2010	2011	2012	2013	2014
CR4	10.76	9.5	14.1	13.9	13.2	74.1	28.6
CR8	16.3	15.8	19.2	18.0	18.2	81.6	35.8

分析近7年来的发展状况（除2013年数据异外，2014年保险年鉴中首次将平安保险代理有限公司2013年业务收入作为整体统计，不区分各地分公司）可以看到，两项数据基本呈现上升趋势。这表明，一些公司在保险代理市场开始显示出其优势地位，一些保险专业中介集团的出现使得少数几家大公司掌握了多数的市场资源，机构之间逐渐开始出现两极分化现象。

三、保险专业代理人的发展趋势分析

保险代理机构的发展，不但可以降低保险公司的经营成本，而且凭借其专业技术可以实现保险市场运作效率的提高，从而促进保险产品的销售，推动整个保险行业的发展。《关于加快发展现代保险服务业的若干意见》（以下简称“新国十条”）明确提出，要充分发挥保险中介市场操作，优化市场结构，规范市场秩序。保险专业代理人作为保险中介市场的主力军，从规范市场、有力监管的角度来看，保险监管部门无疑是希望通过发展保险专业代理机构来优化保险代理市场结构的，因此，在“新国十条”的背景下，保险专业代理机构将会迎来发展的新契机。

第二节　保险经纪公司的发展

一、保险经纪人

我国《保险法》第123条规定：保险经纪人是基于投保人的利益，为投保人与保险人订立保险合同提供中介服务，并依法收取佣金的单位。保险经纪人是指代表被保险人在保险市场上选择保险人或保险人组合，同保险方洽谈保险合同条款并代办保险手续以及提供相关服务的中间人。

根据委托方的不同，保险经纪人可以分为狭义的保险经纪人（专指原保险市场的经纪人）和再保险经纪人。

狭义的保险经纪人是指直接介于投保人和原保险人之间的中间人，直接接受投保客户的委托。按业务性质的不同，狭义的保险经纪人又可分为寿险经纪人和非寿险经纪人。

寿险经纪人是指在人身保险市场上代表投保人选择保险人、代办保险手续，并为此从保险人处收取佣金的中间人。非寿险经纪人是安排各种财产、利益、责任保险业务，在保险合同订约双方间斡旋，促使保险合同成立并为此从保险人处收取佣金的中间人。

再保险经纪人是促成再保险分出公司与接受公司建立再保险关系的中介人。他们把分出公司视为自己的客户，在为分出公司争取较优惠条件的前提下选择接受公司并收取由后者支付的佣金。再保险经纪人不仅介绍再保险业务，提供保险信息，而且在再保险合同有效期间对再保险合同进行管理，继续为分保公司服务，如合同的续转、修改、终止等问题，并向再保险接受人及时提供账单并进行估算。

保险经纪人通过向投保人提供保险方案、办理投保手续、代投保人索赔并提供防灾、防损或风险评估、风险管理等咨询服务，使投保人充分认识到经营中自身存在的风险，并参考保险经纪人提供的全面的专业化的保险建议，使投保人存在的风险得到有效的控制和转移，达到以最合理的保险支出获得最大的风险保障，降低和稳定经营中的风险管理成本，保证企业的健康发展。

另外，因为保险经纪人的业务最终还是要到保险公司进行投保，保险经纪公司业务量的增加会引起保险公司整体业务量的增加，从而降低了保险公司的展业费用；在保险市场上，保险经纪人把保险公司的再保份额顺利地推销出去，消除了保险公司分保难的忧虑，大大降低了保险公司的经营风险；同时，保险经纪人代为办理保险事务，减少了被保险人因不了解保险知识而在索赔时给保险人带来的不必要的索赔纠纷，提高了保险公司的经营效率。

因此，保险经纪人的产生不论是对投保人还是对保险公司都是有利的，是保险市场不断完善的结果。

二、保险经纪人的发展现状

20 世纪 80 年代，国外保险经纪公司开始进入中国市场，并逐步与国内保险公司建立业务合作关系，但初期多限于三资企业和再保险经纪业务，并未对中国保险市场产生深远的影响。2000 年，北京江泰、上海东大和广州长城 3 家保险经纪机构成立，标志着中国保险经纪业的正式起步。经过 10 年的发展，保险经纪机构的渠道作用越来越受到保险公司，尤其是新成立的保险公司的重视。

表 4-5 我国保险经纪机构数量变化 单位：家

年 份	2007	2008	2009	2010	2011	2012	2013	2014	2015
数 量	322	350	378	392	416	434	438	445	445

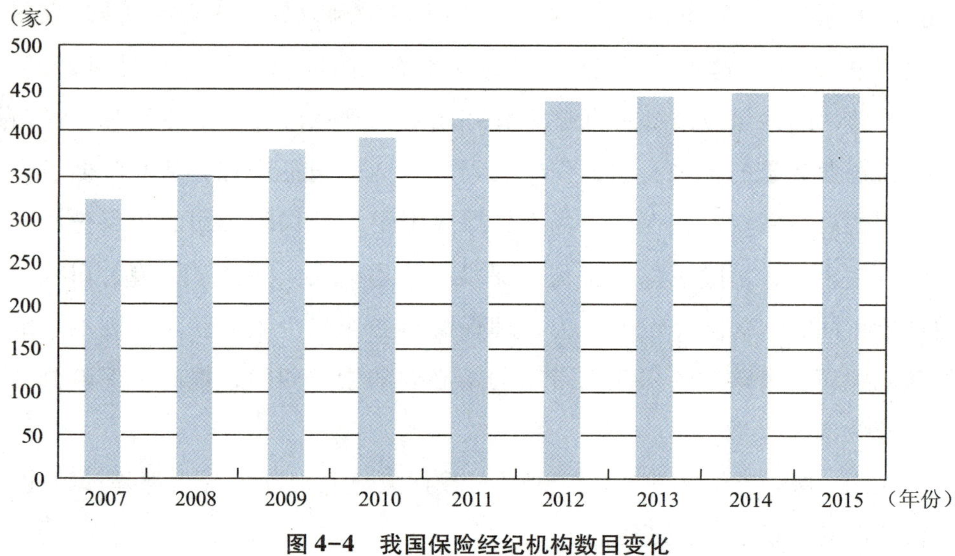

图 4-4　我国保险经纪机构数目变化

从保险经纪机构数目来看，如表 4-5、图 4-4 所示，我国的保险经纪机构自 2007 年以来一直是处于稳步增加的状态，2015 年底，保险经纪机构数目已经达到 445 家。有序的市场竞争格局逐渐形成，保险经纪机构进入相对稳定发展期。

表 4-6　保险经纪机构实现保费收入及全国保费占比情况　单位：百万元

年 份	2007	2008	2009	2010	2011	2012	2013	2014	2015
经纪人数量	16688	24534	24466	31307	38010	42106	43028	50450	55900
全国保费收入占比（%）	2. 37	2. 51	2. 2	2. 15	2. 65	2. 70	2. 50	2. 50	2. 30

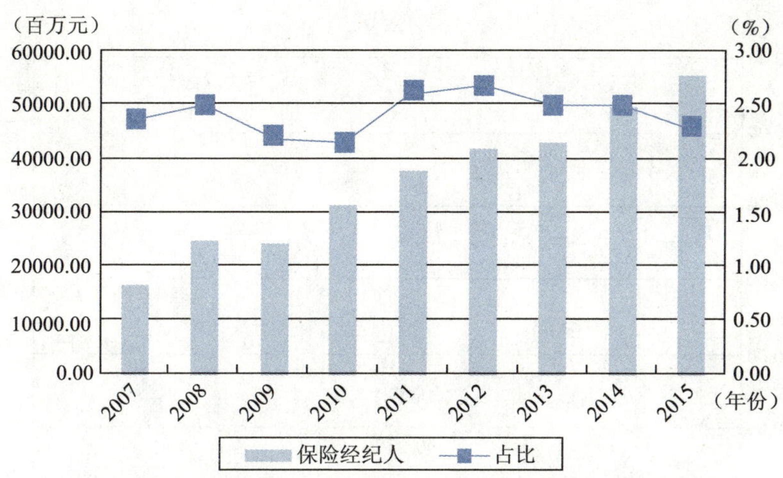

图 4-5 保险经纪机构实现保费收入及全国保费占比情况

如表 4-6、图 4-5 所示，2007 年，通过保险经纪机构实现保费收入 16688 百万元，之后几年内保费收入持续增加，2015 年底，通过保险经纪机构实现保费收入 55900 百万元，是 2007 年的 3. 35 倍。与此同时，通过保险经纪机构实现的保费收入在全国保费收入中的占比一直维持在 2. 5%上下浮动，由此我们可以得出，通过保险经纪机构实现的保费收入有了较大幅度的增加，但是全国保费占比维持稳定，因此，这种保费收入的增加主要依靠全国保险行业的发展，保险经纪机构在保险市场中的地位并没有得到很大提升。

从保险经纪机构业务收入来看，如表 4-7、图 4-6 所示，保险经纪机构的业务收入与实现的保费收入趋势情况一致，自 2007 年以来一直保持着比较高的增长速度。有效的竞争体系尚未形成，主要表现在，一是关联方业务占有较大的比重，二是存在着大量小规模、低效益的公司主体。

表 4-7 保险经纪机构业务收入发展 单位：百万元

年 份	2007	2008	2009	2010	2011	2012	2013	2014	2015
业务收入	2019. 0	2650. 3	3310. 0	4396. 0	5548. 0	6368. 0	7813. 0	9420. 0	10630. 0

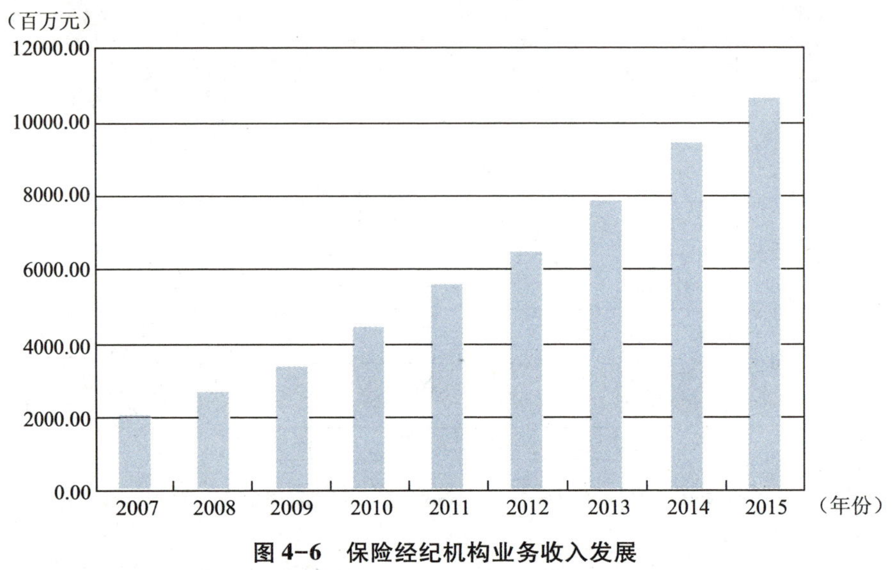

图 4-6　保险经纪机构业务收入发展

在市场集中度方面，如表 4-8 所示，2014 年经纪市场中业务排名前 4 家（CR4）和前 8 家（CR8）机构的业务收入在整个市场中的占比分别为 20.9%和 38.37%。分析近 5 年的发展情况，经纪市场这两项数据基本在逐年降低，市场集中度呈现下降趋势。随着市场集中度的下降，多极化竞争格局日益明显，但不可回避的是，目前市场集中度仍处于较高水平，存在大量小规模、低效益的公司主体。单纯从市场集中度的视角来分析，我国保险经纪市场结构的特征是较低垄断性和较高竞争性，且随着时间的变化，竞争性特征越来越明显。

表 4-8　2008—2014 年保险经纪公司的市场集中度　（%）

年 份	2008	2009	2010	2011	2012	2013	2014
CR4	30. 8	30. 7	28. 2	28. 3	27. 3	31. 1	21. 0
CR8	45. 8	45. 5	42. 3	40. 1	41. 6	45. 0	38. 4

三、保险经纪人的发展趋势分析

保险经纪人定义的本身要求保险经纪人是基于投保人的利益，为投保人与保险人订立保险合同提供中介服务，并依法收取佣金的单位。因此，保险经纪人是经验丰富的风险管理顾问，他们既有对具体行业特点和业务运作关节点的深入了解，同时在风险管理与保险安排上又具备专业知识和能力。基于此，保险经纪公司应该努力成为全社会的风险管理顾问，帮助客户更好地识别、化解和防范风险。目前，国内保险经纪仅占全国总保费2%的市场份额，而美国保险经纪则占到50%以上，中国的保险经纪公司远没有发挥出其全社会风险管理顾问的作用，发展的空间十分巨大。

保险代理公司的形成和发展同保险市场的形成和发展是同步进行的，代理公司一建立就面临着严峻的生存挑战，因为长期以来中国的保险公司组织形态属于大而全，其与保险公司合作的模式过于单一。因此，要想在这种情况下突破原有的市场结构，达到与国外一样的市场份额，还需要一段漫长而艰难的发展历程。

第三节 保险公估公司的发展

一、保险公估人

保险公估人是指依照法律规定设立，受保险公司、投保人或被保险人委托办理保险标的的查勘、鉴定、估损以及赔款的理算，并向委托人收取酬金的公司。公估人的主要职能是按照委托人的委托要求，对保险标的进行检验、鉴定和理算，并出具保险公估报告，其地位超然，不代表任何一方的利益，使保险赔付趋于公平、合理，有利于调停保险当事人之间关于保险理赔方面的矛盾。

（一）保险公估人的分类

根据不同的分类标准，可以将保险公估人按如下进行分类：

1. 按业务性质分类

按照业务性质的不同，保险公估人可分为三类。

（1）保险型公估人。这类保险公估人侧重于解决保险方面的问题，他们熟悉保险、金融、经济等方面的知识，但对其他专业技术知识知之甚少或者完全不知，将对于技术型问题的解决职能作为辅助。

（2）技术型公估人。这类保险公估人侧重于解决技术方面的问题，其他有关保险方面的问题涉及较少。

（3）综合型公估人。这类保险公估人不仅解决保险型问题，同时还解决保险业务中的技术问题。综合型保险公估人由于知识全面，经验丰富，越来越为社会所需要。

2. 按业务范围分类

根据保险公估人从事活动范围的不同，可以将保险公估人分为三类。

（1）海上保险公估人。海上保险公估人主要处理海上、航空运输保险等方面的业务。海上保险和航空运输保险这样的国际型保险，对于标的自身的价值、种类、设备、机器以及货物运输过程中涉及多方利益和责任的确定，都有较高的专业要求，且较复杂，因此，保险公司通常委托居于独立地位的保险公估人处理。

（2）汽车保险公估人。汽车保险公估人主要处理与汽车保险有关的业务。汽车保险公估人参与汽车保险理赔公估，不仅可以减少保险公司和被保险人之间在修理费用、重置价值方面的直接冲突，避免保险公司理赔人员与被保险人、汽车修理行会合谋骗取保险赔款，而且可以有效制止汽车保险理赔中的不正当行为，使各保险公司在公平的市场环境中平等竞争。

（3）火灾及特种保险公估人。火灾及特种保险公估人主要处理火灾及物质特种保险等方面的业务。随着经济的发展和科学技术的进步，财产保险的承保范围日益扩大，保险理赔的技术含量不断提高，保险公司自行处理理赔的难度加大，因此，大量拥有专业技术的保险公估人的出现，满足了火灾和特种保险的需要。

3. 按委托方不同分类

根据委托方的不同，保险公估人可以分为两类。

（1）接受保险公司委托的保险公估人。接受保险公司委托的保险公估人，尽管是受保险公司的委托，但他们必须站在中立的立场处理保险承保和保险理赔。

（2）只接受被保险人委托的保险公估人。只接受被保险人的委托处理索赔和理算，而不接受保险公司委托的保险公估人。

4. 公估方与委托方关系不同分类

从保险公估人与委托方的关系来看，保险公估人可分为两类。

（1）雇佣保险公估人。雇佣保险公估人是指长期受聘于某一家保险公司，按该公司的委托或指令处理各项理赔业务，这类公估人一般不能接受其他保险公司的委托业务。

（2）独立的保险公估人。独立的公估人是指可以同时接受数家保险公司的委托处理理赔事务，其间的委托与被委托关系是暂时的，一旦公估人完成了保险公司的委托业务，他们之间的委托关系也相应结束。

（二）保险公估人的业务和作用

保险公估人的地位独立，主要表现在：第一，保险公估人执行保险公估业务，既不代表保险人，也不代表被保险人，而且不受行政权力等外界因素干扰，表现出超然的独立性；第二，在开展保险公估业务的整个进程中，保险公估执业人员保持着自己独立的思维方式和判断标准；第三，保险公估人的评估分析和结论保持应有的独立性，这一特征在保险公估人所出具的公估报告中得以充分体现。

保险公估人的业务职能主要体现在三方面：

（1）评估职能。保险公估人所具有的是一种广义的（保险）评估职能，包括评估职能、勘验职能、鉴定职能、估损职能和理算职能等。国际上，保险公估人包括主要从事理（核）算事务的理算师（Adjuster），主要从事检查、勘测、鉴定事务的鉴定人（Surveyor）和主要从事估算、评估的评估人（Assessor）等多种类型。尽管他们的称谓不同，经营的侧重点有差别，但均能履行其保险评估职能。保险公估人对保险标的进行公估，得出公估结论，并说明得出结论的充分依据和推理过程，体现出其评估职能。评估职能是保险公估人的关键职能。保险公估人执行的评估职能，可使赔案快速、科学地得到处理。

（2）公证职能。首先，保险公估人有丰富的保险公估知识和技能，在判断保险公估结论准确与否的问题上最具权威和资格；其次，保险公估人是保险合同当事人之外的第三方，既不代表保险人，又不代表被保险人，完全站在中间、公正的立场上就事论事、科学办事。公证职能是保险公估人的重要职能，并具有以下特征：第一，这种公证职能虽然不具备对赔案的定论作用，但却有促成结案的督促作用，因为保险双方难以找出与公估结论相左的原因或理由；第二，这种公正职能虽然不具备法律效力，但该结论可以接受法律的考验。这是因为保险公估人的公估结论确定之后，必经保险关系当事人双方接受才能结案。一旦保险关系当事人双方有一方不接受，则最终决定权在法院。但是保险公估人可以接受委托方委托出庭辩护，甚至可被聘请为诉讼代理人出庭诉讼，本着对委托方特别是对公估报告负责的原则，促成对方接受既定的结论。

（3）中介职能。保险公估人作为保险中介人，从事保险经济活动，并参与保险经济利益的分配，为保险双方提供服务，具有鲜明的中介职能。这是因为：第一，保险公估人既可以受托于保险人，又可以受托于被保险人；第二，保险公估人以保险关系当事人之外的第三方身份从事保险公估经营活动，保险公估人从保险合同一方那里获得保险公估委托，是以中间人立场执行保险公估，并收取合理费用。这样，保险公估人以中间人身份，独立地开展保险公估，从而得出公估结论，促成保险关系当事人接受该结论，为保险关系当事人提供中介服务，充分发挥了其中介职能。

保险公估人的作用主要体现在以下几个方面：

第一，保险理赔是保险经营的重要环节。在保险业发展初期，对保险标的检验、定损等工作往往由保险公司自己进行。随着业务的发展，这种保险公司“全程包办”方式的局限性日益暴露：保险公司理赔人员的专业局限性越来越难以适应复杂的情况。保险公司从经营成本考虑，不可能配备众多的、门类齐全的各类专业技术人员。保险公估人能协助保险公司解决理赔领域的一些专业性、技术性较强，诸如经济、金融、保险、财会、法律及工程技术等领域的问题，从而促进保险运作在理赔领域良好地进行。

第二，保险公司既是承保人又是理赔人，直接负责对保险标的进行检验和定损，做出的结论难以令被保险人信服。保险合同的首要原则是最大诚信原则，由于保险合同订立双方的信息不对称，在承保和理赔阶段，以及在危险防范和控制方面，都存在违背这一原则的可能。地位超然、专门从事保险标的查勘、鉴定、估损的保险公估人作为中介人，往往以“裁判员”的身份出现，独立于保险双方之外，在从事保险公估业务过程中始终本着“独立、公正”的原则，与保险人和被保险人是等距离关系，而不像保险人或被保险人易受主观利益的驱动，能使保险赔付更趋于公平合理，可以有效缓和保险人与被保险人在理赔领域的矛盾。“诉讼不如仲裁，仲裁不如调解，而调解又不如预先防止发生法律纠纷，这几乎是不言而喻的。”

第三，保险公估人代替保险公司独立承担保险理赔领域的工作，从而实现了保险理赔工作的专业化分工。这种分工一方面有利于保险理赔技术的不断升级和横向交流，并能促进保险公估业整体执业水平的提高，从而促进整个保险行业的发展；另一方面，规模效应以及逆向选择和道德风险的减少，必然会大大降低保险理赔费用从而降低保险成本，最终提高整个社会的福利。

二、保险公估人的发展现状

1. 保险公估经营主体

以最近 9 年的数据为例，保险公估的市场规模处于逐渐扩大的趋势，保险公估机构数量在增速放缓的过程中又略有加速。2013 年，由于保监会大幅提高保险专业中介法人机构准入门槛，保险公估机构数有所下降，但该年保险公估分支机构数实际有小幅上升，一方面，是因为市场发展对其需求增加，机构铺设速度加快；另一方面，到年末，恢复对区域性保险专业代理分支机构的审批后，政策的总体从严和局部释放导致分支机构数量在短时间内激增。2014 年，是整个保险市场包括保险中介市场在内充满活力、快速发展的一年，保险业市场化改革加之监管思路的转变，使得包括保险公估机构在内的保险中介市场规模有了较大程度的扩大。2015 年，保监会修订了《保险公估机构监管规定》，保险公估市场扩张的势头有所压制，出现了与 2013 年相似的情况。

表 4-9　2007—2015 年保险公估机构数

年 份	2007	2008	2009	2010	2011	2012	2013	2014	2015
保险公估机构数（家）	254	273	289	305	315	325	320	337	333
增长率（%）	4.1	7.5	5.9	5.5	3.3	3.2	-1.5	5.3	-1.2

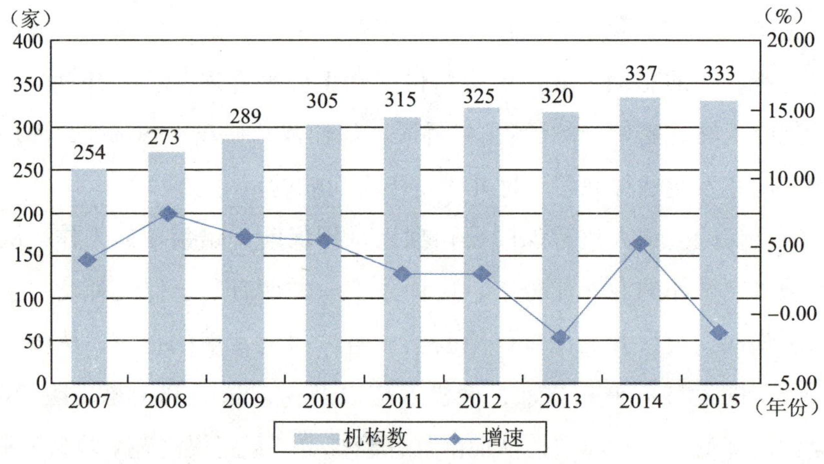

图 4-7　2007—2015 年保险公估机构数

2. 保险公估市场业务收入

2007—2015 年，保险公估市场的业务收入都处在稳定增长的过程，只有 2015 年有小幅下降，结合保险公估机构数量的波动，总体来看，这与保险公估市场尚不成熟有很大的关系。专业保险中介市场已经逐步从最初的争夺牌照资源转变为较为理性的市场进入与退出，保险公估市场的新陈代谢和优胜劣汰也实属正常。随着保险市场的转型和社会认知度的提高，保险公估市场在近几年也实现了较快的发展，但由于保险受监管制约较大，因此，监管力度和开放程度也影响着保险公估市场的发展规模。

表 4-10　2007—2015 年保险公估业务收入　　单位：百万元

年份	2007	2008	2009	2010	2011	2012	2013	2014	2015
保险公估业务收入	720	1142	1131	1216	1364	1568	1937	2260	2240

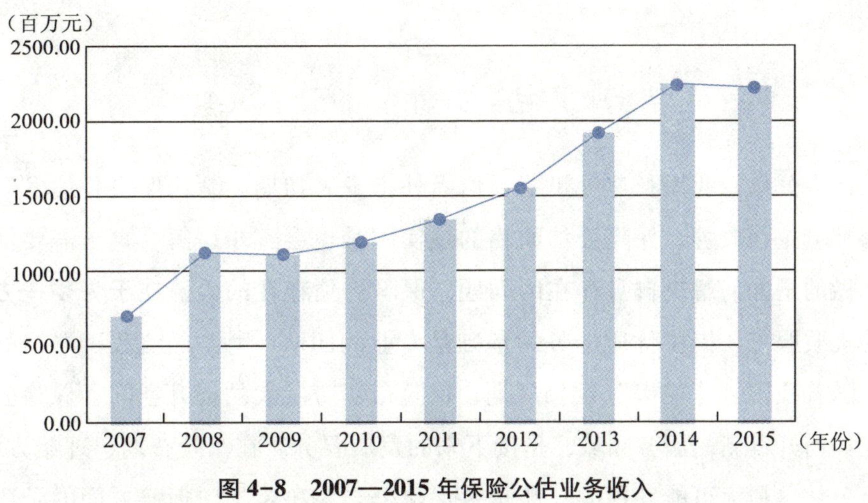

图 4-8　2007—2015 年保险公估业务收入

3. 保险公估净利润与估损金额

2015 年，保险公估机构实现利润 1.1 亿元，同比增长 120%；从可获取的数据来看，2007—2015 年，除 2014 年为亏损以外，保险公估机构净利润基本处于稳步上升的状态，2014 年的亏损也受多方面因素的影响，包括大量新公司的涌入，挤占市场份额，并且由于市场尚未成熟，还在寻求秩序平衡等原因。

2007—2015 年，保险公估机构估损金额也在持续上涨，这与保险公估人执业能力的提升，保险公司的需求不断增加有关。

4. 保险公估市场集中度

根据目前所能获取的数据，与保险经纪人和保险代理人相比，保险公估市场都存在较高的市场垄断程度，专业度是制约小的保险公估机构发展的因素。同时，大多数保险公司不借助公估公司，自行进行查勘、定损，占据了市场的主体地位。这也是保险公估发展受限的原因。

表 4-11　2008—2012 年保险公估市场集中度

（%）

年 份	2008	2009	2010	2011	2012
CR4	32. 65	31. 91	37. 62	34. 13	43. 95
CR8	43. 87	44. 15	49. 45	46. 17	53. 49

三、保险公估人的发展趋势分析

保险公估行业增长速度迅猛，但尚处于发展初期。制约保险公估发展的外部环境正在改善，保险公估面临的现实困难也会逐步缓解，真正需要保险公估做的是如何解决自身存在的问题，保险公估存在的价值在于为委托方提供的优质服务，提供优质服务的基础是专业的团队、科学的流程、严格的管理。随着我国“十三五”宏伟规划，保险市场有巨大的提升空间，保险公估行业如何开辟新的服务领域，是接下来的发展要务。在车险查勘、理赔方面，保险公估尽最大可能发挥的只能是替保险公司解决定损、理赔方面的矛盾和不便；在反保险欺诈领域，保险公估作为第三方，可以通过关联共享风险信息、数据，有效地调查取证，推动保险行业反欺诈的发展进程。

四、总结

根据对三类保险专业中介的分析可知，不论是从规模还是业务方面，保险中介市场近几年都在小幅波动中保持着良好的发展态势。但从 2016 年开始，保险行业“去中介化”的呼声越来越高，互联网、区块链等新技术的发展推动保险公司加快直销渠道的建设，对保险中介来讲是很大的挑战，在新的形势下，保险中介如何借助互联网等新技术化危机为机遇，是目前尚待研究的课题。

从保险中介的发展过程来看，存在一些固有的问题。

第一，与保险业的碰撞和冲突。中介市场与保险市场的最大冲突来自于旧的保险市场的供给主体对中介市场的某种压抑，多数保险企业承袭了“卖保险”的职能，而缺少风险管理和资金运用等保险企业的核心职能，沉溺于从保险各环节谋求整体利益，在一定程度上阻碍了保险中介市场的分化与发育。

第二，专业能力差异化带来的实力分化。以公估业为例，行业资源快速聚集于车险公估低端市场，一方面，同质竞争引发价格战；另一方面，没有预见保险公司结构调整及改变对公估合作模式的重大影响，行业市场萎缩并使经营资源深度套牢。近年来，保险公司车险电话营销的崛起，被视为对以车险代理为核心业务的传统代理机构的“生死劫”。

第三，管理制度不完善。自 2015 年监管部门取消了三类保险专业中介从业人员资格考试，保险中介从业人员再无准入门槛。保险业务增速几乎在赶超国民经济增速，但新增从业人员的服务水平和业务能力却存在很大的欠缺，加剧了保单退保、投诉的风险。在保险中介市场，并没有形成良好的自我约束和管理机制。

针对保险中介固有的问题以及时代带来的新问题，保险中介应该在专业和高效的路径上探求出路。借助互联网，在服务客户方面提高专业技能，形成差异化优势，才是保险中介市场真正需要考虑的问题。

第五章　中国保险资产管理机构的发展分析

第一节　中国保险资产管理业制度建设

随着经济和保险业的快速发展，我国的保险资金运用在经历过一段探索、认识和不断总结经验的过程后，相关制度建设逐渐走出了一条符合自身规律的改革发展之路（本报告附录 3 梳理了我国保险资产管理行业制度建设的历程）。

1985 年 3 月，国务院颁布《保险企业管理暂行条例》，从法规角度明确了保险企业可以自主运用保险资金，从此保险公司开始进入投资阶段，保险资金运用有了银行存款以外的更多选择。但是，由于国内恢复保险业时间不长，业界、学界和有关政府部门对于保险的投资认识不到位；同时，伴随着经济增长的波动和经济过热，1987—1995 年，保险资金开始进入房地产、有价证券、信托，甚至借贷市场，从而形成大量不良资产，保险资金经历了一段无序投资阶段，出现了很多盲目投资现象。

1995—2002 年，《中华人民共和国保险法》等一系列法规颁布实施，1998 年 11 月，中国保险监督管理委员会（以下简称中国保监会）成立，保险资金运用的混乱局面从根本上得以扭转，保险资金运用逐步进入规范发展阶段；2003—2011 年，中国保监会逐渐放宽了保险资金的投资范围，增加了企业债券、基金、股票、境外投资、基础设施项目、不动产等多项保险资产投资渠道，并出台与各项业务有关的新规范政策，例如，2004 年中国保监会与中国人民银行联合颁布《保险外汇资金境外运用管理暂行办法》、2005 年与中国银监会下发《保险公司股票资产托管指引（试行）》、2006 年颁布《保险资金间接投资基础设施项目试点管理办法》等。与此同时，保险资金运用的安全性也渐渐引起保监会的重视，有关保险资金风险管理、信用评级等政策相继出台。

2012 年是中国资产管理业“风起云涌”的一年，保监会等中国监管机构高密度地出台各项创新政策。随着监管限制的逐步放开和金融创新步伐的加快，越来越多的机构有能力参与到资产管理的列队之中，中国资产管理业进入群雄逐鹿的年代。“保险投资 13 条”出台以后，保险资金资产配置策略组合越来越丰富，过去投资集中于高信用等级的各类债券、债券型基金、货币市场工具等，如今逐渐扩展到各种久期的投资组合，期限和信用的运用更加灵活，风险对冲工具和参与利率市场化的工具成为其中最大的亮点（详见表 5-1）。同时，《保险资金委托投资管理暂行办法》等资金委托政策的出台，明确了保险资金与其他资管机构的合作路径，推动保险公司利用保险资产管理公司平台向全面资产管理进军。随着《保险资金委托投资管理暂行办法》允许基金公司和券商资管成为险资的管理人，外部竞争机制对保险资管形成压力，倒逼其管理机制不断改善。

表 5-1　保险资金投资运用历史沿袭

时 间	投资范围
1995—1998 年	银行存款、政府债券、金融债券
1999—2003 年	银行存款、政府债券、金融债券、企业债券、基金
2004—2005 年	银行存款、政府债券、金融债券、企业债券、基金、股票、境外投资
2006—2008 年	银行存款、政府债券、金融债券、企业债券、基金、股票、境外投资、基础设施项目、不动产、商业银行股权
2009—2011 年	银行存款、政府债券、金融债券、企业债券、基金、股票、境外投资、基础设施项目、不动产、企业股权
2012 年至今	银行存款、政府债券、金融债券、企业债券、基金、股票、境外投资、基础设施项目、不动产、企业股权、股指期货、金融衍生产品、商业银行理财产品、信贷资产支持证券、集合资金信托计划、专项资产管理计划、基础设施投资计划、不动产投资计划和项目资产支持计划等金融产品

注：截至 2016 年 12 月 31 日。

数据来源：中国保监会官网。

2013 年，投资新政进入完善和观察期，政策的积极作用不断显现出来。中国保监会不断丰富和细化投资新政内容，进一步提高保险资金运用市场化程度，例如，拓宽债权投资计划的行业范围，简化申请流程，引导保险资金进入地方市政基础设施建设项目及新兴战略产业中去；整合比例监管政策，重新整合定义大类资产，取消一些不适应市场发展要求的比例限制，按照投资品种风险属性不同，纳入到大类资产配置比例中，不再单独设置具体比例，大幅增加保险公司的投资灵活性；积极鼓励创新投资方式，探索股债结合形式，满足保险资金对接实体经济的实际需求等。

在上一年的基础上，2014 年，中国保监会继续推出各项保险新政，不断释放各种政策红利。2014 年 1 月 23 日，中国保监会颁布《关于加强和改进保险资金运用比例监管的通知》，重新将投资资产划分为流动性资产、固定收益类资产、权益类资产、不动产类资产和其他金融资产 5 大类资产，针对五类资产制定了保险资金运用上限比例和集中度监管比例，不再对各大类资产包含的具体品种设限（详见表 6-2）。2014 年 8 月 13 日，国务院下发《国务院关于加快发展现代保险服务业的若干意见》（简称新“国十条”），明确了现代保险服务业在经济社会发展全局中的定位，提出由保险大国向保险强国转变的目标。新“国十条”的出台将推动保险业快速发展，提升保险业的行业定位，拓宽保险业的服务领域；同时，将充分发挥保险资金长期投资的独特优势，进一步发挥保险公司的机构投资者作用，为股票市场和债券市场长期稳定发展提供有力支持。

表 5-2 保险资金各投资标的允许投资的最高比例要求

类别	可投资品种	最新监管规定
流动性资产	境内品种主要包括现金、货币市场基金、银行活期存款、银行通知存款、货币市场类保险资产管理产品和剩余期限不超过 1 年的政府债券、准政府债券、逆回购协议，境外品种主要包括银行活期存款、货币市场基金、隔夜拆出和剩余期限不超过 1 年的商业票据、银行票据、大额可转让存单、逆回购协议、短期政府债券、政府支持性债券、国际金融组织债券、公司债券、可转换债券，以及其他经中国保监会认定属于此类的工具或产品	投资比例不低于本公司上季末总资产的 5%
固定收益类资产	境内品种主要包括银行定期存款、银行协议存款、债券型基金、固定收益类保险资产管理产品、金融企业（公司）债券、非金融企业（公司）债券和剩余期限在 1 年以上的政府债券、准政府债券，境外品种主要包括银行定期存款、具有银行保本承诺的结构性存款、固定收益类证券投资基金和剩余期限在 1 年以上的政府债券、政府支持性债券、国际金融组织债券、公司债券、可转换债券，以及其他经中国保监会认定属于此类的工具或产品	投资比例无明确限制
权益类资产	境内上市权益类资产品种主要包括股票、股票型基金、混合型基金、权益类保险资产管理产品，境外上市权益类资产品种主要包括普通股、优先股、全球存托凭证、美国存托凭证和权益类证券投资基金，以及其他经中国保监会认定属于此类的工具或产品。境内、境外未上市权益类资产品种主要包括未上市企业股权、股权投资基金等相关金融产品，以及其他经中国保监会认定属于此类的工具或产品	1. 投资权益类资产的账面余额，合计不高于本公司上季末总资产的 30%，且重大股权投资的账面余额，不高于本公司上季末净资产。账面余额不包括保险公司以自有资金投资的保险类企业股权。 2. 投资单一蓝筹股票的余额占上季度末总资产的监管比例上限由 5% 调整为 10%；投资权益类资产的余额占上季度末总资产比例达到 30% 的，可进一步增持蓝筹股票，增持后权益类资产余额不高于上季度末总资产的 40%。 3. 投资创业投资基金的余额纳入权益类资产比例管理，合计不超过保险公司上季度末总资产的 2%，投资单只创业投资基金的余额不超过基金募集规模的 20%

续表

类 别	可投资品种	最新监管规定
不动产类资产	境内品种主要包括不动产、基础设施投资计划、不动产投资计划、不动产类保险资产管理产品及其他不动产相关金融产品等，境外品种主要包括商业不动产、办公不动产和房地产信托投资基金（REITs），以及其他经中国保监会认定属于此类的工具或产品	投资不动产类资产的账面余额，合计不高于本公司上季末总资产的 30%。账面余额不包括保险公司购置的自用性不动产。保险公司购置自用性不动产的账面余额，不高于本公司上季末净资产的 50%
其他金融资产	境内品种主要包括商业银行理财产品、银行业金融机构信贷资产支持证券、信托公司集合资金信托计划、证券公司专项资产管理计划、保险资产管理公司项目资产支持计划、其他保险资产管理产品，境外品种主要包括不具有银行保本承诺的结构性存款，以及其他经中国保监会认定属于此类的工具或产品	投资其他金融资产的账面余额，合计不高于本公司上季末总资产的 25%

注：截至 2016 年 12 月 31 日。

数据来源：中国保监会官网。

2015 年，中国保监会继续推行各种保险新政，不断释放政策红利。政策红利主要体现在两个方面：保险资金运用和保险行业监管方面。2015 年 2 月，中国保监会发布关于印发《保险公司偿付能力监管规则（1—17 号）的通知》，自此，保险业进入了“偿二代”的实施准备期。“偿二代”体系监管规则的出台有助于提高保险业的资本使用效率，防范风险。2015 年 7 月，中国保监会颁布《关于提高保险资金投资蓝筹股股票监管比例有关事项的通知》，规定保险公司投资单一蓝筹股票的余额占上季度末总资产的监管比例上限由 5%调整为 10%，投资权益类资产的余额占上季度末总资产比例达到 30%的，可进一步增持蓝筹股票，增持后权益类资产余额不高于上季度末总资产的 40%。

综观 2016 年，保监会加强对保险资金运用监管，主要涉及保险资金对大额未上市股权和大额不动产投资的规范、组合类保险资产管理产品业务监管以及保险资金股票投资监管规范。1984—2015 年长达 30 多年的时间里，我国保险资金运用的业务范围不断拓宽。保险资产管理经历了从传统的银行存款、债券向股票、基金向另类投资品种的逐步转变。特别是在2012年，伴随着“十三条新政”的出台，保险资金投资范围迅速开放，资产配置的空间和弹性上断扩大，打破了行业壁垒，实现了与银行、信托、证券等金融平台的同台竞技，保险投资覆盖了从公募领域到私募领域、从传统产品到另类工具、从境内市场到境外市场、从实体经济到虚拟经济的广阔领域，实现全面拓展政策红利的不断释放，促进了保险行业的飞速发展，但是也伴随着问题的出现，因此，2016年保监会加强了保险资金运用的监管，这也给市场一个信号：“红利释放+规范发展”的监管思路将会成为今后保险行业以及保险资金运用的常态。

第二节　中国保险资产管理机构经营状况

一、市场主体多样化

当前，我国保险资产管理行业发展日趋多元化、专业化。保险资产管理机构在立足保险主业的基础上，积极参与大资管竞争，逐渐拓展第三方业务并向综合性资产管理公司转变。2003年7月16日，国内第一家保险资产管理公司中国人保资产管理股份有限公司成立。2006年9月1日，太平资产管理有限公司批准筹建，标志着“9+1”的保险资产管理格局正式形成。此后，安邦资产管理有限责任公司、生命保险资产管理有限公司等公司相继成立。截至2016年底，中国已经获批的保险资产管理公司共23家（详见附录3），总资产达到426.29亿元亿元，同比增长20.97%，净资产达342.72亿元，同比增长27.16%。2016年，全年共实现营业收入143.38亿元，同比下降7.13%；净利润为66.28亿元，同比下降4.95%（详见附录3）。

除了综合性保险资产管理公司，我国保险资产管理行业市场主体还包括10多家专业性保险资产管理机构、11家保险资产管理公司香港子公司、6家养老基金管理（或养老保险）公司、2 家私募股权投资管理（GP）公司、1 家财富管理公司。此外，还有 173 家保险公司设立了保险资产管理中心或保险资产管理部门。这些专业管理机构或部门管理资产规模超过 14 万亿元（含 2.43 万多亿元业外资产）①。

二、行业规模不断扩大

近年来，我国保险业总资产逐年增长，年增长率均高于 10%，而且大多数年份增长率高于 20%。到 2016 年底，我国保险业总资产超过 15 万亿元，相比于 2015 年增长 22.31%（见图 6-1）。可见我国保险行业总规模不断扩大，且整体保持良好平稳的增长态势，这为保险资产管理业的快速发展提供了有力支撑。

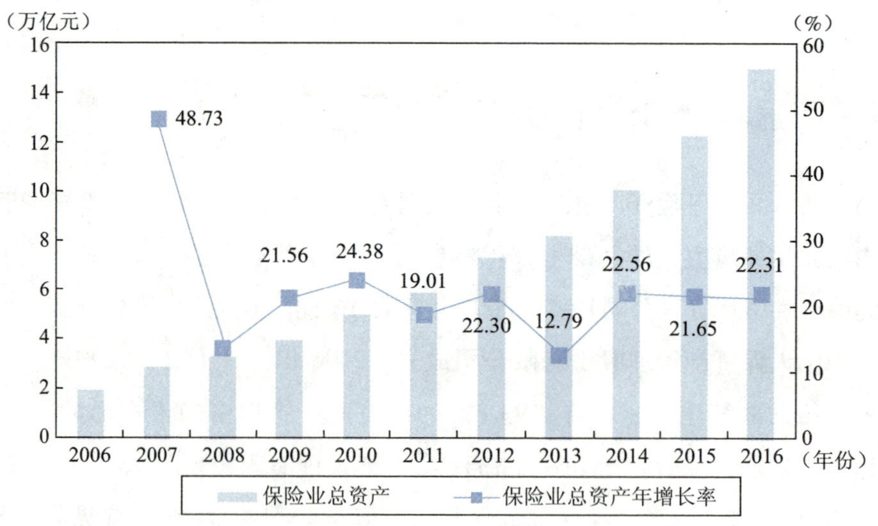

图 5-1　中国保险业总资产及年增长率（2006—2016 年）

资料来源：中国保险会官网、《中国保险年鉴（2007—2016）》。

近 10 年来，我国保险资金运用余额逐年递增，2016 年底，保险资金运用

① 数据来源：中国保险资产管理业协会。

余额比 2012 年翻一番，达到 13.39 万亿元，较前一年增长 19.77%。另外，除了 2008 年和 2013 年的增长率有所下降，其他年份的保险资金运用余额增长率基本稳定在 20%左右，与保险业总资产的增长速率保持一致（见图 6-2）。可见保险业可用于投资的资金与保险总资产发展规模息息相关，保险资金可运用余额的不断快速增长将为保险资金投资提供动力和支持。

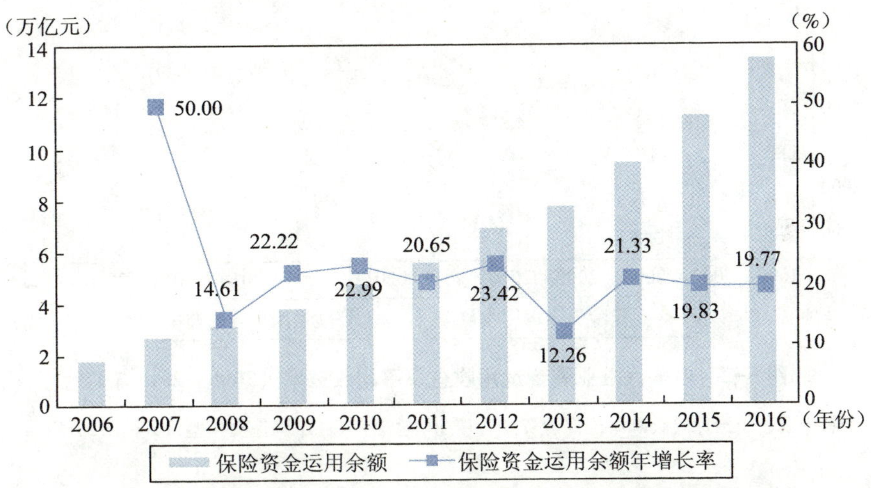

图 5-2 中国保险业资金运用余额及年增长率（2006—2016 年）

资料来源：中国保险会官网、《中国保险年鉴（2007—2016）》。

三、收益率略大幅下降

近年来，我国保险资金运用收益有明显的改善。2007 年，资本市场的高速发展成就了保险资金运用平均收益率达到制高点（12.17%），2008 年，遭受全球金融危机的冲击和国内资本市场的转弱，投资收益出现历史新低（3.38%）。2010 年后，随着保险资产管理的政策逐渐出台、投资渠道的不断放开，我国保险资金的运用模式更加灵活多元，保险业的投资收益率也逐年上升。2016 年，保险行业受宏观经济探底、年初股灾、年末债灾的多重不利影响，保险资金运用收益较 2015 年明显下降，2016 年保险资金投资收益率为

5.66%，而2015年为7.56%，降幅达25.1%，终止了连续4年的上升趋势。受投资收益下滑的影响，2016年行业利润或下降30%，几家主要上市险企的投资收益率不可避免地出现较大滑坡（郑智，2017）（见图5-3）。

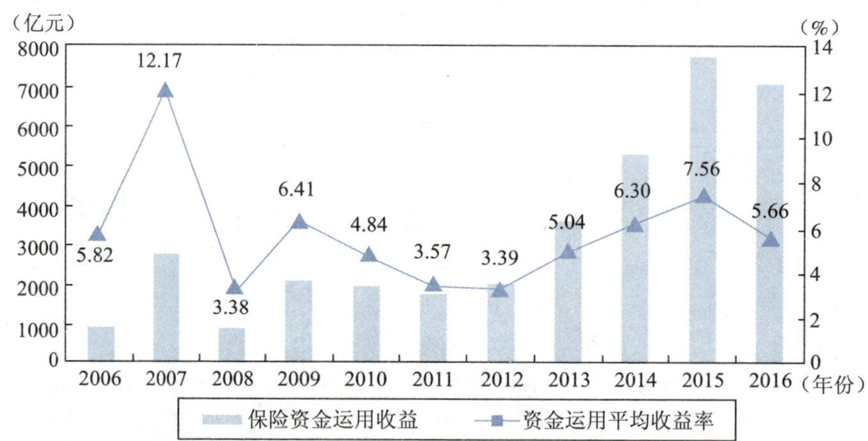

图5-3　中国保险业资金运用收益及平均收益率（2006—2016年）

资料来源：中国保险会和中国保险资产管理业协会官网、《中国保险年鉴（2007—2016）》

2016年，保险公司资金运用收益共计7071.13亿元，资金运用平均收益率5.66%。其中，独立账户资金运用亏损40.03亿元，资金运用平均收益率-3.46%；非独立账户资金运用收益7111.16亿元，资金运用平均收益率5.74%。其中，利息收入（活期存款、定期存款、存出保证金、存出资本保证金、结算备付金、其他货币资金利息收入）963.00亿元，占资金运用收益的13.54%；投资收益6248.23亿元，占资金运用收益的87.87%；公允价值变动损失52.03亿元；资产减值损失119.29亿元；其他收益40.10亿元，占资金运用收益的0.56%。

从投资资产持有意向分类来看，交易性金融资产资金运用收益118.86亿元，占比1.67%；持有至到期投资资金运用收益1121.88亿元，占比15.78%；可供出售金融资产资金运用收益2156.37亿元，占比30.32%；长期股权投资资金运用收益1521.43亿元，占比21.39%。

表 5-3 2016 年末保险公司资金运用情况

项 目	资金运用余额（亿元）	较年初增长（%）	占比（%）	占比较年初变动（%）	收益额（亿元）	收益率（%）
一、银行存款	24844.21	2.03	18.55	-3.23	966.33	4.07
二、债券	43050.33	11.97	32.15	-2.24	1879.05	4.47
1. 国债	7796.24	33.70	5.82	0.61	261.20	3.79
2. 金融债	16260.35	6.87	12.14	-1.47	739.87	4.71
3. 企业债	18627.99	7.63	13.91	-1.57	873.18	4.57
三、证券投资基金	8554.46	-3.41	6.39	-1.53	516.83	5.81
四、买入返售金融资产	5940.97	202.98	4.44	2.68	93.00	1.98
五、股票	9233.59	13.82	6.90	-0.36	259.95	3.06
六、长期股权投资	12283.52	37.88	9.17	1.20	1529.69	14.88
七、投资性房地产	1413.16	53.34	1.06	0.23	120.77	9.99
八、保险资产管理公司产品	4821.67	93.60	3.60	1.37	407.50	9.27
九、金融衍生工具	2.49	839.52	0.00	0.00	10.99	886.89
十、贷款	17633.69	28.38	13.17	0.88	825.36	5.24
十一、拆借资金	0.68	0.00	0.00	0.00	0.00	0.52
十二、其他投资	6131.90	52.84	4.58	0.99	461.65	8.44
合 计	133910.67	19.78	100.00	0.00	7071.13	5.66

数据来源：中国保监会。

四、资产配置结构趋于合理

我国保险资金的投资资产可分为 4 个部分，即固定收益类资产、权益类资产、另类资产和其他资产，资产配置的结构逐渐趋于合理（见图 5-4）。固定权益类资产所占比重明显高于其他三类资产，但比例逐年降低，从 2011 年底的 78.96%降到 2016 年底的 50.70%。保险公司为了保证资金运用的收益性，投资重心逐渐转移到权益类投资和以另类投资为主的其他投资，从图 5-4 中可以看到，2011 年权益类资产比例为 12.11%，2016 年占比 13.28%；以房地产、对冲基金等另类投资为主的其他投资的占比从 2011 年 8.93%提升到 2015 年的 36.12%。总体来看，目前保险资金配置的另类资产质量较为优良，其中，基础设施和不动产项目多为国家或省市重点项目，绝大部分由国家级专项基金、国开行、符合条件的大型商业银行或大型国有企业（集团）提供本息全额不可撤销连带担保责任，少部分辅以资产抵押作为增信措施，兑付风险较低。长期股权投资多为金融、消费、医药等行业，分红水平较高，潜在投资价值较大。

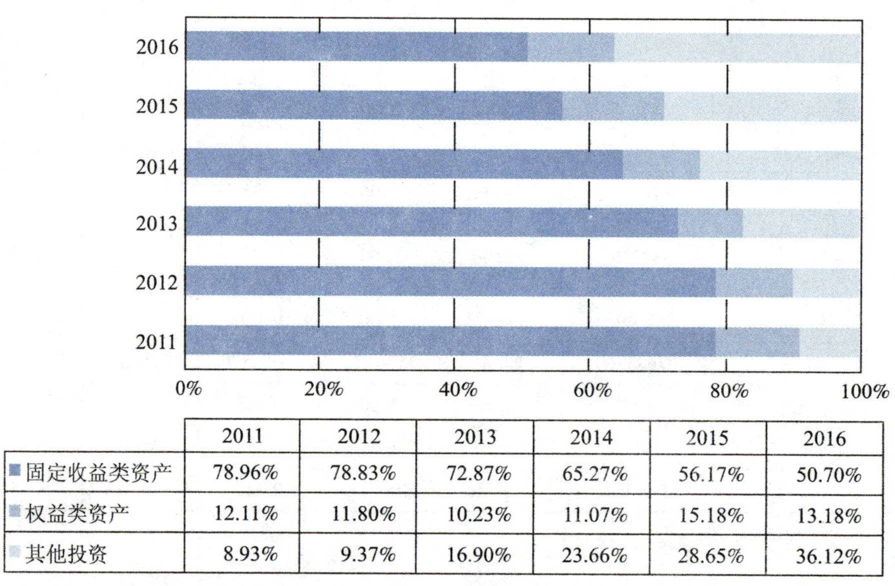

	2011	2012	2013	2014	2015	2016
固定收益类资产	78.96%	78.83%	72.87%	65.27%	56.17%	50.70%
权益类资产	12.11%	11.80%	10.23%	11.07%	15.18%	13.18%
其他投资	8.93%	9.37%	16.90%	23.66%	28.65%	36.12%

图 5-4　2011—2016 年中国保险资金投向

资料来源：中国保险协会和中国保险资产管理业协会官网、《中国保险年鉴（2012—2015）》。

五、产品创新发展迅速

根据中国保险资产管理业协会数据显示，2016 年全年共注册保险资产管理产品 152 只，注册规模 3174. 39 亿元，分别比 2015 年增加 25. 6%和 17. 3%。其中，注册基础设施债权投资计划 57 只，规模 1477. 53 亿元；注册不动产债权投资计划 77 只，规模 1001.86 亿元；股权投资计划 18 只，规模 695 亿元①。

本报告统计了 7 家保险资产管理公司（平安资产管理有限责任公司、中国人保资产管理股份有限公司、泰康资产管理有限责任公司、太平洋资产管理有限责任公司、阳光资产管理股份有限公司、华泰资产管理有限公司、太平资产管理有限公司）22 款保险资产管理产品②2016 年的收益情况，如表 5-4 所示。根据我们已有的统计范围来看，2016 年，保险资产管理产品平均收益率为-1%，2016 年收益率排前 10 名的年保险资管产品集中在华泰资管、太平资管和阳光资管。这些收益率排名靠前的产品主要是混合型，其中表现突出的为太平资产管理公司旗下的太平资产太平之星安心 8 号资管产品，此产品为混合型产品，2016 年获得 22.28%的高收益。根据银河证券基金研究中心数据可知，保险资产管理产品的收益是比较良好的。具体来看，在 5 款股票型产品中，阳光资产的主动配置 2 号收益率最高，达到 20.95%，其本公司的主动配置 1 号紧跟其后，为 19.76%；在 5 款混合型产品中，太平资产的太平之星安心 8 号产品收益率最高，为 22.28%，远高于其他公司的产品收益率；而 5 款债券型产品收益率普遍偏低，最高的仅为 4.64%，是太平洋资产尊享三号债券型产品。

表 5-4 保险资产管理产品收益情况（2016 年）

序号	产品名称	产品类型	回报率（%）	公司名称
1	太平之星安心 8 号	混合型	22.28	太平资产
2	主动配置 2 号	股票型	20.95	阳光资产
3	主动配置 1 号	股票型	19.76	阳光资产
4	太平之星安心 1 号	混合型	15.53	太平资产
5	量化对冲一号	混合型	6.56	华泰资产
6	尊享三号	债券型	4.64	太平洋资产

① 数据来源：中国保险资产管理业协会。

② 22 款保险资产管理产品包括：5 款股票型产品，5 款混合型产品，5 款债券类，3 款基金类，3 款指数类，1 款货币类。

续表

序号	产品名称	产品类型	回报率（%）	公司名称
7	量化对冲二号	混合型	3.76	华泰资产
8	安心增值	债券型	3.57	人保资产
9	积极配置投资	股票型	3.28	泰康资产
10	华泰增值	货币型	3.01	华泰资产
11	安心收益投资	债券型	2.76	人保资产
12	卓越十八号	混合型	2.30	太平洋资产
13	如意 27 号（国债指数）	指数型	2.09	平安资产
14	卓越财富债基增强型	债券型	1.94	太平洋资产
15	信用增利	债券型	1.30	泰康资产
16	如意 16 号（股票量化对冲）	股票型	0.66	平安资产
17	如意 11 号	股票型	-0.06	平安资产
18	智选债基 FOF 型	基金型	-2.17	太平洋资产
19	沪深 300 指数型	指数型	-9	国寿资产
20	卓越财富沪深 300 指数型	指数型	-9.35	太平洋资产
21	卓越财富优选 50	基金型	-9.73	太平洋资产
22	如意 9 号（基金精选 FOF）	基金型	-11.99	平安资产

注：股票型产品、固定收益型产品、混合型产品以及整体平均收益率采用简单算术平均方法进行计算。

数据来源：各公司官网、财汇资讯。

第三节　中国保险资产管理业热点

一、举牌潮起

2015 年下半年，保险公司掀起举牌上市公司的热潮，以前海人寿、国华人寿、安邦保险为代表的险资连续举牌多家上市公司引起市场强烈关注。受股市杀跌和保监会监管加强的影响，2016 年上半年未出现险资集中举牌。随着恒大突然举牌万科，险资举牌概念重回风口。本报告通过汇总 2015—2016

年险资举牌上市公司情况（详见附录4），分析保险资金举牌上市公司的投资特点、投资原因、投资风险，并对未来发展趋势进行预测。

1. 保险资金举牌A股上市公司的投资特点

（1）高分红：高分红标的可为保险公司带来长期稳定的股息现金流，与长久期的保险负债端现金流较好地匹配。在当前“资产荒”的大环境中可作为高收益固收类资产的替代品，对于民营保险和大型保险公司均有很强的吸引力。

表5-5 险企举牌时点股息率情况

公司名称	举牌险企	行 业	举牌时点股息率（%）
浦发银行	富德生命人寿	银行	5.30
招商银行	安邦保险	银行	4.80
大商股份	安邦保险	零售业	2.90
万科A	安邦保险	房地产	2.80
金融街	安邦保险	房地产	2.60
金风科技	安邦保险	资本货物	2.30
合肥百货	前海人寿	零售业	2.20
南玻A	前海人寿	材料Ⅱ	2.00
新世界	国华人寿	零售业	1.70
长江证券	国华人寿	多元金融	1.60
金地集团	安邦保险	房地产	1.30
民生银行	安邦保险	银行	1.20
欧亚集团	安邦保险	零售业	1.10

数据来源：Wind资讯。

（2）低估值：如果持有上市公司股份超过20%，可确认为长期股权投资，用权益法计量（5%举牌后若获得董事会席位也可以采用权益法），权益法下上市公司的净利润可全部确认为保险公司投资收益，因此，举牌低P/E的品种可大幅提高账面利润。此外，权益法下股票价格下跌短期不影响保险公司利润，未来股价上涨卖出持仓还可赚取价差收益，估值具有高安全边际的标的更有优势。

（3）盈利具有可持续性：由于险资举牌投资周期较长，且持仓流动性受限（6个月锁定期），标的品种的盈利能力（高 ROE）必须具有可持续性，以确保险资获利退出。

（4）非国有公司：由于政策风险，通过举牌的方式力求控制国有控股上市公司具有很高的不确定性。对于非国有公司，民营资本（如宝能系、恒大、富德等）可利用旗下保险牌照作为低成本杠杆融资平台，通过二级市场举牌对上市公司进行战略收购。

通过分析险资举牌标的特征，保险资金举牌的上市公司主要分属5大行业：可选消费业、工业、金融业、信息技术业和医疗保健行业。

2. 保险资金举牌A股上市公司的投资原因

近几年，险资呈现举牌热潮，究其原因如下：

（1）万能险在险资中“举足轻重”。万能险属于投资型寿险，兼具投资和保障两种功能，风险与保障并存，投资利益上不封顶，下设最低保障利率。它区别于其他险种的最明显特征即是结算利率，即保险公司需要支付给保户具有刚性兑付性质的资金成本。由于万能险的高现价特征，保户的持有期间一般较短，更多以投资理财的目的持有。在保监会公布的数据中，由于“保户投资款新增交费”中万能险所占比重最大，我们可以用“保户投资款新增交费”近似替代万能险保费。截至2016年7月，“保户投资款新增交费”为8670亿元，超过2015年全年7647亿的增量，同比增速高达119%，在原保费中占比24%，在险资运用中有着举足轻重的作用。

（2）“资产荒”进一步推动险资纷纷举牌。自2014年以来国债收益率呈持续下滑趋势，截至2016年8月底，5年期和10年期国债到期收益率分别跌至2.60%和2.79%的近年低位，保持低位震荡态势。产生“资产荒”现象的原因归结起来有以下三点，一是中国经济持续下行，企业效益也随之下降，优势资产供给减少；二是央行扩大货币投放规模，进一步加剧了可配置优质资产供不应求的局面；三是不良资产率上升，银行可贷优质资产出现短缺。“资产荒”的出现，加之万能险保费收入的快速增长，增加了资产驱动型险企的投资压力，险企只能另谋其他投资方向。

（3）当前资本市场宏观环境的作用。保险资金举牌上市公司有助于缓解保险公司的资产配置压力，有效提高投资收益率。近年来，保险公司用来争取客户的万能型和分红型保险产品的结算利率远高于同期银行理财产品，但是我国经济下行压力不断加大，固定收益类金融产品的收益率持续下滑，保险公司不得不进入股市寻找投资标的。同时，2015 年“股灾”后，中国保监会将保险资金投资蓝筹股的比例提高到 40%，为寿险资金举牌优质蓝筹股提供了条件。

3. 保险资金举牌 A 股上市公司的投资风险

保险资金举牌 A 股上市公司有助于缓解保险公司的资金配置压力，改善经营状况，但是也会带来风险，主要表现在以下几个方面：

一是成本收益错配带来的利差损风险。从前面的分析我们已经知道，举牌上市公司的资金有超过 1/3 来自于万能险产品。万能险产品可以看作是一种兑付成本较高的短期负债，如果将此负债资金进行长期投资，其流动性风险较高（韦顺，2015）。更为关键的是，为了吸引消费者，寿险公司结算利率都较高，如表 5-6 所示。目前，有些被保险公司举牌的个股估值已经不低，而举牌通常有 6 个月的禁售期，如果解禁期结束时，大盘点位不甚理想，被举牌个股股价下跌，将会侵蚀保险公司的资产、拉低偿付能力充足率水平。

表 5-6 部分寿险公司万能险产品结算利率

公司名称	产品名称	结算利率
前海人寿	前海海利年年两全保险（万能型）	5.05
	前海海鑫利 1 号年金保险（万能型）	6.79
	前海聚富 4 号终身寿险（万能型）	6.89
生命人寿	富德生命 e 理财 G 款年金保险（万能型）	7.70
	富德生命理财 5 号两全保险（万能型）	5.00
	生命大赢家年金保险（万能型）	5.20
安邦人寿	安邦盛世 3 号终身寿险（万能型）	5.20
	安邦长寿尊享 3 号终身寿险（万能型）	5.10
	安邦惠农 2 号两全保险（万能型）	5.00

续表

公司名称	产品名称	结算利率
中融人寿	中融融汇 2 号终身寿险（万能型）	6.90
	中融天天盈 1 号年金保险（万能型）	7.16
	中融融易盈 1 号年金保险（万能型）	5.50

数据来源：Wind 资讯。数据年度为 2016 年。

二是资本市场波动幅度大、不确定性高，保险资金面临资本市场系统性风险的冲击。当前，我国股市发展尚处于建设性阶段，涨跌停板制度、熔断制度等基础市场制度尚不完善，再加上国内经济形势的下行以及汇率的影响，资本市场在 2015 年 6 月—2016 年 1 月出现了几次较大的跌幅，对保险公司的资金入市投资造成不小的影响。截至 2016 年 1 月 20 日，共有近 300 亿元保险资金遭受浮亏，有 20 次举牌的股价跌破了成本价①。可以看到，我国资本市场的巨大不确定性为保险资金举牌上市的行为带来了诸多隐患。

三是保险公司对投资拥有控制权的大股东权利受到的监管和约束不够，可能会造成举牌企业经营风险增加。一些保险公司的公司治理体系不完整，某些大股东对投资有绝对的控制权，为了维护个人利益左右投资战略的情况时有发生，尤其是在信息不对称、利益不透明的背景下。另外，独立董事、监事会等监督缺位的问题屡屡出现，难免出现不正当的牟利行为。

四是我国保险资金运用普遍存在期限错配现象，若在险资举牌过程中不注意改善资产配置，则易产生流动性风险。寿险资金具有期限长、安全性高的特点，适合投资长期资产，然而证券市场上由于波动大无法保证长期投资项目的投资回报率，同时，中长期的投资标的也较短期的缺乏，导致寿险公司将长期资金投资短期资产的错配；财险公司资金期限短、成本高，但为了高收益却集中投资长期股权、不动产等变现能力较差的资产，容易产生流动性差导致偿付能力不足的结果。虽然险资举牌流动性较高、收益率较高的大市值蓝筹股能在一定程度上缓解期限错配的问题，但保险公司应构建投资期

① 曾炎鑫. 去年险资举牌股票市值 1257 亿元　目前浮盈 13.75% [N]. 证券时报，2016-01-20 (A5).

限与成本收益更加合理的配置模型，从根本上控制保险资金的期限错配问题。

五是保险公司巨额资金入市后，被举牌公司因为争夺股权和控制权等问题而增加经营困难，保险公司承受投资损失的风险。一方面，股权之争给企业造成无形损失，使其品牌形象、投资者信任度等遭受损害；另一方面，股权之争使得大股东和管理层精力被分散，影响公司日常经营，甚至导致公司涉诉或重大资产重组流产。

4. 保险资金举牌 A 股上市公司的未来趋势

首先，我们认为保险资金举牌 A 股上市公司将逐渐“常态化”，主要基于以下几个原因的判断：一是由保险的金融属性所决定。“承保+投资”是保险公司发展的两个轮子，保险公司在收取保费后，需要在风险可控的情况下将保险资金运用出去，举牌上市公司正是其资金运用的重要方式，也是实现保险资金融通功能的重要途径。保险资金举牌一方面支持了实体经济的发展，另一方面也促进了自身的发展。二是由保险行业发展空间所决定的。截至 2016 年末，我国保险密度和保险深度仅为 298.45 美元和 4.16%，远低于世界平均水平（627.3 美元和 6.89%）；行业可运用资金规模 13.39 万亿元，股票基金占比仅为 13.28%，而英国股票类资产占比超过 40% 。我国保险业发展较为落后意味着我国保险业发展空间还非常大，保险资金举牌上市公司的空间很大。三是由资金配置所决定的。在经济下行压力加大的情况下，债券等固定收益率资产的收益率大幅下滑，给保险资金配置带来压力，而投资经营状况较好的上市公司是缓解资金配置压力的良好途径。

其次，险资举牌的常态化进程中应时而变，根据环境变化调整合理的投资预期将会是下一阶段的主要措施。各家险企在 2015 年的投资成果良好，收益率水平整体创近几年新高，但不可忽视的不利条件仍旧存在。利率可能面临长周期的下行，以固定收益类、利率敏感类投资对象为主的保险投资资金将面临比较大的挑战；全球经济不景气，可投资优质资产越来越少，同时，固定收益类资产的信用风险逐渐暴露，保险公司在以风险小、收益固定的资产标的为保底，继续保持保险稳健投资的同时，逐渐将重心转移到权益类投资。关注权益类投资机会并适当调整预期投资收益率水平，有利于保险资金有效实现资产负债合理匹配。

最后，风险防范避免投资损失将是未来经营稳定的重要保证。随着越来越多的险企举牌A股上市公司，险资投资收益率可能会普遍提升，从而使得部分险企通过高回报率来吸引客户的竞争优势被削弱。更为重要的是，高收益必定伴随着高风险，保险公司在实行差异化战略的同时，如何防范风险成为重要的命题。保险公司应该拒绝盲目追求高收益，应保证资金的整体风险可控，对利差风险、期限错配、系统性风险等进行重点把控，促使我国保险业在快速发展的同时走健康发展的道路。

二、另类投资

所谓另类投资，是指公开交易平台外的投资，在我国主要是指除银行存款、债券、股票等传统投资以外的投资品种，主要包括基础设施债权投资计划、不动产投资计划、股权投资计划以及信托金融产品等。事实上，近年来，国家出于支持实体经济发展的目的，一直在政策层面鼓励保险资金另类投资，如基础设施项目、不动产项目、长期股权等。可以预见的是，国家还会陆续出台相关优惠政策，如关于保险资金投资实体经济项目的税收问题、不动产抵押登记手续问题等，对保险资金给予更大的支持力度。本报告将按照监管现状—发展现状—政策建议的逻辑进行分析。

1. 另类投资监管现状

2012年，《关于保险资金投资有关金融产品的通知》首次提出“项目资产支持计划”，以满足保险资金配置需求，但该项规定仅允许保险资金投资信托公司集合资金信托计划、证券公司专项资产管理计划，并没有放开对于基金子公司设立的资产管理计划的投资限制。2014年，《项目资产支持计划试点业务监管口径》将保险项目资产支持计划引入试点阶段。该项规定限定了基础资产范围为信贷资产、金融租赁应收款、股权资产，禁止简易结构两层或多层嵌套，确立了逐单审批制度。2015年，《资产管理计划业务管理暂行办法》正式标志着保险资产管理公司的资产支持计划步入常态发展阶段。2016年，中国保监会印发《保险资金间接投资基础设施项目管理办法》，在监管层面对另类投资给予大力度的支持。

2. 另类投资成为保险资金配置占比最大的资产类别

随着 2012 年下半年保险投资领域的逐渐放开，另类资产因其风格稳健、规模大、期限长的特点，投资占比从 2012 年不断攀升，从投向数据分析可以看出，起初债券所占比重明显高于其他三类资产，但比例逐年降低，从 2012 年底的 44. 90%降到 2016 年底的 21. 15%，而另类资产投资占比则从 2012 年的 9. 5%持续上升至 2016 年的 36. 02%，年均增速超过 6%，2016 年首次成为保险资金投向占比最大的资产类别。

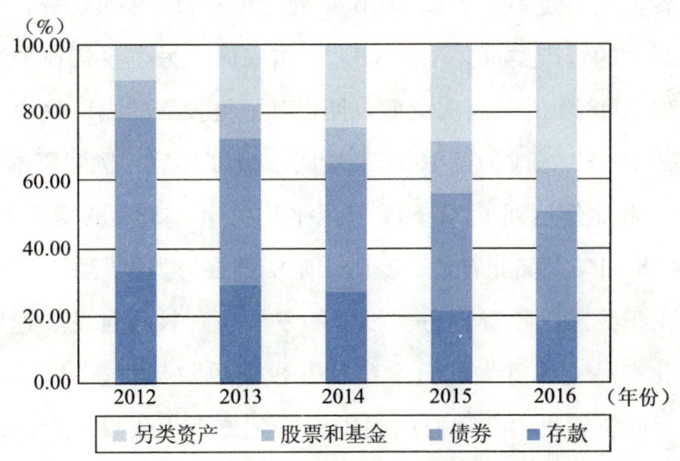

图 5-5　2012—2016 年中国保险资金投向

资料来源：中国保险会和中国保险资产管理业协会官网、《中国保险年鉴（2012—2016）》。

从趋势上可以明显看出保险结构加大了对另类资产的配置力度，继 2015 年 7 月其他投资占比首度超过银行存款占比后，2016 年 1—6 月以非标资产为代表的其他投资占比超过债券投资占比，成为险资配置的第一大资产，在不到一年的时间里先后完成了两次超越，充分反映出保险机构对高收益产品的需求日益增加，究其更深层次的原因：首先，宏观利率处于相对低位，债券配置价值下降；其次，另类投资符合保险资金特有的资金量大、期限长的属性；再次，新增保费增速加快，再投资压力加大；最后，负债成本处于相对黏性，资产端压力趋紧。在利率持续处于相对低位以及险资与实体经济联系越发紧密之际，另类资产依然是重要的投资方向。

3. 国内外保险资金另类投资的比较分析及相关建议

（1）另类投资配比已趋于国际水平。我国保险资金另类投资尚处于初期，2006 年保监会才正式发文开展间接投资基础设施项目试点，2007—2010 年陆续出台境外投资、股权投资等试行办法。2010 年，保监会颁布《保险资金运行管理暂行办法》，扩大了保险资金的投资范围及非标资产的投资比例，另类投资自此才开始成为保险（资管）机构投资的关注对象。2010 年，我国保险资金另类投资占比不足 10%，而 2016 年此比例已高达 36.02%，成为保险资金投向占比最大的资产类别。虽然 OECD 国家保险另类投资业务开展的时间相对较早，但 2008 年的美国次贷危机使得其另类投资的端口收紧，2010 年仅占总投资比的 10.5%，成为近 10 年来最低。2010 年后，国际资本市场开始复苏。2013 年，此比例达到了 22.53%，以平均每年 2.58%的增长率保守估计，2015 年可达 28.41%。如此看来，我国保险资金在另类投资配比方面已趋于国际水平。但由于我国保险资金另类投资的发展历程较短且发展速度过快，若无相应多元化产品支撑巨大的资金配比，投资风险与收益将难以合理匹配。因此，建议保险资管机构在现有的另类投资配比下优化投资产品结构增加其多样性，在另类投资比例的稳健增长中寻求更高的投资收益。

（2）监管逐渐放开但不应极宽松。2014 年 2 月，保监会发布《关于加强和改进保险资金运用比例监管的通知》，进一步拓宽了保险资金投资非标资产的比例。不动产类资产、权益类资产、境外投资、其他金融资产的账面余额分别不得高于上季末保险公司总资产的 30%、30%、15%、25%。与 2010 年的规定相比，权益类资产方面，由之前的“股票及股票型基金不得超过 20%，未上市公司股权资产不得超过 10%”变为“权益类资产不得超过 30%”，这使得私募股权的投资比例更加灵活；固定资产方面，由之前的“投资基础设施及不动产债权投资计划不得超过 20%”上调至 30%，比例进一步放开。此外，2013 年，保监会批准成立了保险资产管理业协会，将资管产品的审核制改为注册制。保险资管协会作为行业自律组织不仅可以起到规范保险投资行业的作用，还使得企业与监管层的沟通更加方便灵活。除此之外，协会大大提升了产品的发行速度，由原来的 30 天审核变为 7 天注册。

通过与发达的国家及地区对比可以发现，我国保险资金另类投资的宏观策略较美、日等国更为开放，趋于英国及中国台湾。但分析各地的资本市场不难发现，美国之所以更倾向于投资债券是因为其债券市场品种多样、收益灵活，监管得当，保险资金投资债券市场可以使资产负债得到更有效的匹配。此外，较为谨慎的监管可抵御市场的系统性风险。日本则由于长期处在低利率和严密的市场监管环境下，其整体的风险偏好较低。与日、美监管风格不同的是英国的监管极为宽松，政府只针对保险公司制定偿债能力指标并定期考核，而保险资金的运用更多依赖于行业自律组织及保险公司自身的风险防范。英国保险投资的低监管高收益得益于其成熟的资本市场及从业人士较高的专业素养，未必适用于我国保险资金投资现阶段的发展，但有一定的借鉴意义。

表 5-7　中外保险资金监管比例对比

国家或地区	规定的主要投资方式	比 例
美国	股票、债券、抵押贷款、其他投资	股票和公司债不得超过 20%，海外投资 10%，不动产 10%
英国	无具体规定	无具体规定
日本	银行存款、信贷、信托、有价证券、黄金债券、不动产、金融衍生品等	国内股票不得超过 5%，债券贷款不得超过 10%，不动产 20%，其他投资不得超过 15%
中国台湾	银行存款、股票、贷款、有价证券、不动产、境外投资、与保险相关事业、专项资金运用和公共投资、金融衍生品等	贷款 35%，有价证券不得超过 35%，海外投资 45%，不动产 39%，专项资金不得超过 10%
中国大陆	流动性资产、权益类资产、固定收益类资产、不动产、其他金融投资	不动产类资产、权益类资产、境外投资、其他金融资产的账面余额分别不得高于上季末保险公司总资产的 30%、30%、15%、25%

数据来源：保险资产管理行业协会。

（3）加快另类投资产品研发。投资组合多元化可使配置的资产在原有的风险范围内扩大投资收益，国内外的保险业资产配置都遵循了这一基本的投资规律。但如何进行非标资产的配置，怎样进行风险防范则是实际应用中每个保险资产管理机构运营的核心问题。

通过国内外保险资金运用的现状对比可以发现，我国保险资金的配置特别是在另类投资方面，由于政策的开放引导正处于活跃的整合期，整个保险投资市场对金融创新产品的需求强烈，尤其是对能够提供较高的稳定收益及可匹配长期负债的产品的需求更加强烈。但这种需求需要各种资本市场（证券、基金、信托等）新渠道的有效对接方可实现保险业资金的合理配置。当前，我国保险资产管理机构自行开发的资产管产品仅局限于债权计划、股权计划、项目资产支持计划，相对于英国、中国台湾等国家及地区投资渠道较窄，投资类型较为单一。保险资管机构应积极研发创新型资管产品以丰富另类投资的品种。

第四节　中国保险资产管理的机遇与挑战

一、中国保险资产管理的机遇

1. 政策“松绑”，投资渠道多元化

随着市场化改革进程的不断深化，我国保险资金运用渠道不断多元化。从2012年至今，监管机构高密度地出台各项创新政策，确立了“简政放权、放管结合”“放开前端、管住后端”的监管思路，保险资产管理市场化改革稳步推进。“保险投资13条”出台以后，保险资金投资渠道不断拓宽、资产配置策略组合越来越丰富，固定收益类资产仍是保险资金投资取向的主流，但股票、基金、信托等更多权益型资产的政策放开开辟了保险资产管理发展的新局面。

2. 保险资金运用余额不断增加

截至2016年底，我国的保险总资产达到了15.12万亿元，资金运用余额达13.39万亿元，按照《关于加快发展现代保险服务业的若干意见》明确的目标，2020年全国保费收入将达到5.1万亿元。2014—2020年，7年间保险资金可运用规模预计将超过20万亿元。保险资金运用余额规模不断扩大，需求端的资金极度充裕，投资管理的空间充足，随着投资渠道的不断放开，合适的投资机会涌现，保险资产管理将迎来更加快速的发展。

3. 保险资金优势更加凸显

保险的资金来源是保费收入，这种负债收入具有长期稳定性，与其他一些金融机构的短期性收入相比，保险资金在长期投资和实体投资上具有独特的优势。此外，“新国十条”明确提出了要充分发挥保险资金长期投资的独特优势，以及利用债券投资计划和股权投资计划等方式，来支持重大基础设施建设、棚区改造、城镇化建设等民生工程和国家重大工程。

二、中国资产管理的挑战

1. 面临更高的风险管理要求

随着保监会等相关部门陆续出台新政放宽投资限制，保险资金将有更多的资产配置组合，各家险企将面临更多的选择。过去集中投资于低风险、高信用等级的各类债券、基金、银行存款等标的将逐渐转向期限较短但收益、风险均相对较高的权益类资产，投资的系统性风险、流动性风险、利率风险等各类风险将随之增加。因此，保险公司应及时调整风险管理策略，建立更加适时的风险管理体系。

2. 自身资产管理水平有待提高

2012年，《保险资金委托投资管理暂行办法》的出台标志着保险资金可以委托证券公司和基金公司进行投资管理。这有利于减轻保险资金运用的压力，并且券商等同业机构的参与将会对保险资产管理公司的管理水平提出更高的要求，逼迫其加快提升自身能力。

3. 保险资产投资收益率有待稳步提升

近几年，由于经济下行压力加大，优质资产收益率不断降低。对于部分负债成本较高的保险机构来说，固定收益类资产收益已经难以覆盖保单的获取价格，从而严重影响保险机构的持续经营。此时，部分中小型保险公司开始积极拓展经营策略，寻求差异化、多元化渠道，走出一条“资产驱动负债”的道路，其中以安邦保险、华夏人寿、生命人寿等公司为主要代表。但是这种比较激进的发展策略对自身经营管理水平提出了更高的要求。

4. 监管面临新挑战

近几年来，保险公司纷纷尝试新的投资模式，举牌上市公司、海外投资等行为逐渐常态化，营销模式也从单一的线下模式转为线上线下混合销售。中国保监会相继出台有关保险公司资金运用信息披露准则的文件，尽量让险资的运用透明化、公开化。2015 年 12 月出台的《关于加强保险公司资产配置审慎性监管有关事项的通知》，通过压力测试的方式加强对于短债长投带来的流动性风险的监管。我国资产管理行业在创新改革的同时面临众多的挑战，相关监管部门应及时调整监管政策，完善监管体系，跟上新时代产业发展的速度。

第三部分 保险产品与服务

第六章　中国人身保险产品和服务分析

一、中国保险行业发展概述

1. 保险密度和保险深度仍远低于世界水平，保险业规模有翻倍空间

保险密度和保险深度是衡量保险业发展情况及成熟程度的 2 个重要指标。其中，保险深度是指当年保费收入占 GDP 的比重，保险密度是指总保费收入与总人口的比值，分别反映了保险业的相对和绝对发展水平。

根据保监会和各省区政府最新公布的统计数据，中国保险报数据中心初步测算，截至 2015 年底，全国保险密度为 1766.49 元/人（271.77 美元/人），同比增长 19.44%；保险深度为 3.59%，同比增长 0.41 个百分点。从国际对比来看，2014 年，保险深度和保险密度的世界平均水平分别为 6.20%和 622 美元/人，表明我国保险行业发展水平较低。如果保险深度达到世界平均水平的 622 美元/人，则我国保险行业仍有 129%的增长空间。

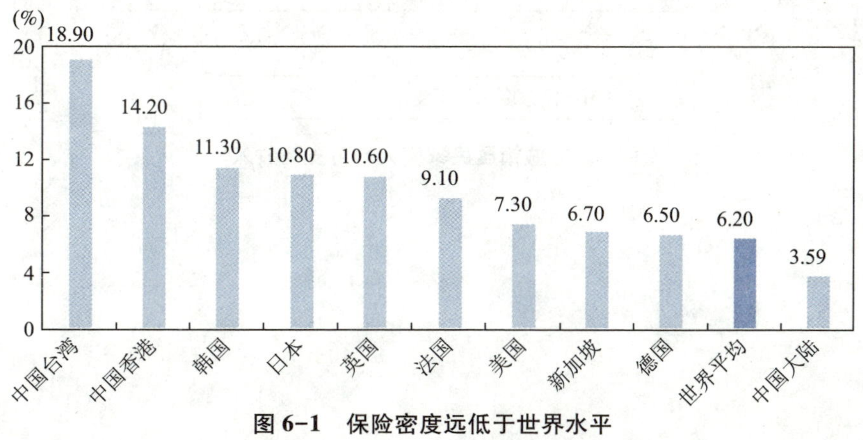

图 6-1　保险密度远低于世界水平

2. 保险行业内在增长动力来源于财富积累、老龄化和城镇化加速

保险可以同时满足居民的保障和投资需求，而这两种需求在一定程度上受到城镇居民可支配收入的约束限制。中国城镇居民可支配收入从2000年的6280元增长到2015年的31195元，年均复合增长率达11.3%，同时，随着城镇化进程的加速，居民对保险的消费将日益扩大。

中国老龄化的局面日益加剧，老年抚养比从1995年的9.2%增长至2015年的14.3%，“4+2+1”的格局带来了对保险保障需求的巨大“刚性”需求。社会保障保险具有低保障和同质化的特点，难以满足不同人群的特定需求，养老型保险的需求和供给之间存在明显的缺口，因而为保险行业带来了巨大的发展机遇。

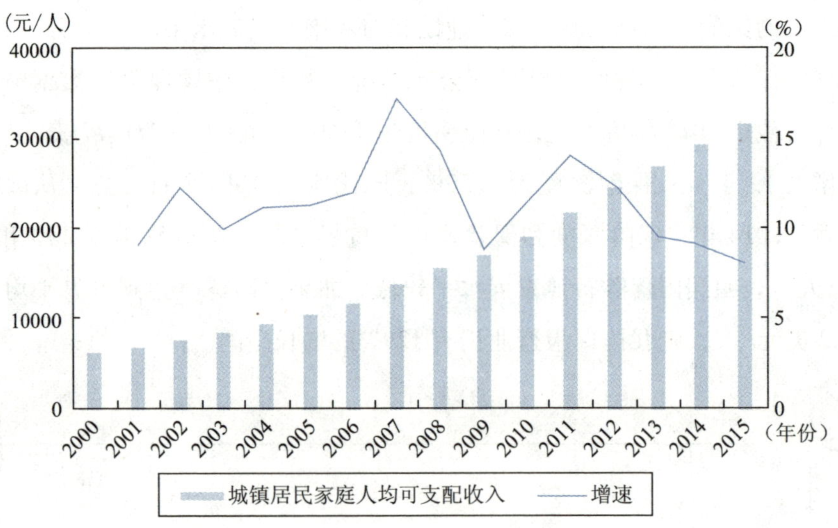

图6-2　城镇居民家庭人均可支配收入

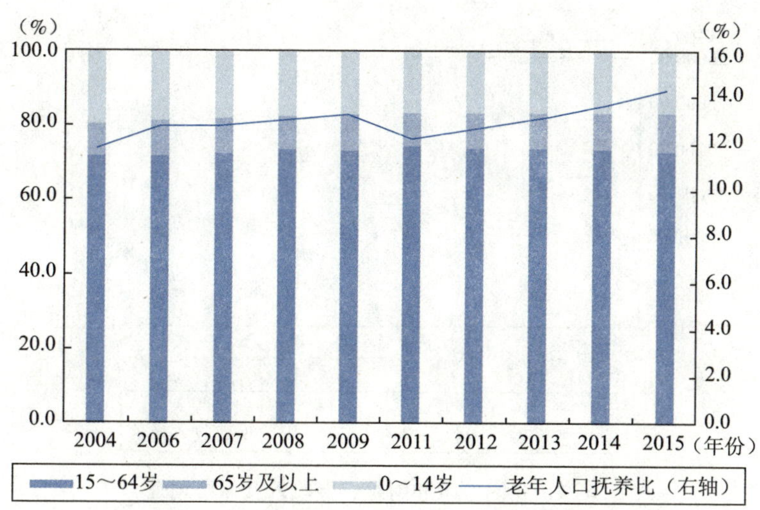

图 6-3　我国分年龄人口占比及老年人口抚养比

3. 保险行业快速发展，业务结构改善服务民生

2016 年，全国共实现原保险保费收入 30959. 10 亿元，较 2015 年同期增加 6676. 58 亿元，同比增长 27. 50%，增幅较 2015 年同期上升 7. 50 个百分点。其中，财产险业务原保险保费收入 8724. 50 亿元，较 2015 年同期增加 729. 53 亿元，同比增长 9. 12%；寿险业务原保险保费收入 17442. 22 亿元，较 2015 年同期增加 4200. 70 亿元，同比增长 31. 72%；健康险业务原保险保费收入 4042. 50 亿元，较 2015 年同期增加 1632. 03 亿元，同比增长 67. 71%；人身意外险业务原保险保费收入 749. 89 亿元，较 2015 年同期增加 114. 33 亿元，同比增长 17. 99%。

保险市场正快速稳定地发展，并在民生保障、社会管理和保险资金方面发挥了重要作用。为了进一步了解人身险和财产险保险市场的发展现状及未来变化方向，本书将在第七章和第八章，从保费占比变化、产品结构和保险公司投诉情况 3 个方面分析人身险和财产险保险市场。

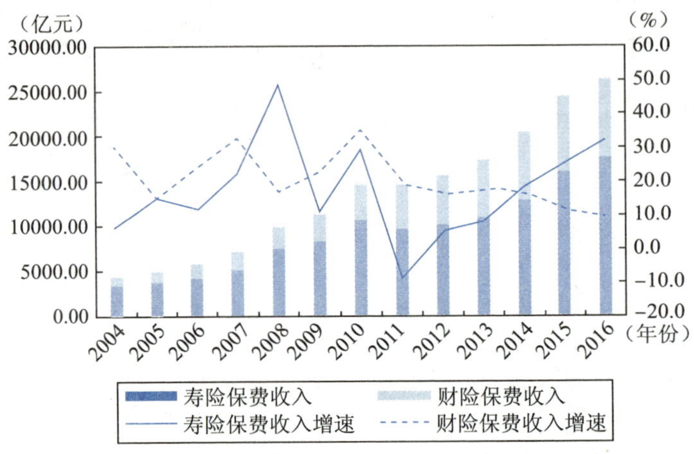

图 6-4　我国寿险和财险保费收入及保费增速

第一节　人身险保险公司市场份额分析

2013 年以后，保监会披露寿险公司原保费收入、保护投资款新增交费（主要为万能险）和投连险独立账户新增交费。其中，原保险保费收入执行企业准则解释公告 2 号下的保费收入确定标准，而原保险保费收入加保户投资款本年新增交费与投连险独立账户本年新增交费之和与执行解释公告 2 号之前的保费收入一致，行业称之为“规模保费”。非保险合同占比是指保户投资款本年新增交费与投连险独立账户本年新增交费之和占保险公司原保险保费收入、保户投资款本年新增交费与投连险独立账户本年新增交费之和的比例，非保险合同占比反映了万能和投资连结保险等理财型保险的比重。

因此，我们将分别从基于原保费收入和规模保费两个口径分别分析寿险保险公司的市场份额占比。

一、原保费收入口径下的市场份额占比

按原保险保费收入划分的市场份额，2016 年，市场占有率前 10 名的保险公司包括：国寿股份、平安寿、太保寿、安邦人寿、新华保险、和谐健康、

人保寿险、富德生命、太平人寿和泰康人寿。

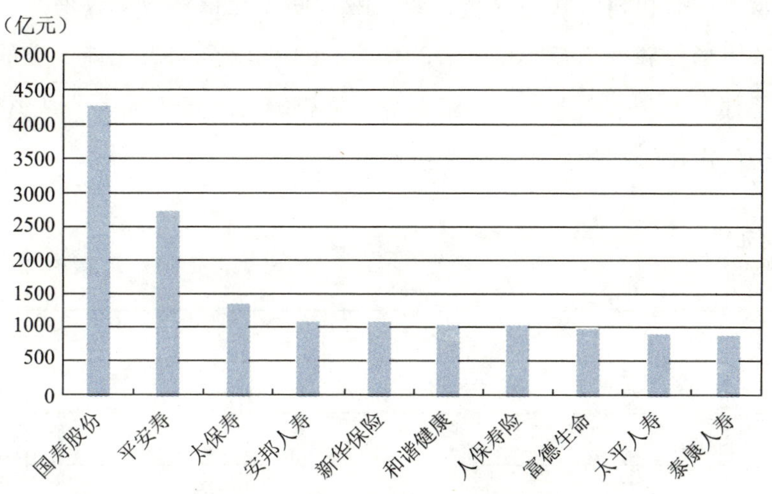

图 6-5　原保费收入市场份额

2016 年，中国人寿和平安寿的市场占有率分别为 19. 85%和 12. 69%，成为第一梯队，远高于排名第 3 位的太保寿，太保寿的市场占有率为 6. 33%。排名第 4~10 位的保险公司的市场占有率为 4%~5%。保费收入前 10 名的保险公司的原保费收入占市场总额的 72. 30%，较 2015 年下降 3. 54 个百分点，但市场集中程度依然较高。

中资保险公司市场占有率为 93. 60%，占有绝对优势。外资保险公司的市场占有率为 6. 40%。市场占有率前 5 名的外资保险公司包括：工银安盛（1. 58%）、友邦（0. 74%）、招商信诺（0. 55%）、中意（0. 48%）和交银康联（0. 45%）。

二、规模保费口径下的市场份额

按总保费划分的市场占有率，2016 年市场占有率前 10 名的保险公司包括国寿股份、平安寿、安邦人寿、华夏人寿、富德生命人寿、和谐健康、太保寿、泰康、新华保险和人寿保险。虽然保监会持续对保险行业监管整顿，行业回归长期保障，使部分主打万能险等理财型产品的险企保费规模下滑，但华夏、富德生命和和谐健康等险企非保险合同占比依然较高，使其规模保费口径下的市场份额占比有所提升。2016 年，非保险合同占比前 5 名的保险公司包括安邦养老、中融人寿、弘康人寿、昆仑健康和恒大人寿。从整体上看，非保险合同占比较高的公司主要为中小险企。

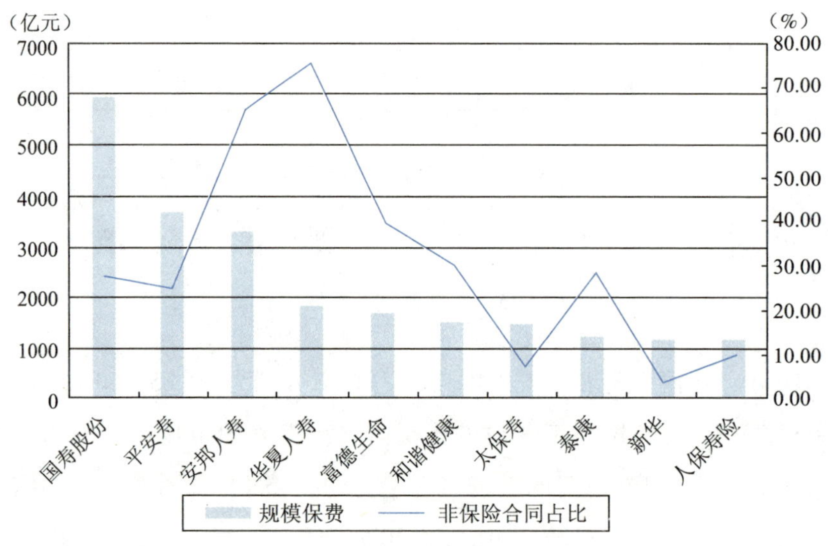

图 6-6　规模前 10 名的保险公司

外资保险公司市场占有率前 5 名包括恒大人寿、工银安盛、友邦、信诚和招商信诺。其中，恒大人寿的保护投资新增款交费为 502. 87 亿元，非保险合同占比高达 92%。

不同的保险公司在两种保费口径下保费排名的差异体现了寿险企业在公司战略选择上的差异，即寿险公司在选择“价值”还是“冲规模”上出现分化。一方面，以新华保险为代表的大型寿险公司已经有长期保障型产品及个险渠道，依赖其稳定成熟的客户群体和市场份额，采取稳健的“回归保障”的市场策略。另一方面，寿险行业集中程度较高，在与传统大型寿险公司竞争时，中小型寿险公司短时间内难以逾越大型公司在长期保障型产品上的优势，因而只能先通过销售银保渠道，发展理财型业务，迅速扩张规模，实现

"弯道超车"。然而如今行业回归长期保障，中小险企转型道路艰巨，失去万能险等理财保险对保费的支撑，中小保险在强监管环境下保费增速乏力，靠理财产品积聚的"弯道超车"模式面临困境。以传统业务为主的大型险企，经过多年的发展，传统业务实力较强，在新政策环境下未来发展将更为顺利，形成"强者恒强，弱者淘汰"的局面。

三、分地区人身险保费占比

中国保监会对我国各省市的保费进行了统计和排名，各省市保费收入排名显示，我国人身险保费收入排名前 10 的省市分别为：广东、江苏、山东、北京、河南、四川、上海、河北、浙江和湖北。表 6-1 为 2015 年和 2016 年各省市人身保险市场份额前 10 地区保费收入及其占比。

表 6-1　2015 年和 2016 年人身险市场份额排名前 10 的地区　单位：亿元

地 区	2016 年	占比（%）	2015 年	占比（%）
广 东	22779350. 43	10. 24	15015038. 95	9. 2
江 苏	19568134. 85	8. 80	13177224. 05	8. 1
山 东	14459614. 73	6. 50	10697223. 58	6. 6
北 京	14697067. 55	6. 61	10592251. 78	6. 5
四 川	12548627. 68	5. 64	8458666. 09	5. 2
河 南	11821935. 37	5. 32	9285958. 78	5. 7
河 北	10531357. 88	4. 74	7636073. 19	4. 7
上 海	11581073. 57	5. 21	7697673. 43	4. 7
浙 江	9579724. 47	4. 31	6816596. 01	4. 2
湖 北	7885487. 34	3. 55	6053821. 29	3. 7
合 计	135452373. 90	60. 92	95430527. 15	58. 6

数据来源：保监会统计数据。

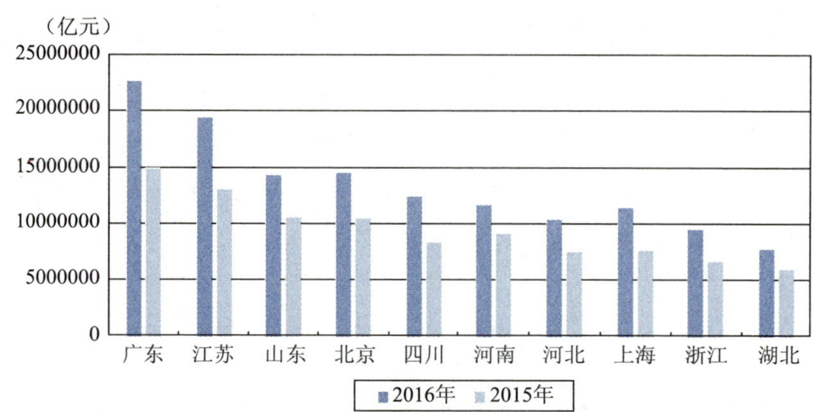

图 6-7　2015 年和 2016 年人身险市场份额排名前 10 的地区

如图 6-7 所示，2016 年上半年人身险保费收入排名前 10 的地区与 2015 年基本保持一致，主要包括北上广、江浙、山东、四川等经济较发达以及人口基数较大的地区，并且市场份额排名前 10 的地区保费收入总占比较 2015 年上升了 2.3 个百分点。

第二节　人身险公司产品结构分析

一、各险种保费保持快速增长，健康险增速成亮点

2016 年，人身险保费为 22234.60 亿元，同比增长 36.51%，前值为 25%，人身险保费保持高速增长。按寿险产品的保障范围划分，寿险原保费结构（或产品结构）可划分为人身意外险、健康险和寿险。2016 年，人身意外险、健康险和寿险增速分别为 17.99%、67.71%和 31.72%。从产品结构上看，人身意外险、健康险和寿险占人身险保费占比分别为 3.37%、18.18%和 78.45%。人身意外险占人身险保费比重较小且相对稳定。虽然寿险保费占比自 2010 年起逐步下滑，但寿险保费占比仍然较高。2010 年后，健康险保费占比和寿险保费占比反向变动，表明保险公司对产品结构进行了调整。健康险保费占比增长较快，但仍低于成熟市场的 20%~30%，健康险市场的发展仍有较大的空间。

急促的生活节奏和来自工作、交际与生活成本的压力给当代人的健康带来了许多威胁，人们也越来越注重对自己健康的关注与保障。同时，“大数据”和医疗科技的发展推动了保险公司对健康风险的精准定价和管理优化。全社会的健康管理意识增强，健康保险在人身风险保障类保险产品中受到消费者的追捧，健康险业务在保险业务中的份额也逐渐增大。随着税优保险政策的推广，更多寿险公司拿到税优健康险的牌照，健康险将成为各大寿险公司发展的重要方向。

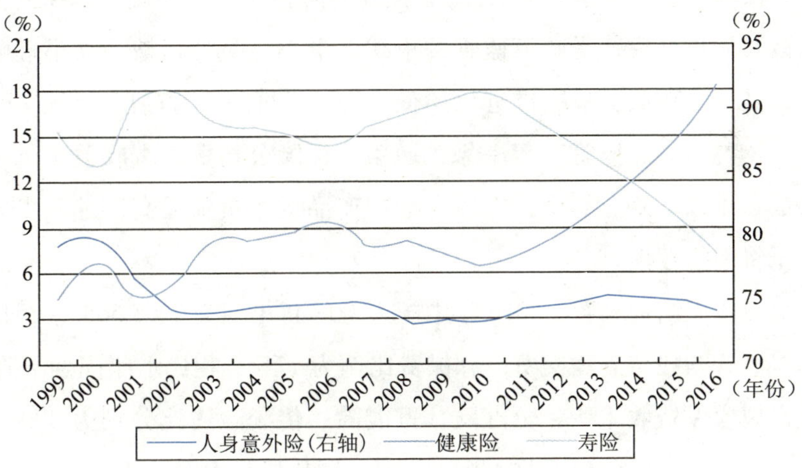

图 6-8　寿险各险种占比

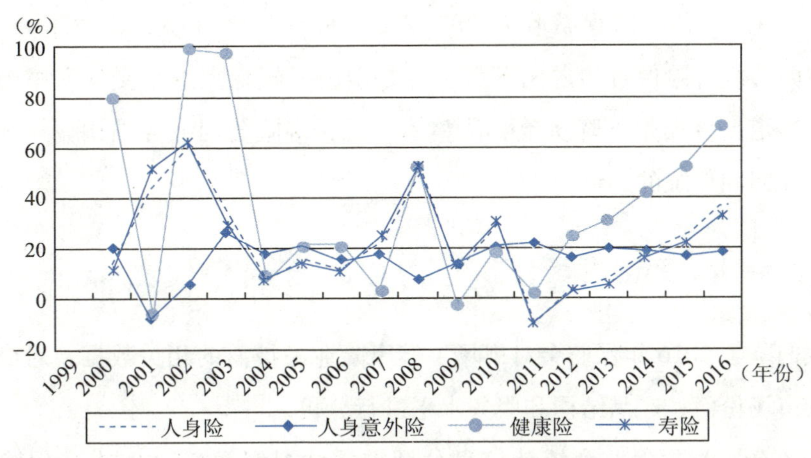

图 6-9　寿险各险种保费同比增速

二、保险产品结构改善，保障型产品保险业务收入激增

各大寿险公司调整产品结构，采取“回归保障”的市场策略，加大保障型产品比重的原因在于，其一，老龄化、城镇化及居民可支配收入上升等因素导致居民对保障型保险产品的需求极大地增强；其二，为促进万能险的健康发展，防范保险期限错配风险和流动风险，保监会下发《关于规范中短存续期人身保险产品有关事项的通知》，提高寿险企业销售中短存续期的偿付能力要求以及销售规模，受政策监管的束缚，中小寿险公司被动缩小理财型产品规模；其三，政策层坚决推进供给侧改革，采取去“杠杆”、去“产能”、去“资产泡沫”“严监管”等一系列政策，保险公司资产端收益率下滑，而负债端成本难以下降，其中，中短存续期产品成本负债尤高，进一步压缩利润，甚至将面临亏损。

从保费收入结构来看，2016 年中国人寿的新单期交率为 56%，相比上年提升 12%，保户投资新增交费占总保费比例为 12%，相比上年同期下降 7%。平安人寿规模保费收入中，分红险、万能险、传统险占比分别为 39%、25% 和 14%，其中，传统险保费收入 511 亿元，同比增长 50%，占比提高 2%。新华保险的保费收入中，分红险、传统险、万能险分别占比 44%、34% 和 0.03%，其中，传统险保费收入 387 亿元，同比下降 30%，占比下降 10%，新华保险传统寿险保费和占比下滑主要是由公司银保渠道趸交保费整顿调整导致该渠道保费大幅下降所致。从整体上看，寿险公司业务结构调整，整体符合行业回归传统的趋势。

三、健康险保费规模增高，各寿险企业赔付支付情况分化

我们基于 2016 年保监会对市场上健康险业务披露的相关数据，对健康险业务的市场份额、产品结构和服务水平进行分析。

2016 年，根据保监会统计信息公开披露情况观察，78 家人身保险公司

中，只有8家公司健康险业务原保费收入同比有所下降，有7家人身保险公司原保费收入同比增长率低于10%，超过50%的人身保险公司增长率高于45%。健康险保费规模前10名的保险公司依次为和谐健康、平安人寿、国寿股份、新华保险、人保健康、太保寿、人保寿、泰康人寿、平安养老和太平人寿。其中，和谐健康的健康险保费增速较高，为247.69%，从产品结构上看其保费收入排名前5的产品均为健康险业务，体现了大力发展健康险业务的公司战略。综合能力较强、经营水平排名较为靠前的人身保险公司的健康险业务保费收入年度增长为20%~50%，增速较快但仍低于全行业67.71%的增速。

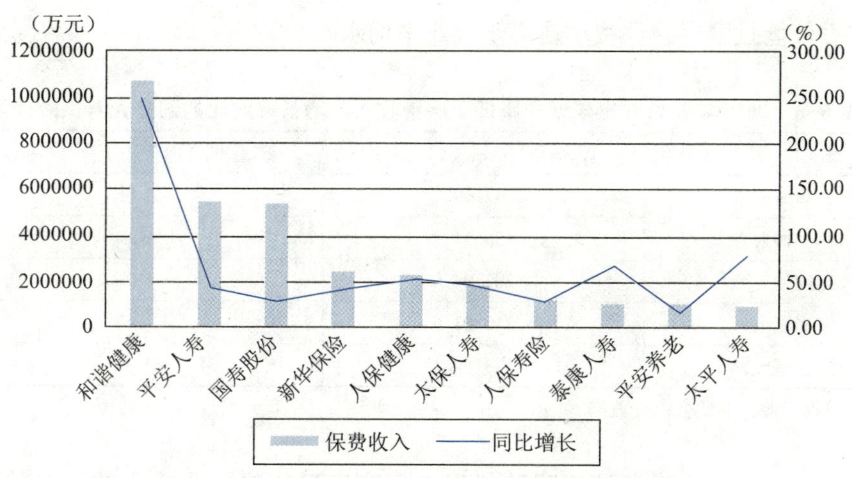

图6-10 健康险保费收入前10名及其保费增速

然而，保费收入只代表的是该业务给保险公司带来的现金流流入的部分，为了更全面地分析健康险业务对保险公司的盈利影响，我们对保监会披露的2016年各人身保险公司健康险业务赔付支出进行比较，发现部分保险公司2016年业务赔付支出额占累计保费收入的比例（赔付率）较高，健康险赔付率前5名的公司依次为中融人寿（231.88%）、平安养老（81.30%）、中美联泰（75.28%）和光大永明（65.74%）。还有一部分保险公司健康险业务虽然年保费收入增长率已经大于45%，但赔付率高于行业整体水平，可以通过

表 6-2的数据对比体现。

表 6-2　2016 年保费增长率和赔付率均较高的部分人寿保险公司

公 司	保费收入年增长率（%）	赔付率（%）
平安健康	48. 96	59. 19
中邮人寿	60. 37	58. 30
东吴人寿	46. 66	52. 51
恒大人寿	47. 72	52. 05
君康人寿	592. 98	38. 18

数据来源：保监会统计数据。

表 6-3 中的人身保险公司相比于上述的公司则相反，它们的健康险赔付率水平较低且健康险保费增速高于行业平均水平。

表 6-3　2015 年赔付支出年增长率低于保费收入年增长率对比的部分人身保险公司

公 司	保费收入年增长率（%）	赔付支出年增长率（%）
和谐健康	247. 69	0. 06
中韩人寿	156. 31	6. 14
德华安顾	203. 94	7. 26
华夏人寿	310. 01	7. 67
弘康人寿	173. 89	9. 39

数据来源：保监会统计数据。

因此，公司在经营健康险的过程中不能盲目地追求业绩突破，应科学地核保核赔，降低公司经营成本。作为社会风险分散的主体，保险公司只有自己拥有了科学、健全的风险管理体系和能力，才可以给被保险人带来更加优质的服务。

一开始，人们购买健康保险的意识仍较为薄弱，大部分二线以下的城市或农村地区的居民都只依赖医疗保障制度对自身的健康进行保障。然而，医疗保障制度不仅存在城乡差距、对重大疾病保障能力有限、资源分散、管理分割、分级诊疗缺失等问题，更重要的是其保障对象设计并不是针对“健康保障”，即老龄化趋势、疾病谱变化等问题。

随着科技的进步和人们生活习惯的变化，我国疾病谱发生了巨大的转变，慢性病的治疗费用逐渐成为我国卫生费用的主要支出项。目前，我国每年70%的死亡人口都来自于慢性病。近年来，我国的基层医疗卫生机构平台开始搭建有效运行的相关健康管理模式，体现了全社会对健康管理的重视。

第三节 人身险保险公司服务及消费者投诉分析

2016年，中国保监会机关及各保监局共接收各类涉及保险消费者权益的有效投诉总量31831件，同比上升5.39%，反映有效投诉事项32442件，同比上升4.73%。其中，12378热线电话投诉29431件，占有效投诉总量的92.46%；信件投诉1185件，占比3.72%；来访投诉468件，占比1.47%；网络投诉747件，占比2.35%。

保险行业服务质量显著提升，一方面，2016年，原保险保费收入同比增长27.5%，较2015年增长7.51个百分点，而投诉量显著低于原保费收入增速；另一方面，投诉总量和投诉事项均明显下降，表明2016年保险公司风险管控和保险服务能力明显增强，保险投诉显著下降。本书分别在第六章和第七章具体介绍人身险和财产险业务的投诉情况。

一、人身险公司投诉情况

2016年，中国保监会机关和各保监局收到涉及人身险公司的有效投诉15185件，占有效投诉总量的47.71%。剔除撤诉件后的有效投诉9416件，其中，投诉量居前10位的人身险公司依次为：中国人寿（3449件）、新华人寿（967件）、平安人寿（937件）、泰康人寿（697件）、人民人寿（686件）、太平洋人寿（516件）、富德生命（366件）、太平人寿（170件）、平安养老（167件）和阳光人寿（134件）。这10家公司投诉量总和占人身险公司投诉总量的73%，2015年这一比例为73.15%，与寿险行业集中度下降相一致。

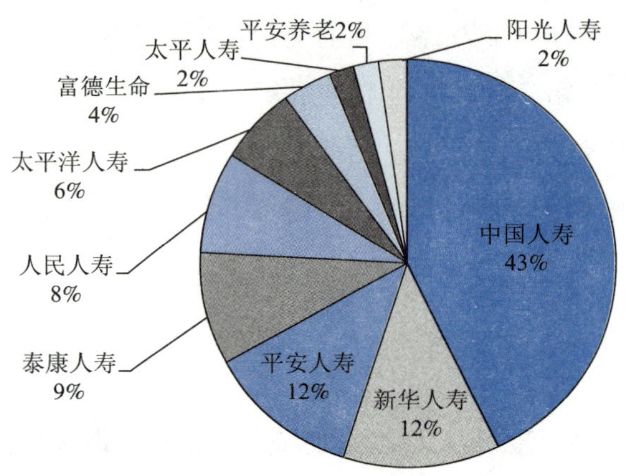

图 6-11　人身险投诉总量前 10 名

2016 年，人身险公司亿元保费投诉量平均值为 0.43 件/亿元。其中，亿元保费投诉量居前 10 位的公司依次为：昆仑健康（4.79 件/亿元）、新光海航（2.77 件/亿元）、复星保德信（1.72 件/亿元）、弘康人寿（1.43 件/亿元）、中美联泰（1.25 件/亿元）、太平养老（1.17 件/亿元）、平安养老（1.09 件/亿元）、北大方正（0.91 件/亿元）、中德安联（0.88 件/亿元）和新华人寿（0.86 件/亿元）。

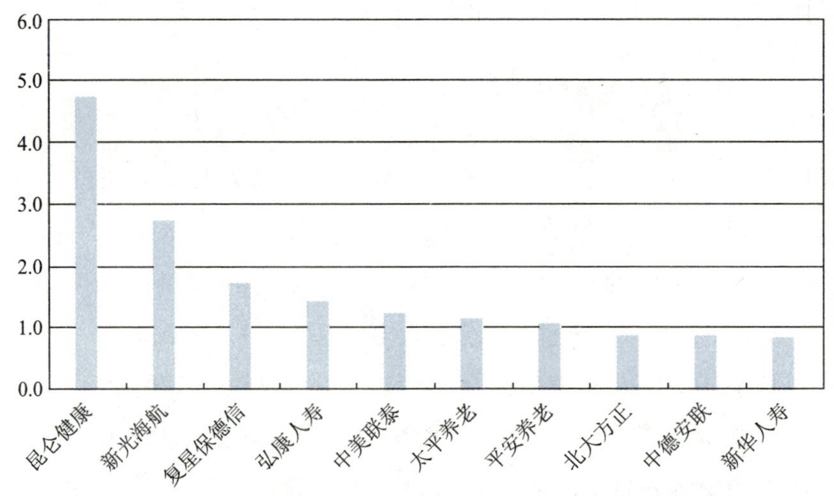

图 6-12　2016 年寿产险亿元保费投诉量平均值排行

从图 6-11 和图 6-12 可以看出，投诉总量排名前 10 位的保险公司与亿元保费投诉量平均值排名前 10 位的保险公司出入较大，显然，由于投诉总量与总体保费体量直接相关，以投诉总量来判定保险公司的服务质量是有失偏颇的。

当然，即使投诉量与亿元保费投诉量平均值均处于低水平，也并不意味着保险公司的服务水平很高，可能因为其保费规模太小。显然，这两个数据只能作为方向性的参考，如果能够将投诉量与保单数量相对应，也许能在一定程度上增添说服力。从图 6-13 中可以看出，保费规模较大的寿险公司的亿元保费投诉量存在较大差异，新华人寿、中国人寿和人民保险等大型寿险企业的投诉总量和亿元保费投诉量均高于行业整体水平，保险服务质量仍存在进步的空间。

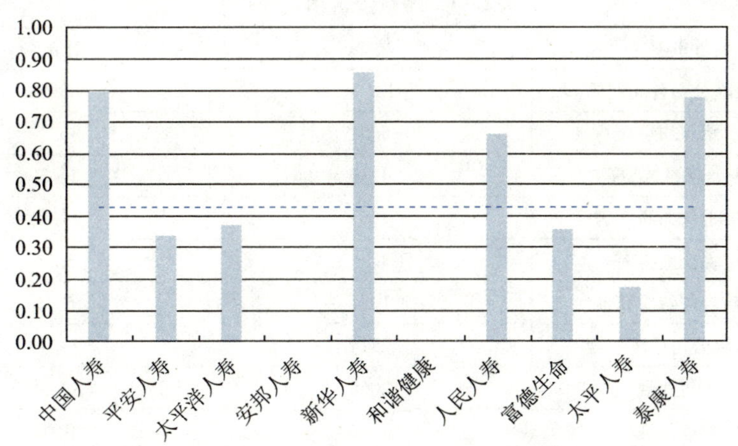

图 6-13　2016 年寿险保费规模前 10 名亿元保费投诉量平均值

二、人身险公司投诉反映的问题

从投诉事项类型来看，保险公司合同纠纷类投诉中，承保纠纷 5651 件，占比 41.29%，主要反映销售人员对条款讲解不清、未尽告知说明义务、对方明确拒绝仍拨打电话等问题。理赔/给付纠纷 4230 件，占比 30.91%，主要涉及疾病险、医疗险和意外险责任纠纷，消费者对保险公司以观察期出险、带病投保、不属于理赔范围、疾病或伤残等级未达到赔付条件等理由拒赔有争议。退保纠纷 1943 件，占比 14.20%，主要是对退保条件、手续及退保金额的争议。

在人身险保险公司涉嫌违法违规类投诉中，各类销售违规 2068 件，占违法违规投诉总量的 89.37%，其中涉嫌欺诈误导 2015 件，主要表现在承诺高收益或不如实告知收益情况、以银行理财、存款、基金等其他金融产品名义宣传销售保险产品、诱导投保人不如实告知健康状况、不如实回答回访问题、代客户签字、代抄写风险提示语、以保单升级为由诱导消费者退保已有保单购买新保险等。

表 6-4　寿险投诉事项统计

单位：件

投诉事项	数 量	占比（%）
一、保险公司合同纠纷	13686	85.33
1. 承保纠纷	5651	35.23
2. 理赔/给付纠纷	4230	26.37
3. 退保纠纷	1943	12.11
4. 保全纠纷	811	5.06
5. 保险合同纠纷其他	1051	6.55
二、保险公司违法违规	2314	14.43
1. 销售违规	2068	12.89
2. 财务违规	3	0.02
3. 违法违规其他	243	1.52
三、保险中介合同纠纷	24	0.15
四、保险中介违法违规	15	0.09
	16039	100.00

数据来源：保监会网站。

第七章　中国财产保险产品和服务分析

第一节　财险市场份额分析

一、原保费收入下的市场份额

我国财险市场经过多年竞争、融合和调整，已经形成一定的格局，例如，车险业务主要被市场上的“老三家”占据业务份额。相比10年前，市场主体相对增加，但是市场集中度仍然很高，市场竞争方式多数采取低费率竞争。同时，险种结构失衡，财险业务主要集中在车险、农险和企财险中，主要原因是财险产品更新较慢，且新产品的“搭便车”现象非常频繁，难以区分市场主体的差异性。各财险的勘察、专业公估程度参差不齐，免赔责任未阐明清晰，拒赔事件较多。还有就是与相关保险相关联的法律风险、业务流程仍未完善，导致问责机制不清晰，这主要体现在责任保险和信用保证保险中。

2016年，财产险公司原保费收入总额为8724.50亿元，较2015年增长10.0个百分点，保持了稳定的增长。2013—2016年保费排名前10的险企排位未发生变化。

表7-1　2013—2016年上半年财险公司原保费总额及同比增长情况

单位：亿元

年份	原保费收入总额	同比增长率（%）
2016	8724.50	10.01
2015	8423.26	11.60
2014	7544.40	16.41
2013	6481.16	17.20

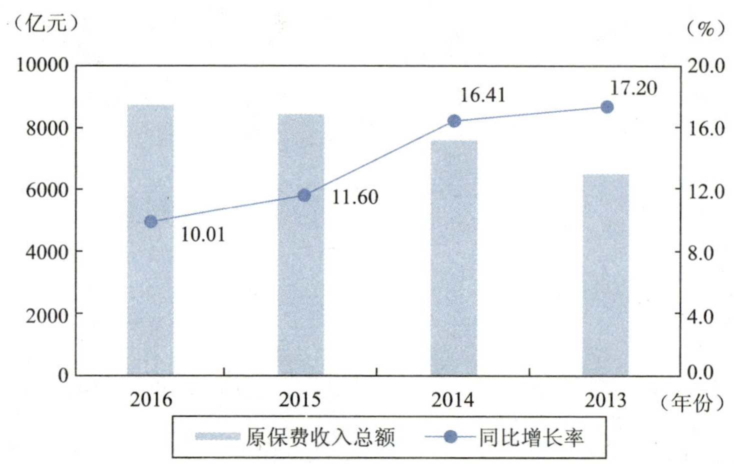

图 7-1　财产险公司 2013—2016 年上半年原保费收入同比增长率变化情况

2016 年，财产险业务原保险保费收入 8724.50 亿元，同比增加 729.53 亿元，同比增长 9.12%，增幅较上年同期下降 1.86 个百分点，产险业务增速放缓部分原因在于商业车险费率改革。机动车辆保险作为财险公司的主营业务，商业车险费率改革最终将有利于财险公司综合成本率下降和承保盈利能力上升。其中，机动车辆保险、企财险、货运险和责任险 4 个主要险种原保险保费收入合计 7663.89 亿元，同比增长 9.87%，增幅较上年同期下降 1.69 个百分点，占财产险业务原保险保费收入的 87.84%，占财产险公司原保险保费收入的 82.71%。

表 7-2 为 2014—2016 年全年原保费收入排名前 10 名的保险公司市场份额。

表 7-2　2014—2016 年原保费收入排名前 10 名保险公司市场份额　　单位：亿元

		2016 年		2015 年		2014 年	
排名	公司名称	金额	占比（%）	金额	占比（%）	金额	占比（%）
1	人保股份	3104.53	33.50	2810.10	33.36	2524.19	33.46
2	平安财	1779.08	19.20	1636.41	19.43	1428.57	18.94
3	太保财	960.71	10.37	944.39	11.21	928.37	12.31
4	国寿财产	597.36	6.45	503.69	5.98	403.97	5.35

续表

		2016 年		2015 年		2014 年	
排名	公司名称	金额	占比（%）	金额	占比（%）	金额	占比（%）
5	中华联合	385.87	4.16	393.70	4.67	348.65	4.62
6	大地财产	319.58	3.45	265.89	3.16	223.58	2.96
7	阳光财产	283.92	3.06	258.17	3.06	211.73	2.81

按原保险保费收入划分的市场占有率，2016 年市场占有率前 10 名的保险公司包括人保股份、平安财、太保财、国寿财产、中华联合、大地财产、阳光财产、出口信用、太平保险和天安。2016 年，人保股份、平安财以及太保财的市场占有率分别为 33.50%、19.20%以及 10.37%，成为第一梯队。排在第二梯队的是排名在第 4~7 位的国寿财产、中华联合、大地财产和阳光财产，其市场占有率分别为 6.45%、4.16%、3.45%以及 3.06%。出口信用、太平保险和天安则以市场占有率 1.96%、1.87%和 1.50%排在第三梯队。

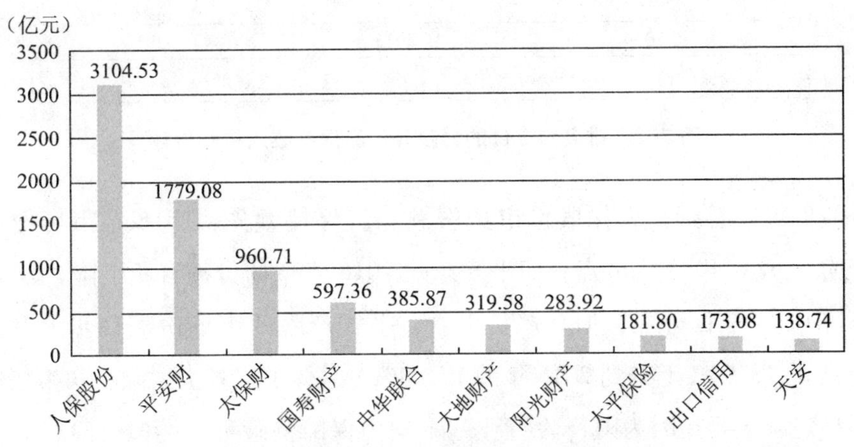

图 7-2 2015 年财险原保费收入市场份额

2016 年，保费规模排名前 10 位的保险公司，原保费收入 7924.68 亿元，约占全行业的 85.52%。10 大财险公司中，排名前 3 位的人保股份、平安产险、太保产险仍是行业巨头，这 3 家公司的保费占全行业之比约为 69.52%。

从行业集中度来看，财险市场依旧延续着寡头主导的格局，中小财险公司市场份额依旧较小。

通过分析我们可以发现，市场排名前列的财险公司市场份额都较为稳定，但前两名的人保股份和平安产险的市场份额走势有所不同。图 7-3 为原保费收入排名前 5 位的保险公司 2014—2016 年市场份额走势曲线。

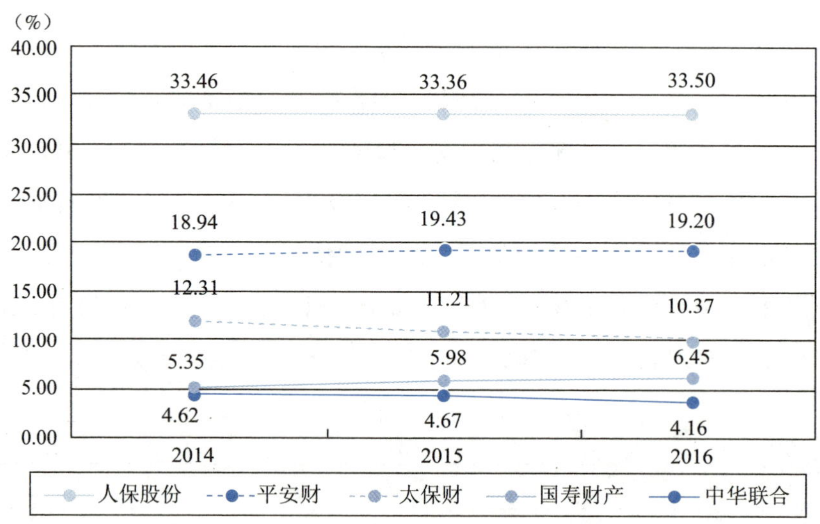

图 7-3　排名前 5 位的财险公司原保费收入市场份额

我们可以看到，人保股份市场份额一直保持领先，2016 年市场份额较 2015 年上升 0. 14 个百分点；而平安产险 2016 年市场份额有所下降，较 2015 年下降 0. 23 个百分点，但从趋势上看，平安产险的市场份额稳步上升，从 2014 年的 18. 94%上升到 2016 年的 19. 20%。总体上，各大财险公司市场份额都很稳定，主要是因为财产险行业基本均为保障型险种，类似寿险行业的投资型险种较少，希望通过某些特殊产品“冲规模”的情况比较少见。

从资本结构的角度来看，2016 年，中资保险公司市场占有率为 97. 93%，占有绝对优势。外资保险公司的市场占有率则非常有限。2016 年排名前列的外资保险公司如表 7-3 所示。外资保险公司的市场份额总占比为 2. 07%，其中市场份额前 3 名包括安盛天平（0. 86%）、中航安盟（0. 20%）、美亚（0. 15%）。

表 7-3　2016 年原保费收入排名前列的外资保险公司市场份额　　单位：亿元

公司名称	金 额	占比（%）
安盛天平	79.71	0.86
中航安盟	18.35	0.20
美亚	13.73	0.15
利宝互助	12.30	0.13
富邦财险	9.66	0.10
安联	8.29	0.09
三星	8.18	0.09

数据来源：保监会统计数据。

二、分地区财产险保费占比

中国保监会对我国各省市的保费进行了统计和排名，各省市保费收入排名显示，我国财产保险保费收入排名前 10 位的省市分别是：江苏、广东、浙江、山东、四川、河北、上海、北京、河南、安徽。表 7-4 为 2015 年和 2016 年上半年财产险市场份额排名前 10 位地区情况。

表 7-4　2015 年和 2016 年财产险市场份额排名前 10 的地区　　单位：亿元

地 区	2015 年	占比（%）	2016 年	占比（%）
江 苏	672.19	8.41	733.43	8.41
广 东	665.32	8.32	708.13	8.12
浙 江	525.42	6.57	569.35	6.53
山 东	473.76	5.93	520.33	5.96
四 川	421.44	5.27	457.21	5.24
河 北	399.5	5.00	442.13	5.07
上 海	355.4	4.45	371.15	4.25
北 京	344.66	4.31	369.25	4.23
河 南	320.16	4.00	372.95	4.27
安 徽	273.35	3.42	312.79	3.59
合 计	4451.21	55.68	4856.73	55.67

资料来源：保监会统计数据。

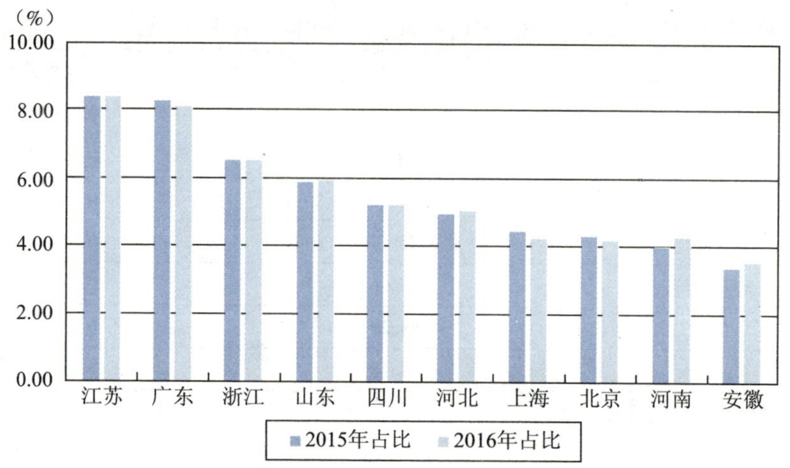

图 7-4　2015 年和 2016 年财产险市场份额排名前 10 位的地区

如图 7-4 所示，2016 年财产险保费收入排名前 10 位的地区与 2015 年保持一致，主要包括北上广、江浙、山东、四川等经济较发达以及人口基数大的地区，并且市场份额排名前 10 位的地区保费收入总和超过全国保费收入的 1/2。

第二节　财产险公司产品结构分析

一、财产险保费增速稳定

2016 年，财产险业务原保险保费收入 8724.50 亿元，同比增加 729.53 亿元，同比增长 9.12%，增幅较上年同期下降 1.86 个百分点。其中，机动车辆保险、企财险、货运险和责任险 4 个主要险种原保险保费收入合计 7663.89 亿元，同比增长 9.87%，增幅较上年同期下降 1.69 个百分点，占财产险业务原保险保费收入的 87.84%，占财产险公司原保险保费收入的 82.71%。

2016 年，机动车辆保险原保险保费收入 6834.55 亿元，同比增长 10.25%，占财产险业务的比例为 78.34%，占财产险公司业务的比例为

73.76%。其中，交强险原保险保费收入1699.58亿元，占机动车辆保险原保险保费收入的比例为24.87%。企业财产保险原保险保费收入381.54亿元，同比下降1.20%，占财产险业务的比例为4.37%，占财产险公司业务的比例为4.12%。货运保险原保险保费收入85.46亿元，同比下降3.07%，占财产险业务的比例为0.98%，占财产险公司业务的比例为0.92%。责任保险原保险保费收入362.35亿元，同比增长20.04%，占财产险业务的比例为4.15%，占财产险公司业务的比例为3.91%。农业保险原保险保费收入417.71亿元，同比增长11.42%，占财产险业务的比例为4.79%，占财产险公司业务的比例为4.51%。信用保险原保险保费收入200.60亿元，同比增长4.18%，占财产险业务的比例为2.30%，占财产险公司业务的比例为2.16%；保证保险原保险保费收入184.12亿元，同比下降11.52%，占财产险业务的比例为2.11%，占财产险公司业务的比例为1.99%。

2003—2015年财险各主要产品保费收入在财险公司总保费收入的占比情况如图7-5所示。

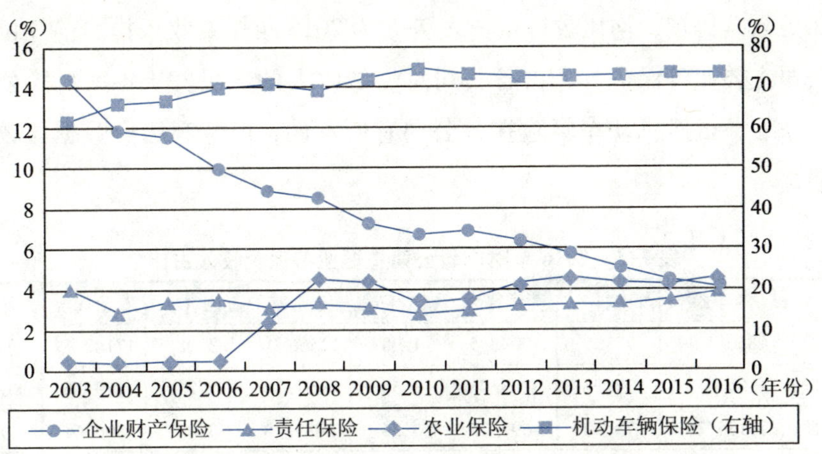

图7-5 财险各主要产品保费收入在财险总保费收入的占比

资料来源：保监会统计数据。

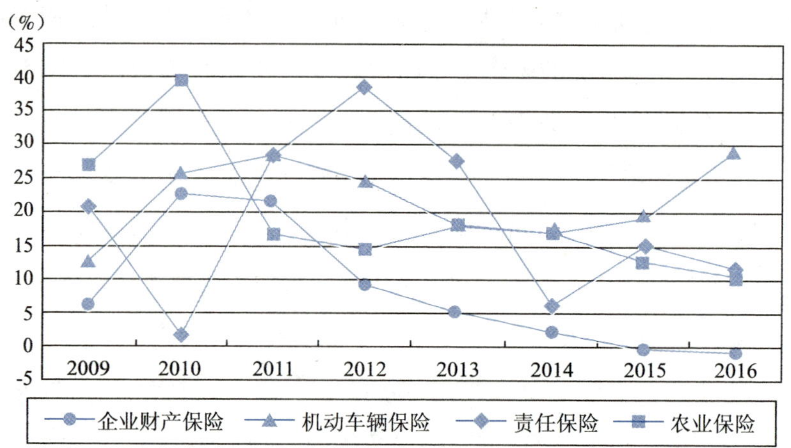

图 7-6　财险各险种同比增速

资料来源：保监会统计数据。

二、商车费改利好机动车辆保险业务

从各家财险公司产品结构来看，虽然机动车辆险在各公司有所不同，但综观历史数据比较，均比较稳定。表 7-5 为 2016 年保费收入排名前 3 位的财产险公司主要业务保费收入占各公司总保费收入的情况。从各家财险公司产品结构来看，虽然机动车辆险在各公司有所不同，但综观历史数据比较，均比较稳定。

表 7-5　2016 年财产险公司主要业务保费收入占比

保险公司	机动车辆保险	占比（%）	责任保险	占比（%）	企财险	占比（%）	农业保险	占比（%）
人保财险	185054.1	73.31	10038.5	4.98	12566.07	3.98	17142.57	6.79
平安产险	110530.2	77.36	3163.06	3.56	5091.34	2.21	279.56	0.20
太保产险	73175.16	78.82	3698.25	6.34	5889.48	3.98	896.64	0.97

数据来源：2016 年保险年鉴。

排名前 3 位的财险公司中，机动车辆保险保费收入占原保费收入总额的比例均高于 70%，所以机动车辆保险的保费收入变化对总保费收入变化的影响很大。

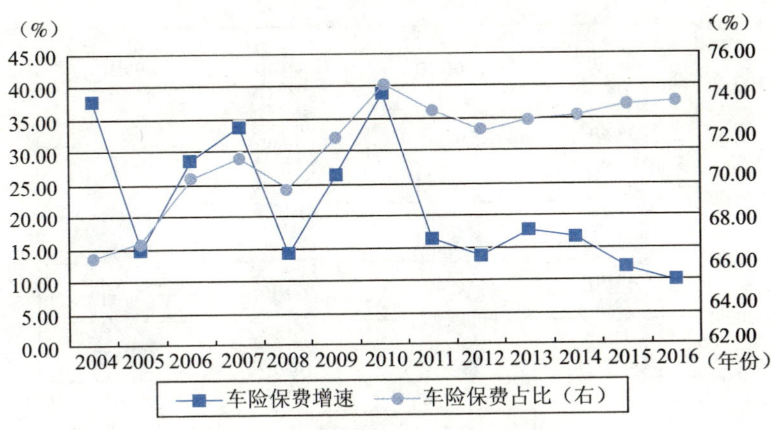

图 7-7 车险占比及车险增速情况

表 7-7 为 2003—2016 年机动车辆保险保费收入在总保费收入中的占比变化和增长速度的变化。我们看到，机动车辆保险的占比持续上升，但增速呈下降趋势。2015 年以来，车险保费增速下降主要受“商车费改”影响，商车费改试点地区单均保费下降，然而车险综合费用率明显升高。商车费改引起的行业手续费竞争实际上是中介渠道受益，车险客户总体受损，恶性价格竞争将导致中小产险公司严重亏损，中小型产险公司受制于有限的营业网点和过高的渠道成本，其承保盈利将进一步弱化。

自 2015 年商车费改以来，行业整体综合成本率呈下降趋势，2016 年底，车险行业综合成本率 99. 1%，较 2014 年底下降 1. 2%，从目前的成本率变化来看，商车费改利大于弊，行业从 2014 年费改前的承保亏损，到 2015 年、2016 年实现了承保盈利。这主要是由于费改后行业小额案件出险频度大幅下降，综合赔付率下降较为明显，2016 年，行业综合赔付率 57. 9%，较 2014 年底下降 5. 5%。赔付率的下降，给费用率留出了更大的空间，2016 年行业综合费用率 41. 2%，较 2014 年底上升 4. 3%，赔付率的降幅超过费用率的涨幅，成本率下降。随着商车费改的逐步推进，逐步引导产险公司提供差异化的服务和产品创新，车险的盈利状况将逐步得到改善。

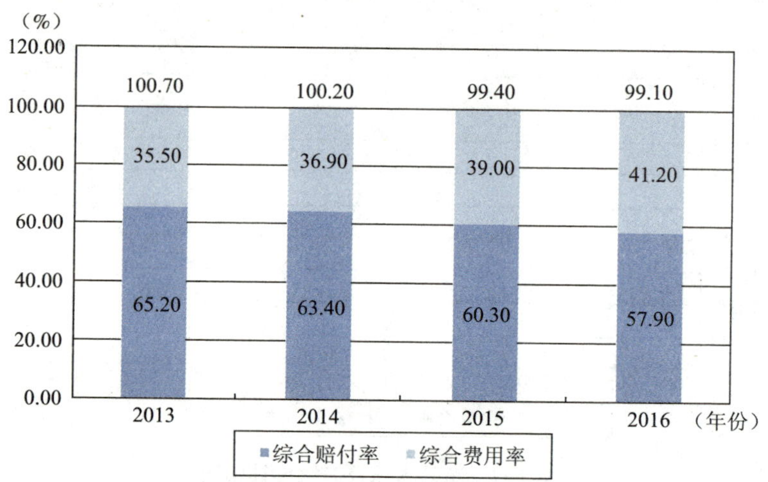

图 7-8　机动车辆保险“三率”分析

三、受政策支持，农业险发挥保障民生功能，保费增长迅速

农业保险在我国是一个特殊的险种，由于难以估计其标的物发生灾害的概率，且农业保险的出险一般来自于天灾，造成的损失较广、难以止损，容易对社会的经济造成严重的影响，因此，财政一般会对农业保险做一定的补贴。

为了更加直观地体现农业保费的增长与政府对农业保险的补贴，我们做了图 7-9 的折线图，从图中我们可以粗略地看到政府对农险的补贴趋势和农险保费收入变化趋势很相似。在起始年间，财政对保费的补贴占据了农业保险收入的大部分份额，然而在随后的年份，它们之间的差距越来越大。同时，在农险保费收入增速变缓前，政府对其补贴的增速有所滞缓，直到 2010 年农险保费收入增速再次提高，政府的补贴立刻尾随增加。从中可以看出，我国财政对农业保险的补贴并不盲目。

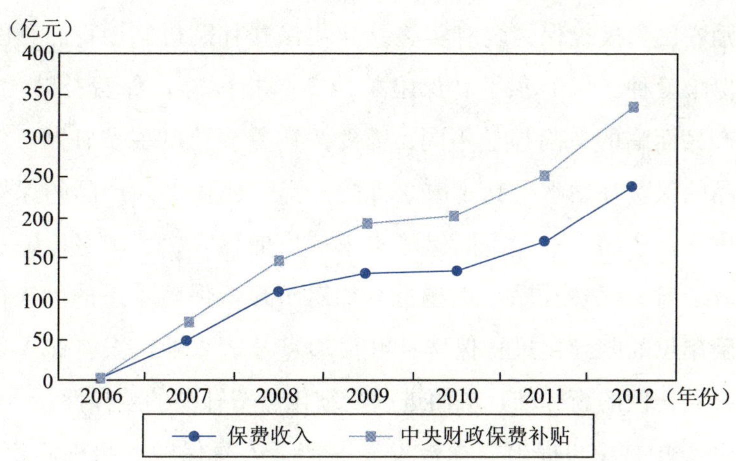

图 7-9 2006—2012 年农业保费收入与中央财政对保费的补贴

表 7-6 保费收入与中央财政各项支出 单位：亿元

年 份	保费收入	中央财政保费补贴	中央农林水事务财政支出	中央财政支出	中央对种植业保险保费补贴比例（%）		中央补贴占农林水事务支出比（%）	中央补贴占中央财政支出比（%）
					东部	中西部		
2007	51.8	21.5	313.7	11442.1	25	25	6.9	0.19
2008	110.7	37.3	308.4	13344.2	35	35	12.1	0.28
2009	133.9	59.7	318.7	15255.8	35	40	18.7	0.39
2010	135.7	67.8	387.9	15989.7	35	40	17.5	0.42
2011	173.3	78.7	416.6	16514.1	35	40	18.9	0.48
2012	240.1	95.5	502.5	18764.6	35	40	19.0	0.51

资料来源：保监会统计数据。

表 7-6 显示，我国农业保险收入的额度逐年增长，尤其是在 2007 年，保费收入是上年的 13 倍。到了 2011 年，农业保险的保费已经达到 173.3 亿元，然而一年后的保费收入又翻了一番。同时，我们通过支出比例可以观察到，中央对农业保险的补贴占中央财政支出的比例越来越高。

因此，农业保险的经营不仅涉及保险公司的经营效益，还关系到财政支出的效率，高效的补贴机制和充分的再保险安排有利于农业保险的持续健康经营。

为鼓励农民积极投保，政府实施差异化保费补贴机制，我们可以参考美国的基于保险险种、保障水平和保险单位 3 个指标确定保费补贴比例方法。不同保险产品面临的风险损益不同，需要采用差异化的保费补贴。例如，产量保险产品的保费补贴水平高于收入保险产品，团体保险产品的保费补贴水平高于个体保险产品。对于不同保障水平的农业保险，美国对保障水平越高的险种，政府对其保费补贴比例越低，如对于最低保障水平的巨灾保险。关于按照保险单位的差异化进行保费补贴，2008 年，农业法案将保险单位作为决定保费补贴比例的新标准，从而进一步细化保费补贴的差异性。

2003 年，中共中央提出“积极发展财产、人身保险和再保险市场”，从那时起我国再保险市场刚刚起步，而我国农业再保险市场仍然是一片空白。

表 7-7　农业再保险市场发展历程

年 份	事 件
2004 年	初步形成，建立全国农业再保险体系
2005 年	先建立农业再保险保障体系，通过集合相关保险及再保险公司的力量共担风险，最大限度转移、分散农业风险
2007 年	中再集团与多个农业保险承保主体签订农业再保险合作框架协议，浙江、海南等政府与当地农业保险承保主题达成了封顶赔付和超赔分担协议
2008 年	着眼点在“建立”，农业再保险比例分保合同的安排从理论探讨走向实际操作，以超赔保障为普遍需求，比例分保由市场、政府分担超赔的再保险体系已经初显雏形
2009 年	北京市农村工作委员会和中再集团、瑞再北京分公司签署了再保险协议，转移北京市政府承担的政策性农业保险超赔风险，首开我国政府出资直接购买商业再保险之先河
2010 年	着眼点在“健全”，农业再保险进入总结、提高阶段
2011 年	《中国保险业发展“十二五”规划纲要》提出加快推动建立国家政策支持的农业再保险体系和地震、洪水等巨灾风险再保险体系
2012 年	中央一号文件指出，健全农业再保险体系，逐步建立中央财政支持下的农业大灾风险转移分散机制。农业保险正沐浴着和煦的政策春风

我国农业再保险虽是一个政府主导、市场逐步参与、多方协助的农业再保险体系，但仍然存在许多亟须完善的方面，例如，法律的缺失、技术的滞

后、再保险主体的不足等。在这一方面我们应加强和国际再保险市场的交流，增强与国外机构的合作，提高农业大灾风险的分散能力。

四、群雄逐鹿为争信用保证保险一杯羹

2014 年 8 月，国务院印发了《关于加快发展现代保险服务业的若干意见》，文件提出：加快发展小微企业信用保险和贷款保证保险，增强小微企业融资能力；积极发展个人消费贷款保证保险，释放居民消费潜力；探索发展债券信用保险，积极培育另类投资市场，进一步增加市场经营主体；加快完善保险市场体系，支持设立区域性和专业性保险公司，发展信用保险专业机构。在国家政策的支持下，信用保证保险迎来了行业的春天，虽然我国经营信用保证保险的外部环境相比于国际市场仍略显劣势，且涉足该险种的公司相关业务赔付率都相当高，但是各家公司仍然看好信用保证保险的前景，下大力气建立风控模型，打造属于自己的品牌产品。

各大险企在洞识财产保险市场的新趋势后，也开始加速布局信用保证保险。2015 年，安邦财险信用保证保险收入高达 7069 万元，同比增长 378%；众安保险信用保证保险收入 4.5 亿元，同比增长 310%。同时，各类公司也频频发力，群雄逐鹿，抢占信用保证保险业务经营的先机，例如，马上消费金融与阳光保险合作推出定位于消费信贷领域的“信用保证保险”产品，还有正处于筹备期间的由恒生电子、TCL 集团、穗恒运 A 3 家上市公司与众诚保险、广东省融资再担保有限公司共同出资设立的粤财信用保证保险股份有限公司，以及由永兴特钢、二三四五网络科技有限公司共同出资发起设立华商云信用保险股份有限公司。2016 年 1 月，阳光渝融信用保证保险公司开业获批，成为国内首家专业信用保证保险公司。除实施专业市场化信用保证保险公司战略之外，平安产险、人保财险、华安财险、阳光财险等保险公司早已涉足该领域，成立信用保证保险事业部。

第三节　财产险公司保险服务及消费者投诉分析

一、财产险公司服务现状

第一，我国财产险市场主体为了增强竞争力，采用降低费率、扩大责任范围等方式，导致最后保费充足率下降。同时，由于价格竞争引起财产险的风险管理能力降低，对承保标的的防灾防损等服务措施跟进不到位。

第二，自然灾害、大型公众灾害事故发生频繁，其原因有人为的操作风险管理不到位的因素，也有保险公司未根据现行风险敞口进行有效的经验分析，更新对灾害预测的发生概率的因素。

由于财产险多样，风险因素各异，每个行业甚至有可能每一种标的的风险状况都不尽相同。大型保险人对标的的风险管理服务形式一般是由总公司统一组织公司内外的专家集中研究某一行业风险，制定相应的防灾防损实施模版，在系统内推广，但是该方法多少还是会有遗漏的服务内容，且在实际操作中又存在各种变数。对于小型保险人而言，由于资金和规模有限，很难对公司承保的全部业务风险进行全面掌握，这时候就需要专业的评估机构，如再保险人、经纪人、公估人、安监机构、专业咨询公司等风险管理专家根据保险人的实际需求，辅助其对风险的专业量化和预防。但其缺陷是各机构主体与委托人间可能会因为维护自身利益而存在逆选择问题，小型保险人没有把握风险管理的核心技术将难以提高其市场份额和实现进一步的战略目标。

二、财产险公司投诉情况及反映的问题

1. 财产险公司投诉情况

2016 年，中国保监会机关和各保监局收到涉及财产险公司的有效投诉 16552 件，占有效投诉总量的 52.00%。剔除撤诉件后的有效投诉 10006 件，其中，投诉量居前 10 位的财产险公司依次为：人保财险（2382 件）、平安财

险（1600 件）、国寿财险（1405 件）、太平洋财险（846 件）、众安在线（475 件）、中华财险（389 件）、华安财险（206 件）、华泰财险（194 件）、天安财险（192 件）和大地财险（189 件）。这 10 家公司投诉量总和占财产险公司投诉总量的 78.73%。

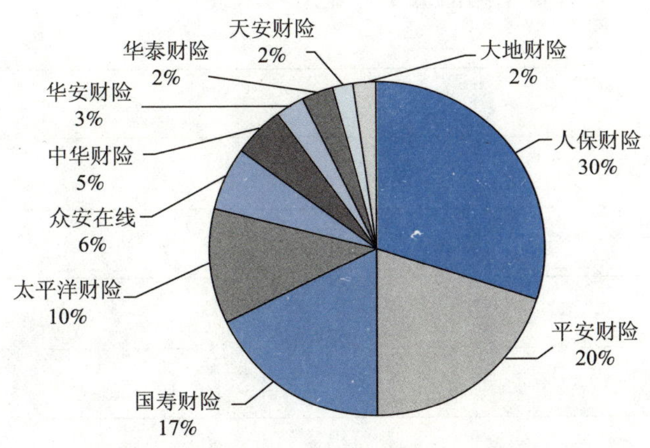

图 7-10　2016 年财产险投诉总量排行

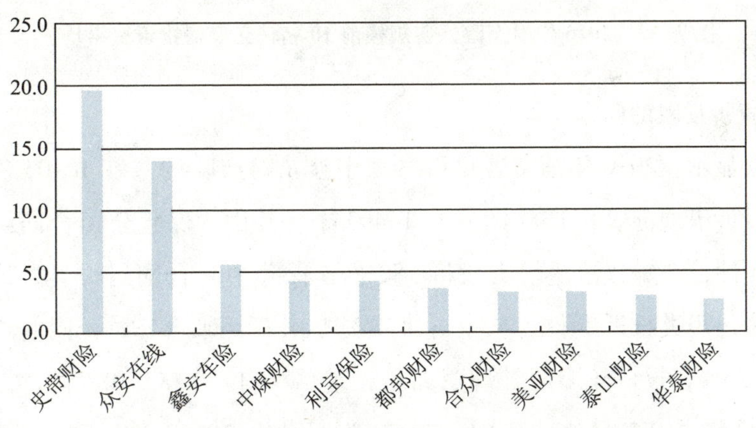

图 7-11　2016 年财产险亿元保费投诉量平均值排行

从图 7-10 和图 7-11 可以看出，投诉总量排名前 10 位的保险公司与亿元保费投诉量平均值排名前 10 位的保险公司出入较大，显然，由于投诉总量与总体保费体量直接相关，以投诉总量来判定保险公司的服务质量有失偏颇。

当然，即便投诉量与亿元保费投诉量平均值均处于低水平，也并不意味着保险公司的服务水平很高，可能因为保费规模太小。显然，这两个数据只能作为方向性的参考，如果能够将投诉量与保单数量相对应，也许能在一定程度上增强说服力。从图 7-12 中可以看出，整体上保费规模前 10 位的产险公司的亿元保费投诉量平均值低于行业平均水平。

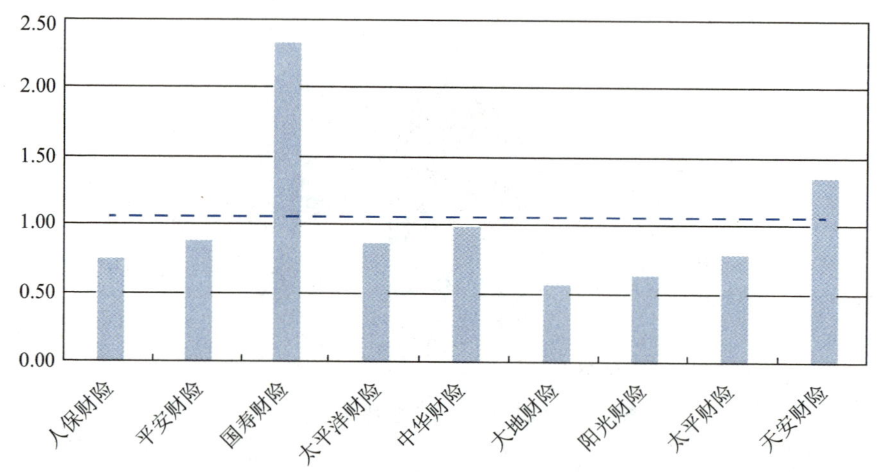

图 7-12　2016 年财产险保费规模前 10 名亿元保费投诉量平均值

2. 投诉反映的问题

数据显示，2016 年消费者投诉事项中涉及财产险的共有 16403 件，其中消费者投诉事项涉及财产险的共有 16403 个。其中，保险公司合同纠纷类投诉 15965 件，涉嫌违法违规类投诉 382 件；保险中介合同纠纷类投诉 51 件，涉嫌违法违规类投诉 5 件。从投诉事项类型来看，保险公司合同纠纷类投诉占比 97.33%，投诉较多的是理赔纠纷，理赔/给付纠纷 12077 件，占合同纠纷投诉总量的 75.65%，其中，车险理赔纠纷 10160 件，占理赔纠纷的 84.13%。投诉问题主要表现为：公司依据合同条款做出拒赔或免赔决定，但消费者不接受；双方就维修方案、配件价格及工时价格产生争议；理赔时效过长、理赔材料烦琐、消费者感受差等。承保纠纷 2412 件，占比 15.11%，主要反映保费计算争议、未经同意承保、未经同意扣取保费、保险责任告知说明不充分、保单或发票送达不及时以及电销扰民等问题。

表 7-8 财产险投诉事项统计

单位：件

投诉事项	数 量	占比（%）
一、保险公司合同纠纷	15965	97.33
1. 承保纠纷	2412	14.70
2. 理赔/给付纠纷	12077	73.63
3. 退保纠纷	828	5.05
4. 保全纠纷	164	1.00
5. 其他	484	2.95
二、保险公司违法违规	382	2.33
1. 销售违规	137	0.84
2. 财务违规	2	0.01
3. 其他	243	1.48
三、保险中介合同纠纷	51	0.31
四、保险中介违法违规	5	0.03
合 计	16403	100.00

数据来源：保监会网站。

第四部分

中国保险市场发展的技术、创新与监管

第八章　中国互联网保险发展研究

第一节　互联网保险发展情况概述

一、互联网保险基本认识

互联网对社会、经济、文化等各领域的影响日益增强，互联网对保险业的影响也日益受到重视，保险业界在不断地体验和探索互联网技术在保险业的应用，社会各界对互联网保险的认识也在不断地变化和深化。为了展开本项目的研究，先从发展的角度来梳理对互联网保险认识的演进历程，力求以前瞻的思路来归纳和概括互联网保险的定义及特征。

（一）互联网保险的基本定义

随着互联网技术的进步，保险业界对互联网保险的认识也在持续不断的体验和尝试探索的过程中不断发展，逐步形成了由点成线、由线成面、由面成体的体系化认识。这个认识过程大体可以分为初体验、再认识、持续深化、形成共识 4 个发展阶段。

1. Web1. 0

最初，保险业界认为互联网保险是一种以计算机互联网为媒介的新兴保险营销模式，有别于传统的保险代理人营销模式。此时的互联网处于 Web1. 0 发展阶段，主要功能是以信息的单向推送为主。基于这种认识，互联网保险的实践主要是保险公司、保险中介、保险服务网站将线下产品简单地在网络上进行展示。业界认为保险营销属于顾问式营销，互联网保险不可能成为主流的销售方式。监管者对互联网保险的管理也局限于销售领域，中国保监会发布的《保险代理、经纪公司互联网保险业务监管办法（试行）》，监管的重点局限在保险销售领域。

2. Web2. 0

2004 年，随着互联网 Web2. 0 时代的到来，互联网的互动性特点大为增强，各种 SNS 社会性网络服务的互动性应用不断丰富，“开放、平等、协作和共享”的互联网精神影响力不断增强。有了互联网技术的升级与支持，保险业界得以将有关宣传之外的售前咨询、产品报价、合同订立以及后续实务处理各环节逐步实现网络化，通过互联网与客户在更广泛的互动沟通中实现更多的保险服务。与实践相对应，互联网保险的概念从最初的新型销售渠道认识，扩大到保险信息咨询、保险计划书设计、投保、缴费、核保、承保、保单信息查询、保权变更、续期缴费、理赔和给付等保险全过程的网络化。在这个阶段，互联网保险电商开始出现，中国保监会在《保险公司开业验收指引》的基础上，针对专业网络保险公司开业验收提出新的标准要求。

3. 移动互联阶段

当前，互联网技术已进入移动互联时代。移动互联、大数据、云计算等新兴信息技术融合发展，传统的经济形态乃至信息产业本身的运作模式正在被打破，竞争热点逐步从传统市场向移动互联市场转换，与互联网相关的商业模式创新风起云涌。发扬互联网精神，实践互联网思维，应用互联网技术，构建广阔、持续、快捷、简约、低廉、精准的网络服务平台，支持社会大众实现商务、社交的各种需求，成为移动互联时代成就大事业的基本特征。在移动互联时代，新型互联网电商迅速崛起，互联网金融成为创新热点，传统金融业受到互联网势力的冲击与影响，纷纷成立电商公司主动应对复杂多变的挑战，加深对互联网的认识与理解，积累互联网业务的经验，努力抢抓发展机遇。作为金融业的重要组成部分，保险公司和监管机构高度重视互联网保险的发展，对互联网保险概念的认识不断深化。从整体上来讲，当前的互联网保险是指保险领域的各要素与互联网技术实现充分结合的一种新型发展方式。监管机构正在草拟的《网络保险业务监管办法》将为未来的互联网保险奠定发展基础，同时，将对未来的发展方向与发展格局产生重要影响。

4. 基于4G技术的多媒体移动互联阶段

展望未来，在互联网移动化的基础上，随着4G的普及，多媒体技术广泛应用将成为下一阶段的重要特征。4G带宽大幅度扩充，为语音、视频等多媒体以及虚拟现实技术等纵深应用发展提供了基本条件，今后，人与人网络沟通的即时性、便捷性、连续性、有效性将得到实质跨越，更多复杂的金融服务将通过移动互联网得以实现，互联网金融将成为金融领域的主流趋势，互联网保险发展的技术条件将更为坚实，保险价值链的实现方式必须通过多媒体移动互联技术全方位创新升级。未来的互联网保险与传统保险相互渗透，相互融合，逐步向一体化、趋同化发展。互联网保险发展将作为保险领域的主要方式和日常形态存在，所谓传统保险将逐步成为历史。

从4个阶段对互联网保险认识的发展脉络来看，互联网金融/保险有别于传统金融/保险，是在互联网技术快速发展的基础上诞生的新的业务模式，就像中投副总裁谢平所说，互联网金融的发展取决于互联网技术的发展，在讨论互联网金融/保险之前，必须先搞清楚互联网精神及互联网思维。

互联网精神有别于金融精神，互联网精神就是“开放，共享，去中心化，平等，选择，普惠，民主”（有专家也将“开放、平等、协作和共享”定义为互联网精神，本报告以谢平的定义为准）。金融业就是精英化、神秘化，通过制造信息不对称去获取利润。互联网技术发展了数十年，目前以大数据、云计算、移动互联和物联网为主要技术特征，并且日益影响每个人生活的各个方面。因此，本报告认为，互联网思维是在互联网技术对生活和作业影响力不断增强的大背景下，企业对用户、产品、营销和创新，乃至整个价值链和生态系统重新审视的思维方式，互联网思维不是技术思维，不是营销思维，也不是电商思维，而是以互联网精神作为灵魂的系统性的商业思维，它不只是适用于互联网企业，而是适用于所有企业。互联网保险则定义为：在大数据、云计算、移动互联和物联网等互联网科技不断发展的背景下，根据互联网思维，通过对保险价值链的重新审视和创新升级所形成的以信息化、智能化、网络化为主要特征的新型保险发展方式。

（二）互联网保险的主要特征

互联网保险和传统保险相比，除拥有保险的自然属性和社会属性之外，还有自身所独有的、体现互联网属性的特征，主要体现在以下几点：

（1）虚拟性。互联网保险的商务活动主要在网络上进行。互联网保险机构的代表不是办公所在的建筑物，不是地址而是网址，营业厅不是物理柜面而是主页面。互联网保险的咨询、投保、承保等若干环节在互联网上实现，保险活动的往来体现为数字化的虚拟性特征，这在很大程度上降低了保险机构的运作成本。同时，网络突破了地域限制，地理位置的重要性也大为降低，为提高保险服务的速度和质量创新了技术条件。

（2）直接性。互联网使客户与保险公司间的互动更加直接，突破了传统条件下双方活动时间、空间的障碍，体现出更为明显的直接性特征。客户可以登录保险公司网站或者在相关商务活动中直接提出保险需求，处理保险事宜。随着互联网经济的普及与发展，保险价值链波动小，保险中介所处的中间环节将进一步减少，以复杂、迂回为特点的传统保险实务流程将升级为标准、简约、直接为特点的新一代互联网保险实务流程。

（3）便捷性。互联网的信息检索功能使客户获取保险资讯更加方便，保险公司网站的在线客户也可以实时解答客户关于保险的业务问题，并可以指导客户通过网络直接投保，网络支付功能的应用支持客户随时缴纳保险费而不用去柜面排队。互联网在保险业的广泛普及，使各种保险服务更加贴近客户、融入市场，便捷性成为互联网保险的显著特征之一。此外，这种便捷性还呈现出不断强化的发展趋势。

（4）风险性。互联网本身具有的风险性，使互联网保险体现出不同于传统保险的风险性特征。互联网发展进步的前提必须是安全性得到可靠的保障。客户信息安全、账户安全、交易安全以及系统运行的安全等是互联网保险发展中必须慎重解决的重大问题。某保险公司与合作的中介公司系统接口安全性未得到保障，导致数十万客户信息泄露，成为媒体和公众广泛关注的问题，这说明对于互联网保险来说，必须解决好安全问题，务必要做到取信于民。

二、互联网保险发展现状

根据中国互联网络信息中心《第 39 次中国互联网络发展状况调查统计报告》所提供的数据，我们得以从用户的角度对互联网发展现状与趋势进行简要的归纳。

1. 互联网发展现状

（1）互联网覆盖广。截至 2016 年 12 月，中国网民规模已达 7.31 亿，全年共计新增网民 4299 万人。互联网普及率为 53.2%，较 2015 年底提升了 2.9 个百分点。截至 2016 年 12 月，中国网民中农村网民占比 27.4%，规模达 2.01 亿，较 2015 年底增加 526 万人。

（2）手机网民增长快。截至 2016 年 12 月，中国手机网民规模达 6.95 亿，较 2015 年底增加 7550 万人。网民中使用手机上网人群占比由 2015 年的 90.1%提升至 95.1%。截至 2016 年 12 月，中国网民通过台式电脑和笔记本电脑接入互联网的比例分别为 60.1%和 36.8%；手机上网使用率为 95.1%，较 2015 年底提高 5 个百分点；平板电脑上网使用率为 31.5%；电视上网使用率为 25.0%。

（3）域名资源发展迅速。截至 2016 年 12 月，中国域名总数为 4228 万个，其中，“.CN”域名总数为 2061 万个，占中国域名总数比例为 48.7%，“.中国”域名总数为 47.4 万个。截至 2016 年 12 月，中国网站总数为 482 万个，其中，“.CN”下网站数为 259 万个。

（4）企业 e 化向纵深推进。截至 2016 年 12 月，中国企业使用计算机办公的比例为 99.0%，使用互联网的比例为 95.6%，通过固定宽带接入方式使用互联网的企业比例为 93.7%、移动宽带为 32.3%。此外，开展在线销售、在线采购的比例分别为 45.3%和 45.6%，利用互联网开展营销推广活动的比例为 38.7%。

2. 保险业发展现状

（1）保险业高速发展，但仍处于初级发展阶段。当前我国保险市场增长势头强劲，但我国保险业仍处于初级发展阶段，保险市场仍存在服务面不宽、服务能力不强，以及保险结构不相适应等诸多问题。2016 年，我国保险全行业共实现原保险保费收入 3. 10 万亿元，同比增长 27. 50%；2016 年，全球保费增量 1500 亿欧元，其中，中国贡献了 700 亿欧元，即中国承包了世界保险市场 1/2 的增长。另一方面，结构调整成效显现，有效防范风险，助实体惠民生能力明显提升。

（2）结构有所优化，市场集中度进一步下降。从业务结构来看，与国计民生密切相关的农业保险、责任保险保持良好的发展势头。2016 年，农业保险、责任保险原保险保费收入分别为 417. 71 亿元和 362. 35 亿元，同比分别增长 11. 42%和 20. 04%，占产险业务的比例分别为 4. 79%和 4. 15%，分别同比上升 0. 10 个和 0. 37 个百分点。人身险公司普通寿险业务原保险保费收入 10451. 65 亿元，同比增长 55. 34%，占人身险公司全部业务的 48. 18%，同比上升 5. 76 个百分点；健康险业务占人身险业务的 18. 18%，同比上升 3. 38 个百分点。从行业结构来看，2016 年，已开业全国保险机构共 203 家，较年初增加 9 家。其中，保险集团公司 12 家，新增 1 家；财产险公司 79 家，新增 6 家；人身险公司 77 家，新增 1 家；保险资产管理公司 22 家，新增 1 家。人身险公司前 10 家公司原保险保费收入合计 15683. 75 亿元，市场份额为 72. 3%，同比下降 3. 55 个百分点。财产险公司前 10 家公司原保险保费收入合计 7924. 67 亿元，市场份额为 85. 52%，同比下降 0. 72 个百分点。

（3）保险密度和保险深度仍远低于发达国家水平。根据最新数据显示，2016 年，全球保险密度 627. 3 美元，全球保险深度 6. 89%；而我国 2016 年保险密度为 2258 元/人，保险深度为 4. 16%，虽然远远低于全球水平，但增速较快，分别同比增长 27 个百分点和 0. 57 个百分点。

3. 互联网保险发展现状

（1）互联网保险市场主体不断增加。当前，互联网作为保险业重要的销售营销渠道，受到保险业界的关注和重视，互联网保险市场主体也在不断增加。互联网保险主体主要包括保险公司、保险专业中介机构、第三方网络平台以及其他渠道。截至 2016 年底，开展互联网人身险业务的保险公司共 61 家；开展互联网财产险业务的保险公司有 60 家，占比 75.95%，2016 年新增 11 家。同时，越来越多的保险专业中介机构与第三方网络平台也参与到互联网保险中，如慧择、中民、支付宝、携程等，据中国保险行业协会数据显示，2016 年保险专业中介机构累计实现保费收入为 55.13 亿元，占比互联网财险保费规模的 10.98%，通过第三方网络平台累计实现保费收入为 93.04 亿元，占比 18.52%。互联网保险市场主体不仅数量不断增加，其主体多样性也在不断增加。

（2）互联网保险市场保费规模下降明显。根据中国保险行业协会的最新统计，2016 年，全年互联网人身险累计保费 1796.66 亿元，全年互联网财产险累计保费收入 502.29 亿元，2016 年，互联网保险累计保费收入共计 2298.95 亿元，较 2015 年互联网保险 2233.96 亿元的保费收入增长不大，其互联网财险保费收入较 2015 年负增长 34.63 个百分点。互联网财险保费下降主要和保监会对理财型保险产品监管收紧有关，同时，因商车费改互联网车险规模下降显著。

（3）互联网保险为保险注入新活力。2016 年，我国已成立 4 家互联网保险公司，分别是众安保险、泰康在线、安心保险和易安保险，4 家互联网保险公司与生俱来的互联网基因为保险业注入了新的活力。一是互联网思维不仅从产品设计、营销销售方式等多方面颠覆了保险的传统模式，且互联网保险更注重对场景的捕捉，主动去发现消费者的需求，为消费者提供更符合需求的保障。二是客户可以通过互联网更加便捷有效地获取保险信息，在很大程度上改善了传统保险存在的信息不对称问题，而此问题的改善提高了消费者对于保险的认可度和信任度。三是互联网使用人群偏年轻化，与传统互联网保险市场相比，互联网渠道为保险业注入了大批年轻的消费者。

三、互联网保险发展展望

1. 互联网发展趋势

（1）中国网民规模达 7.31 亿，相当于欧洲人口总量。截至 2016 年 12 月，我国网民规模达 7.31 亿，全年共计新增网民 4299 万人，增长率为 6.2%，较 2015 年提升 0.6 个百分点。我国互联网普及率达到 53.2%，超过全球平均水平 3.1 个百分点，超过亚洲平均水平 7.6 个百分点。

（2）手机网民占比达 95.1%，增速连续 3 年超过 10%。截至 2016 年 12 月，我国手机网民规模达 6.95 亿，增长率连续 3 年超过 10%，网民中使用手机上网的人群占比由 2015 年的 90.1%提升至 95.1%。台式电脑、笔记本电脑的使用率均出现下降，手机不断挤占其他个人上网设备的使用。移动互联网与线下经济联系日益紧密，并推动消费模式向资源共享化、设备智能化和场景多元化发展。

（3）手机支付用户规模接近 4.7 亿，网上支付习惯已经形成。截至 2016 年 12 月，我国使用网上支付的用户规模达到 4.75 亿，较 2015 年 12 月网上支付用户增加 5831 万人，年增长率为 14.0%，我国网民使用网上支付的比例从 60.5%提升至 64.9%。其中，手机支付用户规模增长迅速，达到 4.69 亿人，年增长率为 31.2%；网民手机网上支付的使用比例由 57.7%提升至 67.5%。手机支付向线下支付领域的快速渗透，极大地丰富了支付场景，有 50.3%的网民在线下实体店购物时使用手机支付结算。

（4）在线教育、网络医疗、网络约租车已成规模，互联网有力提升了公共服务水平。截至 2016 年 12 月，我国在线教育用户规模达 1.38 亿人，较 2015 年底增加 2750 万人，年增长率 25.0%，在线教育用户使用率为 18.8%；我国互联网医疗用户规模为 1.95 亿，占网民的 26.6%，年增长率为 28.0%；我国网络预约出租车用户规模为 2.25 亿人，网络预约出租车用户在网民中的占比为 30.7%；网络预约专车用户规模为 1.68 亿人，比 2016 年上半年增加 4616 万，增长率 37.9%，网约车作为共享经济的代表性服务，在盘活车辆资源、满足用户出行需求方面发挥了重要作用，并随着相关政策的出台进入规范发展期。

（5）国内上市互联网企业数量达到 91 家，总市值突破 5 万亿元人民币。截至 2016 年 12 月，我国境内外上市互联网企业数量达到 91 家，总体市值为 5.4 万亿元人民币。其中，腾讯公司和阿里巴巴公司的市值总和超过 3 万亿元，2 家公司作为中国互联网企业的代表，占中国上市互联网企业总市值的 57%。

（6）中国企业已基本实现计算机、互联网全面普及。2016 年，企业的计算机使用、互联网使用以及宽带接入已全面普及，分别达 99.0%、95.6%和 93.7%，相比 2015 年分别上升了 3.8 个、6.6 个和 7.4 个百分点。此外，在信息沟通类互联网应用、财务与人力资源管理等内部支撑类应用方面，企业互联网活动的开展比例均保持上升态势。

（7）超 40%的企业开展在线销售与采购，“互联网+”传统产业融合加速。2016 年，中国企业在线销售、在线采购的开展比例实现超过 10 个百分点的增长，分别达 45.3%和 45.6%。在传统媒体与新媒体加速融合发展的趋势下，互联网在企业营销体系中扮演的角色越发重要，互联网营销推广比例达 38.7%。此外，60%的企业建有信息化系统，相比 2015 年提高了 13.4 个百分点。在供应链升级改造过程中，企业日益重视并充分发挥互联网的作用。

（8）移动互联网营销推广发展迅速。在开展过互联网营销的企业中，通过移动互联网进行营销推广的比例为 83.3%，相比 2015 年的 46.0%增长了近 1 倍，其中，高达 67.8%的企业使用了付费推广。在各种移动营销推广方式中，微信营销推广使用率最高，为 75.5%，尽管企业移动推广渠道的使用情况相比 2015 年变动不大，但从大型互联网企业纷纷公布其移动营收占比突破关键转折点可见，企业客户正在转向移动营销市场。

（9）互联网推动供应链改造，网上开展在线销售/采购比例增速明显。截至 2016 年 12 月，全国开展在线销售的企业比例为 45.3%，2016 年作为“十三五”的开局之年，电子商务市场规模依然保持稳健增速，企业的参与程度持续深入。得益于互联网金融、云服务等新兴企业级服务市场的发展，服务于企业采购的电子商务平台正在向集信息流、资金流、物流于一体的综合性供应链协同服务平台转型，在线采购流程更加便捷、安全，开展在线采购的企业比例也由2015年的31.5%上升到45.6%。

2. 保险业发展趋势

（1）保险业发展的政策支持更加有力。2016年政策新规的出台，更好地支持了保证保险业的健康发展。自2016年1月“偿二代”正式实施以来，保监会持续强化偿付能力监管，行业整体偿付能力充足率提升，达标公司的数量和资产占比均接近100%；资本实力逐步提高，行业抵御风险的能力不断增强，实现了新旧体系的平稳过渡，“偿二代”在风险防控中起到了“防火墙”的核心作用。为促进互联网保险规范健康发展，2016年10月13日，中国保监会联合14个部门印发《互联网保险风险专项整治工作实施方案》，《方案》从互联网高现金价值业务、保险机构依托互联网跨界开展业务、非法经营互联网保险业务3个方面对互联网保险风险专项整治工作进行了全面部署。以专项整治为契机，按照“打击非法、保护合法”的原则，区别对待、分类施策，改变“劣币驱逐良币”的局面，对正常开展业务的机构积极鼓励，持续监管，督促其规范运营。

（2）保险业改革发展不断向纵深推进。保监会对行业改革的步伐明显加快。商业车险费率市场化改革推出，有效地促进了保险市场产品创新、转型和升级。市场区隔更加明显，产品同质化导致的发展策略趋同性将发生改变，各类新产品从责任范围、保费报价、衍生功能、资产管理等各种角度的竞争更趋激烈，各家保险市场竞争主体将根据自身特点和优势选择不同的发展策略，由此将带来产品结构、业务结构和市场结构的深刻变化。

（3）互联网技术加速保险业创新步伐。互联网技术发展迅速，我们已进入移动互联、大数据、云计算、虚拟生存的时代。互联网技术不但提升了传统金融的技术水平，促进了“金融互联网”的发展，更重要的是创造了新的金融业态，推动了“互联网金融”的发展。尽管互联网金融目前还没有一种成型的模式，但它对传统金融业形成了巨大的挑战，一方面，“大数据”实现“精确制导”，满足客户“个性化”和“碎片化”的金融需求；另一方面，“去中介化”的特征及较低的交易费用，加速了“金融脱媒”的进程，使传统金融机构大规模业务网点等传统优势不断弱化。树立互联网思维和理念，遵循互联网逻辑和规律，深入研究和论证新业态下的商业模式和盈利模式，跳出传统保险企业铺设物理机构、扩充人工队伍的老路，坚持集约化经营、低成本运作、超常规发展，成为保险创新发展之路的必然选择。

3. 互联网保险发展趋势

（1）互联网改变保险行业的服务模式。互联网保险在一定程度上打破了时间和地域的限制，而互联网技术的发展与应用也必将在深层次上改变保险行业的服务模式。保险公司已尝试通过穿戴式设备、手机健康监测软件等互联网技术来监测消费者的身体状况，在消费者健康数据的基础上为消费者提供个性化的健康风险管理方案；保险公司已运用互联网技术，提供理赔服务，例如，太保集团推出的指尖理赔系统 APP，都邦财险的理赔 e 助理；通过车联网获得驾驶行为信息和车辆、道路状态信息和事故信息，可以创新产品定价模式，提供驾驶行为管理、主动救援等服务。目前，保险业界对于互联网技术在保险中的应用和设想也日益增多，互联网技术已经在营销、销售、承保、理赔等环节改变了传统保险的服务模式。

（2）数据在保险行业中扮演的角色越来越重要。随着大数据时代的来临，数据在保险行业中扮演着越来越重要的角色，也成为构建保险公司核心竞争力的关键。数据是保险公司的核心资产，保险公司通过数据处理、分析、整合、挖掘等技术从海量数据中获得价值信息。从产品创新的角度看，借助互联网技术获得消费者和潜在消费者的行为数据，利用大数据分析能力充分挖掘消费者需求，为消费者提供满足其需求的产品和服务。从风险规避的角度看，保险公司掌握了大量的理赔数据，保险公司通过数据分析技术，为消费者提供预警服务，例如，通过风险分析为远航船货船规划航线，通过风险分析为消费者提供健康预警等，规避或降低风险，不仅可以减少消费者的风险，也可以降低保险公司的理赔。

大数据时代，互联网保险为保险公司提供了海量的数据，同时也对保险公司的数据收集、整合、处理和分析能力提出了高要求，保险公司应充分认识到移动互联、大数据等新兴互联网技术发展对保险行业带来的深刻影响，清楚地看到这种深刻影响的发展趋势，进而加快自身创新步伐。

（3）区块链技术得到广泛应用。近 3 年，全球在区块链领域的投资超过了 14 亿美元；而我国保险业也在积极布局区块链技术，例如，君康人寿、永诚保险、众安保险等公司加入上海市经信委发起设立的上海区块链企业发展促进联盟，并积极参与中国电子技术标准化研究院起草《信息技术区块链和分布式账本技术参考架构标准》；众安保险子公司众安科技与复旦大学于 2016 年 11 月联合成立了“众安—复旦区块链联合实验室”；平安集团于 2016 年 4 月加入区块链国际联盟组织 R3 等。区块链以其高度安全可靠的架构、算法设计及智能合约等创新技术，不仅能大大降低索赔过程的成本，提升信赖程度，还能免受传统网络安全问题的侵扰。此外，区块链技术的免疫性还有助于催生新型的保险产品，在保险行业必将得到更加广泛的应用。

第二节　2016 年中国互联网保险市场发展分析

一、互联网保险市场发展概况

目前，我国互联网保险还处于初级发展阶段，互联网保险保费收入在整个保险行业中所占的比重也较低，但互联网保险对于保险行业在各方面的深远影响却不容小视。互联网保险在为保险业带来新的产品需求和年轻消费群体的同时，也为保险业提供了改进和优化保险公司服务能力的机会。在保险产品创新方面，与传统保险相比，互联网保险具有场景化、高频化和碎片化的特点，针对互联网场景产生的保险新产品如雨后春笋般出现，如退货运费险、酒店预约取消险、账户交易资金安全类保险等，可以说，互联网保险拓展了保险市场，为保险市场注入了新的产品和消费群体。在保险服务创新方面，随着互联网、物联网、大数据、云计算等技术在互联网保险营销、承保、销售和理赔等各个环节的应用，保险销售、保险实务、后台管理的效率效能持续得到改进和优化。在互联网信息化大趋势下，保险的市场营销、产品精算、实务运营、投资管理、行政支持等诸多方面，以及公司经营和行业监管层面均面临着变革创新的机遇和挑战。

2016年，互联网保险保费规模增速放缓，当年保费收入2298.95亿元，同比增长2.9%。其中，全年互联网人身险累计保费1796.66亿元，同比增长22.59%；全年互联网财产险累计保费收入502.29亿元，同比负增长34.63%。截至2016年底，共有61家公司开展互联网人身险业务；在79家财产险公司中，共有60家公司开展互联网财产险业务，占比75.95%。

与此同时，互联网保险业务占总保费收入的比例达到7.43%，同比减少了1.77个百分点。其中，互联网人身保险保费收入占比8.28%，互联网财产保险保费收入占比5.42%，互联网产寿险均有下降的趋势，特别是互联网财险下降了3.7个百分点。虽然互联网财险规模下降，但是互联网财险非车险占比增长显著，互联网财险市场结构更加优化。

二、互联网财产保险市场分析

2016年，79家财产险公司中有60家公司开展互联网财产保险业务，占比75.95%。

2016年1—12月，累计互联网财产保险保费收入502.29亿元，同比负增长34.63%。其中，车险398.94亿元，占比79.42%；非车险103.35亿元，占比20.58%。2016年，互联网财产保费收入下降主要是由于车险保费大幅度下降造成的，非车险保费收入同比增长将近1倍。

从表8-1和表8-2可以看出，人保财险和平安产险依然占据了互联网财产保险总保费收入的头两把交椅，两家公司的市场份额之和达到了60.03%（其中，人保财险占比36.61%，平安产险占比23.42%），虽较2015年下降了

14.45 个百分点，但人保、平安在互联网财险市场中依旧占据着垄断地位。受商业车险费率改革等因素的影响，2016 年，车险市场累计保费收入 398.94 亿元，较 2015 年的 716.08 亿元下降显著。虽然老牌财产险公司仍然占据互联网保险业务的大部分市场份额，但互联网保险公司的表现也值得关注，众安保险互联网财产保险总保费收入排名已提升至第 3 位，众安保险、泰康在线和安心保险市场总份额占比达 8.37%。

从表 8-3 可以看出，众安保险在互联网财产保险非车险部分的表现突出，超越众多老牌财产保险公司，在非车险市场排名第 1，占据市场份额 32.94%，平安产险以 12.60%的市场份额居第 2 位；众安保险在互联网财产险总保费收入中排名较 2015 年上升 3 个名次，排第 3 位。泰康在线 2016 年也表现不俗，在非车险市场排名第 7 位，市场份额为 6.97%。2016 年，众安保险互联网保险非车险业务的累计保单数达到了 3547108275 单，占 2016 年非车险保单数量的 54.79%。众安保险、泰康在线、安心保险和易安保险 4 家互联网保险公司相继开业，互联网保险在非车险市场的创新和表现值得关注和研究。

人保财险和平安产险在车险和非车险业务中表现均衡，平安产险均排名第 2 位，人保财险在车险和非车险市场排名分别为第 1 位和第 3 位。虽然人保财险和平安产险在非车险市场上占据的市场份额与众安保险差距较大，但综观表 8-1 至表 8-3，人保财险和平安产险具备老牌产险公司在车险市场的强劲实力，同时，在互联网保险非车险业务的市场占有率方面也做得比较出色。

表 8-1　2016 年互联网财产保险保费收入排名　　单位：件，万元

序　号	公　司	本年累计签单数量	本年累计保费收入	累计保费收入占比（%）
1	人保财险	939445341	1838815.80	36.61
2	平安产险	82240382	1176554.54	23.42
3	众安保险	3547140097	340789.73	6.78
4	太保产险	202781499	207686.70	4.13
5	大地保险	1044024	195870.17	3.90
6	永安保险	14670361	130054.94	2.59

续表

序 号	公 司	本年累计签单数量	本年累计保费收入	累计保费收入占比（%）
7	太平财险	330373073	128450.57	2.56
8	阳光产险	5587702	124709.37	2.48
9	天安财险	4597529	119093.89	2.37
10	国寿财险	4616197	110779.65	2.21
11	永诚保险	2705998	107042.15	2.13
12	中华财险	335872	103046.17	2.05
13	华安保险	1410204	72710.31	1.45
14	华泰财险	863857764	72682.45	1.45
15	泰康在线	469547256	72087.12	1.44
16	英大财险	283514	50445.20	1.00
17	浙商保险	134211	22805.70	0.45
18	安盛天平	314619	18183.65	0.36
19	长安责任	507541	16815.08	0.33
20	美亚保险	1930131	16135.41	0.32
21	亚太财险	4899803	11411.00	0.23
22	渤海财险	88712	9297.43	0.19
23	安联保险	3345237	9246.80	0.18
24	紫金保险	80834	8942.61	0.18
25	安心保险	2029801	7512.47	0.15
26	锦泰保险	54144	7104.99	0.14
27	富德产险	359879	7098.42	0.14
28	中银保险	348580	6593.90	0.13
29	鼎和保险	31418	4558.93	0.09
30	信达财险	22335	3986.26	0.08
31	史带财险	746121	3807.14	0.08
32	阳光渝融	34258	2808.80	0.06
33	合众财险	772323	2677.00	0.05
34	中意财险	222036	1654.55	0.03

续表

序　号	公　司	本年累计签单数量	本年累计保费收入	累计保费收入占比（%）
35	利宝保险	72617	1493.90	0.03
36	泰山保险	8890	1415.94	0.03
37	前海财险	351730	1047.44	0.02
38	北部湾	13121	1037.63	0.02
39	苏黎世	26001	950.50	0.02
40	华海财险	13103	933.11	0.02
41	日本财险	85619	867.91	0.02
42	中煤保险	7704	862.01	0.02
43	安诚财险	7378	575.30	0.01
44	诚泰保险	50381	531.59	0.01
45	长江财险	872	467.68	0.01
46	中国信保	307	256.00	0.01
47	国元农业	1309	220.40	0.00
48	三星财险	706	218.11	0.00
49	现代财险	4610	131.80	0.00
50	安华农险	34268	125.73	0.00
51	安信农保	6187380	122.48	0.00
52	安邦财险	10305	82.68	0.00
53	东京海上	2664	37.58	0.00
54	三井住友	2692	33.24	0.00
55	丘博保险	2963	28.08	0.00
56	都邦财险	934	11.92	0.00
57	燕赵财险	6259	8.14	0.00
58	众诚保险	151	1.01	0.00
59	中原农业	228	0.08	0.00
60	中路保险	69	0.05	0.00
总　计		6493451057	5022919.77	100.00

表 8-2　2016 年互联网财产保险车险保费收入排名　　单位：件，万元

序　号	公　司	本年累计签单数量	本年累计保费收入	累计保费收入占比（%）
1	人保财险	9264593	1751147.95	43.90
2	平安产险	3939604	1046312.52	26.23
3	大地保险	673278	193387.20	4.85
4	太保产险	474270	142630.70	3.58
5	永安保险	857523	126145.12	3.16
6	阳光产险	677959	106230.45	2.66
7	天安财险	566439	105610.30	2.65
8	永诚保险	665225	103997.09	2.61
9	中华财险	296214	102885.40	2.58
10	华安保险	358513	69665.51	1.75
11	英大财险	270595	50373.04	1.26
12	太平财险	243696	45916.42	1.15
13	国寿财险	212140	36680.90	0.92
14	浙商保险	128262	22561.24	0.57
15	长安责任	88853	15887.23	0.40
16	安盛天平	60015	13466.91	0.34
17	渤海财险	78109	9227.91	0.23
18	紫金保险	48116	8768.69	0.22
19	锦泰保险	33390	6916.23	0.17
20	亚太财险	41406	6363.00	0.16
21	中银保险	18483	5713.20	0.14
22	富德产险	34689	5377.14	0.13
23	鼎和保险	14482	4516.99	0.11
24	信达财险	22333	3986.25	0.10
25	泰山保险	8884	1415.59	0.04
26	北部湾	5849	1001.28	0.03
27	中煤保险	7704	862.01	0.02
28	华海财险	9427	853.46	0.02
29	众安保险	31822	353.89	0.01
30	合众财险	2577	335.00	0.01
31	国元农业	1309	220.40	0.01

续表

序号	公司	本年累计签单数量	本年累计保费收入	累计保费收入占比（%）
32	三星财险	706	218.11	0.01
33	诚泰保险	1704	149.75	0.00
34	华泰财险	189	66.50	0.00
35	安心保险	232	53.61	0.00
36	安华农险	410	49.26	0.00
37	利宝保险	33	10.80	0.00
38	安邦财险	13	3.06	0.00
39	安联保险	4	1.10	0.00
总计		19139050	3989361.20	100.00

表 8-3　2016 年互联网财产保险非车险保费收入排名　单位：件，万元

序号	公司	本年累计签单数量	本年累计保费收入	累计保费收入占比（%）
1	众安保险	3547108275	340435.84	32.94
2	平安产险	78300779	130242.02	12.60
3	人保财险	930180748	87667.85	8.48
4	太平财险	330129377	82534.15	7.99
5	国寿财险	4404057	74098.75	7.17
6	华泰财险	863857575	72615.95	7.03
7	泰康在线	469547256	72087.12	6.97
8	太保产险	202307229	65056.00	6.29
9	阳光产险	4909743	18478.93	1.79
10	美亚保险	1930131	16135.41	1.56
11	天安财险	4031090	13483.59	1.30
12	安联保险	3345233	9245.70	0.89
13	安心保险	2029569	7458.86	0.72
14	亚太财险	4858397	5048.00	0.49
15	安盛天平	254604	4716.74	0.46
16	永安保险	13812838	3909.82	0.38
17	史带财险	746121	3807.14	0.37

续表

序 号	公 司	本年累计签单数量	本年累计保费收入	累计保费收入占比（%）
18	永诚保险	2040773	3045.06	0.29
19	华安保险	1051691	3044.79	0.29
20	阳光渝融	34258	2808.80	0.27
21	大地保险	370746	2482.97	0.24
22	合众财险	769746	2342.00	0.23
23	富德产险	325190	1721.28	0.17
24	中意财险	222036	1654.55	0.16
25	利宝保险	72584	1483.10	0.14
26	前海财险	351730	1047.44	0.10
27	苏黎世	26001	950.50	0.09
28	长安责任	418688	927.85	0.09
29	中银保险	330097	880.70	0.09
30	日本财险	85619	867.91	0.08
31	安诚财险	7378	575.30	0.06
32	长江财险	872	467.68	0.05
33	诚泰保险	48677	381.84	0.04
34	中国信保	307	256.00	0.02
35	浙商保险	5949	244.46	0.02
36	锦泰保险	20754	188.76	0.02
37	紫金保险	32718	173.92	0.02
38	中华财险	39658	160.81	0.02
39	现代财险	4610	131.80	0.01
40	安信农保	6187380	122.48	0.01
41	华海财险	3676	79.66	0.01
42	安邦财险	10292	79.61	0.01
43	安华农险	33858	76.47	0.01
44	英大财险	12919	72.16	0.01
45	渤海财险	10603	69.52	0.01
46	鼎和保险	16936	41.94	0.00
47	东京海上	2664	37.58	0.00
48	北部湾	7272	36.35	0.00

续表

序 号	公 司	本年累计签单数量	本年累计保费收入	累计保费收入占比（%）
49	三井住友	2692	33.24	0.00
50	丘博保险	2963	28.08	0.00
51	都邦财险	934	11.92	0.00
52	燕赵财险	6259	8.14	0.00
53	众诚保险	151	1.01	0.00
54	泰山保险	6	0.36	0.00
55	中原农业	228	0.08	0.00
56	中路保险	69	0.05	0.00
57	信达财险	2	0.02	0.00
总 计		6474312008	1033558.57	100.00

2016 年 1—12 月，产险公司互联网保险业务保费规模累计 5022919.77 万元（见表 8-4）。主要渠道有保险公司自营网络平台（PC 官网、移动 APP、移动官网手机 WAP、微信公众号）、保险专业中介机构、第三方网络平台和其他。

从渠道角度分析，保险公司自营网络平台业务规模占互联网业务规模的 67.75%，自营网络平台中 PC 官网业务量最大，占互联网业务收入的 55.31%；第三方网络平台业务规模占互联网业务规模的 18.52%，是互联网业务的第二大渠道；保险专业中介机构业务规模占互联网业务规模的 10.98%。从表 8-4 可以看出，保险公司自营网销平台各细分渠道业务收入主要来自车险产品，其他险种累计保费收入占比比较少；而第三方网络平台和保险专业中介机构销售险种结构较自营官网更为优化，各险种销售更为均衡。

从险种角度分析，车险业务仍是互联网业务的主力军，占互联网业务的 79.42%；其次是意健险业务，占互联网业务 9.87%；其他（主要是退货运费险）占比为 5.50%。意健险和其他险主力销售渠道为保险专业中介机构和第三方网络平台。

表 8-4　2016 年互联网财产保险业务保费规模累计排名　　单位：件，万元

渠道分类	渠道细项	险种分类	本年累计互联网业务保单数量	本年累计互联网业务保费收入	累计保费收入占比（%）
保险公司自营网络平台	PC 官网	车险	13443162	2725533.83	54.26
		财产险	3314200	5898.17	0.12
		意健险	8076531	41605.77	0.83
		信用保证险	1937	3397.54	0.07
		责任险	191091	547.43	0.01
		其他	606945	1383.39	0.03
		合计	25633866	2778366.12	55.31
	移动 APP	车险	735391	205725.69	4.10
		财产险	52715	401.25	0.01
		意健险	70139	892.99	0.02
		信用保证险	0	0.00	0.00
		责任险	3502	12.64	0.00
		其他	1719	19.54	0.00
		合计	863466	207052.10	4.12
	移动官网手机 WAP	车险	1112829	246460.45	4.91
		财产险	28138	236.73	0.00
		意健险	141892	1433.28	0.03
		信用保证险	0	0.00	0.00
		责任险	3260	15.60	0.00
		其他	1203	7.35	0.00
		合计	1287322	248153.41	4.94
	微信公众号	车险	1009725	165077.38	3.29
		财产险	207922	1013.07	0.02
		意健险	792672	2998.31	0.06
		信用保证险	0	0.00	0.00
		责任险	65258	236.23	0.00
		其他	64479	395.20	0.01
		合计	2140056	169720.06	3.38
保险专业中介机构		车险	969019	261902.70	5.21
		财产险	4486606	8771.63	0.17

续表

渠道分类	渠道细项	险种分类	本年累计互联网业务保单数量	本年累计互联网业务保费收入	累计保费收入占比（%）
保险专业中介机构		意健险	80931353	234347.70	4.67
		信用保证险	67	0.12	0.00
		责任险	6967696	26717.88	0.53
		其他	10942650	19533.61	0.39
		合计	104294803	551273.39	10.98
第三方网络平台		车险	1184259	285074.29	5.68
		财产险	76842024	75837.80	1.51
		意健险	88414539	204157.48	4.06
		信用保证险	798069049	49997.57	1.00
		责任险	213338346	61963.25	1.23
		其他	5173977653	254399.17	5.06
		合计	6351476725	930382.08	18.52
其 他		车险	684665	99586.48	1.98
		财产险	1476916	1511.45	0.03
		意健险	1325828	10346.57	0.21
		信用保证险	2979033	14262.63	0.28
		责任险	910384	10775.39	0.21
		其他	26261	439.55	0.01
		合计	7403087	136922.06	2.73
总 计		车险	19139050	3989361.20	79.42
		财产险	86408521	93669.96	1.86
		意健险	179752954	495784.45	9.87
		信用保证险	801050086	67657.90	1.35
		责任险	221479537	100268.43	2.00
		其他	5185620910	276177.82	5.50
		合计	6493451057	5022919.77	100.00

三、互联网人身保险市场分析

2016年，在77家人身险公司中，目前有61家公司开展互联网人身保险业务，占比79.22%，表8-5给出了2016年61家开展互联网人身保险业务的占比情况。对于互联网保险业务的支持与推进，如今已经成为行业共识，越来越多的公司将拥抱互联网视为抓住社会消费主力群体，借国家政策助力行业发展的重要战略；越来越多的公司开始关注和重视互联网保险市场。

表8-5 2016年互联网人身保险各险种承保件数与年化规模保费行业汇总

单位：万件，万元

公司名称	承保件数	承保件数占比（%）	承保件数排名	年化规模保费	年化规模保费占比（%）	年化规模保费排名
弘康人寿	774.4661	2.91	10	3997582.19	22.25	1
光大永明	241.8050	0.91	14	3132200.14	17.43	2
工银安盛	38.6513	0.15	24	2443771.63	13.60	3
建信人寿	68.6190	0.26	20	2092570.58	11.65	4
国华人寿	477.1146	1.79	11	1999678.88	11.13	5
渤海人寿	71.8459	0.27	19	1193094.66	6.64	6
天安人寿	14.1805	0.05	28	741167.38	4.13	7
农银人寿	16.9238	0.06	26	440977.05	2.45	8
平安人寿	176.7525	0.66	17	374047.80	2.08	9
新华人寿	2517.3678	9.45	4	257998.64	1.44	10
阳光人寿	6614.0525	24.83	1	157675.69	0.88	11
百年人寿	43.8817	0.16	23	132908.36	0.74	12
泰康人寿	439.3782	1.65	12	118373.59	0.66	13
太平人寿	7.5950	0.03	31	114598.65	0.64	14
中华人寿	50.0590	0.19	22	99535.82	0.55	15
太平养老	1402.3214	5.26	6	94299.00	0.52	16
中意人寿	2.6407	0.01	37	86710.34	0.48	17
平安养老	2214.4373	8.31	5	53235.95	0.30	18
长生人寿	1.3834	0.01	40	52509.83	0.29	19

续表

公司名称	承保件数	承保件数占比（%）	承保件数排名	年化规模保费	年化规模保费占比（%）	年化规模保费排名
中国人寿	6.2534	0.02	33	50328.29	0.28	20
信泰人寿	1.2745	0.00	41	42759.09	0.24	21
瑞泰人寿	1048.9926	3.94	8	42628.37	0.24	22
人保寿险	4318.6934	16.21	2	33458.81	0.19	23
太保寿险	2948.4083	11.07	3	32543.44	0.18	24
合众人寿	988.9721	3.71	9	30474.00	0.17	25
民生保险	3.5294	0.01	35	28158.17	0.16	26
东吴人寿	0.7101	0.00	45	19185.00	0.11	27
平安健康	17.7767	0.07	25	11535.64	0.06	28
君龙人寿	1050.3654	3.94	7	9947.08	0.06	29
陆家嘴国泰	0.6833	0.00	46	9446.53	0.05	30
中银三星	339.5760	1.27	13	8133.78	0.05	31
富德生命	172.9544	0.65	18	8065.58	0.04	32
人民健康	7.0427	0.03	32	7976.35	0.04	33
安邦人寿	0.6256	0.00	48	7042.64	0.04	34
华夏人寿	0.0000	0.00	59	6762.80	0.04	35
泰康养老	210.2094	0.79	16	6577.49	0.04	36
利安人寿	15.0308	0.06	27	6023.34	0.03	37
德华安顾	66.1191	0.25	21	5785.03	0.03	38
大都会人寿	235.9064	0.89	15	5364.83	0.03	39
招商信诺	2.4695	0.01	38	2017.65	0.01	40
吉祥人寿	0.0601	0.00	55	1313.83	0.01	41
友邦保险	7.8798	0.03	30	1303.38	0.01	42
昆仑健康	1.2439	0.00	42	1113.29	0.01	43
长城人寿	1.3879	0.01	39	824.04	0.00	44
华泰人寿	0.2937	0.00	50	796.62	0.00	45
和谐健康	0.6807	0.00	47	765.01	0.00	46
中英人寿	0.4172	0.00	49	751.01	0.00	47
中德安联	3.8506	0.01	34	696.13	0.00	48
同方全球人寿	0.1140	0.00	54	368.16	0.00	49

续表

公司名称	承保件数	承保件数占比（%）	承保件数排名	年化规模保费	年化规模保费占比（%）	年化规模保费排名
幸福人寿	9.1775	0.03	29	305.75	0.00	50
复星保德信	0.1278	0.00	53	290.90	0.00	51
恒安标准	1.1475	0.00	43	263.65	0.00	52
中融人寿	0.0062	0.00	57	240.02	0.00	53
中韩人寿	1.0388	0.00	44	195.67	0.00	54
信诚人寿	2.8608	0.01	36	150.63	0.00	55
英大人寿	0.2884	0.00	51	22.76	0.00	56
华汇人寿	0.1884	0.00	52	2.73	0.00	57
北大方正	0.0124	0.00	56	0.99	0.00	58
中法人寿	0.0000	0.00	58	0.00	0.00	59
前海人寿	0.0000	0.00	60	0.00	0.00	60
珠江人寿	0.0000	0.00	61	0.00	0.00	61
总 计	26639.8445	100.00		17966554.65	100.00	

2016 年 1—12 月，累计互联网人身保险保费收入 1796.66 亿元，同比增长 22.59%。从险种结构上来看（见表 8-6），互联网人寿保险仍是主力险种，2016 年，互联网人寿保险规模化保费为 1494.11 亿元，占比 83.16%，其中，两全保险、分红保险、投连保险和万能保险分别实现规模化保费收入 158.64 亿元、127.89 亿元、889.94 亿元和 286.69 亿元，占互联网人寿保险规模化保费收入的 8.83%、7.12%、49.53%和 15.96%。健康险规模化保费为 31.80 亿元，占比 1.77%；意外险规模化保费为 23.29 亿元，占比 1.30%；年金保险规模化保费为 247.46 亿元，占比 13.77%。

表 8-6　2016 年互联网人身保险各险种承保件数与年化规模保费

单位：万件，万元

险 种	产品类型	承保件数	件数占比（%）	年化规模保费	保费占比（%）
人寿保险	人寿保险合计	1774. 1620	6. 66	14941078. 4060	83. 16
	定期寿险	376. 3894	1. 41	17657. 7295	0. 10
	终身寿险	7. 2985	0. 03	291807. 4587	1. 62
	两全保险	170. 3280	0. 64	1586444. 6625	8. 83
	分红保险	11. 5933	0. 04	1278867. 7484	7. 12
	投连保险	1076. 4646	4. 04	8899385. 0226	49. 53
	万能保险	132. 0883	0. 50	2866915. 2556	15. 96
健康保险	健康保险合计	6960. 0798	26. 13	317964. 5248	1. 77
	重大疾病保险	128. 1541	0. 48	68253. 5561	0. 38
	防癌保险	75. 2040	0. 28	47487. 9988	0. 26
	其他疾病保险	62. 5647	0. 23	946. 8554	0. 01
	定额给付型医疗保险	1072. 5940	4. 03	29186. 6246	0. 16
	费用报销型医疗保险	5621. 0872	21. 10	172075. 7064	0. 96
	失能收入损失保险	0. 4629	0. 00	1. 8504	0. 00
	护理保险	0. 0130	0. 00	11. 5736	0. 00
意外险	意外保险合计	17769. 9085	66. 70	232896. 9979	1. 30
	交通意外险	15294. 3682	57. 41	176880. 2965	0. 98
	旅游意外险	1472. 3538	5. 53	21236. 9855	0. 12
	其他类意外险	1003. 1866	3. 77	34781. 2777	0. 19
年金保险	年金保险合计	135. 6942	0. 51	2474609. 3211	13. 77
	养老年金保险	13. 3434	0. 05	1368661. 5498	7. 62
	非养老年金保险	122. 3508	0. 46	1105949. 3455	6. 16
合 计		26639. 8445		17966549. 2498	

从表 8-6 中可以看出，万能险和投连险在内的理财型业务保费合计 1176. 63 亿元，占互联网人寿保险的 78. 75%，占互联网人身保险保费收入总额的 65. 49%，虽较 2015 年数据有所下降，但互联网人身保险业务仍呈现出以理财型业务为主、保障型业务为辅的发展结构。

虽然意外险的年化规模保费收入较少，但 2016 年互联网意外险承保件数已达到 1.7 亿件，占互联网人身保险总承保件数的 66.70%，占据了承保件数方面的绝对优势。健康险在互联网人身险中的规模较小，承保件数也落后于寿险和健康险，但保费占比已由 2015 年的 0.7%上升至 1.77%，互联网健康险的潜在市场值得关注。

表 8-7 给出了 2016 年互联网人身保险各险种年化规模保费官网和渠道占比情况，通过官网实现保费 86.51 亿元，占比 4.81%；通过第三方渠道实现保费规模达 1710.15 亿元，占比 95.19%，是官网保费的 20 倍，渠道优势明显。表 8-8 给出了 2016 年互联网人身保险各险种承保件数官网和渠道占比情况，通过官网承保 1569 万件，占比 5.89%，较 2015 年的 0.89%增长明显；通过第三方渠道承保 2.5 亿件。目前，虽然官网承保件数比例明显提升，但互联网人身保险的渠道结构仍旧呈现以第三方平台为主、自建官网为辅的发展格局。

表 8-7　2016 年互联网人身保险各险种年化规模保费官网和渠道占比

单位：万件，万元

险 种	产品名称	官 网	占比（%）	渠 道	占比（%）	合 计
人寿保险	人寿保险合计	591614.3	3.9	14349462.4	96.0	14941078.4
	定期寿险	6743.5	38.2	10913.7	61.8	17657.7
	终身寿险	34.4	0.01	291773.0	99.9	291807.4
	两全保险	235514.4	14.8	1350930.3	85.1	1586444.6
	分红保险	15048.3	1.2	1263819.3	98.8	1278867.7
	投连保险	149079.6	1.7	8750305.39	98.3	8899385.0
	万能保险	185194.3	6.4	2681720.8	93.5	2866915.2
健康保险	健康保险合计	93486.2	29.4	224478.4418	70.6	317964.5
	重大疾病保险	47213.5	69.2	21039.9568	30.8	68253.5
	防癌保险	17884.8	37.6	29606.1057	62.3	47487.9
	其他疾病保险	494.5	52.2	452.2	47.7	946.8
	定额给付型医疗保险	3939.1	13.5	25246.7	86.5	29186.6
	费用报销型医疗保险	23947.5	13.9	148127.8	86.1	172075.7

续表

险种	产品名称	官网	占比（%）	渠道	占比（%）	合计
健康保险	失能收入损失保险	1.8	100.0	0.00	0.00	1.8
	护理保险	6.0	52.0	5.5	48.0	11.6
意外险	意外保险合计	47489.5	20.4	185408.1	79.6	232896.9
	交通意外险	27674.3	15.6	149205.9	84.3	176880.3
	旅游意外险	2605.0	12.2	18632.1	87.7	21236.9
	其他类意外险	17211.8	49.5	17570.1	50.5	34781.3
年金保险	年金保险合计	132478.6	5.3	2342130.6	94.6	2474609.3
	养老年金保险	29248.1	2.1	1339413.4	97.8	1368661.5
	非养老年金保险	103230.5	9.3	1002717.23	90.7	1105949.3

表 8-8　2016 年互联网人身保险各险种承保件数官网和渠道占比

单位：万件，万元

险种	产品名称	官网	占比（%）	渠道	占比（%）	合计
人寿保险	人寿保险合计	281.5	15.9	1492.7	84.1	1774.2
	定期寿险	145.3	38.6	231.1	61.4	376.4
	终身寿险	0.0	0.1	7.3	99.9	7.3
	两全保险	126.6	74.3	43.7	25.7	170.3
	分红保险	0.7	6.3	10.9	93.7	11.6
	投连保险	2.8	0.3	1073.7	99.7	1076.5
	万能保险	6.1	4.6	126.0	95.4	132.1
健康保险	健康保险合计	648.9	9.3	6311.2	90.7	6960.1
	重大疾病保险	90.4	70.5	37.8	29.5	128.2
	防癌保险	22.3	29.7	52.9	70.3	75.2
	其他疾病保险	10.1	16.2	52.4	83.8	62.6
	定额给付型医疗保险	36.6	3.4	1036.0	96.6	1072.6
	费用报销型医疗保险	489.0	8.7	5132.1	91.3	5621.1
	失能收入损失保险	0.5	100.0	0.0	0.0	0.5
	护理保险	0.0	47.7	0.0	52.3	0.0
意外险	意外保险合计	634.6	3.6	17135.4	96.4	17769.9
	交通意外险	301.8	2.0	14992.5	98.0	15294.4

续表

险种	产品名称	官网	占比（%）	渠道	占比（%）	合计
意外险	旅游意外险	88.3	6.0	1384.0	94.0	1472.4
	其他类意外险	244.4	24.4	758.8	75.6	1003.2
年金保险	年金保险合计	4.1	3.0	131.6	97.0	135.7
	养老年金保险	0.2	1.6	13.1	98.4	13.3
	非养老年金保险	3.8	3.1	118.5	96.9	122.4

2016 年，互联网人身保险累计规模保费统计数据中，弘康人寿领跑，截至 2016 年 12 月，弘康人寿以 399.76 亿元占据互联网人身保险累计规模保费榜首，占互联网人身保险总保费份额的 22.25%。这 10 家人身险公司总保费规模为 1667.32 亿元，占互联网人身险市场年化规模的 92.80%。

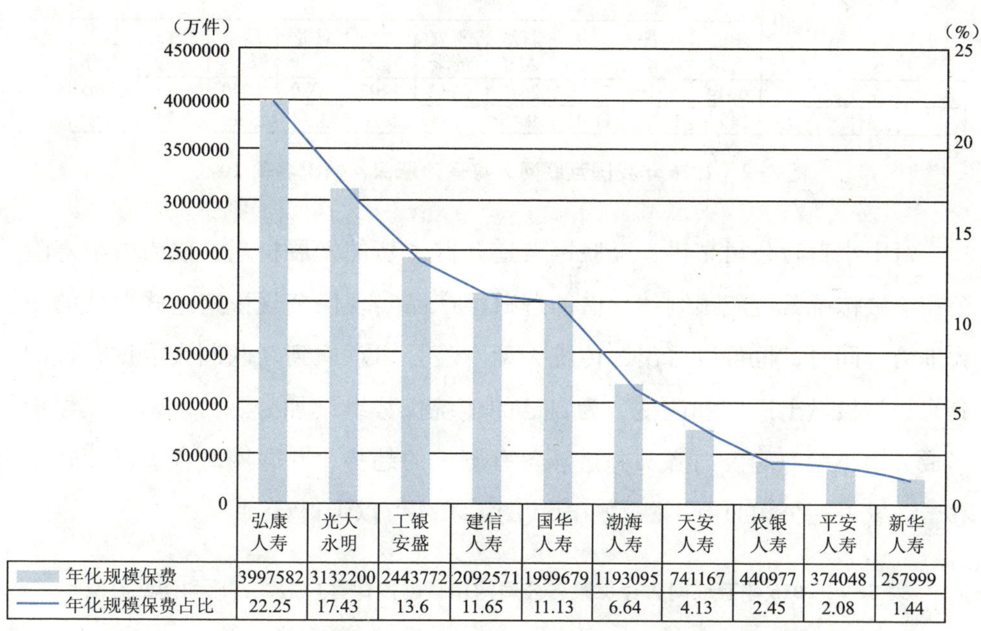

图 8-1　2016 年我国互联网人身保险规模排名前 10 位

2016 年，互联网人身保险累计承保件数统计数据中，阳光人寿和人保寿险名列前茅，分别承保 6614.05 万件和 4318.69 万件，占比 24.83% 和

16.21%。紧随其后的既有太保寿险和新华人寿等传统大型寿险公司，也有君龙人寿、瑞泰人寿、合众人寿等中小型保险公司。这 10 家人身险公司共承保 23878.08 万件，占互联网人身险市场累计承保件数的 89.63%。

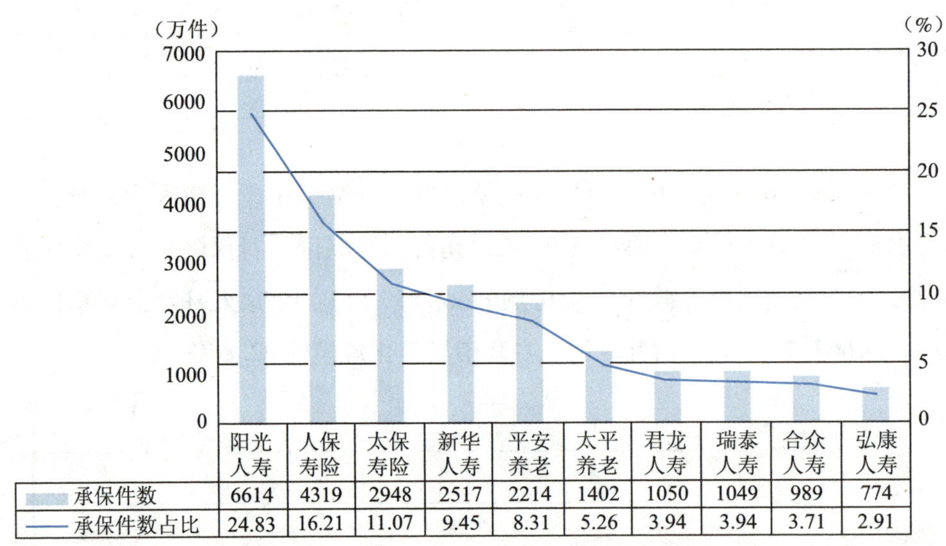

	阳光人寿	人保寿险	太保寿险	新华人寿	平安养老	太平养老	君龙人寿	瑞泰人寿	合众人寿	弘康人寿
承保件数	6614	4319	2948	2517	2214	1402	1050	1049	989	774
承保件数占比	24.83	16.21	11.07	9.45	8.31	5.26	3.94	3.94	3.71	2.91

图 8-2　2016 年我国互联网人身保险承保件数排名前 10 位

对中小寿险公司来讲，互联网渠道开辟了新的发展机遇，成为中小寿险公司突破传统渠道瓶颈制约、借助理财型产品实现保费规模跨越式发展的一大助力。同时，也可以看出，传统大型寿险公司意识到互联网大数据时代的到来，积极做出适应和改变，为自己的传统优势继续加分。目前，已经逐步形成大中小型寿险公司齐头并进、各有侧重的趋势。互联网时代发展斗转星移，各家寿险公司只有不断顺应时代的需求才可以走得更远。

表 8-9　2016 年互联网人身保险各公司网销官网投保客户数、占比和网站流量

单位：人，次

公司名称	投保客户数	占比（%）	网站流量
中国平安人寿保险股份有限公司	1737586	35.13	1274689686
平安养老保险股份有限公司	1255325	25.38	53377748

续表

公司名称	投保客户数	占比（%）	网站流量
新华人寿保险股份有限公司	650952	13.16	9538127
建信人寿保险有限公司	584220	11.81	2249134
泰康人寿保险股份有限公司	331778	6.71	44583339
中国人寿保险股份有限公司	49592	1.00	487164703
阳光人寿保险股份有限公司	38342	0.78	21712483
国华人寿保险股份有限公司	32892	0.66	6824412
友邦保险有限公司上海分公司	32526	0.66	2814662
中意人寿保险有限公司	32307	0.65	3388200
中德安联人寿保险有限公司	31522	0.64	1347854
民生人寿保险股份有限公司	29473	0.60	136306
信诚人寿保险有限公司	29053	0.59	4819669
太平人寿保险有限公司	16293	0.33	2727036
德华安顾人寿保险有限公司	14883	0.30	92376
平安健康保险股份有限公司	10370	0.21	
弘康人寿保险股份有限公司	7705	0.16	2317184
陆家嘴国泰人寿保险有限责任公司	6839	0.14	
中国人民人寿保险股份有限公司	6670	0.13	15211593
安邦人寿保险股份有限公司	6201	0.13	3299173
富德生命人寿保险股份有限公司	6101	0.12	12464936
和谐健康保险股份有限公司	5396	0.11	3299173
中银三星人寿保险有限公司	5144	0.10	1074665
农银人寿保险股份有限公司	5069	0.10	284165
中英人寿保险有限公司	3868	0.08	907477
招商信诺人寿保险有限公司	3504	0.07	6249993
中国太平洋人寿保险股份有限公司	2331	0.05	20736
复星保德信人寿保险有限公司	2271	0.05	601734
英大泰和人寿保险股份有限公司	2096	0.04	
中美联泰大都会人寿保险有限公司	1105	0.02	4341783
合众人寿保险股份有限公司	1067	0.02	7958684
工银安盛人寿保险有限公司	759	0.02	1769828
中华联合人寿保险股份有限公司	715	0.01	394631

续表

公司名称	投保客户数	占比（%）	网站流量
百年人寿保险股份有限公司	694	0. 01	859001
东吴人寿保险股份有限公司	483	0. 01	76566
昆仑健康保险股份有限公司	438	0. 01	401045
中国人民健康保险股份有限公司	321	0. 01	97914
同方全球人寿保险有限公司	215	0. 00	194704
信泰人寿保险股份有限公司	201	0. 00	785899
北大方正人寿保险有限公司	123	0. 00	215122
吉祥人寿保险股份有限公司	99	0. 00	276210
长生人寿保险有限公司	72	0. 00	39129
中融人寿保险股份有限公司	49	0. 00	230716
恒安标准人寿保险有限公司	7	0. 00	1023901
天安人寿保险股份有限公司	2	0. 00	0

从表8-9中可以看出，平安人寿、平安养老、新华人寿、建信人寿和泰康人寿5家公司，客户通过网销官网直接投保人数占2016年互联网人身保险各公司网销官网投保客户总数的92. 19%，集中度较高。

第三节　互联网保险发展的若干趋势

一、科技驱动互联网保险发展

科学技术的发展为互联网保险发展提供了更广阔的空间。智能手机、平板电脑等移动终端的普及，为互联网保险发展提供了硬件基础；网络升级换代，第三方支付日益成熟，以及各种软件的支撑，为互联网保险发展提供了技术基础；这些都推动了保险业客户端移动业务的发展。例如，平安人寿"掌上保"项目、太保的"科技个险APP"和"指尖理赔系统APP"、人保寿险推出的"人保微+微信互联网平台"、天安财险"易行销项目"（手持展业工具）等。随着科学技术的发展和移动终端的普及，各家保险公司也纷纷推出移动端应用程序，通过移动终端提供销售和服务。

科学技术的发展和在保险行业的应用打破了传统保险行业面临的时间和地域的限制。4G 技术发展已较为成熟，其在数据采集和传输速度上的提升为移动互联网保险的发展提供了技术支持。人工智能、网络虚拟营业厅、虚拟保险业务员和虚拟 3D 保险标的演示，能够让客户更好地了解产品，达到降低营销成本和提升营销效果的作用。4G 移动终端的可视功能、理赔 APP 等的应用，实现了客户通过程序自助理赔，在一定程度上降低了传统保险行业理赔人员的工作量，也提高了理赔的效率，为互联网保险公司不开设分支机构的经营方式提供了技术支持。移动端保险销售量在互联网保险中的占比也在不断提高，根据中国保险行业数据显示，2016 年，保险公司通过自营移动端（移动 APP、移动官网手机 WAP 和微信公众号）实现互联网财险保费收入 62.49 亿元，占互联网财险总保费规模的 12.44%。可见，通信技术的发展为互联网保险提供了更多的发展机会。

二、互联网保险更加注重服务

互联网技术的发展，实现了海量数据的存储，提高了分析挖掘能力，保险业界对于数据对保险的影响也越发重视和关注。互联网保险的发展促进了传统保险销售模式的变革，在大数据的支持下，未来保险在提供保险保障的前提下，会更加注重服务。

保险行业有着大量的数据，通过对消费者行为数据、消费习惯、支付偏好进行深度挖掘与分析，可以精准营销、精准定价，为消费者设计个性化、定制化、差异化的保险产品，根据客户需求设计出真正让客户满意的产品和服务。为消费者提供预警服务，将消费者存在的潜在风险降到最低，不仅可以保证消费者的人身财产安全，也能够降低保险公司的理赔金额。例如，目前已有保险公司推广 UBI 车险，可以获取驾驶员的各种行为数据，同时，为保险公司提供车险理赔数据，通过数据分析及时提醒司机的危险驾驶，为客户提供预警服务。与其他行业融合提供专业服务是保险发展的一个必然趋势，健康是消费者重要的关注点，人们愿意为健康付出的成本也在不断提高。健康产业和养老社区引起了消费者更多的关注，而健康产业和养老社区的保险服务需要医疗、养老等行业提供专业的支持，因此，保险与其他行业的融合是必然的发展趋势。

与传统保险只提供保险保障不同，互联网保险在提供保险保障的同时，注重保险服务也将会是一个必然趋势。目前保险行业在附加服务上已有尝试，如已有健康险提供绿通服务、体检服务等，已经在一定程度上影响到消费者对保险产品的选择。传统的保险服务模式，只有在承保和理赔时才会将保险公司和消费者联系在一起，这种传统的消费模式造成了目前很多消费者对于保险的认可度不高，或者是对于保险的消极情绪，一方面，消费者平时与保险公司的互动较少，对保险公司的理解不足，理赔时带有某些情绪，造成对传统保险公司不满意；另一方面，从消费者的角度看，若未出险消费者只扮演一个缴纳保费的角色，消费者支付了保费但是没有获得任何利益，那么在一定程度上也造成了消费者对于保险的不认可。互联网保险对于服务的重视，可以加强与消费者的互动，同时消费者在未出险的情况下也可以获得服务，在一定程度上可以减少消费者对于保险的误解，增强对保险的认可度。

三、互联网保险改变保险模式

与传统保险相比，互联网保险以其平等、透明、直接、便捷以及低成本和高效率的交流、交易，成为保险行业发展的大趋势。随着区块链和人工智能技术的飞速发展，区块链和人工智能技术将成为保险创新的基本和根本动力。

区块链具有去中心化、开放性、自治性、信息不可篡改和匿名性的特征，能够有效实现交易各方的信任机制建立，实现信息与价值的高效和低成本流动，通过强化供需，弱化中介，实现供需匹配效率的优化，解决交易的信任和安全问题。利用区块链技术，从数据管理的角度能够有效地帮助保险公司提高风险管理能力。其风险管理能力主要是指投保人风险管理和保险公司的风险监督。区块链技术的安全性和数据的不可篡改性，保证了客户和保险公司双方都能够获取真实的数据。区块链技术可以有效地识别保险欺诈，防范道德风险和逆向选择，从而降低保险公司的经营成本和赔付支出。对消费者而言，监管机构可以通过区块链对保险公司进行风险监督，及时发现存在的业务风险和违规操作，从而更好地保护消费者权益。

人工智能技术的发展和在互联网保险行业的应用，必将改变现有保险模式。人工智能技术将对现有的互联网销售模式产生巨大的冲击，具备专业知识的智能机器人能够及时、专业地针对客户的实际需求，设计保险方案，不仅可以为客户提供高效的服务，而且能够解决传统销售模式下销售误导的问题，提升客户体验满意度。人工智能技术将有望进一步提升互联网保险运营效率，人工智能技术在核保、理赔等运营环节的应用，必将大幅度提高现有运营效率，为客户提高更好的服务。

四、亟待构建全互联网运营流程

保险公司要以互联网技术创新为驱动，对传统保险运营和产品进行全面升级，从而实现保险业务的“互联网+”，具体策略体现在以下两方面：

（一）“双核”驱动产品创设

以数据为产品创设核心。打造高安全、高性能的互联网保险平台，与合作机构不间断共享潜在客户的交易、兴趣、行为数据。运用大数据处理技术构建风险模型，精确识别风险，以实现秒级风险评估和反欺诈，做到“一人一价”的保费精准定价。

以用户体验为产品创设核心。从客户实际需求和真实应用场景出发，设计创新保险产品。基于移动互联 APP 和社交媒体网络应用，打破客户与保险公司之间的信息壁垒，充分发挥互联网保险的特点，互动收集客户需求，快速迭代更新产品，运用大数据和云计算技术，满足“一人一产品”的个性化需求。

（二）“四化”重塑经营模式

（1）组织架构扁平化。保险公司要定位为互联网机构，有别于传统保险业的金字塔型组织结构。其一，省去庞大的底层保险代理人队伍，管理层也相对精简；其二，与互联网公司以产品事业部为组织单元类似，保险公司要以互联网场景等为组织单元，实现扁平化的组织架构。

（2）产品流程网络化。保险公司产品设计理念为全业务流程网络化。客户无须提供额外的纸质证明材料，仅仅通过手机、iPad 等移动设备或者 PC 电脑，填写简单的个人信息并授权，保险公司要从合作机构实时获取客户交易、行为等数据，通过后台大数据处理，几秒钟核保出单，客户仅需对推送信息进行确认，即可方便、快捷地签约享受保险服务。保险服务期间的风险监测，完全通过大数据技术完成，无须任何人工环节。保险的赔付流程也由系统按约定的规则自动处理。保险公司要基于多种互联网创新技术应用研发的产品，有效地解决了传统保险“核保慢，赔付难”的核心问题。

（3）市场营销场景化。保险公司要以客户为中心搭建数字化营销体系，聚焦场景化营销。首先，产品销售渠道的布设围绕目标客户的工作、生活、娱乐等场景寻求与互联网公司跨界合作。不局限于传统保险自建电商直销渠道或与淘宝、京东等大流量第三方电商的代销渠道。其次，运用大数据技术开展场景化营销，例如，分析客户经营产品历史价格波动规律和该产品近期市场价格影响事件，通过移动互联 APP 或网络自媒体平台，定向为目标客户推送价格波动风险提示信息，推销短期险种，完成场景化、碎片化的产品营销。

（4）业务运营平台化。保险公司要拥有超前的平台化运营模式，区别于传统产销模式，保险公司要依托持续创新和合作共享发展互助保险。通过逐步共享大数据服务、风险识别、精算服务、客户服务、信息技术、产品运营等能力，吸引优秀的专业保险团队和合作机构，共同研发创新产品，共享产品收益，将保险经营成为保险行业的“App Store”。

（三）产品策略

保险产品是保险公司经营战略、市场定位、技术能力、人才实力、服务水平等方面的直接体现。保险公司要充分发挥互联网保险的特色与风险管理优势，重视产品创新与服务创新，不断提升产品创新能力和水平，研究开发出技术水平高、内涵价值高、竞争能力强的保险产品，有效地针对具有同质风险保障需求的各类客户企业，围绕其不同发展阶段的各类金融服务需求，提供成本相对较低、覆盖面相对较广的一揽子保险服务解决方案。

产品规划与客户定位、客户群体特征紧密结合，同时体现互联网特色；客户定位确定为实体社会或者虚拟网络的系统性企业、金融机构或组织。产品规划分“三步走”，一是以互联网场景为切入点，结合合作机构客户的群体特征、积累的数据信息，借助互联网优势与大数据优势建立风控模型，为小微企业及个人提供保险服务，抓住并满足客户的最核心需求。

二是针对客户特点积累信息，挖掘需求，并提供一揽子产品，定制化满足客户需求。结合客户特点对所处不同生命周期的企业客户进行分类，提供个性化产品组合开发责任险、短期健康保险、意外险和企业财产损失保险等。在风险可控的前提下，最大限度地降低保费，使客户受益。

三是建立产品创新的长效机制。互联网保险在我国属于比较新兴的领域，没有非常成熟的案例可供借鉴，所以我们必须要积极学习和引进国外的产品创新模式、成熟产品以及先进技术，不断培育专业化人才队伍。探索“专家参与、公司开发”的合作方式，由保险公司出资，保险院校、科研单位的专家及学者共同参与，形成一支具有一定规模和专业水平的虚拟开发队伍，实现优势互补。同时，要加强行业合作的研究，建立协作开发、风险共担、利益共享的产品开发机制；要加快跨行业间信息、技术、标准规范、客户资源的共享合作，建立信息共享、合作研究的组织形式，在互利的原则下，共享产品创新研究成果，增强整体创新能力。

（四）渠道策略

保险公司要结合发展目标、经营理念与业务模式，确定差异化、特色化的渠道与机构拓展策略，坚持做轻资产机构，最大限度地满足客户需求，实现客户利益，进而推动互联网保险组织健康、良性、有序运转。

渠道策略的制定应基于公司的业务模式，综合考虑效率、特色、投入产出等因素，包含两个层面内容，一是业务渠道，二是外部合作渠道。

（1）业务渠道。保险公司要以系统性客户群为入口，即 B-B-C，业务渠道设立上不能沿用常规财产险公司以产品为中心的渠道形态，应建立以客户为中心的渠道模式，在架构设计上，统一设置市场中心，承担市场与业务拓展职能，设置产品中心，承担产品设计开发职能，市场中心与产品中心无缝对接，市场中心根据不同的客户群体建立不同的团队，如供应链团队、服务商团队、金融机构团队等。

（2）外部合作渠道。在外部合作渠道拓展上，直销与兼业代理结合，直销为主，重点客户依托保险公司的市场中心开拓全国性的外部合作渠道，同时，部分采取外包方式，主要考虑与银行及寿险公司合作，进行交叉代理。

（五）机构策略

保险公司要利用互联网渠道进行展业和服务。随着互联网、云计算技术的发展，运用大数据技术，可以有效对个体用户浏览网站、关键字搜索、APP 应用等信息进行挖掘，得到客户网络身份关联关系，从而对客户实现精准定位和行为刻画，并根据用户行为习惯推送更加个性化的产品和服务，以达到精准营销的目的和效果。因此，我们必须充分利用互联网进行有效的展业，并结合自有数据及合作机构的数据积累，充分利用大数据挖掘和分析技术，在坚持风险控制的原则下，重视客户体验，挖掘客户需求，实现更加精准的营销，提升盈利能力。

（六）客户服务策略

保险公司要创新保险服务模式，利用 IT 移动技术和互联网管理经验建立全方位、立体化的网络移动客户服务平台，实现高效、便捷的一站式全程服务。同时，建立集中化的客户信息数据仓库，实现规范化、科学化的客户信息管理与分析，并在此基础上依托互联网的客户模式，深入了解和分析客户需求，更加有针对性地提供超越客户期望的高附加值服务。

（1）建立以“客户需求为导向”的服务理念。将服务理念贯穿于公司经营管理、产品设计、平台搭建以及业务流程的各个环节中，树立全员“客户权益至上”的服务意识，培育“一切以客户满意为目标”的服务文化。强化员工服务技能，加强服务质量监督，全面落实和督导公司的消费者权益保护工作。

（2）搭建高效便捷的网络移动客户服务平台。充分利用现代移动通信和互联网技术，设计开发网络及移动端客服中心，对传统的“保险咨询→风险评估→保险方案设计→承保→承保后风险防范→出险后查勘定损→理赔”服务流程进行再造，依靠技术的力量创新服务手段，提升客户便捷性和服务效率，最大限度地增加客户黏性。

（3）实施客户关系管理，提供差异化的客户服务。在深入挖掘和分析客户信息的基础上，有效实施客户关系管理。规范服务标准，细化服务操作流程，通过线上服务平台及线下团队的落地服务，切实加强与客户间的个性化交互和服务，并通过服务过程的管理最终实现对客户长期有效的管理，吸引新客户，留住高价值老客户。

（七）信息技术策略

根据监管要求、互联网的特殊性、业务定位、业务模式等因素，充分结合互联网技术优势，规划与设计信息系统架构。信息化总体目标：以客户为核心、账户管理为主线，立足高起点，大力建设信息基础设施，重点关注如下几方面：

第一，构建完整性、统一且现代化的信息平台，“前台+中台+后台”服务平台，采用相对分离的管理模式，前台直接为合作渠道和客户服务，中后台共同为前台服务，中后台部门之间则互相作为彼此的客户，相互服务，形成“前+中+后”的分工不同、有机结合、垂直管理的综合性后援平台。

第二，创建支撑公司业务营运的双中心（数据中心和灾备中心），形成稳定、可靠、安全、高效、集中的信息处理中心。数据中心至关重要，保险公司要选择具有良好 IT 环境的地区建立全公司集中的数据处理中心，集中全国范围内所有业务的信息处理、单据处理、账目处理等各种数据管理，并通过系统的设计，强化对操作风险的控制。

第三，以保险业务价值链为驱动，以满足业务模式的特殊需求为目标，构建支撑保险业务运营与管理的 5 大架构，包括应用架构、信息架构、技术支撑架构、安全管理架构和 IT 管理架构。

第四，移动展业平台同步建设。基于 4G 网络的移动技术被越来越广泛地应用到保险业务的各个环节，移动展业已悄然成为创新保险营销与服务的趋势，而基于保险业务模式，移动展业是快速拓展市场，提高效率，改善客户体验的关键环节。移动展业平台的建设方向是实现业务全流程，包括投保、核保、承保、理赔等。

第九章　中国保险科技创新发展研究

第一节　中国金融科技发展概述

一、金融科技的概念

在中国，科技比金融的概念更为模糊。这一方面源于人们的认知门槛过高，另一方面也源于科技这个概念内涵太大。在金融科技领域，金融科技（FinTech）并非指的同一样东西，有的特指技术，有的特指创业机构，有的侧重于业务，还有的则无所不包，几乎涵盖了整个金融业态。

广义的金融科技是指科技在金融领域的应用，旨在创新金融产品和服务模式，改善客户体验，降低交易成本，提高服务效率，更好地满足人们的需求。其参与者不仅包括通过科技提供创新金融服务的金融科技企业（FinTech）和通过科技应对金融合规和监管的监管科技公司（RegTech），也包括传统金融机构、为金融业提供技术服务的科技公司、投身于该领域的投资公司与孵化器，以及金融业不可或缺的监管机构。这些参与者共同组成一个生态体系，在竞争与合作中，共同推动着金融业的创新、变革与发展。

从研究的角度，可以认为金融科技是一种足以引发金融界创新海啸的科技手段。

二、中国金融科技的发展历程

与国外不同，中国金融科技的起始点并不是金融科技行业本身，“金融科技”这个词在很长时间内也都是以“互联网金融”这个概念存在的。其实早在2004年之前，中国的金融行业就已经引入了金融科技的概念，只不过当时金融科技仅作为传统金融机构IT系统的方式存在，是不受重视的基础设施。随着第三方支付和P2P的出现，金融科技逐渐从后台系统渗透到了金融的核心业务，并且随着其他技术手段的丰富，金融的科技水平不断升级，使得金融与实际生活结合得更加紧密，“金融科技”一词也逐渐走进人们的视野。

按照通用的说法，中国金融科技发展至今，大概经历了5个阶段：

（1）第一阶段（1994—2004年）。互联网及数字技术的出现，使一些基础的金融业务得以升级。在提高工作效率的需求推动下，传统金融机构开始构建自身的IT系统，这也成为中国金融科技最原始的开端。

（2）第二阶段（2004—2007年）。2004年，支付产业崭露头角，金融科技从后台支持的位置走向前端，首先渗透到传统金融的非核心业务，并在之后的发展中爆发出强大的生命力。

（3）第三阶段（2007—2013年）。2007年，拍拍贷成立，此举成为中国金融科技发展史上的标志性事件。至此，金融科技真正渗入到金融最核心的业务中，并且根据互联网的特点，衍生出一系列风险评估新方式。

（4）第四阶段（2013—2016年）。2013年，余额宝的横空出世给传统金融带来极大的震撼，各基金、保险公司也因此纷纷展开大规模互联网化的战略布局。金融科技企业凭借经验和技术能力的优势，地位得到空前提升。

（5）第五阶段（2016年至今）。目前，互联网生态化的发展模式，使得独立的专业性金融科技机构生存难度提高。在出现了一些局部的风险之后，国内互联网金融的监管力度开始加强，中国的互联网金融行业进入一个阶段性的调整时期。但预计未来的3~5年，新兴的金融科技公司将持续引领中国金融业的发展。

从IT技术对金融行业推动变革的角度看，目前可以把它划分为3个版本：

（1）金融科技1.0版，可以界定为金融IT阶段。在这个阶段，金融行业通过传统IT软硬件的应用来实现办公和业务的电子化、自动化，从而提高业务效率。这时候 IT 公司通常并没有直接参与公司的业务环节，IT 系统在金融体系内部是典型的成本部门，现在银行等机构中还经常会讨论核心系统、信贷系统、清算系统等，就是这个阶段的代表。

（2）金融科技 2.0 版，可以界定为互联网金融阶段。在这个阶段，主要是金融业搭建在线业务平台，利用互联网或者移动终端的渠道来汇集海量的用户和信息，实现金融业务中的资产端、交易端、支付端、资金端的任意组合的互联互通，本质上是对传统金融渠道的变革，实现信息共享和业务融合，其中最具代表性的包括互联网的基金销售、P2P 网络借贷、互联网保险。

（3）金融科技 3.0 阶段，可以界定为智慧金融阶段。在这个阶段，金融业通过大数据、云计算、人工智能、区块链等新的 IT 技术来改变传统的金融信息采集来源、风险定价模型、投资决策过程、信用中介角色，因此，可以大幅提升传统金融的效率，解决传统金融的痛点，代表技术就是大数据征信、智能投顾、供应链金融。

三、中国金融科技的发展现状

（一）中国是金融科技的最主要受惠者

从目前来看，中国是金融科技的最主要受惠者，也是在全球范围内金融交易最活跃、支付最便利、成本最低、效率最高的国家之一。

2016 年，中国已成为世界主要国家中电子商务渗透率最高的国家，电子商务市场规模是排名第 2 位的北美市场的 2 倍多。在中国金融科技所服务的目标客群中，电子支付用户渗透率最高，其中，网上支付用户渗透率 64.9%，移动支付用户渗透率 67.5%；其次是网络资管，其用户渗透率也已超过 60%，2016 年，中国网络资管规模超过 2.7 万亿元，网络信贷余额超过 1 万亿元，参与购买互联网理财的客户规模为 9890 万人，网络已成为网民理财的常规渠道。

（二）中国金融科技创新已成为当下最热门领域

2016 年，全球金融科技共投资 174 亿美元，其中，中国投资 77 亿美元

（约 527.6 亿元人民币），超过美国成为全球第 1。2016 年，投资者对中国金融科技公司的整体投资交易额同比上涨 42.5%，达 67 亿美元，创下历史新高。根据埃森哲（Accenture）的数据，截至 2016 年 7 月，亚洲金融科技公司筹得 96 亿美元，比北美同类公司筹集的 46 亿美元高出 1 倍以上，而这 96 亿美元中有 90%以上是由中国企业筹到的。2016 年度互联网金融公司的 100 强名单中（毕马威与投资公司 H2 Ventures 联合发布的《2016 全球金融科技 100》的榜单），前 10 家互联网金融公司里中国公司占据 4 席。

据不完全统计，2016 年至今，国内外举办的金融科技论坛已近百场。不仅如此，无论是在杭州举办的 G20 峰会，还是在 11 月中旬召开的世界互联网大会上，“金融科技”都成为与会的重要议题之一。美国国际贸易署最新发布的《2016 FinTech 顶级市场报告》指出，2017 年，中国将成为全球第二大规模的金融科技市场。

（三）中国金融科技营收增速有所放缓

在 2016 年金融科技概念火爆的背景之下，2016 年中国金融科技营业收入仅为 4213.8 亿元，整体增速下滑至 42%，预计未来几年都将保持这一增速。究其原因，一方面，由于国内互联网金融监管政策的收紧，绝大部分围绕网贷行业的金融科技企业营收萎缩，影响了行业整体增速；另一方面，金融科技在定位上正逐渐脱离互联网金融而独立存在，对于尚处于发展初期的金融科技来讲，还需要很长时间的探索。

四、中国金融科技的应用领域

如果抛开“互联网金融”的概念，单纯从基于金融业务引发的技术革命角度来看，中国的金融科技主要类别包括电子支付、电子货币、P2P 网贷、智能投顾以及区块链等。

（一）电子支付

电子支付是指电子交易的当事人，包括消费者、厂商和金融机构，使用安全电子支付手段，通过网络进行的货币支付或资金流转。电子支付是电子商务系统的重要组成部分。电子支付可分为网上支付、移动支付和电话支付等。电子支付属于由电子商务和社交媒体公司助力的移动支付生态系统，国内参与者以支付宝（蚂蚁金服和财付通）为主导，其他知名公司包括银联、快钱、银行钱包、京东钱包等。

（二）电子货币

电子货币（Electronic Money），是指用一定金额的现金或存款从发行者处兑换并获得代表相同金额的数据，通过使用某些电子化方法将该数据直接转移给支付对象，从而能够清偿债务。国际上比较典型的案例是比特币（Bitcoin）。对于信用卡之外的其他电子货币种类，我国尚无法律规定。目前我国国内虽有一些创业公司参与电子货币创新，但官方承认的仅限于中国人民银行拟将发行的数字货币。

（三）P2P 网贷

P2P 网贷，又称 P2P 网络借款。P2P 是英文 Peer to Peer 的缩写，意即“个人对个人”。P2P 网贷的初衷是使传统银行难以覆盖的借款人在虚拟世界里能充分享受贷款的高效与便捷。但在实务当中，其典型的模式为：网络信贷公司提供平台，由借贷双方自由竞价，撮合成交。资金借出人获取利息收益，并承担风险；资金借入人到期偿还本金，网络信贷公司收取中介服务费。目前国内主要参与者包括陆金所、宜人贷、人人贷、点融网等。

（四）智能投顾

智能投顾通常指 Robo-Advisor，即根据个人投资者提供的风险承受水平、收益目标以及风格偏好等要求，运用一系列智能算法及投资组合优化等理论模型，为用户提供最终的投资参考，并根据市场的动态对资产配置再平衡提供建议。但是由于金融市场和产品较为复杂，智能投顾技术距离真正成熟并对现有财富管理模式形成较大冲击还比较遥远。国内主要参与者包括京东智投、聚爱财 PLUS、宜信投米 RA 等。

（五）区块链

区块链最早是由中本聪提出，并作为比特币的底层技术面世的。狭义来讲，区块链是一种按照时间顺序将数据区块以顺序相连的方式组合成的一种链式数据结构，并以密码学方式保证不可篡改和不可伪造的分布式账本。广义来讲，区块链技术是利用块链式数据结构来验证与存储数据、利用分布式节点共识算法来生成和更新数据、利用密码学的方式保证数据传输和访问的安全、利用由自动化脚本代码组成的智能合约来编程和操作数据的一种全新的分布式基础架构与计算范式。区块链目前分类包括公有区块链、联合区块链和私有区块链3大类。国内区块链金融的主要参与者包括蚂蚁金服、万向控股、平安保险等，但上述企业目前均处于私有区块链的探索阶段。

第二节　中国保险科技发展概述

一、保险科技的概念

从全球保险科技概念的产生来看，保险科技的发展与金融科技息息相关。保险科技曾牢牢根植于金融科技的土壤，但是随着保险业的发展壮大及世界金融危机的蔓延，金融业留给市场创新的空间逐渐缩小，一些创新者开始寻求其他金融服务的机会市场。

保险科技（InsurTech）的概念，是在金融科技概念的基础上，由国际保险监督官协会（IAIS）在《保险科技创新报告》中提出，并将其定义为“金融科技在保险领域的分支，即有潜力改变保险业务的各类新兴科技和创新性商业模式的总和”。

二、中国保险科技的发展历程

虽然从全球范围来看，保险科技的产生时间与发展速度要远落后于金融科技的发展，但从国内情况来看，中国保险科技在很长时间也是以“互联网保险”的概念存在，在产生时间和发展速度上与“互联网金融”相比差距并不太大。

中国保险科技发展至今，大致经历了4个阶段：

（1）第一阶段（1998—2004年）。从中国保监会成立开始，传统保险机构开始着重IT建设和数据保护；到2000年前后，第一批保险公司开始建立自己的网站，成为中国保险科技最原始的开端。

（2）第二阶段（2004—2011年）。从2004年起，伴随着中国平安保险公司网销的奠基及第三方支付公司的出现，保险行业开始诞生网上保险超市等商业模式，网销+电销实现了快速发展。保险的电子商务化在这一阶段取得了不错的成果，但是依然在保险行业中处于较边缘的地位。

（3）第三阶段（2011—2013年）。从2011年开始，伴随着移动互联网崛起与移动支付超高速地发展，保险科技开始运用于移动端；同时，保险业内也开始出现了为互联网定制的保险，各类场景类保险、创新型保险层出不穷；保险公司根据互联网的特点，也衍生出了一系列风险管理的新方式。在这一阶段，各种各样的互联网保险创业公司涌现，基本覆盖了整个保险的价值链。

（4）第四阶段（2013年至今）。2013年，随着中国国内首家互联网保险公司众安在线的开业，保险行业开始意识到，互联网保险绝对不是将传统的保险照搬到互联网上，而是有其自身特点。至此，保险科技真正进入萌芽阶段，大数据、人工智能、区块链、基因工程、物联网等各类技术的出现，正逐步渗透到保险的各个环节。

三、中国保险科技的发展现状

（一）中国保险科技应用取得初步进展

2016年，保险行业在固守本业的同时加大了对保险科技（如核心系统改造、大数据、车联网、区块链、人工智能等方面）的投入，行业多家公司计划构建或已经开始构建新一代云平台核心系统；大数据开始集中应用在保险营销和理赔环节；国内区块链保险的应用开始起步，初步支持共享经济；人工智能在保险业的应用上也取得了明显的进步。

（二）中国保险科技热度不断上升

从全球范围来看，中国保险科技热度正在不断上升。2016 年，保险领域中国投资项目约为 173 项，投资数量居世界第 1，投资规模逾 16.9 亿美元，平均年增长率高达 44.3%。根据毕马威与投资公司 H2 Ventures 联合发布的《2016 全球金融科技 100》的榜单，中国 8 家上榜企业中有 50% 都与保险相关。

（三）中国保险科技的渗透有待加强

以互联网保险数据为例，2016 年，共有 117 家保险机构开展互联网保险业务，实现签单保费 2347.97 亿元，但与保险行业整体 3.1 万亿元的保费收入相比，互联网保险业务的保费占比不足 8%。其中，互联网财产保险更是出现了保费收入和增速的双降。这说明以往我国互联网保险的发展模式主要是“从线下转线上”，保险科技的作用还远远不够，亟须以新技术为核心手段从前端到后端对保险经营实施全流程改造。

四、中国保险科技的应用领域

中国保险科技可分为 3 大类，第一类是数字化保险技术，包括电子保单、自动核保、大数据处理等；第二类是连接型保险技术，包括远程定损、SaaS 保险分销、物联网等；第三类是智能化保险技术，包括无人驾驶、虚拟现实、保险机器人等。下面列举一些我国主要的保险科技类型。

（一）电子保单

电子保单是指保险公司借助遵循 PKI 体系的数字签名软件和企业数字证书为客户签发的具有保险公司电子签名的电子化保单，由签名服务器、时间戳服务、PKI 应用密码机以及 usb key 等电子设备的分工合作而完成。电子保单具有安全、高效、省心、便捷、环保等独特优势，不仅降低了保险公司的成本，而且成功解决了保单递送的问题，提高了用户体验。

目前，各大保险公司基本都可以提供电子保单，并且在保证电子保单的不可篡改性和不可否认性方面都有比较成熟的技术，将加速保险业电子商务的全程信息化。

（二）大数据

大数据技术就是通过研究海量的、价值密度低的、高速动态的、多样的数据，关联数据散点间的联系，从点到线，从线到面地进行深入挖掘，发现尚未被研究的热点、难点，并辅助企业和政府进行战略性布局。

通过使用大数据技术，保险公司可以对客户进行类型分析，精准定位客户需求，实现差异化定价和差异化产品开发，成为保险行业市场风险管理与营销的利器，同时可以加快对索赔请求的处理，降低失误率，提升保险行业收益管理。

（三）远程定损

远程定损是中国电信基于 IP 技术和宽带网络技术提供的一种远程视频监控业务。远程定损网络视频监控业务主要用于现场管理，适用于自上而下的垂直管理体系中。它通过网络视频监控业务平台，将分散、独立的采集点图像信息进行联网处理，实现跨区域的统一监控、统一管理及分级存储，满足进行远程监控、管理和信息传递的需求。

远程定损主要应用于保险理赔环节，可以帮助各方节约时间，保险公司定损人员只需要坐在保险公司监控室内通过远程实时观看定损的出险标的物，通过电话与现场工作人员沟通，及时调整位置，再通过远程的图像抓拍、存档，就可以完成定损全过程，能够大幅缩减案件处理时间。

（四）SaaS 保险分销

SaaS（Software as a Service，软件即服务）是一种通过互联网提供软件的模式，SaaS 提供商为企业搭建信息化所需要的所有网络基础设施及软件、硬件运作平台，并负责所有前期的实施、后期的维护等一系列服务，企业无须购买软硬件、建设机房、招聘 IT 人员，即可通过互联网使用信息系统。

目前，SaaS 在保险领域主要运用于产品和渠道的分销，使用者多为中小型保险中介机构，通过 SaaS 平台不仅能更智能地为用户的需求服务，还降低了企业的 IT 部署成本，增强了解决方案的易用性。

（五）物联网

物联网是以互联网为基础，通过传感设备搭建一个物品识别和管理的自动化系统。目前物联网较为成功使用的领域主要包括车联网和可穿戴设备方面。

车联网（Internet of Vehicle，IOV）是指通过车与车、车与路、车与人、车与传感设备等交互，实现车辆与公众网络通信的动态移动通信系统。它可以通过车与车、车与人、车与路互联互通实现信息共享，收集车辆、道路和环境的信息，并在信息网络平台上对多源采集的信息进行加工、计算、共享和安全发布，根据不同的功能需求对车辆进行有效的引导与监管，以及提供专业的多媒体与移动互联网应用服务。车联网通过对装载在车辆上的电子标签采用无线射频等识别技术，实现在信息网络平台上对所有车辆的属性信息和静态、动态信息进行提取，有效利用，并根据不同的功能需求对所有车辆的运行状态进行有效的监管和提供综合服务。在保险领域的运用主要是车载 OBD。

可穿戴设备即直接穿在身上，或是整合到用户的衣服或配件上的一种便携式设备。可穿戴设备不仅仅是一种硬件设备，更可以通过软件支持以及数据交互、云端交互来实现强大的功能，可穿戴设备将会给我们的生活、感知带来很大的转变。在保险领域的运用主要是健康管理。

（六）区块链技术

区块链技术通过建立电子信息、加密、确认交易、实时广播、添加区块和网络复制记录 6 个步骤完成工作，通过这些步骤，区块传递和储存的信息具有了去中心化、开放性、透明性、匿名性、数据不可篡改性和自治性 6 大特征，这些特征使得过去信息安全性低、信息连续性差、信息采集成本高、推广渠道限制多、信息不对称问题突出等状况有了一个可靠的解决途径。

目前，区块链在保险领域的运用主要包括数字资产的流通、金融合约的自动执行和个性化风险定价、评级和服务等。

（七）无人驾驶技术

无人驾驶技术包括无人驾驶汽车、无人机等。

无人驾驶汽车是人工智能在汽车领域的突破，是自动驾驶的升级版本，它通过车载的传感系统对环境进行感知，模仿人类对行车路线进行规划，最终对车辆实现完全控制，以完成人类的预设目标。目前，对无人驾驶汽车的研究已经在世界各地如火如荼地展开，一些自动驾驶车辆已经出现，并将对车险及相关保险产生极大的冲击。

无人机是无人驾驶航空器的简称，指的是驾驶员无须登记操作的各种航空器，通常利用无线电遥控设备和自备程序对飞机进行操控，包括地面系统、飞行系统、任务载荷和使用保障人员 4 个组成部分。无人机内无驾驶员的特点使得无人机能够代替人类进行一些危险的、复杂的、费时的工作，在保险领域主要表现在查勘定损人员亲临现场，既能够有效指导客户开展灾前预防，应付突发灾难，及时赶赴受灾现场，也可以保护查勘人员的安全，降低人工成本，并通过无人机设备和计算机的链接，更精准、更全面地对损失进行评估。目前无人机主要运用于保险大面积的核保勘测与理赔查勘关节。

（八）人工智能

人工智能（Artificial Intelligence，AI），是研究、开发用于模拟、延伸和扩展人的智能的理论、方法、技术及应用系统的一门新的技术科学。人工智能是计算机科学的一个分支，它企图了解智能的实质，并生产出一种新的能以人类智能相似的方式做出反应的智能机器，该领域的研究包括机器人、语言识别、图像识别、自然语言处理和专家系统等。

人工智能目前可以解决保险行业痼疾，主要集中在运用大量人力进行处理，但极易产生委托代理问题和信息不对称问题的领域，在保险营销、核保和理赔、定价过程中都可发挥积极的作用。目前一些保险公司开始使用保险机器人解决部分机构劳动产能低下问题。

（九）虚拟现实

虚拟现实（Virtual Reality），简称 VR 技术，也称灵境技术或人工环境，是利用电脑模拟产生一个三度空间的虚拟世界，提供使用者关于视觉、听觉、触觉等感官的模拟，让使用者如同身临其境一般，可以及时、没有限制地观察三度空间内的事物。使用者进行位置移动时，电脑可以立即进行复杂的运算，将精确的 3D 世界影像传回，使用者产生临场感。虚拟现实中看到的场景和人物全是假的，是把人的意识带入一个虚拟的世界。

虚拟现实在保险领域的运用尚未起步，但已有一些初创公司开始构思将保险销售、保险事故现场还原、保险售后增值服务等环节融入 VR 之中。

第三节　中国保险科技的创新

一、保险科技创新的驱动力

保险科技创新的驱动力既有来自需求方面的“拉动因素”，也有来自供给方面的“推动因素”。

需求方面，包括人们消费习惯的改变，科技创新在产品定价、风险管控、理赔反欺诈等各方面带来的竞争优势，效率提升所节约的成本等。

供给方面，一是全球资本对保险科技的看好。IAIS《保险科技创新报告》显示，2014 年参与保险行业的科技公司获得的投资不到 8 亿美元；但 2015 年达到了约 25 亿美元；2016 年上半年虽因英国“脱欧”公投造成全球金融形势不稳，但保险科技公司仍获得了 10 亿美元的风险投资。二是出现了更多的行业进入者。保险产业链的各个部分都受到市场的青睐，包括年金保险、车险、P2P 保险、小微企业保险、保险分析软件、手机移动支付、产品保险、租赁或业主保险、健康保险和宠物保险。三是出现了许多更为先进的数据分析工具，使得企业能够比以往任何时候都能获取更多关于个人的信息，并通过将其与与日俱增的计算能力和越来越多的智能算法相结合，让企业能够更准确地阐释投保人行为，改进包括保险在内的产品、渠道、风险、授信与决策等，推动管理智能化及服务体验个性化。

二、保险科技创新的生态主体

保险科技生态圈主要包括保险公司、保险中介机构、保险消费者、初创科技企业、保险上下游企业、投资机构和保险监管机构 7 个主体。

保险公司是保险科技生态圈中的重要组成部分，既是市场上主要产品和服务的提供者，也是目前参与保险科技的重要力量。保险公司目前通过开发应用、成立部门、投资企业、寻求合作、成立公司等多种手段参与了保险科技的布局。

保险中介机构受保险科技的影响较大，为寻求在保险领域内的优势，国内多家保险中介已开始进行互联网化的模式改革，主要通过加强线上和线下服务联动的方式，强化保险中介服务，增强客户的黏着度。

保险消费者位于生态圈的需求端，供给端的改革和科技的发展将给予消费者更加多样化的保险消费选择，也悄然地改变着消费者的保险消费行为。

初创科技企业不是原保险生态圈的主体，但却是保险科技生态圈不可或缺的部分。初创科技企业为了融入保险市场并在保险市场中持续存活下去，往往是保险科技创新的先行者，通过改变信息采集、分析和使用方法，使保险服务更准确、安全、高效和直观。

保险上下游企业往往是保险科技新兴技术的主要提供者，如车商的无人驾驶技术、软件开发公司的机器学习技术、健康及医疗机构的基因检测技术等。

投资机构是保险科技生态圈的推动者，是保险科技的风向标，表明了领域内能够引起资本主义的热点，同时也是保险科技企业起步的助推器，能通过充足的资金、优秀的管理经验帮助保险科技快速起航，步入正轨。

保险监管机构是保险科技生态链条的守夜人，同时承担着鼓励、引导和监管的职责，其在很大程度上决定了保险科技的健康发展状况。

三、保险科技创新的主要方法

（一）提升标准法

该方法的要义在于要将自身的技术标准提升至行业水平的最前端，以行业当前的最高标准作为基准，通过了解、分析、模仿、实践等一系列方式，促使保险科技的前进和创新。其目的是要在技术标准上领先其他对手，实现商业模式的发展。

（二）技术路线法

该方法的实质在于提前规划好自身的技术路线，按照市场的需要，将技术应用作为核心，再通过产品形态不断对技术效果进行检验，实现技术水平的不断突破。其目的是要在技术运用上领先其他对手，实现商业模式的发展。

（三）产品和周期优化法

该方法的实质在于以现有的产品及周期为基础，利用企业自身和其他科研机构的技术能力，快速改善现有模式的不足，缩短科技研发与升级的时间。其目的是要在技术迭代速度和改善运营效率上领先其他对手，实现商业模式的发展。

（四）产品数据管理法

作为对于当前信息化时代的顺应，产品数据管理法是保险业技术发展经常使用的方法，其看中科研过程中所产生数据的作用，通过数据来得出结论。该种方法的优势在于技术的提升主要是为数据管理服务，更有助于未来长效技术发展体系的形成。

四、保险科技创新对中国保险业的影响

（一）对保险供给市场的影响

（1）保险科技创新可能导致保险产业链价值发生变化。

第一种情况：保险公司仍掌握着客户资源。

在这种情况下，保险产业链价值变化较小，保险公司仍负责产品开发、销售、核保、核赔、与客户互动等工作。一部分组织架构更为灵活的保险公司由于充分意识到了科技创新的重要性，能够在产品定价、风险识别及反欺诈方面积极运用信息技术获得竞争优势并节约成本。那些无法融入科技创新的保险公司，由于利润空间被压缩，只能另辟蹊径，通过与消费者建立互信互惠关系、提升主观感受等提高品牌忠诚度，甚至会将商业模式变为预防，成为风险预防专家。另一部分则有可能在日益激烈的竞争环境中被驱逐出市场。

由于自然、社会、监管或资本壁垒等原因，科技公司参与保险业的程度不深，只能作为保险消费者的信息中介方存在，并通过并购、风险投资或内部激励等方式维持生存。

从客户的角度而言，保险公司仍然是产品与服务的关键供应商，产品价格、投保流程仍然会受到保险公司的控制，客户可选择的商品仍然有限。但由于整个市场保险科技水平的提升，客户能享受到的保险服务体验将会得到提升。

第二种情况：保险产业链变得分散，科技公司与保险公司平分市场。

在这种情况下，科技公司开始掌握客户资源，但是会选择与保险公司结盟。保险公司依然作为最终的风险承载人，在模式上会更加专注于理赔，而除承担风险外，与市场的所有互动均被割离。此时保险公司会逐渐成为一个价格接受者而非制定者，小的保险公司会被挤出市场。

科技公司成功建立了一种客户关系，客户互动点的复杂数据分析由科技公司负责，为消费者提供最佳的保险购买选择，甚至将保险产品嵌入其他服务中。客户的保险需求将逐步被科技公司提供的服务所驱动。但科技公司仍然不能够替代保险公司，因此，科技公司会选择一些更大、服务更好的保险公司合作，而整个保险市场的竞争也将会逐步转变为科技公司间及与保险中介间的竞争。

从客户的角度而言，由于科技公司满足了客户的个性化需求，也减少了客户对保险的比较与选择，客户可能不会再知道或关心他们所选择的保险公司是哪一家，而是更为看重科技公司提供的服务体验。

第三种情况：大型科技公司将传统中小保险公司挤出市场。

在这种情况下，科技公司可以利用资本实力及其在数据挖掘和数据管理方面的优势来选择自己承担风险，将保险服务作为自身服务的一个组成部分，提供完整的类保险产品，从而获取整个保险价值链。一些科技公司甚至可以开发出比保险公司更为强大的理赔和预防措施，从而使其能够比传统保险公司更具有竞争力。大部分传统中小保险公司将会因此出局，而再保险市场的作用将会因此变大。

（2）保险科技创新将促使更多微型保险出现。与金融服务业务一样，随着保险科技的发展，一方面，保险公司和科技企业可以利用复杂的数据分析为市场消费者提供更为精准的个性化产品，以满足消费者越来越具体的期望；另一方面，共享经济所需的是细分产品，只有那些符合市场消费模式的产品才能获得成功。由此将会出现一种新型的、只有在用户短时间需要时才会触发的保险，也称微型保险。例如，一些保险科技公司允许司机只需按实际驾驶里程或驾驶时间支付保险费用；航空公司按每次运载所使用不同的机型收取不同的保险费；客户也可以在他们跑步锻炼的日子里少交保险费等。

微型保险是普惠金融的一种形式，它可以为保险消费者提供价格亲民且更加适用于共享经济市场的保险。随着数据和分析工具的不断普及，这种形式或将持续成为保险科技创新领域最大的分支之一。

（3）保险科技创新将进一步扩大保险人的服务范围。纵观保险业的发展，保险业的供给总是随着科技的进步呈现扩张趋势。在科技水平不断提高的带动之下，保险领域中一些过去不可保、不愿保的风险逐渐转化为可保、能保、愿保的实际产品，扩大了保险人的服务范围。可以预见，随着保险科技的发展，未来将会有更多曾经超越我们认知的保险产品出现，填补风险防范的空白区域。

（4）保险科技创新将会加速中国保险业产销分离。随着保险科技的创新，无论是保险公司还是保险中介机构，其销售模式都将会随着保险科技的变化而进行相应调整。从当前中国保险市场的初创科技公司类型来看，绝大部分保险科技公司都是以保险销售渗透作为首要任务，其作用更类似于保险中介机构。这些保险科技公司着眼于通过更有效率、高质量的方式提出建议、提供服务，以此接触大众市场；同时，将会采用全面以客户为中心的方式，完善和简化保险服务流程，再通过直通渠道实现与保险供应商的连接，包括直接与保险公司连接以及与代理人、经纪人的渠道连接，为客户打造一站式综合服务，实现以更小的销售渠道达成更高的产能，在保险销售方面形成优势。此外，产销分离也符合国际成熟市场的发展惯例，保险公司通过运用保险科技，可以在产品定价、理赔服务等方面形成核心优势，形成可持续的竞争能力。在这种影响之下，中国保险业的产销分离将提速。

（二）对保险需求市场的影响

（1）保险科技创新将会导致保险消费者的预期发生显著的变化。随着经济与科技的发展，市场和客户对保险的需求必然会发生变化。现阶段保险科技主要应用于推广保险定制化、24/7 全天候实时支持、保险产品用户自主选择等，已经悄然改变了保险消费者的保险消费习惯。根据摩根士丹利 BCG 全球保险消费者调查数据，中国保险消费者更加乐于考虑新型技术驱动的产品，预测、跟踪和回应消费者的预期和行为变得越来越重要。保险科技创新可以使产品与用户之间更智能地互联互通，使保险消费者的预期更加具体化与明确化，进一步提升保险消费者对保险产品与服务的升级需求，同时也会进一步激发保险消费者的消费动力，提高整个保险市场的消费水平。

（2）保险科技创新将会给保险消费者带来更优质的服务体验效果。保险科技创新是进一步密切与客户的关系、改善客户消费体验的尝试，能够给客户带来更多的福利和服务。在保险科技水平不断提升之下，保险人之间的竞争不仅仅体现在保险产品本身，还包括保险服务的提供方式上，从用户需求出发，以用户为中心打造保险服务环境、服务组织定位和服务内容，更能满足市场多元化、差异化、个性化的需求，使保险消费者享受更优质的保险服务体验，提升保险消费者的满意度。

（3）保险科技创新将会使保险消费者的隐私进一步得到保护。虽然随着保险科技水平的提升，用户的隐私数据将会更加容易被捕捉到，但与保险供给市场向透明化、清晰化的发展趋势相反，保险科技的发展对于保险消费者的隐私保护而言，作用反而将更加明显。一方面，保险人无须再通过各种信息渠道去了解客户的真实情况，以免用户数据在中间环节中被泄露；另一方面，保险人仅根据客户的某一特征并运用相关算法即可得出更为精准的结论，从而在用户端实现由大数据朝小数据的方向发展。

（三）对保险监管的影响

由于保险科技创新改变了消费者预期，在保险科技监管上既要体现传统监管的继承性和延续性，又要体现互联网时代的适应性和包容性，避免过严的监管把创新扼杀在摇篮之中。具体来说，保监会在以下 5 个方面提出了更高的要求。

（1）实施穿透式监管。技术的进步日新月异，但很多技术创新仍处在初级阶段。监管者应按照实质重于形式的原则，把资金来源、中间环节与最终投向穿透联结起来，综合全链条信息判断业务属性和法律关系，执行相应的监管规则。同时，监管者需要通过法律法规或规范性文件等形式，引导行业合理使用新技术。

（2）实施持续性监管。监管者应紧跟时代，把对新风险的量化和监管、由于保险科技公司等第三方加入导致公司治理结构的变化纳入监管框架。完善保险科技统计监测和风险监测体系，持续动态地跟踪保险科技的发展演进和风险变化，及时调整监管框架。对于保险公司如何应对和消化由于引进新技术导致整个 IT 体系甚至经营基础发生的变化，监管者要做到心中有数。

（3）调整行为监管重点。随着保险科技创新，相关技术设施应用越来越普及，对消费者权益保护提出了更高的要求。例如，保险公司使用人工智能机器人维护客户关系时，监管者应特别注意其是否公平合理地为消费者提供了建议和服务。

（4）实施协同式监管。加强监管者与被监管者、投资者等其他市场参与者及学者、其他政府部门等多方面的沟通合作，促进行政监管和行业自律有机结合，实现审慎监管和行为监管并行互补，形成对保险科技领域全覆盖、有效防止监管套利的长效监管体制。

（5）实施创新式监管。注重利用网络信息技术改进保险监管的流程、水平和能力，积极探索监管沙盘、创新实验区等监管新手段、新模式的适用性和可行性。科技创新为自动化监管提供了机会，监管者也需要不断学习，更新知识储备和监管技能，只有对科技创新有更深层次的理解，才能识别和处置随之而来的风险。

第十章 中国保险市场监管趋势研究

第一节 保险监管整体情况

一、2016年保险监管的整体思路

2016年是我国实施“十三五”规划、全面建成小康社会决胜阶段的开局之年，也是推进结构性改革的攻坚之年，保持经济平稳较快发展、维护社会和谐稳定的任务十分繁重。在此背景下，中国保监会在整体监管思路上，确定了以牢固树立和和贯彻落实“五大发展理念”，适应经济发展新常态，大力推进供给侧结构性改革，深入贯彻落实“新国十条”，坚持“十二字方针”，紧紧围绕服务供给侧结构性改革和脱贫攻坚战略两大主线，重点抓好服务民生、深化改革和风险防范“三大重点工作”以及“五项日常监管工作”。

（一）保险业“五大发展理念”

2016年全国保险监管工作会议上指出，中共十八届五中全会提出了创新、协调、绿色、开放、共享五大发展理念，为保险业进一步发展指明了发展方向。新常态下保险监管工作要统一思想，深化认识，切实把思想和行动统一到党中央对经济发展新常态的重大判断和决策部署上来，把五大发展理念贯穿到保险业改革发展的方方面面，崇尚创新，注重协调，推进共享，努力开拓现代保险服务业发展的新境界。

一是要坚持创新发展，建设一个创新驱动、充满活力、具有较强核心竞争力的现代保险服务业。保险业要取得更大的发展和进步还是要靠改革创新，

特别是面对经济大调整、社会大变革、技术大创新、市场大竞争的发展趋势，改革创新仍然是推动保险业提升核心竞争力的根本途径。实现保险业创新发展，要继续在服务体系、市场体系和监管体系改革创新方面不断加大力度。

二是要坚持协调发展，建设一个跨界融合、区域协同、与经济社会发展相适应的现代保险服务业。当前保险业发展的均衡水平和整体效能还有待提高，保险行业与经济社会发展、与其他金融行业，以及区域保险市场间的发展还不够协调。要把推动协调发展作为保险监管的一个重大课题，努力在优化结构、补齐短板上取得突破性进展。

三是要坚持绿色发展，建设一个资源高效配置、质量效益良好、可持续发展的现代保险服务业。要积极探索发展生态环境领域的保险业务，在为绿色发展服务的同时，更加重视保险业自身的可持续发展。要加快转变行业发展方式，加强对保险资源的有效保护和合理开发，不断提高保险业精细化、集约化发展水平。

四是要站在全球高度，坚持开放发展，建设一个优势互补、合作共赢、具有全球影响力的现代保险服务业。保险业在开放发展方面还有很大的空间，国际保险业的管理经验、先进技术和高端人才都要积极引进，同时我国保险企业要加快“走出去”的步伐，全方位参与国际竞争的能力和水平迫切需要不断提高。要着力提高对外开放的质量和发展的内外联动性，实现“引进来”和“走出去”更好地结合，加强双边、多边国际保险监管合作，努力提升开放型行业发展水平。

五是要坚持共享发展，建设一个保障覆盖广泛、服务优质高效、增进人民福祉的现代保险服务业。要立足于服务国家治理体系和治理能力现代化，以满足社会日益增长的多元化保险服务需求为出发点，坚持发展为了人民、发展依靠人民、发展成果由人民共享，实现“保险让生活更美好”。

（二）2016 年保险监管的“三大重点工作”

2016 年全国保险监管工作会议，提出了服务民生、深化改革、风险防控保险监管 3 大工作重点，要紧紧围绕供给侧结构性改革这条主线，以服务民生为重点提高保险供给质量，以深化改革为手段培育供给新动能，以风险防范为保障夯实供给侧改革基础，抓好各项重点难点和日常监管改革发展任务。

1. 服务民生三大突破

（1）提升大病保险服务水平。把做好大病保险作为扶贫攻坚工作的重要内容来抓。进一步落实国务院办公厅《关于全面实施城乡居民大病保险的意见》，推动实施大病保险“一站式”结算和异地就医即时结算。研究制定投标管理、服务规范、风险调节、财务独立核算、退出机制等制度。进一步强化与基本医保等医疗保障制度间的互补联动，形成保障合力。

（2）抓好巨灾保险制度落地。尽快推动《建立城乡居民住宅地震巨灾保险制度实施方案》在全国范围内落地。积极推动地震巨灾保险立法进程，将地震巨灾保险纳入法制化框架。继续推动巨灾保险地方试点，探索研究覆盖洪水、台风等主要自然灾害的巨灾保险制度。

（3）推动商业保险税优政策试点顺利实施。税优健康保险方面重点是总结试点工作，完善试点方案，推动税优健康保险全国试点。税延养老保险方面重点是争取尽快推出税延养老保险试点政策，抓紧制定试点方案，并组织好实施工作。做好税延保险信息平台建设、税延保险监管制度制定、示范条款设计等试点准备工作。

2. 深化改革三大举措

（1）全面深化保险产品市场化改革。2016 年 6 月底已在全国范围内实施商业车险改革。不断丰富商业车险示范产品体系，完善商业车险创新型产品形成机制。不断提高市场化定价程度，提高行业费率基准的科学性。启动意外险费率市场化改革。

（2）全面深化市场准入退出机制改革。坚持专业化、区域化、差异化的市场准入原则，坚持完善多层次市场退出体系，推动构建适应现代保险服务业发展的市场准入退出机制。积极发展自保、相互、互联网等新型保险组织。积极发展再保险等专业市场，研究制定再保险公司等专业性保险公司的准入管理办法。研究制定保险机构整顿接管程序规定，加快区域性市场退出实践。

积极支持符合条件的保险公司在境内外上市及挂牌“新三板”，支持保险公司稳步开展金融综合经营。

（3）全面深化资金运用市场化改革。切实加大保险资金对国家重大战略和实体经济的支持力度，引导保险资金通过债权投资计划、股权投资计划等方式，支持国家重大战略实施和重大民生工程建设。不断创新保险资产管理产品和资金运用方式，通过保险私募基金、股债结合、优先股、资产支持计划等，加大对科技型小微企业、战略新兴产业的支持力度。

3. 风险防控三大工程

（1）正式实施“偿二代”。要更加注重发挥偿二代在风险防控中的核心作用，妥善制定并实施好偿二代切换方案，确保新旧体系平稳过渡。在实施过程中，要着力抓好监督指导、定性监管、制度建设、信息系统、国际交流等五项主要工作，服务和支撑偿二代的稳健运行。全面实施偿二代风险综合评级和偿付能力、风险管理能力评估制度，评价保险公司综合风险，督促公司提高风险管理能力。为适应偿二代实施的需要，修订《保险公司偿付能力管理规定》。开发专门的偿二代监管信息系统，提高监管工作效率。积极推进我国与欧美监管部门以及相关国际组织的合作和交流。

（2）构建更加科学的风险评估预警机制。坚持实施对重点风险的定期分析和报告制度，强化风险的量化分析，全面科学地评估风险，对发现的风险隐患及时进行风险提示、窗口指导、风险质询，加大现场检查和非现场监测力度，督促市场主体采取措施加以化解。建立国内系统重要性保险机构监管制度体系，要求入选保险机构制订恢复与处置计划。进一步完善和丰富重点风险应急预案，科学化解存量风险，有效控制增量风险，强化保险保障基金在事前纠正和事后处置中的作用，增强市场和保险消费者信心，有效控制风险累积和蔓延。

（3）加快推进保单登记管理信息平台建设。继续完善并丰富保单登记管理信息平台功能，基本建立起功能较为全面的数据分析平台，进一步扩大保单登记范围，提高登记数据的准确度和全面性。

（三）2016年保险监管的"五项日常监管工作"

在2016年保险监管三大工作重点的基础上，中国保监会继续提出了落实风险防范措施、规范保险市场秩序、保护消费者合法权益、服务经济社会发展和夯实保险监管基础工作5项日常监管工作。

1. 认真落实风险防范的政策措施，牢牢守住不发生区域性系统性风险的底线

（1）防范满期给付和非正常退保风险。在发挥好地方政府第一责任人作用的基础上，保险公司要切实承担起主体责任，保监局要有效承担起属地监管责任。

（2）防范偿付能力不足风险。持续监测偿二代切换后各公司的偿付能力状况，重点关注试运行期间偿二代指标不达标的公司，以及压力测试下偿付能力风险较大的公司。

（3）防范资金运用风险。要进一步完善保险资金运用监管制度体系，加强保险资金运用非现场监管体系建设，建立资产负债匹配监管的长效机制。

（4）防范流动性风险。要继续加强风险动态监测和预警，对可能出现风险的公司进行动态预警与监控。开展现金流压力测试，防范化解现金流风险。

（5）防范公司治理风险。完善公司治理监管制度，推进保险公司混合所有制改革，规范股权质押和代持等行为。加快公司治理信息化建设，建立关联交易数据库，完善公司治理问题数据库。防范案件风险。

2. 大力规范市场秩序

财产险方面，要继续加大农业保险现场检查力度，开展车险市场专项检查。

人身险方面，要进一步加强对大病保险全面实施的承办规范，并继续对大病保险开展全面检查。加强对寿险机构的现场检查。规范中短存续期产品发展，完善相关监管制度。

中介业务方面，全面修订保险代理、保险经纪、保险公估三部监管规章。推进保险中介云平台建设，提升保险中介信息化水平。

风险案件检查方面，统筹开展风险防控机制有效性专项检查，进一步巩固深化“两个加强、两个遏制”专项检查成果。开展“反保险欺诈、反洗钱、反非法集资”第二轮检查。

3. 切实保护保险消费者权益

第一，坚持不懈治理“理赔难”和“销售误导”。

治理“理赔难”方面。全面落实《保险小额理赔服务指引》，开展保险小额理赔服务质量监测工作。研究制定《关于积极推进“互联网+车险理赔”行动的指导意见》，建立车险理赔基础指标披露通报和服务测评制度，协调推动交通事故人伤损害赔偿计算系统的试点推广工作。

治理“销售误导”方面。推进《人身保险客户信息真实性管理暂行办法》的贯彻落实，规范商业银行代理销售保险和公司赠送保险等行为。重点打击产寿险电销、网销等新渠道销售违规行为。

第二，深入推进保险服务评价工作。认真贯彻执行保险公司服务评价管理办法，促进公司加强和改进服务水平。

第三，细化保险服务评价流程，完善保险服务评价标准，加强保险服务评价结果运用。

第四，切实做好保险消费投诉处理。完善保险消费投诉处理相关制度，完成12378热线系统升级改造，推动投诉管理系统建设，加强保险公司投诉处理工作考评。

第五，深化保险纠纷调处机制建设。加紧发布保险纠纷诉调对接机制建设和保险公司参与调处机制的指导性文件，稳步推进保险纠纷调处机制建设。

第六，加强保险消费者教育和风险提示。

4. 推动行业更好地服务于经济社会发展

（1）参与多层次社会保障体系建设。健康保障方面。协调有关部门共同推进保险业参与基本医保经办工作。鼓励和支持商业保险机构通过投资、参股医疗机构参与公立医院改革。通过将护理保障与护理服务相结合，投资建立养老、护理机构。

养老保障方面。推动出台《关于加快发展现代商业养老保险发展的若干意见》。支持保险机构开展企业年金和职业年金业务，参与基本养老保险基金市场化投资管理。配合机关事业单位养老保险制度改革，组织开展对接职业年金领取期的商业养老保险产品研发工作。会同相关部委，逐步完善老年人住房反向抵押养老保险配套制度，联合出台《关于推进老年人意外伤害保险工作的指导意见》。

（2）服务社会治理体系创新。会同相关部委推动环境污染、医疗责任、安全生产、建筑工程质量等领域责任保险发展。研究制定环境污染强制责任保险制度方案，研究出台《安全生产责任保险暂行办法》。建立责任保险统计制度，健全责任保险联席会议制度，完善责任保险交流平台。

（3）创新支农惠农方式。以服务国家扶贫开发战略和农业现代化战略为重点，以“扩面、提标、增品”为核心，加大农业保险创新发展力度，稳步提高农业保险保障水平。稳步扩大价格保险试点，积极探索“保险+期货”模式，转移化解市场风险。

（4）促进经济转型升级。加大小额贷款保证保险试点工作力度，降低小微企业的融资成本。加快发展短期出口信用保险，引入更多的经营主体，引导短期出口信用保险市场规范有序发展。鼓励保险集团或社会资本投资设立专业再保险公司，加快建设区域性再保险中心，鼓励境内保险机构发展离岸再保险业务，推动再保险积极参与各地开展的巨灾保险试点，增强再保险分散自然灾害风险的能力。

5. 不断夯实保险监管工作基础

第一，提高监管法制化水平。推动《保险法》修订工作，持续推进规章及规范性文件的修改完善。

第二，加强基础设施建设。研究编制和推进实施保险业风险数据库建设规划。大力推进保险业标准文本修订工作。开展保单要素信息标准工作。

第三，加强电子政务内网建设。推进南京灾备中心建成并投入运行。

第四，发布第三套生命表。

第五，加强财产保险产品管理制度建设，实施备案产品自主注册改革，建立产品注册平台和数据库。

第六，加大信息披露力度。修订《保险公司信息披露管理办法》。建立和完善意外险经营情况信息披露制度。发布中国保险消费者信心指数。推进保险信用体系建设。着手建立保险信用信息系统，推进保险信用信息与其他行业信用信息互联互通。研究建立保险失信联合惩戒机制。

第七，加强重大问题研究。认真做好保险业“十三五”规划编制工作。调动行业和社会力量加强保险理论研究。深入研究保险业服务“一带一路”建设、京津冀协同发展、长江经济带建设等国家重大战略部署的切入点，提供理论支持和政策储备。

二、2016 年保险监管的成效与变化

从 2016 年保险监管的工作与成效来看，中国保监会围绕中心、服务大局，深化改革、加强监管，通过“加强和改进党的领导，确保保险业始终沿着正确方向前进”“始终坚持‘保险业姓保’，推动保险业实现跨越式发展”“始终牢记‘保监会姓监’，牢牢守住不发生系统性风险的底线”“全面深化保险监管改革，推动保险监管走向现代化”“切实发挥政策引导作用，打造全面服务国家治理体系和治理能力现代化的新格局”5 个方面的不断努力，我国保险业实现了历史性的变革，各方面工作都取得了突破性进展。

（一）保险业监管和改革发展取得了积极成效

一是全面严格依法监管。2016 年，保险业正式实施了“偿二代”，在监管技术上实现了从规模导向到风险导向、从重大风险广覆盖向全覆盖、从静态监管向动态监管的转变，增强了保险监管的系统性和科学性，提高了我国保险监管的国际话语权。重拳出击，在全行业深入开展“两个加强、两个遏制”回头看、保护保险消费者权益的“亮剑行动”，万能险业务专项检查等监管举措。中国保监会在全系统部署各类现场检查 2800 余次，对 612 家次机构、820 人次的个人进行了行政处罚，共计对保险机构罚款 7836 万元，对相关责任人罚款 1754 万元。针对个别机构激进发展和激进投资等风险点，依法

依规果断处置，有力打击了违规行为，有效堵塞了监管漏洞，规范了市场行为。

二是坚决守住风险底线。2016 年末，保险公司整体偿付能力充足率达到 247%，远高于 100%的警戒线，行业没有出现大的风险事件。2016 年末，保险保障基金余额达到 942 亿元，防控和化解风险的能力明显增强。

三是有力服务国家大局。保险业全面深化改革成效显著。2016 年，全国保费收入达到 3.1 万亿元，同比增长 27.5%。保险业为全社会提供风险保障 2373 万亿元，赔付 1.05 万亿元，在助力实体经济发展、脱贫攻坚战略、保障改善民生等方面发挥了积极作用。到 2016 年末，保险资金运用余额 13.39 万亿元，其中，通过基础设施投资计划、未上市股权、信托等方式服务实体经济和国家战略超过 4 万亿元；债券 4.3 万亿元，证券投资基金和股票 1.78 万亿元，为资本市场的稳定发展提供了有力支持。

（二）各方面工作取得突破性进展，实现了保险业“十三五”良好开局

一是抓住服务供给侧结构性改革和脱贫攻坚战略两大主线，推动保险服务能力再上新台阶。例如，在助力实体经济发展方面，加快发展科技保险；推动完善“政府+银行+保险”模式的小额贷款保证保险试点工作；推动短期出口信用保险市场稳步放开；设立汽车碰撞实验室，加快推进保险产业与汽车产业融合发展。

在助力脱贫攻坚战略方面，围绕脱贫攻坚战略的需要，着力打造以大病保险、农业保险、小额保险等为主的保险扶贫保障体系，以小贷险、学贷险、农险保单质押贷款等为主的保险扶贫增信体系，以产业扶贫投资基金等为主的保险扶贫投资体系，全方位助力脱贫攻坚。

在助力保障改善民生方面，扎实做好大病保险、农业保险工作；推动地震巨灾保险制度落地；深入开展老年人住房反向抵押养老保险试点；大力发展医疗责任保险与校方责任保险等。

在助力国家重大战略建设方面，为“一带一路”、长江经济带、京津冀协同发展、重大基础设施建设等国家战略项目提供资金支持。

二是全面深化保险改革，更好地发挥市场配置资源的决定性作用。在深入推动重点领域改革方面，商业车险改革在全国范围内铺开；农险产品改革继续深化；完善保险专业中介业务许可工作，实施注册资本托管等新做法，强化股东出资真实性监管；积极稳妥推进保险资金运用改革，放宽保险资金可投资基础设施的行业范围，增加 PPP 投资模式，开展沪港通试点业务；深化在医疗、养老、健康、科技等产业链的布局发展；推动上海航运保险产品注册制服务范围向全国扩展等，释放了行业发展动能。

在完善市场体系建设方面，坚持专业化、区域化原则，有序批设保险机构，优先支持中西部省份设立保险机构，支持在贫困地区设立专业性保险公司，填补法人机构空白；开展相互保险试点，批设首批 3 家相互制保险机构；筹建保险业并购基金；有序增加专业互联网保险公司试点；成立上海保险交易所，完善保险要素市场体系；推动设立宁波国家保险创新综合实验区等，使得多层次保险市场体系加快成型。

在强化事中事后监管方面，从负债端严格产品监管；压缩中短存续期业务占比，对规模超标公司停止银保趸交业务，进一步调高产品保障水平，调低万能险审批利率，规范结算利率；对万能险业务为主的人身险公司开展专项检查；组织开展车险市场专项检查；开展互联网保险风险整治工作；在资产端强化保险资产负债匹配管理；明确重大投资原则和标准，运用信息披露方式加强对重大投资的约束和监管；推进保险资金运用内部控制指引建设，针对未上市股权、不动产、金融产品、基础设施等制定具体准则等，确保保险市场健康、规范运行。

在保险业双向开放方面，妥善审批外资保险公司市场准入申请；支持区域性再保险中心建设；积极审慎支持境内保险机构进行海外网点布局等，使得保险业对外开放呈现新格局。

三是坚持预警与防范化解相结合，守住不发生系统性风险的底线。中国保监会先后于 2016 年 7 月召开了“十三五”保险业发展与监管专题培训班，2016 年 12 月召开了全行业会议，贯彻落实党中央国务院从严监管指示精神。

推进保险业重大风险防范全覆盖，全面实施偿二代技术标准和监管要求；加强满期给付和退保风险的监测预警和应急处置；完善保险保障基金管理制度和运行机制；建设国内系统重要性保险机构（D-SII）监管制度体系；开展保险机构风险防控有效性大检查、“安宁2016”反保险欺诈专项行动、防范和处置非法集资风险排查和主题宣传月活动。保持对重点风险的高压态势，开展保险公司与保险中介领域的风险自查、集中检查、“两个加强、两个遏制”回头看工作等，处理了一些潜在风险点。以万能险等专项检查为抓手，对重点公司、重点产品、重点领域的风险进行了果断处置；依法规范险资举牌和资金运用，暂停相关机构的万能险业务和新产品申报等。

四是强化保险监管的前瞻性和针对性，不断夯实监管基础。在保险监管制度建设上，偿二代正式实施；与美、欧、亚等国家（地区）的保险监管机构和国际组织开展偿付能力监管合作，举办亚洲偿付能力监管与合作研修班，在国际保险监管规则制定中坚定发出中国声音、注入中国元素；出台《中国保险业发展“十三五”规划纲要》；中国保监会再次成功当选国际养老金监督官协会（IOPS）执委，进入国际养老金监管核心决策层；发布第三套生命表；成立保监会专家咨询委员会，提高监管决策科学化水平。

在加强保险消费者保护工作上，重点打击电销、网销等新渠道保险销售违规行为；持续治理车险理赔难，会同公安部下发文件，提升轻微交通事故现场处置效率；会同最高人民法院开展道路交通事故赔偿纠纷处理机制改革试点，探索“交通事故网上数据一体化处理”模式；深入开展保险消费宣传教育和风险提示，推进信用体系建设，强化保险公司维护消费者合法权益的主体责任；开展首次保险公司服务评价工作；出台升级版的保险纠纷诉调对接机制文件，深化保险纠纷多元化解机制建设；加大投诉处理监管力度，提升12378热线服务能力；首次编制并发布保险消费者信心指数。

在健全完善保险法律制度体系上，保险规章废改立取得突破性进展；《保险法》修改取得阶段性成果；继续推动地震巨灾保险立法工作；开展规章立法，完成修订的规章2部，正在审核的规章6部；加强规范性文件管理；积极推动全国保险监管处罚裁量基准落地实施，完善行政处罚程序。

在运用信息化手段加强改进监管的基础上，加强行业网络安全风险管理；建成偿二代监管、行政审批、产品电子化报备和管理等信息系统；异地灾备中心投入使用；推进保单登记管理信息平台建设，统筹推进保险业标准化改革，在金融业率先制定《中国保险业标准化“十三五”规划》；运用公开信息披露，加大对保险公司偿付能力、重大投资、股权变更、关联交易等方面的监管；公开发布保险公司信息披露核查通报，强化信息披露的规范性和市场约束作用。

五是全面落实从严治党要求，加强监管干部队伍建设。落实“两学一做”“三会一课”；开展“灯下黑”问题专项整治；加强党风廉政教育；加强信访举报工作；落实“两个责任”；开展机关“四风”问题整治情况“回头看”工作；对中央巡视组指出的问题全面整改；加强监管人才队伍建设；加大干部教育培训；在从严监督管理干部等工作上，切实履行管党治党责任。

（三）保险监管力度从下半年开始加强

虽然2016年保险业交出了一份亮眼的业绩单，但随着保险业的迅速发展，各种新问题、新情况也层出不穷，保险业在公司治理、保险产品和资金运用3个关键领域还存在不小的风险。从2016年下半年开始，保监会便开始加强了保险监管关注与整治的力度。

一是“保险姓保”理念进一步强化。2016年下半年以来，为规范保险业务发展，落实“保险姓保”的政策理念，保监会连续发布《关于强化人身保险产品监管工作的通知》《关于进一步完善人身保险精算制度有关事项的通知》等多项规章，从服务经济大局和保护消费者利益出发，对险企风险控制、产品账户管理、保障水平、结算利率等多方面进行严格监管。

二是资金运用管理趋严。仅从2016年11—12月1个多月的时间内，保监会就密集采取了“中国保监会约谈恒大人寿明确表态不支持保险资金短期大量频繁炒作股票”“中国保监会将加大保险机构投资能力监管力度，提升保险资金运用内控管理水平”“保监会持续强化万能险监管，坚决遏制违规行为”

“中国保监会暂停恒大人寿保险有限公司委托股票投资业务”“保监会将全面修订《保险公司股权管理办法》，严格股权监管，确保保险姓保”和“中国保监会《中国保监会关于进一步加强人身保险监管有关事项的通知》”等多项行动，并在2016年12月13日保监会召开的专题会议上，明确表态：保险资金运用必须审慎稳健、服务主业，要求投资标的应当以固定收益类产品为主、股权等非固定收益类产品为辅；股权投资应当以财务投资为主、战略投资为辅；少量的战略投资应当以参股为主。

三是公司治理成重点。保监会在2016年下半年集中开展了保险公司、保险中介、互联网保险渠道等多个专项检查工作，并对万能险业务整改不到位的华夏人寿、东吴人寿等2家公司采取暂停互联网保险业务、3个月内禁止申报产品的监管措施。

由此表明，回归“保险姓保”，立足主业，回归本位，正逐渐成为当前保险监管的新风向。

三、2017年保险监管整体趋势研判

1. 防控风险、服务大局和改革发展从“三大重点工作”升级为“三大战略”

2017年全国保险监管工作会议上指出：2017年中央经济工作会议为做好保险工作提供了行动指南，下一步保险业“要深入学习贯彻中央经济工作会议精神，切实把思想和行动统一到党中央、国务院决策部署上来，把握正确方向，始终不忘初心，扎实推进保险业防控风险、服务大局、改革发展三大战略”。把防控风险、服务大局和改革发展从“三大重点工作”提升到了“三大战略”的高度。可以预见的是，保监会要做好2017年的保险监管工作，关键在于保险业“三大战略”如何落实。

2. 2017年保险监管工作的总思路是“三大战略”的具体体现

在2017年全国保险监管工作会议上，中国保监会提出了2017年保险监管工作总的指导思想：紧密团结在以习近平同志为核心的党中央周围，全面贯彻党的十八大、十八届三中、四中、五中、六中全会和中央经济工作会议

精神，按照全面从严治党要求和稳中求进工作总基调，始终坚持“保险业姓保、保监会姓监”，从严从实加强监管履责，积极稳妥处置潜在风险点，坚持推进供给侧结构性改革，充分发挥保险保障功能，服务经济社会发展全局，以优异的成绩迎接党的十九大胜利召开。

这一指导思想的出台，就是深入学习贯彻中央经济工作会议精神，切实把思想和行动统一到党中央、国务院决策部署上，把握正确方向，始终不忘初心，扎实推进保险业防控风险、服务大局、改革发展三大战略的具体体现。

防控风险就是要坚持“保监会姓监”，加强和改进监管，守住不发生系统性风险的底线，实现保险市场平稳健康运行；服务大局就是要坚持“保险业姓保”，以人民的需求为中心，提升保险业服务能力，发展党和人民需要的保险事业；改革发展，就是要坚持“稳中求进”，积极推动改革，完善体制机制，增强市场活力，提高发展的质量和效率。防控风险、服务大局、改革发展三大战略相互促进、相辅相成。防控风险是前提和保障，服务大局是宗旨和目标，改革发展是方法和手段。

3. “三大战略”的重心发生改变，防范风险成为首要任务

与2016年初中国保监会将“服务民生”放在首位相比，2017年最明显的变化在于保险监管的战略重心向“防范风险”倾斜。

首先，是要坚持防控风险不动摇，为维护金融安全提供重要支撑。无论是监管部门，还是保险机构，都必须把防控风险放在更加重要的位置。监管部门要在防控风险中履行好基本职责，保险机构要在防控风险中发挥好主体作用，保险行业要为降低金融体系风险做出更大的贡献。同时，要强化保险的社会属性，努力成为国家治理现代化的有效抓手。

其次，要坚持“保险业姓保”不动摇，为实体经济发展提供坚强保障。一是要求强化保险的保障属性，让保险成为现代社会风险管理的重要手段；二是要求强化保险的长期属性，让保险成为促进经济社会稳定发展的长效机制；三是要求强化保险的社会属性，让保险成为国家治理现代化的有效抓手；四是要求强化保险的产业属性，让保险成为现代服务业和新经济的支柱产业。

最后，要坚持改革发展不动摇，为建设现代保险强国提供强大动力。一是市场化与法治化相结合；二是本土化与国际化相结合；三是精细化与大众化相结合。

4. 工作内容与“五项日常监管工作”相比变化不大，但治理与检查将成为工作常态

2017 年，保险监管的具体工作内容可归为“一个底线，两个建设，三项服务，四大改革”。

一是坚决守住不发生系统性风险的底线。2017 年，保险监管把防控风险放到更加重要的位置，重点围绕公司治理、保险产品和资金运用 3 个关键领域，下决心处置潜在风险点。对于触碰风险红线的，露头就打，出手要快，下手要狠，确保把风险消灭在萌芽状态；对于形成风险隐患的，要增强同风险赛跑的意识，抢在风险前面，瞄准要害，果断处置，确保不发生系统性风险。

二是强化两个建设。牢牢抓住能力建设和制度建设两条主线，着力打造符合时代要求的监管干部队伍和现代监管体系，全面提升新形势下从严从实监管的能力和水平，为加强和改进监管提供强有力的保障。

三是做实三项服务。继续推进服务脱贫攻坚战略、服务实体经济发展和服务社会治理体系建设，努力把保险立足全局、融入全局、服务全局推向新高度。

四是抓好四大改革。包括积极深化市场体系改革、有序推进条款费率改革、稳步实施资金运用改革、加快扩大对外开放合作，按照加快推进简政放权、放管结合、优化服务的改革要求，进一步发挥市场在资源配置中的决定性作用，在解放和发展生产力中更好地满足人民日益增长的保险需要。

从具体工作内容来看，2017 年所提出的保险监管工作内容与 2016 年“五项日常监管工作”内容相比变化不大，主要是在 2016 年的基础上持续推进。但纵观整个 2017 年的保险监管工作安排，首先提出的便是“2017 年初，保监会要开展一次公司治理的行业大检查，全面摸清保险公司治理的现状和底数。”由此表明，防范风险已成为2017年保险监管工作的重中之重，治理与检查将成为工作常态。

5.“1+4”系列文件的出台，进一步明确“防范风险”的核心地位

“1+4”系列文件是2017年4月保监会根据习近平总书记关于金融工作的重要讲话精神，结合实际，就保险业监管和改革发展做出的重大部署，是一项系统工程。“1”就是《关于进一步加强监管，维护保险业稳定健康发展的通知》，是大方向和总要求；“4”就是防控风险、治理乱象、补齐短板、支持实体经济的4个配套性文件，是具体路径。可以说，“1+4”系列文件的出台，既是保险监管三大战略中“防范风险”核心地位的印证，同时也是保险监管防范风险工作的重要补充。以下为“1+4”文件的重点内容：

（1）保监发〔2017〕34号《中国保监会关于进一步加强保险监管，维护保险业稳定健康发展的通知》。

“34号文件”指出：“党中央国务院历来高度重视金融风险防控，习近平总书记强调，要把防控金融风险放到更加重要的位置，强化统筹协调，及时弥补监管短板，坚决治理市场乱象，提升金融服务实体经济的质量和水平。保险监管系统要深入查找和深刻反思当前保险业及保险监管存在的问题，坚定不移强化监管，坚决果断治理乱象，坚持不断完善制度，坚决守住不发生系统性风险底线，维护整个金融体系的稳健安全运行。”

“34号文件”强调：“保险监管系统要切实把思想和行动统一到党中央国务院对金融保险工作的要求和部署上来，当前和今后一段时期的主要任务是深入做好制度监管漏洞排查，加快补足制度短板，全面强化审慎监管，清理整顿保险市场秩序，切实担负起防控风险和引导保险业健康发展的责任。一是强化监管力度，持续整治市场乱象。二是补齐监管短板，切实堵塞监管制度漏洞。三是坚持底线思维，严密防控风险。四是创新体制机制，提升保险服务实体经济能力和水平。”

（2）保监发〔2017〕35号《中国保监会关于进一步加强保险业风险防控工作的通知》。

“35 号文件”要求：“一要完善流动性风险管理体系，切实防范流动性风险，包括健全流动性管理制度机制、加强流动性风险管理和监测、完善应急处置机制、风险防范关口前移、强化股东的流动性风险管理责任；二要加强保险资金运用管理，切实防范保险资金运用风险，包括切实加强资金运用依法合规管理、建立审慎稳健的投资运作机制、严禁违规开展资金运用关联交易、防范重点领域的投资风险、加强资金运用信息报送和披露；三要完善公司治理管理体系，切实防范战略风险，包括科学制定战略规划、完善公司治理体系、加强股东管理、加强关联交易的管理；四要密切跟踪关注各类新型保险业务，切实防范新业务风险，包括加强新业务风险研判、严控信用保证保险业务风险、严防互联网保险风险；五要加强外部风险摸排和管理，切实防范外部传递性风险，包括加强外部环境研判、建立风险缓释和衰减机制、防范重点领域的外部传递性风险；六要加强消费者权益保护，切实防范群体性事件风险，包括完善消费者权益保护机制、加强人身保险产品销售行为管理、严查违规套取费用、提高群体性事件的应急处置能力；七是着力摸清风险底数，切实防范底数不清风险，包括摸清风险底数、防范数据不真实风险、加强监管报告和数据的报送管理；八是加强资本管理，切实防范资本不实风险，包括防范公司资本被抽逃占用的风险、切实防范增资来源不合法的风险、制定符合公司实际的资本规划、严防利用不当创新、不当工具虚增资本；九是加强声誉风险防范，切实增强舆情应对能力，包括加强声誉风险管理、加强风险排查和监测、提升应急处置能力、加强新闻统一发布和归口管理；十是健全风险防控工作机制，切实强化责任落实和追究，包括加强组织领导、强化责任分工、完善信息报告机制、严格责任追究等。”

（3）保监发〔2017〕40 号《中国保监会关于强化保险监管，打击违法违规行为，整治市场乱象的通知》。

“40 号文件”要求：“一要着力整治虚假出资，切实解决资本不实问题；二要着力整治公司治理乱象，提升治理机制有效性；三要着力整治资金运用乱象，坚决遏制违规投资、激进投资行为；四要着力整治产品不当创新，坚决清退问题产品；五要着力整治销售误导，规范销售管理行为；六要着力整治理赔难，提高理赔服务质量和效率；七要着力整治违规套取费用，规范市场经营行为；八要着力整治数据造假，摸清市场风险底数。”

（4）保监发〔2017〕42号《中国保监会关于保险业支持实体经济发展的指导意见》。

“42号文件”提出：“要全面贯彻党的十八大和十八届三中、四中、五中、六中全会精神，深入贯彻习近平总书记系列重要讲话精神，充分认识金融服务实体经济的重要意义，坚持服务国家战略和实体经济的导向，发挥保险业务和资金独特优势，做实体经济服务者和价值的发现者；坚持改革创新的理念，适应实体经济发展的不同需求，不断创新保险产品、业务模式和保险资金运用方式，拓宽支持实体经济的渠道；坚持发挥市场在资源配置中的决定性作用，遵循依法合规和专业化、市场化运作原则。”

“42号文件”要求：“第一，要积极构筑实体经济的风险管理保障体系。一是完善社会风险保障功能，发挥实体经济稳定器作用；二是完善农业风险管理机制，推动中国特色农业现代化；三是增强保险增信作用，助力小微企业融资和出口企业‘走出去’；四是发挥保险产品和资金优势，推动健康和养老产业发展。第二，要大力引导保险资金服务国家发展战略。一是支持供给侧结构性改革；二是支持‘一带一路’建设；三是支持国家区域经济发展战略；四是支持军民融合发展和《中国制造2025》；五是推进保险资金参与PPP项目和重大工程建设。第三，要不断创新保险业服务实体经济形式。一是创新保险扶贫基金，助力国家脱贫攻坚战略；二是创新再保险和巨灾险业务模式，为实体经济保驾护航；三是完善新技术、新业态保险服务，支持实体经济创新战略。第四，要持续改进和加强保险监管与政策引导。一是逐步调整和优化比例及资本监管；二是积极推进差异化监管和分类监管试点；三是着力防范和化解重点领域风险隐患。”

（5）保监发〔2017〕44号《中国保监会关于弥补监管短板构建严密有效保险监管体系的通知》。

“44 号文件”要求：“第一，要统一思想认识，把握正确方向。一是坚持目标导向，强化为民监管；二是坚持问题导向，强化源头监管；三是坚持统筹协调，强化系统监管；四是坚持依法公正，强化从严监管。第二，要抓住重点领域，堵塞制度漏洞。一是健全公司治理监管制度；二是严格保险资金运用监管；三是深化偿付能力监管制度全面实施；四是夯实保险产品管理制度；五是完善保险中介市场监管制度；六是推动保险消费者权益保护制度体系建设；七是完善高管人员管理制度；八是提升新型业务监管水平。第三，要完善监管机制，强化薄弱环节。一是加强监管机制的协调统一；二是加强前端审批与后端监管的协同；三是加强监管基础设施建设；四是加强非现场监管与现场检查联动；五是加大行政处罚和信息披露力度；六是强化司法手段运用；七是落实问责机制；八是提升监管干部队伍素质能力。第四，要加强组织领导，协调有序推进。一是高度重视，认真组织；二是聚焦问题，找准方向；三是各司其职，有序开展；四是立足当前，谋划长远。”

第二节　财险市场监管情况

一、2016 年财险监管情况概述

2016 年，财险监管坚持“抓服务、严监管、防风险、促发展”的工作方针不动摇，不断适应经济新常态的发展变化，推动商车改革、巨灾保险、扶贫攻坚、产品自主注册改革、农业保险、责任保险等工作取得重大突破，较好地维护市场秩序，积极满足人民群众的财产保险需求，坚决守住了不发生系统性区域性风险的底线。

一是防范化解风险取得新成效。截至 2016 年底，所有财产保险公司偿付能力充足率均达标，牢牢守住风险底线。

二是财险监管改革实现新突破。商车改革试点在全国铺开，消费者普遍获益，商业车险车均保费较改革前下降 5.26%，商业三责险平均责任限额提

升17.4%。产品改革步伐加快，实现7×24小时在线实时注册和注册产品向社会全面公开，2016年底注册主险和附加险产品6104个。再保险监管制度建设得到加强，市场主体不断丰富。

三是巨灾保险建设迈出新步伐。地震巨灾保险产品正式全面销售，2016年，累计出单18.07万笔，保费收入475.34万元，保险金额177.62亿元。广东10个地市开展巨灾指数保险探索，黑龙江开展农业财政巨灾指数保险试点，巨灾保险实践探索不断推进。

四是保险扶贫工作开创新局面。出台《关于做好保险业助推脱贫攻坚工作的意见》等多项政策，探索总结出河北阜平"金融扶贫、保险先行"、四川"惠农保"、宁夏"脱贫保"、云南昭通医疗费用"一站式报销"、河南兰考"脱贫路上零风险"等一批可复制、可推广的保险扶贫典型经验。

五是服务经济社会发展取得新成果。2016年，财产保险业提供保险保障1282.88万亿元，同比增长36.22%；支付赔款5042.33亿元，同比增长13.35%。其中，农业保险累计为2.04亿户次农户提供风险保障2.16万亿元，向4575.51万户次农户支付赔款348.02亿元。责任保险提供风险保障118.2万亿元。小额贷款保证保险为8.91万家小微企业提供风险保障348.67亿元，帮助企业获得融资金额315.90亿元。

二、2016年财险监管主要动态

2016年1月，中国保监会、公安部联合印发通知，部署年内在10省3市开展道路交通事故快处快赔试点工作，推动轻微交通事故快速处理机制向公路和农村地区延伸，防范由于道路交通事故现场撤除不及时引发的交通拥堵和二次事故，快速化解因道路交通事故引发的矛盾纠纷，保障当事人公正快速地化解损害赔偿纠纷。

2016年1月，中国保监会对互联网平台保证保险业务开展全面风险排查，了解财产保险公司在经营管理、管控措施、应急预案等方面存在的风险隐患。在此基础上，为加强互联网平台保证保险业务管理，促进互联网平台保证保险业务持续健康发展，中国保监会印发了《关于加强互联网平台保证保险业务管理的通知》，针对互联网平台保证保险业务存在的问题，重点对互联网平台选择、信息披露、内控管理等提出明确的要求。

2016 年 2 月，中国保监会召开了 2016 年全国财产保险监管工作会议全国财产保险监管工作会议。贯彻落实全国保险监管工作会议精神，部署“十三五”开局之年财产保险监管工作。

2016 年 3 月，中国保监会发布《关于开展财产保险公司备案产品自主注册改革的通知》，提出了财产保险公司备案产品自主注册改革的指导思想、基本原则、改革目标和主要任务。

2016 年 4 月开始，中国保监会逐步开展北京、河北、山西、辽宁、上海、江苏、浙江、福建、江西、海南、贵州、云南、西藏、甘肃、深圳、大连、宁波、厦门 18 个地区商业车险条款费率切换工作。

2016 年 5 月，中国保监会、财政部印发《建立城乡居民住宅地震巨灾保险制度实施方案》，充分发挥保险在防灾减损、补偿重建等方面的作用，在实践中不断总结完善，建立健全我国巨灾保险制度。

2016 年 5 月，中国保监会加强商业车险产品事中事后监管，责令中国大地财产保险股份有限公司、中华联合财产保险股份有限公司、华安财产保险股份有限公司、安华农业保险股份有限公司、渤海财产保险股份有限公司和安诚财产保险股份有限公司自 2016 年 6 月 1 日起，在部分地区停止使用现行商业车险条款费率并及时修改。

2016 年 5 月，中国保监会下发《中国保监会办公厅关于做好应对暴雨洪涝灾害等极端天气气候事件的紧急通知》，积极参与防汛救灾，认真做好查勘理赔，切实保护被保险人的利益。

2016 年 5 月，中国保监会印发关于《新增农业保险和财产保险投资型保险统计指标》的通知，对现行保险统计制度进行了修订，修改了农业保险部分统计指标名称，新增林业险、藏区特色农险以及财产保险投资型保险等统计指标 342 个。

2016年6月，中国保监会印发关于《信用保证保险统计制度（试行）》的通知，进一步加强信用保证保险监管，完善信用保证保险数据统计。

2016年8月，中国保监会办公厅正式启用财产保险公司备案产品自主注册平台，要求财险公司以备案产品自主注册改革为契机，完善产品开发管理，努力提高产品质量，不断夯实公司产品管理内控基础，提升产品管理水平。

2016年9月，中国保监会召开农业保险专项治理整顿督导现场会，总结了农业保险自查整改阶段的工作，分析问题，查找不足，要求推进专项治理整顿工作进一步深入开展，确保整顿工作取得实效。

2016年11月，中国保监会、农业部和中国证监会联合主办第5届风险管理与农业发展论坛，中国保监会表态：将把握深化供给侧结构性改革，充分发挥保险业功能作用，为农业现代化保驾护航。

三、2017年财险监管趋势研判

2017年，中央及社会各界对金融领域的问题高度关注。习近平总书记在中央经济工作会议上强调“稳是主基调，稳是大局，在稳的前提下要在关键领域有所进取，在把握好度的前提下奋发有为。要把防控金融风险放到更加重要的位置，下决心处置一批风险点，提高和改进监管能力”。因此，2017年，保监会在财产保险监管和发展方面将坚持“保险业姓保，保监会姓监”不动摇。

在深化整顿市场秩序方面，一是要主动作为，加大市场整顿力度。二是要加强市场监测力度，把握重点，高度关注农业保险、车险领域的问题。三是要从严处罚，保持震慑，对于触碰红线的业务，坚决处罚和清理。

在防范化解风险方面，一要紧紧抓住化解金融风险的时间窗口，全面排查风险。二要加强监管协调，下决心处置潜在风险点。三要认真总结经验教训，不断完善监管制度，采取解剖麻雀的方式，从保险产品的承保管控、风险划分、再保安排等方面逐一分析风险点，查找监管薄弱环节；针对薄弱环节抓紧完善监管制度，堵塞监管漏洞。四要密切跟进非寿险投资型业务满期给付情况，切实维护好消费者权益。

在服务大局方面，一要抓好保险服务脱贫，实行“一把手工程”。二要抓好商业车险改革，继续完善商业车险条款费率形成机制，不断扩大保险公司定价自主权；加强综合型和全面型产品示范条款纯保费的测算，适时推出保障更全面的行业示范产品以及新能源车保险等热点产品；加快车险创新产品评估和审批，研究车险纯保费测算的常态化机制，逐步形成以示范条款为主体、创新条款为补充的多层次产品体系。三要抓好农业保险发展，系统总结梳理农业保险发展成就和模式经验，加大宣传力度，为农业保险持续健康发展创造良好环境；完善顶层规划，推动国务院关于农业保险发展的文件出台，不断健全农业保险的发展机制；继续加强财政、税收等部门的沟通协调，推动财政加大补贴力度、完善保费补贴办法，巩固农业保险发展的政策基础。四要抓好巨灾保险发展，助力完善国家灾害救助体系，继续推动《地震巨灾保险条例》立法进程，完善总体设计，加强法律保障；继续推动财政、税收等支持政策出台；指导完善住宅地震共同体运行机制；及时研究总结，不断完善灾害救助体系。五要抓好责任保险发展，不断健全责任保险制度体系；继续推动医疗卫生、环境污染、校园安全、安全生产、旅游安全等重点领域的责任保险推动力度和试点范围；加强行业标准化建设，研究、制定并推广安全生产等领域责任保险示范条款，完善责任风险评估标准和技术规范，认真夯实责任保险发展基础。

第三节　人身险市场监管情况

一、2016 年人身险监管情况概述

2016 年人身保险监管在全行业深改革、防风险、强供给、补短板的同时，切实做好全面加强现金流监管、风险监管、成本监管、服务监管和市场行为监管 5 项重点工作，落实好城乡居民大病保险承办、税优健康保险试点、住

房反向抵押养老保险推广以及个人税收递延型养老保险试点政策出台和落地实施等4项具体任务，不断开创监管工作的新局面。

二、2016年人身险监管主要动态

2016年1月，中国保监会召开老年人住房反向抵押养老保险试点工作座谈会，2016年要在现有4个试点城市的基础上，选择经济条件较好、房地产市场较为规范、当地政府支持的城市和地区纳入试点范围，通过扩大业务经营区域，在发展中解决问题，使更多的老年人享受到这项政策福利。

2016年2月，中国保监会在京召开全国人身保险监管工作视频会议，研究贯彻落实中共十八届三中、四中和五中全会，以及中央经济工作会议和全国保险监管工作会议精神。会议全面总结了过去3年人身保险业改革发展的情况及经验，深刻分析了未来5年国内外经济形势对人身保险业的影响，系统阐述了针对今后一段时期国内外复杂经济形势的应对措施，并重点部署了2016年重点工作任务。

2016年2月，中国保监会对经营个人税收优惠型健康保险业务公司名单（第一批）进行公示，分别为：中国人民健康保险股份有限公司、阳光人寿保险股份有限公司、泰康养老保险股份有限公司。要求进入名单的保险公司要严格按照相关规定，经营好个人税收优惠型健康保险业务。

2016年3月，中国保监会启动了中短存续期产品相关监管政策的修订，发布了《关于规范中短存续期产品有关事项的通知》，规范中短存续期保险产品健康发展，守住不发生区域性系统性风险的底线。

2016年3月，中国保监会、国家卫生计生委、中央综治办、公安部、司法部联合召开2016年维护医疗秩序、构建和谐医患关系工作推进会。中国保监会表示要继续配合国家卫生计生委等部门，积极推动医疗责任保险发展，更好地服务于构建良好医疗秩序以及和谐医患关系。

2016年3月，中国保监会对经营个人税收优惠型健康保险业务公司名单（第二批）进行公示，分别为：中国人寿保险股份有限公司、中国太平洋人寿保险股份有限公司、中国平安人寿保险股份有限公司、新华人寿保险股份有限公司、太平人寿保险有限公司、建信人寿保险有限公司、中意人寿保险有限公司、太平养老保险股份有限公司、东吴人寿保险股份有限公司。

2016 年 7 月，中国保监会发布了《中国保监会关于延长老年人住房反向抵押养老保险试点期间并扩大试点范围的通知》，将老年人住房反向抵押养老保险试点期间延长至 2018 年 6 月 30 日，并将试点范围扩大至各直辖市、省会城市（自治区首府）、计划单列市，以及江苏省、浙江省、山东省、广东省的部分地级市。鼓励支持保险公司开展老年人住房反向抵押养老保险业务，坚决维护保险消费者合法权益，逐步建立规范有序的反向抵押养老保险市场，为广大老年人提供更加丰富的养老服务，更加灵活的投保选择。

2016 年 7 月，由中国保监会、国家统计局、北京大学、中国人民大学、南开大学、中国人寿、太平洋人寿的 7 位专家组成的审定委员会，审定并发布了中国人身保险业第三套经验生命表。

2016 年 7 月，中国保监会对经营个人税收优惠型健康保险业务公司名单（第三批）进行公示，分别为：合众人寿保险股份有限公司、中国人民人寿保险股份有限公司、利安人寿保险股份有限公司、上海人寿保险股份有限公司。

2016 年 8 月，中国保监会正式启用财产保险公司备案产品自主注册平台，改革完善财产保险公司产品管理制度，增强产品创新能力，提高产品监管效率，切实保护保险消费者的合法权益。

2016 年 9 月，中国保监会印发了《中国保监会关于强化人身保险产品监管工作的通知》，规范人身保险产品开发和设计，进一步深化人身保险市场供给侧结构性改革。

2016 年 9 月，中国保监会印发了《中国保监会关于进一步完善人身保险精算制度有关事项的通知》，再次提高人身保险产品的风险保障水平，推动全行业进一步调整和优化业务结构，形成长期、稳定的现金流，有利于为资本市场、实体经济和国家重点基础设施建设提供长期、稳定的资金支持。

2016 年 9 月起，中国保监会印发了《保险公司城乡居民大病保险投标管理暂行办法》《保险公司城乡居民大病保险服务基本规范（试行）》《保险公司城乡居民大病保险财务管理暂行办法》《保险公司城乡居民大病保险风险调节管理暂行办法》和《保险公司城乡居民大病保险市场退出管理暂行办法》等5项制度，对保险公司参与大病保险的投标管理、服务标准、财务核算、风险调节、市场退出等方面提出明确的规范和要求，进一步完善了大病保险制度体系，全方位完善大病保险制度，成为大病保险运行常态化、规范化和制度化的标志。

2016年11月，中国保监会发布《关于进一步加强养老保障管理业务监管有关问题的通知》，结合市场发展形势以及需关注的问题和潜在风险，在相关监管文件的基础上，以鼓励和引导养老保障管理业务满足客户长期养老资金管理需求为发展方向，进一步提高业务经营门槛，强化投资管理，防范业务风险。

2016年12月，中国保监会在广州召开个人税收优惠型健康保险试点工作座谈会。

2016年12月，中国保监会对万能险业务整改不到位的华夏人寿、东吴人寿2家公司采取暂停互联网保险业务、3个月内禁止申报产品的监管措施，提升万能险产品的保险保障水平，优化万能险产品期限结构，防范相关风险隐患，推动万能险业务规范、有序、健康发展。

2016年12月，中国保监会正式发布了我国保险业第三套生命表——《中国人身保险业经验生命表（2010—2013）》，进一步夯实了行业发展基础，切实推动“保险业姓保”，中国保监会下一步将启动重大疾病发生率表的修订工作。

2016年12月，中国保监会对经营个人税收优惠型健康保险业务公司名单（第四批）进行公示，分别为：光大永明人寿保险有限公司、民生人寿保险股份有限公司、农银人寿保险股份有限公司、昆仑健康保险股份有限公司、国华人寿保险股份有限公司、幸福人寿保险股份有限公司、德华安顾人寿保险有限公司。

2016年12月，中国保监会印发《关于进一步加强人身保险监管有关事项的通知》，将综合采取多种手段，不断强化人身保险监管，坚决守住风险底线。

三、2017年人身险监管的发展趋势

2017年人身保险监管工作的总要求是：坚持“保险业姓保、保监会姓监”，落实防控风险、服务大局、改革发展三大战略，加强和改进监管，推动人身保险业持续健康发展。要贯彻落实好2017年人身保险监管工作这个总要求，重点是要“从三个方面去着力”“把握好四种关系”和“抓好五项工作”。

（1）三个方面去着力，即“坚持以人民为中心的发展思想这个主题，围绕人民的需求做文章，主动服务实体经济”“突出监管这一主业，不断加强和改进监管，规范保险市场秩序，严厉打击违法违规行为，维护保险消费者权益，提高监管的有效性和威慑力”和“坚持把防控风险放到更加重要的位置这个主线，密切跟踪国内外经济金融形势变化，摸清风险底数，做好预判研判，完善应急预案，堵塞规则漏洞，及时应对处置，坚决守住不发生区域性系统性风险的底线，实现人身保险市场平稳健康运行”。

（2）把握好四种关系，即“要把握好全面从严治党与强化监管的关系”“把握好立足本位与服务大局的关系”“把握好严格监管与尊重市场的关系”和“把握好深化改革和防控风险的关系”。

（3）重点抓好五项工作，一是明大势。及早分析形势，准确判断形势，早做决策，全面把握形势，提高驾驭复杂局面的能力，牢牢把握工作的主动权。二是控风险。重点关注非正常满期给付与退保风险、部分公司的现金流风险、舆情风险和个别公司的声誉风险；坚持做好预案，坚持内紧外松，坚持分类施策，坚持防微杜渐，防控和处置风险。三是推改革。重点推进公司体制机制改革，提高管理效率。推进商业模式改革创新，降低运营成本；推进核算方式改革，建立分险种核算体系；推动监管自身改革，支持保险公司探索管理模式创新。突出重点，稳步推进，正本清源，坚定不移地推进改革。

四是强监管。抓好市场行为监管，加大现场检查力度，增强检查的针对性、综合性、穿透力、威慑力，抓好非现场监管，强化寿险责任准备金监管，推进业务分类监管，加强监管统筹，提高监管效率。五是抓服务。要服务国家，提高大病保险承办质量和统筹层次，做好保险扶贫，抓好税优健康险和养老险服务；要服务客户，推动服务创新，转变服务理念，强化服务监管，切实保护保险消费者合法权益。

第四节　保险资金运用监管情况

一、2016 年资金运用监管情况概述

2016 年，保监会在保险资金运用上，按照“放开前端、管住后端”的总体思路，通过改革的方法，有效化解了资金运用配置渠道单一、收益率长期偏低等突出问题和矛盾，取得了较好的效果。

一是资产结构逐步优化。2016 年末，保险资金运用余额 13.4 万亿元，较 2012 年末翻了一番，资产配置结构日趋多元，拉长了资产久期，稳定了投资收益。

二是资产收益稳步提升。从 2012 年的 3.39%提高到 2013 年的 5.04%，再提高到 2014 年的 6.3%，2015 年的 7.56%。受股票、债券市场波动和低利率环境影响，2016 年末投资收益率为 5.66%。

三是资产风险总体可控。接近 80%的资产配置于固定收益资产，债券信用评级在 AAA 级和 AA 级以上的占比超过 90%；基础设施等投资在 AAA 评级以上的占比 92%，有商业银行等担保的资产占比 88%；股票股权等权益类投资也以蓝筹股为主。

四是投资能力大幅提升。很多机构的投资能力、投资团队、风控团队以及决策机制等，相比过去都有了很大提高，得到市场的认可，在我国社会经济和金融市场中的影响力明显增大。

五是基本实现与实体经济的全面对接。保险资金对接实体经济的投资规模、投资范围、产品形态、交易结构、产品发行效率等相比过去发生了深刻变化，有力支持了社会经济发展和产业转型升级，形成了一批有影响力的重大项目，如中石油管道项目、粤东西北产业投资基金项目等。保险资金已经成为我国经济发展的一支重要力量。

二、2016 年资金运用监管主要动态

2016 年 1 月，中保投资有限责任公司成立，中国保险投资基金（一期）顺利发行。中国保险投资基金（一期）直接投资境外项目，支持招商局轮船股份公司进一步通过收购和绿地建设方式，在亚洲（斯里兰卡科伦坡港）、欧洲（土耳其昆波特码头）和非洲（吉布提国际自由港）投资建设港口项目；通过增资中国液化天然气运输项目（Liquefied Natural Gas，LNG）对接俄罗斯亚马尔液化天然气运输项目，加大中国及“一带一路”沿线国家的能源保障，支持国家能源储备计划以及国油国运政策。扎实推进打造服务实体经济的国家级投资平台的战略目标，借助保险资金长期优势，更好地服务国家经济发展战略，更有效地支持实体经济发展。

2016 年 3 月，中国保监会对《关于修改保险资金运用管理暂行办法的决定（征求意见稿）》公开征求意见，进一步完善保险资金运用管理制度，防范保险资金运用风险。

2016 年 5 月，中国保监会发布《保险公司资金运用信息披露准则第 4 号：大额未上市股权和大额不动产投资》，重点规范保险机构大额未上市股权和大额不动产投资的信息披露事宜。

2016 年 6 月，中国保监会印发了《关于加强组合类保险资产管理产品业务监管的通知》，进一步明确了保险资产管理公司开展产品业务的相关规范。

2016 年 6 月，中国保监会发布《关于进一步加强保险公司关联交易信息披露工作有关问题的通知》，重点对关联交易的识别、报告、信息披露和法律责任等方面予以明确。

2016 年 6 月，中国保监会修订发布《保险资金间接投资基础设施项目管理办法》，进一步满足保险资金长期配置需求，加强投资风险管控，提升保险业服务经济社会能力。

2016 年 7 月，中国保监会印发了《关于进一步加强保险公司股权信息披露有关事项的通知》，加强股权管理，进一步强化社会监督，提高审核工作透明度，规范保险公司筹建及股权变更行为，确保资金来源真实、合法、有效。

2016 年 7 月，中国保监会就保险业资产配置与资产负债管理开展调研，要求各保险机构以及相关投资管理机构填报《2016 年度保险业资产配置与资产负债管理调研问卷》，引导和推动行业加强资产负债管理，防范保险资产错配风险。

2016 年 8 月，中国保监会印发了《关于保险公司在全国中小企业股份转让系统挂牌有关事项的通知》，阐明了保监会支持保险公司在新三板挂牌的总体态度，确立了鼓励采取做市或竞价等更公开透明转让方式的政策导向，规范了保险公司申请挂牌的有关工作程序，明确了保险公司挂牌以后的股权监管要求，允许自然人投资以做市或竞价方式挂牌的保险公司股份，并比照上市保险公司进行股权监管。

2016 年 9 月，中国保监会发布《关于保险资金参与沪港通试点的监管口径》，要求保险机构投资港股通股票应当遵循审慎和安全原则，加强内控管理，建立健全相关制度，配备专业人员，有效防范市场风险和投资风险。

2016 年 11 月，中国保监会约谈恒大人寿，明确表态不支持保险资金短期大量频繁炒作股票。

2016 年 11 月，保监会决定暂停浙商财产保险股份有限公司的股票投资能力备案，并表态将加大保险机构投资能力监管力度，提升保险资金运用内控管理水平。

2016 年 12 月，中国保监会暂停恒大人寿保险有限公司委托股票投资业务，责令公司整改，并表态将切实加大监管力度，推动保险机构完善内控体系，建立明确的资产配置计划，提升资产配置能力，防范投资运作风险。

2016 年 12 月，中国保监会就修订后的《保险公司股权管理办法》（以下简称《办法》）向全社会公开征求意见，将坚持从公众公司标准和风险监管的视角出发，继续完善保险公司股权监管体系建设，切实提升公司治理的科学性和有效性，加快推进《办法》的后续立法程序。

三、2017 年资金运用监管趋势研判

2017 年，在“全球政治经济不确定性显著上升，全球经济金融风险处于易发期”“我国经济增长下行压力较大，低利率环境和资产荒仍将持续一段时间”“保险资产端和负债端之间的矛盾凸显，利差损风险和再投资风险突出”“中短存续期产品规模增速放缓甚至下降，短期流动性风险需要高度关注”“债券市场不确定性持续增加，保险资金面临的信用风险和市场风险加大”“相比成熟市场存在差距，保险机构内部管理和风险管控明显不足”等诸多内外部不利因素的影响下，2017 年保险资金运用面临的风险形势十分严峻。中央经济工作会明确提出：“要把防控金融风险放到更加重要的位置，下决心处置一批风险点，着力防控资产泡沫，提高和改进监管能力，确保不发生系统性金融风险。”因此，未来一段时期，在保险资金运用监管上，同样会把“防范风险”放在监管工作首位。

2017 年保险资金运用监管的总指导思路是：要切实把“防范风险和强化监管”作为重中之重，坚决处置存在的风险隐患，撤销不符合条件的投资能力备案，处罚违规机构，问责投资责任人，坚决守住不发生系统性区域性风险的底线。

第一，实施分类监管和重点监管，支持稳健规范机构拓展业务，限制或取消高风险保险机构的有关业务。在资金运用领域，针对保险公司的股权结构、负债结构、风险情况以及监管记录等不同情形，采取差异化监管方式，实施分类监管和重点监管。一是实施资金运用分类管理。对于稳健规范机构，在符合能力标准和相关要求的前提下，支持其开展全部资金运用业务，考虑允许创新和试点；对于一般公司，支持其开展一些基本或部分的资金运用业

务，限制高风险投资领域；对于一些风险意识薄弱、风险管控手段落后、投资运作激进的机构，审慎开展资金运用业务，甚至要求其全部采取委托投资方式。二是运用“技术监管”和“监管干预”。对经营稳健、风险水平较低的公司，更多采取风险监测、压力测试、偿付能力监管等“技术监管”方式，既关注风险，又不干预公司经营。对于经营激进、风险很高、治理不健全的公司或高风险业务，采取直接叫停业务、叫停投资等“监管干预”方式，及时防止风险的扩大和蔓延。三是强化对重点公司的监管。落实对重点公司风险监测的风险处置任务，分配到具体处室和人，用专人紧盯重点公司资金运用情况，及时采取约谈、风险提示、监管函以及行政处罚等手段，并将有关信息及时公布上网。

第二，“严”字当头，全面从严、从实、从重、从紧强化保险资金运用日常监管工作。一是从严规范保险资金关联交易行为。要切实防范非正常关联交易和利益输送行为，进一步研究规范和强化对保险资金关联交易行为的监管要求，包括但不限于决策机制、制度建设、内部控制、信息披露、投资方式、投资范围和比例等。二是从严加强投资能力监管。建立投资能力持续动态评估和检查机制，对于违法违规、风险隐患大、不符合能力标准的，及时采取取消或暂停投资能力等措施。进一步提高境外投资能力标准。三是从严把关产品注册、备案、核准等事项。从严把关要件和标准，对于各类资管产品发行审核要注重把握与国家战略的统一，进一步推进保险资金运用“去杠杆、去嵌套、去通道”。规范组合类资产管理产品受托管理业外资金的有关业务。推进所有保险资产管理产品在保险交易所资产登记交易平台上统一登记有关信息。四是从严问责和处罚。2017 年上半年，规范保险公司首席投资官和资管公司首席风险官机制，强化履职和责任追究。运用业务抽查、突击检查、随机检查、飞行检查等方式，加大现场检查力度，针对发现的违法违规问题，将给予严肃处理。

第三，加快推进资产负债管理监管，实现资产端和负债端的良性互动。一是落实保险公司资产负债管理的主体责任。推进保险机构不断提升资产负债管理意识和能力，不断加强组织体系和机制建设，建立资产负债管理的决策体系，建立起公司内部各部门尤其是负债管理部门与资产管理部门之间的横向沟通和协调机制，加强各部门之间的信息交流与反馈。二是强化资产负债管理监管。研究起草《保险公司资产负债管理监管规定》，建立定量评估、定性评估和压力测试等规则，综合评估保险公司资产负债匹配状况和资产配置能力，差别化实施偿付能力政策和资金运用政策。对于过度错配、错配风险大的保险机构，大幅增加资本要求。进一步科学划分和调整大类资产种类和比例，校准偿二代风险因子，优化对不同资产品种和投资行为的资本约束。三是加强监管协调和形成监管合力。充分发挥保险资产负债管理监管委员会的作用，形成资产负债管理监管的长效机制。加强保险业务监管、资金运用监管、偿付能力监管的协调联动，形成监管合力。

第四，以防风险为中心，加快构建保险资金运用现代监管框架。一是抓监管政策制度。推进《保险法》《保险资金运用管理暂行办法》《保险资产管理公司管理规定》等制度的修订和建设。进一步梳理和完善资金运用政策制度，抓紧健全现有制度中存在的短板和空白问题，切实提升制度的科学性和可执行性。进一步研究制定对内保外贷、股票、股权投资、境外投资等监管政策。把握逆周期监管思路，梳理潜在风险点，有针对性地完善规章制度。研究偿二代在长期股权投资、集中度、明股实债等方面的风险因子。进一步严格保险资金运用报告、备案、核准等监管事项，严格执行数据、信息等报送纪律。二是抓监管工具创新。进一步研究推进通过外部审计、资本监管、信息披露、分类监管、内部控制、社会监督等多种方式全面严格保险资金运用监管。三是抓监管信息系统和基础研究。推动保险统计信息系统和保险资产管理监管信息系统建设，进一步加强保险资金托管银行系统与监管信息系统对接。对于保险资金运用热点、焦点问题，以及市场发展变化出现的新情况和新问题，加强基础研究，充分借助行业协会、资管协会力量，增强重大基础理论研究的广度和深度。

第五，加强政策引导，积极支持保险资金服务好“实体经济发展”的大局。一是要把握服务国家战略的大局和方向。创新资金运用方式，开展股权、债权、股债结合、投资基金等形式投资对接优质资产，推进保险资金支农支小。在产品设计环节，要注重去杠杆、挤泡沫、消嵌套，缩短资金链条。二是要把握创新的方向。找准创新领域，充分评估基础资产风险，注重合规和风险管理。三是要有所为有所不为。支持保险资金更好地服务保险主业发展，为行业发挥保险保障功能提供支撑；为实体产业提供长期稳定的优质资金，实现金融资本与实体产业的优势互补、和谐共赢；服务社会重大建设项目和民生工程，通过资金融通，服务国家发展战略。

第六，积极支持创新发展，坚定不移地深化资金运用市场化改革。毫不动摇地深化保险资金运用市场化改革，拓展投资领域，着力提升和改进监管，把更多的选择空间和选择权交给市场主体。进一步支持稳健审慎、投资能力强的保险机构拓展资金运用范围。研究探索保险资金投资黄金及相关金融产品，运用股指期货、国债期货、利率互换等更多金融衍生产品来对冲和管理风险；积极助推保险资金服务供给侧结构性改革，支持保险资金参与市场化债转股、去杠杆、去产能、补短板等工作；进一步调整完善保险资产管理公司准入门槛，建立适当激励机制，提升保险资产管理机构的活力和市场竞争力。加快推进保险资产交易平台建设，提升资产流动性。

专题　2016 年中国保险公司社会责任评价

第一节　保险（集团）公司社会责任的概念与分析方法

一、研究背景

“企业社会责任”（Corporate Social Responsibility，CSR）最早由学者 Oliver Sheldon 于 1924 年提出，但是直到 20 世纪末才引入中国。因此，对我国企业来说，企业社会责任还是一个新生事物。我国现代保险业起步较晚，但是保险公司承担社会责任具有内在必然性，这是由保险的性质与职能所决定的（李勇杰，2009；卓志等，2009）。保险的本质是“经济保障”，体现的是“我为人人，人人为我”的互助共济的分配关系（魏华林等，2011）。保险除了具有经济补偿和分散风险的基础职能，还发挥着社会管理功能（吴定富，2004）。因此，保险公司应积极履行社会责任。

2005 年，中国平安保险（集团）股份有限公司发布《企业公民报告》，拉开了我国保险公司主动承担社会责任的序幕。此后，中国人寿保险股份有限公司、中国人民保险集团股份有限公司、中国太平洋保险（集团）股份有限公司等多家保险（集团）公司也开始发布企业社会责任报告。值得一提的是，中国保险行业协会于 2011 年首次披露了 68 家保险公司社会责任报告。2014 年，中国保监会发布了《中国保险业社会责任白皮书》，这是首份展示全行业履行社会责任状况的报告。2015 年 12 月，出台《关于保险业履行社会责任的指导意见》，旨在进一步提升保险业社会责任水平。由此可以看出，我国保险业已经开始关注并主动承担社会责任，但是从总体上讲，我国保险业社会责任仍处于起步阶段。在中国社会科学院发布的《中国企业社会责任研究报告（2015）》中，保险业社会责任发展指数排在倒数第5名，而排名最靠前的中国人寿保险股份有限公司在300强榜单中仅排名第79位。因此，我国保险业在履行社会责任上仍是任重而道远。从历年来中国保险行业协会披露的68份社会责任报告可以看出，不同保险公司对社会责任的认知程度是不同的，从而导致报告篇幅差异悬殊，披露内容参差不齐，这不利于利益相关者对报告的使用与管理，也不利于进一步增强我国保险业的社会责任意识（郝臣等，2015）。因此，建立科学的社会责任评价体系十分必要。

正是在此背景下，我们对我国保险公司社会责任评价体系进行探讨，以增强我国保险公司的社会责任意识，实现企业和社会的可持续发展。

二、保险公司社会责任的定义

1924年，学者Oliver Sheldon首次提出“企业社会责任”的概念，认为企业不应该仅仅追求经济利益，也应该主动承担包含道德因素在内的社会责任，为社区提供服务（Oliver，1924）。Howard R. Bowen被认为是“企业社会责任之父”，他在1953年《企业家的社会责任》一书中首次对企业社会责任进行了系统的阐述，他认为，企业社会责任是企业家按照社会所期望的目标或价值观来制定政策和实施计划的义务（Howard，1953）。此后，学术界对企业社会责任进行了更为广泛和深入的研究，特别是20世纪80年代以后，利益相关者理论被引入企业社会责任的研究中，使企业社会责任研究得到进一步丰富和完善，出现了大量的研究成果。Modic（1988）、Clarkson（1995）、Waddock和Graves（1997）、Matten & Crane（2005）等都认为，企业社会责任是企业对各利益相关者的责任，包括对消费者、员工、环境、社区等的责任。

我国学者对企业社会责任的研究始于20世纪90年代。1990年，袁家方出版了我国首本有关企业社会责任的专著，他在书中将企业社会责任定义为

“企业在争取自身的生存与发展的同时，面对社会需要和各种社会问题，为维护国家、社会和人类的根本利益，必须承担的义务”（袁家方，1990）。此后，众多学者在西方学者研究的基础上，结合中国国情，对企业社会责任产生了更多的认识和理解，初步取得了共识，即一致认为企业社会责任是指企业在追求股东利润最大化之外，还应对其他利益相关者的利益承担责任和义务，以实现社会的可持续发展（刘俊海，1999；杨瑞龙和周业安，2000；卢代富，2002；李立清和李燕凌，2005；田虹，2006；姜启军和顾庆良，2008；黎友焕，2010；刘建梅，2012；孙红梅等，2014；洪旭，2015）。

但是，学术界对保险公司社会责任并未有一个明确的、较为广泛接受的定义。基于利益相关者理论，我们认为保险（集团）公司社会责任是指保险（集团）公司在寻求股东利润最大化之外，还应对其他利益相关者（员工、客户等）的利益承担责任和义务，以实现企业和社会的可持续发展。

三、保险公司社会责任评价模型与评价方法

企业社会责任评价模型有很多，根据 Reed 等（1990）的研究，至少有 14 种企业社会责任评价模型。目前，比较流行的方法主要有 3 种：“金字塔”模型、“三重底线”模型、“利益相关者”模型。“金字塔”模型是由 Carroll（1979，1983，1991，1999）提出的，该模型包含经济责任、法律责任、伦理责任和慈善责任（自愿责任）。Aupperle 等（1985）、Maignan 和 Ferrell（2000）、Marín（2012）、Mustafa（2012）、蔡月祥（2011）等学者基于金字塔模型构建了企业社会责任评价指标体系。“三重底线”模型是以 Elkington（1997）提出的“三重底线”理论为基础来构建企业社会责任评价体系，该理论强调企业在经营过程中必须满足经济底线、环境底线和社会底线。道琼斯可持续发展世界指数和《可持续发展报告指南》G4 版都是基于“三重底线”模型来构建指标体系。黄群慧等（2015）对三重底线进行改进，构建基于责任管理、市场责任、社会责任、环境责任“四位一体”的评价体系。“利益相关者”模型是以利益相关者理论为基础来构建企业社会责任评价体系。

Clarkson（1995）、Turker（2009）、Harrison和Wicks（2013）、刘淑华（2015）等学者基于利益相关者理论构建企业社会责任指标体系。虽然这些研究成果在选择利益相关者方面存在细微差异，但是基本可以归纳为以下维度，即股东、员工、客户、社区、政府等。这三个模型各有利弊，比较而言，“利益相关者”模型的评价维度较为清晰，能准确地回答“企业应该为谁承担责任”这一重要问题，而“三重底线”模型和“金字塔”模型对企业社会责任概念的界定存在模糊性（肖红军等，2014）。因此，我们基于“利益相关者”模型构建评价指标体系。

保险公司除了具有一般企业的特征，还具有产品的无形化、被保险人是重要的利益相关者、保险资金的运用等特点，发挥着经济补偿、资金融通和社会管理等功能。保险公司的这些特点和功能决定了传统的企业社会责任评价体系并不完全适用于保险公司，因此，有些学者根据保险公司的特点对传统指标体系进行了改进。他们基于“金字塔”模型（谭中明和陈渊，2009）、“三重底线”模型（武晨凤，2010；成敏，2012）、“利益相关者”模型（王蕾，2010；谢彩玲，2011）、平衡计分卡模型（邓启稳，2010）等构建保险公司社会责任评价指标体系。从总体上讲，这些指标体系覆盖范围较为全面，但是可操作性较差，数据获取难度较高，从而导致推广价值不高。因此，有必要基于可得性、客观性、均衡性等原则构建我国保险公司社会责任评价指标体系。

目前，对于保险公司社会责任的评价非常少，主要有谢彩玲（2011）运用层次分析法研究了中国人寿和中国平安企业社会责任绩效，但是层次分析法的主观性较强，专家对行业的认知程度会直接影响最终的结果。除了层次分析法，因子分析方法和主成分分析法也是常用的、公认度较高的综合评价方法，此方法在社会责任评价中被多次使用（陈晶晶，2010；洪旭等，2011；阳秋林等，2012；赵天燕等，2012；吴金娜，2013）。此方法的优势主要体现为原理清晰明了，主观性较小，能避免人为因素的影响，因此，我们采用主成分分析方法对保险公司社会责任进行综合评价。

第二节　中国人身保险公司的社会责任评价

根据保监会网站显示，截至2016年12月31日，中国共有77家人身险保险公司成立营业，中资公司49家，外资公司28家。

其中，上海人寿、中华联合人寿、新华养老都是在2015年1月1日以后成立营业，截至2016年底，满期经营不到2年；截至2017年5月底，我们没有搜集到国寿存续的年度信息披露报告；这4家公司不予评价。

目前，对于保险公司社会责任的评价研究还非常少。我们在搜集整理有关数据时，发现很多保险公司对于社会责任的数据信息披露不够重视，我们难以根据各方面的公开数据和资料对保险公司进行社会责任分析和评价。基于数据资料的公开性和可得性原则，我们分别对39家人身保险公司和35家财产保险公司进行社会责任的评价分析。

一、数据信息来源

保险公司社会责任评价的数据主要来源于各保险公司的年度信息披露报告和社会责任报告、各公司官方网站信息、历年的中国保险年鉴以及保监会、保险学会、保险行业协会官网信息等，即全部数据都是来源于公开渠道。

二、我国保险公司社会责任评价指标体系

（一）指标构建

基于可得性、客观性、均衡性等原则，根据保险公司的特点，构建保险公司社会责任的评价指标。共包括股东责任、员工责任、客户责任、政府责任、社区责任5个一级指标，来反映保险公司社会责任的不同方面，并在每个一级指标下设立46个二级指标。由于人身保险公司和财产保险公司在社会责任的表现方面存在一些差异，需要对两者进行分开评价，因此，评价指标

体系也存在一定的差异。下文所涉评价指标若无特别说明，则该指标既适用于人身保险公司，也适用于财产保险公司（指标的定义略。部分指标的定义可以参考第三章的相关内容；感兴趣的专家学者也可以和课题组联系）。

1. 股东责任

保险公司对股东的责任主要体现在实现利润最大化，因此，人身保险公司和财产保险公司均设立总资产收益率、净资产收益率、资本管理系数、保费公积金比率、所有者权益利润率、资产保值增值率、净利润、净利润增长率、总资产周转率9个二级指标。

2. 员工责任

保险公司对员工的责任主要体现在提供舒适的工作环境，按时发放足额的工资福利以及提供学习晋升机会等方面，因此，人身保险公司和财产保险公司均设立人均工资福利、人均工资福利增长率、工资福利增长率、员工获利水平、已付职工薪酬占比、人均年教育经费、人均社保支出、已付社保支出占比、人均补充保险支出、人均产能10个二级指标。

3. 客户责任

从广义上讲，保险公司的客户包括投保人、被保险人、受益人、保单持有人等。保险公司对客户的责任主要体现在产品和服务上，即产品是否能够满足客户的需求，服务是否让客户满意。因此，人身保险公司设立险种集中度系数、两年赔付率、偿付能力充足率、投诉考评得分、综合费用率的增长率、综合费用率、现金盈余保障倍数、退保率、投资收益充足率、在售产品数量10个二级指标；财产保险公司设立险种集中度系数、单位保费保额、综合赔付率、偿付能力充足率、投诉考评得分、综合费用率、现金盈余保障倍数、速动比率8个二级指标。其中，投诉考评得分根据中国保监会发布的保险公司投诉处理考评情况进行评分；人身保险公司在售产品数量根据中国保险行业协会“保险产品”栏目进行统计。

4. 政府责任

保险公司对政府的责任主要体现在遵纪守法、按时纳税和带动社会就业3

个方面，因此，设立违规指数、罚款支出比例、纳税额、纳税增长率、人均纳税额、资产税费率、已缴税费占比、就业人数、就业人数增长率 9 个二级指标。其中，违规指数根据中国保监会发布的保险公司行政处罚情况进行评分。

5. 社区责任

保险公司对社区的责任主要体现在支持公益事业、信息披露、环境友好 3 个方面，因此，设立公益捐款总额、公益捐款收入比、人均捐款额、公益指数、是否对外发布企业社会责任信息、数据质量得分、人均能耗和人均能耗增长率共 8 个二级指标。其中，公益指数根据企业社会责任报告和官网新闻进行整理评分；是否对外发布企业社会责任信息从官网是否设置社会责任专栏和是否发布企业社会责任报告 2 个方面进行衡量；数据质量得分根据本报告“数据质量评价”进行评分。

（二）数据处理与评价方法

为了保证评价结果的科学性和客观性，需要对原始数据进行线性标准化处理。根据指标性质，可以分为越大越好型指标、越小越好型指标和取中间某值最好。越大越好型指标（如总资产收益率、净资产收益率等指标）采用函数进行转换；越小越好型指标（如人均能耗、退保率等指标）采用函数进行转换；对于取中间值最好的指标，通过设立分段函数进行函数转换；从而使得所有数据均为 0~1。

本报告采用主成分分析法与因子分析法进行保险公司社会责任综合评价。具体内容参见本报告第三章的相关介绍。

本专题是我们首次对保险公司的社会责任进行评价，以后随着相关工作的开展，以及与业界的沟通联系，评价分析方法也会逐步完善改进。

三、特别说明

第一，本研究采用公开发布的披露数据进行分析，我们根据实质重于形式的原则，对发现个别公司披露数据存在错误或异样的年报信息进行调整或者在涉及该指标时进行批注说明。

第二，本研究分析采用的数据皆来源于已公开的资料或课题组成员的个人分析，但我们不保证上述信息的完整与准确性，中国精算研究院不对因使用本报告而产生的一切后果承担责任，只以此作为学术研究以及学界和业界的信息交流与参考。同时，本研究分析为课题组成员的个人观点，并不代表中国精算研究院的观点。有关问题的来源、讨论或争议，请与我方联系。

第三节 中国人身保险公司2016年社会责任评价的结果与分析

在确定了指标和提取数据后，为了保证对人身保险公司社会责任评价的客观性和科学性，首先根据指标的正向和逆向进行数据的预处理，使处理后的全部指标数据为正向，即其数据越大越好；其次，指标数据中有些是比率指标，有些是数值指标，为了避免“以大欺小”以及避免指标单位对评价结果的影响，我们对全部数据进行归一化处理，即全部指标数据都在0~1之间取值；最后在运用主成分分析法与因子分析方法进行社会责任评价时，对全部46个二级指标数据进行分析处理，因此，二级指标与一级指标的隶属关系不影响对人身保险公司社会责任的评价结果。

为了便于对人身保险公司的社会责任履行情况进行比较，对于各人身保险公司的指标数据，最高设定为100分，最低设定为30分。其中，对于逆向指标，我们都进行了逆向化处理，其最高设定为100分，最低设定为30分。

一、2016年人身保险公司社会责任评价的得分与排名

数据预处理后，我们根据39家人身保险公司的46个二级指标数据，得到一个39×46数据矩阵，综合运用主成分分析法与因子分析方法，共选取15个主成分，其累计解释率达到88.2%，每个主成分都是这46个二级指标的线性组合，如图1所示。

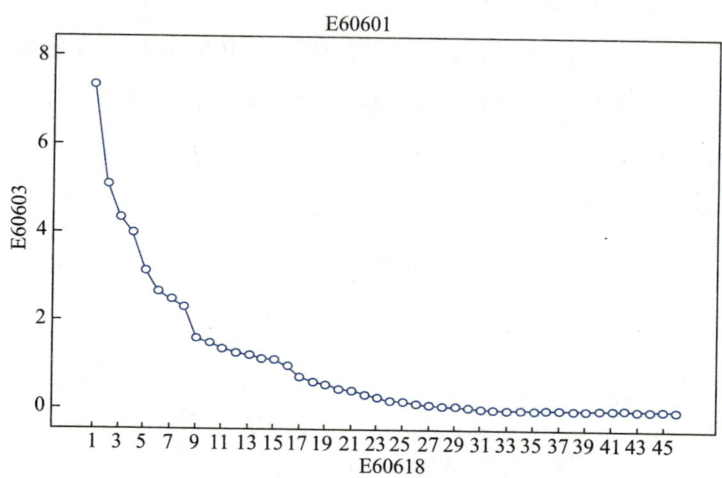

图 1　人身保险公司社会责任评价主成分分析碎石图

最终评价结果如下：

表 1　我国人身保险公司社会责任排名与得分情况（2016 年）

排 名	公司名称	得 分	排 名	公司名称	得 分
1	国寿股份	97.00	21	幸福人寿	64.95
2	新华人寿	90.36	22	君康人寿	64.93
3	君龙人寿	84.55	23	汇丰人寿	63.33
4	新光海航	77.42	24	恒安标准	63.11
5	招商信诺	74.65	25	昆仑健康	63.05
6	和谐健康	74.63	26	东吴人寿	61.83
7	中宏人寿	74.49	27	中荷人寿	61.75
8	人保寿险	74.05	28	复星保德信	61.39
9	华夏人寿	73.14	29	信泰人寿	58.26
10	利安人寿	72.93	30	弘康人寿	56.65
11	民生人寿	72.78	31	农银人寿	56.13
12	友邦人寿	72.18	32	瑞泰寿险	55.83
13	信诚人寿	72.08	33	同方全球	54.88
14	合众人寿	71.45	34	中韩人寿	51.65
15	交银康联	69.57	35	光大永明	50.92

续表

排 名	公司名称	得 分	排 名	公司名称	得 分
16	华泰寿险	69.32	36	德华安顾	50.73
17	英大泰和	69.06	37	中融人寿	41.40
18	长城人寿	67.80	38	中法人寿	36.27
19	陆家嘴寿险	65.78	39	安邦养老	30.00
20	北大方正	65.74	—	—	—
平均值			65.03		
标准差			13.15		
中位数			65.74		
超过平均值的数量与比例			20；51.28%		

从表1可以看出，2016年我国人身保险公司在履行社会责任方面，国寿股份（97分）得分最高，新华人寿（90.36分）紧随其后，与国寿股份差距较大。排名前3位的公司（国寿股份，97分；新华人寿，90.36分；君龙人寿，84.55分）得分都在80以上。行业平均分为65.03分，超过平均分的企业共20家，占比为51.28%，这表明我国人身保险公司社会责任得分主要集中在平均值以上，而且从中位数（65.74分）可知得分主要位于中间分段；行业得分标准差（13.15）较大，这说明不同人身保险公司在履行社会责任方面存在较大的差异。

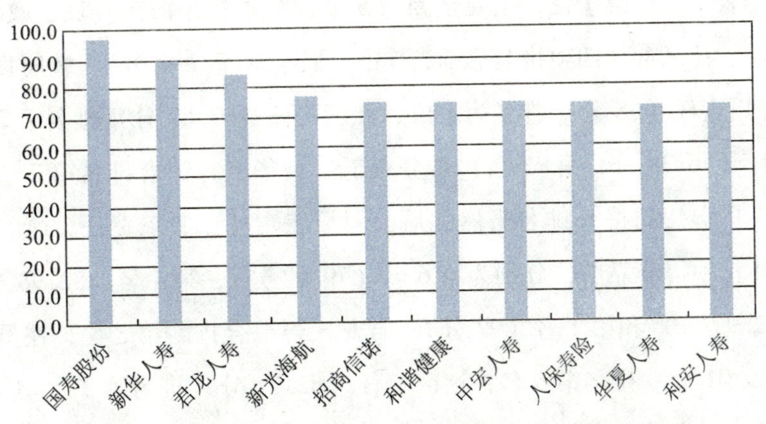

图2　社会责任排名前10位的人身险公司与得分情况

从图2中可以看出，前3家人身保险公司得分高于80分，剩余7家公司均在70分以上。总体来说，这10家人身保险公司的社会责任评价得分呈缓慢下降的趋势；排名第5名的招商信诺与以下各人身保险公司的社会责任评价得分差别并不明显。

表2　综合排名前10位的人身保险公司分项指标排名与得分情况（2016年）

公司名称	股东责任		员工责任		客户责任		政府责任		社区责任	
	排名	得分	排名	得分	排名	得分	排名	得分	排名	得分
国寿股份	1	98.00	23	46.38	1	98.00	1	98.00	2	93.87
新华人寿	4	82.98	6	79.92	11	60.75	2	82.99	1	97.00
君龙人寿	17	65.34	3	86.01	35	41.00	26	50.61	10	62.71
新光海航	2	92.32	11	65.94	27	48.24	30	49.73	32	43.57
招商信诺	6	78.67	10	66.47	6	70.82	32	48.24	11	62.27
和谐健康	3	85.20	14	59.55	33	43.63	37	34.45	28	46.26
中宏人寿	9	70.42	35	32.33	15	58.60	8	64.96	21	51.61
人保寿险	12	67.57	31	35.15	25	50.26	6	70.69	4	77.37
华夏人寿	10	70.21	28	37.11	18	55.56	5	71.23	19	53.34
利安人寿	7	73.70	29	36.30	32	44.21	18	52.14	7	71.21

表2列示了综合排名前10家公司各分项指标排名与得分情况。国寿股份在综合排名中位列第1位，主要是因为5项评分指标中股东责任、政府责任、客户责任、社区责任四项排名靠前，其中，股东责任（98分）、政府责任（98分）、客户责任（98分）排名第1位、社区责任（93.87分）排名第2位，但员工责任（46.38分，第23名）得分很低。新华人寿综合排名第2位，几项指标中客户责任的得分排名虽然靠后，但员工责任、股东责任、政府责任和社区责任三项得分靠前，分别为第6名（79.92分）、第4名（82.98分）、第2名（82.99分）和第1名（97分）。君龙人寿综合排名第3位，在员工责任方面（86.01分）排名第3名，社区责任（62.71分）排名第10，其余股东、政府、客户三项指标的评分排名较靠后。

二、分项指标分析

（一）股东责任分析

数据预处理后，我们根据 39 家人身保险公司的 9 个二级指标数据，得到一个 39×9 数据矩阵；根据主成分分析方法，我们选取 5 个主成分，其累计解释率为 87. 42%，每个主成分都是这 9 个二级指标的线性组合。

评价结果如下：

表 3　我国人身保险公司股东责任排名与得分情况（前 20 名）

排 名	公司名称	得 分	排 名	公司名称	得 分
1	国寿股份	98. 00	11	信诚人寿	69. 25
2	新光海航	92. 32	12	人保寿险	67. 57
3	和谐健康	85. 20	13	民生人寿	66. 63
4	新华人寿	82. 98	14	友邦人寿	66. 23
5	交银康联	78. 89	15	恒安标准	65. 78
6	招商信诺	78. 67	16	幸福人寿	65. 59
7	利安人寿	73. 70	17	君龙人寿	65. 34
8	中荷人寿	71. 37	18	君康人寿	65. 09
9	中宏人寿	70. 42	19	英大泰和	64. 08
10	华夏人寿	70. 21	20	陆家嘴寿险	63. 74
整体平均值			63. 15		
整体标准差			14. 03		
整体中位数			63. 74		
超过平均值的数量与比例			22；56. 41%		

从表 3 中可以看出，我国人身保险公司股东责任方面，国寿股份以 98 分位居第 1 名，新光海航和和谐健康分别以 92. 32 分、85. 20 分排名第 2 位和第 3 位。虽然前 3 家公司得分均在 85 分以上，但后两者与国寿股份相比存在明显的差距。股东责任整体平均分为 63. 15 分，超过平均值的企业共有 22 家，占比 56. 41%，这说明我国人身保险公司股东责任得分主要集中在平均值以

上，而且从中位数（63.74 分）可知得分主要位于中间分段；从整体标准差（14.03）可以看出，不同人身保险公司在履行股东责任方面的差异较大。

（二）员工责任分析

数据预处理后，我们根据 39 家人身保险公司的 10 个二级指标数据，得到一个 39×10 数据矩阵；根据主成分分析方法，我们选取 5 个主成分，其累计解释率为 86.20%，每个主成分都是这 10 个二级指标的线性组合。

评价结果如下：

表 4　我国人身保险公司员工责任排名与得分情况（前 20 名）

排名	公司名称	得分	排名	公司名称	得分
1	交银康联	96.00	11	新光海航	65.94
2	中法人寿	92.27	12	汇丰人寿	64.11
3	君龙人寿	86.01	13	君康人寿	59.87
4	弘康人寿	83.23	14	和谐健康	59.55
5	农银人寿	82.05	15	同方全球	58.22
6	新华人寿	79.92	16	华泰寿险	53.16
7	安邦养老	76.55	17	英大泰和	51.49
8	中韩人寿	70.94	18	德华安顾	50.24
9	信诚人寿	67.45	19	昆仑健康	48.26
10	招商信诺	66.47	20	瑞泰寿险	48.01
整体平均值			52.70		
整体标准差			19.39		
整体中位数			48.01		
超过平均值的数量与比例			16；41.03%		

从表 4 可以看出，我国人身保险公司员工责任方面，交银康联以 96 分位居第 1 名，中法人寿和君龙人寿分别以 92.27 分、86.01 分排名第 2 位和第 3 位。虽然前 3 家公司得分均在 85 分以上，但中法人寿和君龙人寿与交银康联相比还是存在较为明显的差距。超过平均值（52.70 分）的企业共有 16 家，占比 41.03%，说明我国人身保险公司员工责任得分主要集中在平均值以下，

而且从中位数（48.01 分）可知得分主要位于低分段；整体标准差（19.39）说明不同人身保险公司在履行员工责任方面存在的整体差异很大。

（三）客户责任分析

数据预处理后，我们根据 39 家人身保险公司的 10 个二级指标数据，得到一个 39×10 数据矩阵；根据主成分分析方法，我们选取 4 个主成分，其累计解释率为 86.64%，每个主成分都是这 10 个二级指标的线性组合。

评价结果如下：

表 5　我国人身保险公司客户责任排名与得分情况（前 20 名）

排 名	公司名称	得 分	排 名	公司名称	得 分
1	国寿股份	98.00	11	新华人寿	60.75
2	安邦养老	91.77	12	长城人寿	60.09
3	中融人寿	86.38	13	英大泰和	59.63
4	光大永明	71.68	14	华泰寿险	59.17
5	友邦人寿	71.28	15	中宏人寿	58.60
6	招商信诺	70.82	16	民生人寿	57.07
7	信泰人寿	67.40	17	中荷人寿	56.70
8	信诚人寿	66.64	18	华夏人寿	55.56
9	陆家嘴寿险	62.46	19	瑞泰寿险	54.97
10	合众人寿	61.87	20	君康人寿	54.96
整体平均值			55.96		
整体标准差			14.65		
整体中位数			54.96		
超过平均值的数量与比例			17；43.59%		

从表 5 可以看出，我国人身保险公司客户责任方面，国寿股份以 98 分位居第 1 名，紧随其后的是安邦养老（91.77 分），得分在 90 分以上的公司只有这 2 家，超过平均值（55.96 分）的企业共有 17 家，占比 43.59%，说明我国人身保险公司客户责任得分主要集中在平均值以下，而且从中位数（54.96 分）可知得分主要位于低分段；整体标准差（14.65）较大，说明不同人身保

险公司在履行客户责任方面存在较大的差异。

（四）政府责任分析

数据预处理后，我们根据 39 家人身保险公司的 9 个二级指标数据，得到一个 39×9 数据矩阵；根据主成分分析方法，我们选取 5 个主成分，其累计解释率为 86.48%，每个主成分都是这 9 个二级指标的线性组合。

评价结果如下：

表 6　我国人身保险公司政府责任排名与得分情况（前 20 名）

排名	公司名称	得分	排名	公司名称	得分
1	国寿股份	98.00	11	陆家嘴寿险	58.32
2	新华人寿	82.99	12	同方全球	54.68
3	汇丰人寿	74.19	13	民生人寿	54.01
4	合众人寿	72.86	14	幸福人寿	53.74
5	华夏人寿	71.23	15	英大泰和	53.61
6	人保寿险	70.69	16	君康人寿	53.37
7	长城人寿	70.60	17	农银人寿	52.22
8	中宏人寿	64.96	18	利安人寿	52.14
9	信诚人寿	64.00	19	友邦人寿	51.87
10	北大方正	63.86	20	昆仑健康	51.77
整体平均值			54.72		
整体标准差			13.61		
整体中位数			51.77		
超过平均值的数量与比例			11；28.21%		

从表 6 可以看出，我国人身保险公司政府责任方面，国寿股份以 98 分位居第 1 名，而排名第 2 位的新华人寿（82.99 分）与国寿股份存在巨大的差异，并且只有这 2 家公司得分在 80 分以上。行业平均值为 54.72 分，超过平均值的企业共有 11 家，占比 28.21%，说明我国人身保险公司政府责任得分主要集中在平均值以下，而且从中位数（51.77 分）可知得分主要位于低分段；整体标准差（13.61）较大，说明不同人身保险公司在履行政府责任方面

存在的整体差异较大。

（五）社区责任分析

数据预处理后，我们根据 39 家人身保险公司的 8 个二级指标数据，得到一个 39×8 数据矩阵；根据主成分分析方法，我们选取 5 个主成分，其累计解释率为 82.46%，每个主成分都是这 8 个二级指标的线性组合。

评价结果如下：

表 7　我国人身保险公司社区责任排名与得分情况（前 20 名）

排 名	公司名称	得 分	排 名	公司名称	得 分
1	新华人寿	97.00	11	招商信诺	62.27
2	国寿股份	93.87	12	幸福人寿	61.77
3	民生人寿	88.94	13	长城人寿	58.70
4	人保寿险	77.37	14	合众人寿	55.81
5	华泰寿险	75.05	15	英大泰和	55.53
6	友邦人寿	73.84	16	信泰人寿	55.36
7	利安人寿	71.21	17	同方全球	53.63
8	光大永明	62.96	18	君康人寿	53.50
9	信诚人寿	62.86	19	华夏人寿	53.34
10	君龙人寿	62.71	20	复星保德信	52.43
整体平均值			55.15		
整体标准差			15.84		
整体中位数			52.43		
超过平均值的数量与比例			16；41.03%		

从表 7 可以看出，我国人身保险公司社区责任方面，新华人寿以 97 分位居第 1 名，排名第 2 位的是国寿股份（93.87 分），而排名第 3 的民生人寿（88.94 分）与前两名存在巨大的差距。超过平均值（68.87 分）的企业共有 16 家，占比 41.03%，说明我国人身保险公司社区责任得分主要集中在平均值以下，而且从中位数（52.43）可知得分主要位于低分段；整体标准差（15.84）说明不同人身保险公司在履行员工责任方面存在的整体差异较大。

第四节 中国财产保险公司2016年社会责任评价的结果与分析

在确定了指标和提取数据后，为了保证对财产保险公司社会责任评价的客观性和科学性，首先根据指标的正向和逆向进行数据的预处理，使处理后的全部指标数据为正向，即其数据越大越好；其次，指标数据中有些是比率指标，有些是数值指标，为了避免“以大欺小”以及指标单位对评价结果的影响，我们对全部数据进行归一化处理，即全部指标数据都在0~1之间取值；最后在运用主成分分析法与因子分析方法进行社会责任评价时，我们是对全部44个二级指标数据进行分析处理，因此，二级指标与一级指标的隶属关系不影响对财产保险公司社会责任的评价结果。

为了便于对财产保险公司的社会责任履行情况进行比较，对于各财产保险公司的指标数据，最高设定为100分，最低设定为50分。其中对于逆向指标，我们都进行了逆向化处理，其最高设定为100分，最低设定为40分。

一、2016年财产保险公司社会责任评价的得分与排名

数据预处理后，我们根据34家财产保险公司的44个二级指标数据，得到一个34×44数据矩阵，综合运用主成分分析法与因子分析方法，共选取13个主成分，其累计解释率达到88.10%，每个主成分都是这44个二级指标的线性组合。

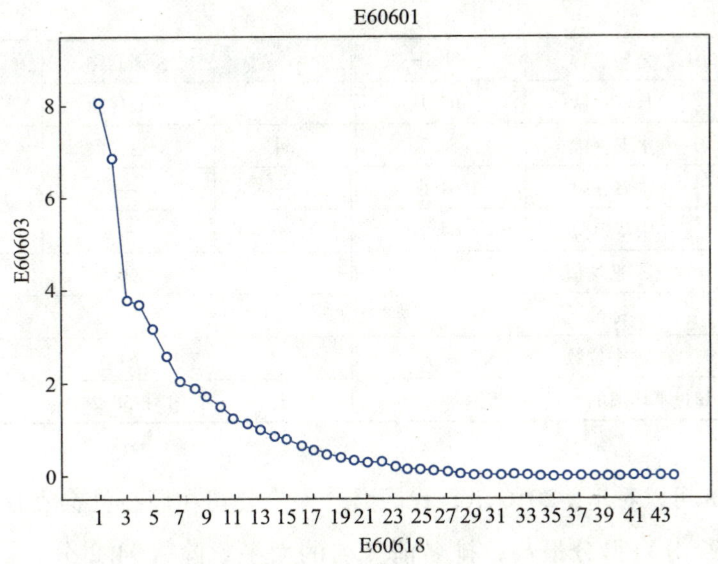

图 3　财产保险公司社会责任评价主成分分析碎石图

最终评价结果如下：

表 8　我国财产保险公司社会责任排名与得分情况（2016 年）

排 名	公司名称	得 分	排 名	公司名称	得 分
1	人保财险	97.0	19	中煤保险	63.1
2	太平财险	94.2	20	华安保险	62.6
3	平安产险	90.8	21	众诚保险	62.1
4	国元保险	80.1	22	阳光产险	61.9
5	安邦财险	76.9	23	安诚保险	61.4
6	鑫安汽车	75.2	24	渤海保险	60.9
7	阳光农险	74.6	25	利宝保险	60.6
8	瑞再企商	72.9	26	诚泰保险	59.8
9	中银保险	70.3	27	亚太财险	59.3
10	安联保险	67.4	28	富邦财险	58.8
11	三星财产	67.2	29	苏黎世	57.5
12	乐爱金	67.1	30	富德财险	57.3
13	天安财险	65.7	31	国泰财险	55.6
14	安信农险	65.5	32	都邦财险	55.0

续表

排名	公司名称	得分	排名	公司名称	得分
15	长安保险	65.1	33	华农保险	51.3
16	永安保险	64.7	34	安达保险	50.0
17	永诚保险	64.6	—	—	—
18	中华财险	64.1	—	—	—
平均值			66.5		
标准差			11.05		
中位数			64.4		
超过平均值的数量与比例			13；38.24%		

从表8可以看出，2016年，我国财产保险公司在履行社会责任方面，人保财险（97分）得分最高，排名前3名的太平财险（94.2分）、平安产险（90.8分）虽然得分均在90分以上，但与第1名的人保财财险还是存在比较明显的差距。行业平均分为66.5分，超过平均分的企业共13家，占比为38.24%，这表明我国财产保险公司社会责任得分主要集中在平均值以下，而且从中位数（64.4分）可知得分主要位于中间分段；行业得分标准差（11.05）不大，这说明不同财产保险公司在履行社会责任方面差异不大。

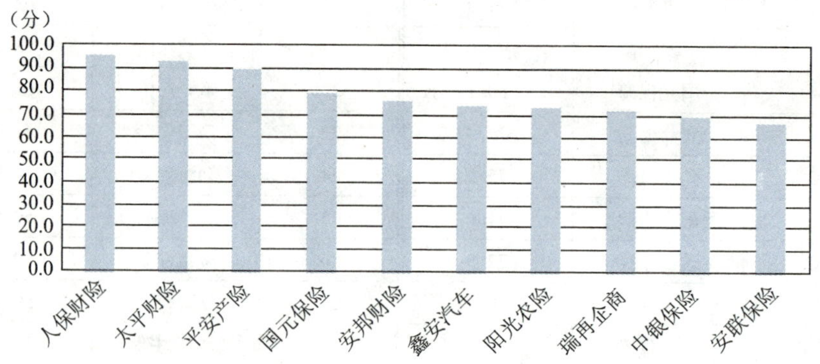

图4　社会责任排名前10位的财产险公司得分情况

从图4可以看出，前3家财产保险公司得分高于90分，剩余7家公司均在65分以上。总体来说，前3家保险公司存在较小的差距，剩余7家财产保险公司的社会责任评价得分呈缓慢下降的趋势。

表9　2015年综合排名前10位的财产保险公司分项指标排名与得分情况

公司名称	股东责任		员工责任		客户责任		政府责任		社区责任	
	排名	得分	排名	得分	排名	得分	排名	得分	排名	得分
人保财险	1	98.0	14	59.6	12	72.1	1	98.0	1	97.0
太平财险	9	76.9	1	96.0	5	84.8	5	71.0	15	65.1
平安产险	2	92.0	11	61.4	10	74.2	2	81.3	2	87.1
国元保险	10	76.5	2	89.2	32	55.8	30	52.4	25	60.1
安邦财险	5	82.6	29	52.8	26	61.0	3	72.9	10	67.4
鑫安汽车	12	76.0	19	57.1	21	65.2	4	72.8	27	59.1
阳光农险	8	78.5	17	57.6	34	40.0	34	40.0	3	82.3
瑞再企商	30	51.3	3	86.5	2	91.1	9	62.9	31	53.0
中银保险	18	66.3	9	63.5	4	86.2	27	55.9	14	65.4
安联保险	24	62.8	10	62.3	7	78.1	32	46.6	18	63.5

表9列示了综合排名前10家财产保险公司各分项指标排名得分情况。人保财险在综合排名中位列第1名，主要是因为该公司股东责任（98分，第1名）、政府责任（98分，第1名）、社区责任（97分，第1名）3项指标得分较高，但其员工责任和客户责任得分相对靠后。综合排名第2名的是太平财险，其在员工责任（96.0分，第1名）、客户责任（84.8分，第5名）、政府责任（71.0分，第5名）和股东责任（76.9分，第9名）4方面的排名均为前10位，但社区责任得分较低。平安产险的股东责任（92.0分，第2名）、社区责任（87.1分，第2名）、政府责任（81.3分，第2名）排名靠前，客户责任和员工责任2项指标分数偏低。

二、分项指标分析

（一）股东责任分析

数据预处理后，我们根据34家财产保险公司的9个二级指标数据，得到一个 34×9 数据矩阵；根据主成分分析方法，我们选取 5 个主成分，其累计解释率为 91.50%，每个主成分都是这 9 个二级指标的线性组合。

评价结果如下：

表 10　我国财产保险公司股东责任排名与得分情况（前 20 名）

排 名	公司名称	得 分	排 名	公司名称	得 分
1	人保财险	98.0	11	阳光产险	76.4
2	平安产险	92.0	12	鑫安汽车	76.0
3	华农保险	84.1	13	华安保险	74.5
4	永安保险	83.6	14	天安财险	74.4
5	安邦财险	82.6	15	中华财险	73.7
6	诚泰保险	80.3	16	都邦财险	69.6
7	安信农险	79.7	17	长安保险	68.3
8	阳光农险	78.5	18	中银保险	66.3
9	太平财险	76.9	19	安诚保险	65.6
10	国元保险	76.5	20	永诚保险	65.0
整体平均值			68.1		
整体标准差			13.92		
整体中位数			67.3		
超过平均值的数量与比例			17；50%		

从表 10 可以看出，我国财产保险公司股东责任方面，人保财险以 98 分位居第 1，位居前 5 位的其他公司（平安产险，92 分；华农保险，84.1 分；永安保险，83.6 分；安邦财险，82.6 分）虽然得分均在 80 分以上，但与人保财险存在不小的差距。超过平均值（68.1 分）的企业共有 17 家，占比 50%，说明我国财产保险公司股东责任得分主要集中在平均值附近，而且从中位数（67.3 分）可知得分主要位于中间分段；整体标准差（13.92）较大，说明不同财产保险公司在履行股东责任方面存在较大的差异。

（二）员工责任分析

数据预处理后，我们根据 34 家财产保险公司的 10 个二级指标数据，得到一个 34×10 数据矩阵；根据主成分分析方法，我们选取 3 个主成分，其累计解释率为 86. 89%，每个主成分都是这 10 个二级指标的线性组合。

评价结果如下：

表 11　我国财产保险公司员工责任排名与得分情况（前 20 名）

排 名	公司名称	得 分	排 名	公司名称	得 分
1	太平财险	96. 0	11	平安产险	61. 4
2	国元保险	89. 2	12	天安财险	61. 3
3	瑞再企商	86. 5	13	华农保险	61. 2
4	安达保险	80. 4	14	人保财险	59. 6
5	中煤保险	71. 2	15	渤海保险	58. 5
6	诚泰保险	67. 9	16	众诚保险	58. 3
7	苏黎世	64. 3	17	阳光农险	57. 6
8	安信农险	63. 6	18	利宝保险	57. 4
9	中银保险	63. 5	19	鑫安汽车	57. 1
10	安联保险	62. 3	20	阳光产险	56. 8
整体平均值			60. 6		
整体标准差			11. 97		
整体中位数			57. 50		
超过平均值的数量与比例			13；38. 24%		

从表 11 可以看出，2016 年，我国财产保险公司在履行员工责任方面，太平财险（96 分）得分最高，国元保险（89. 2 分）紧随其后，与太平财险差距较大。排名前 4 名的公司（太平财险，96 分；国元保险，89. 2 分；瑞再企商，86. 5 分；安达保险，80. 4 分）得分都在 80 分以上。行业平均分为 60. 6 分，超过平均分的企业共 13 家，占比为 38. 24%，这表明我国财产保险公司员工责任得分主要集中在平均值以下，而且从中位数（57. 5 分）可知得分主要位于较低分段；行业得分标准差（11. 97）较小，说明不同财产保险公司在履行员工责任方面差异不大。

（三）客户责任分析

数据预处理后，我们根据 34 家财产保险公司的 8 个二级指标数据，得到一个 34×8 数据矩阵；根据主成分分析方法，我们选取 6 个主成分，其累计解释率为 92. 24%，每个主成分都是这 9 个二级指标的线性组合。

评价结果如下：

表 12　我国财产保险公司客户责任排名与得分情况（前 20 名）

排 名	公司名称	得 分	排 名	公司名称	得 分
1	安达保险	95. 0	11	富邦财险	72. 9
2	瑞再企商	91. 1	12	人保财险	72. 1
3	诚泰保险	87. 5	13	富德财险	71. 8
4	中银保险	86. 2	14	阳光产险	70. 1
5	太平财险	84. 8	15	乐爱金	69. 8
6	国泰财险	81. 4	16	苏黎世	69. 3
7	安联保险	78. 1	17	安信农险	66. 9
8	天安财险	77. 5	18	永诚保险	66. 4
9	三星财产	76. 7	19	亚太财险	66. 0
10	平安产险	74. 2	20	众诚保险	65. 8
整体平均值			68. 80		
整体标准差			11. 98		
整体中位数			66. 60		
超过平均值的数量与比例			16；47. 06%		

从表 12 可以看出，我国财产保险公司客户责任方面，安达保险以 95 分位居第 1，瑞再企商和诚泰保险分别以 91. 1 分、87. 5 分排名第 2 和第 3。虽然前 3 家公司得分均在 87 分以上，但诚泰保险和瑞再企商与安达保险相比还是存在较为明显的差距。超过平均值（68. 8 分）的企业共有 16 家，占比 47. 06%，说明我国财产保险公司客户责任得分主要集中在平均值以下，而且从中位数（66. 6 分）可知得分主要位于中间分段；整体标准差（11. 98）说明不同财产保险公司在履行客户责任方面存在的整体差异不大。

（四）政府责任分析

数据预处理后，我们根据 34 家财产保险公司的 9 个二级指标数据，得到一个 34×9 数据矩阵；根据主成分分析方法，选取 5 个主成分，其累计解释率为 91. 30%，每个主成分都是这 9 个二级指标的线性组合。

评价结果如下：

表 13　我国财产保险公司政府责任排名与得分情况（前 20 名）

排名	公司名称	得分	排名	公司名称	得分
1	人保财险	98. 0	11	亚太财险	62. 4
2	平安产险	81. 3	12	三星财产	61. 2
3	安邦财险	72. 9	13	苏黎世	61. 1
4	鑫安汽车	72. 8	14	阳光产险	60. 3
5	太平财险	71. 0	15	富邦财险	59. 2
6	中华财险	66. 7	16	中煤保险	59. 2
7	安信农险	63. 6	17	利宝保险	58. 9
8	众诚保险	63. 4	18	乐爱金	58. 8
9	瑞再企商	62. 9	19	华农保险	57. 7
10	永安保险	62. 8	20	安诚保险	57. 5
整体平均值			60. 30		
整体标准差			10. 49		
整体中位数			58. 90		
超过平均值的数量与比例			14；41. 18%		

从表 13 可以看出，我国财产保险公司政府责任方面，人保财险以 98 分位居第 1，而且是唯一一家得分 90 分以上的公司，排名第 2 位的平安产险（81. 3 分）与人保财险存在较大的差距。超过平均值（60. 30 分）的企业共有 14 家，占比 41. 18%，说明我国财产保险公司政府责任得分主要集中在平均值以下，而且从中位数（58. 9 分）可知得分主要位于低分段；整体标准差（10. 49）说明不同财产保险公司在履行政府责任方面存在的整体差异较小。

（五）社区责任分析

数据预处理后，我们根据34家财产保险公司的8个二级指标数据，得到一个34×8数据矩阵；根据主成分分析方法，我们选取5个主成分，其累计解释率为91.45%，每个主成分都是这8个二级指标的线性组合。

评价结果如下：

表14 我国财产保险公司社区责任排名与得分情况（前20名）

排名	公司名称	得分	排名	公司名称	得分
1	人保财险	97.0	11	亚太财险	65.8
2	平安产险	87.1	12	安信农险	65.6
3	阳光农险	82.3	13	天安财险	65.4
4	长安保险	78.8	14	中银保险	65.4
5	苏黎世	78.5	15	太平财险	65.1
6	安诚保险	73.0	16	三星财产	64.8
7	永诚保险	69.4	17	富邦财险	64.3
8	富德财险	68.2	18	安联保险	63.5
9	阳光产险	67.9	19	渤海保险	63.3
10	安邦财险	67.4	20	永安保险	62.3
整体平均值			64.80		
整体标准差			10.84		
整体中位数			63.90		
超过平均值的数量与比例			16；47.06%		

从表14可以看出，我国财产保险公司社区责任方面，人保财险以97分位居第1名，平安产险和阳光农险分别以87.1分、82.3分排名第2位和第3位。虽然前三家公司得分均在80分以上，但人保财险和平安产险与阳光农险相比还是存在较为明显的差距。超过平均值（64.8分）的企业共有16家，占比47.06%，说明我国财产保险公司社区责任得分主要集中在平均值以下，而且从中位数（63.9分）可知得分主要位于中间分段；整体标准差（10.84）说明不同财产保险公司在履行政府责任方面存在的整体差异较小。

参考文献

［1］寇业富，陈辉，张宁，刘达. 保险蓝皮书——中国保险市场发展分析（2016）［M］. 北京：中国经济出版社，2016.

［2］寇业富，陈辉，张宁，周县华，刘达 .2016 中国保险公司竞争力与社会责任评价研究报告［M］. 北京：中国财政经济出版社，2016.

［3］寇业富 . 医疗保险索赔模型研究［M］. 北京：中国财政经济出版社，2011.

［4］郑智 . 中国资产管理行业发展报告（2017）［M］. 北京：社会科学文献出版社，2017.

［5］保监会 . 中国保险资产管理发展报告（2011）［M］. 北京：中国金融出版社，2012.

［6］寇业富，李晓林 . 寿险公司业务结构的相似性分析及其聚类研究［J］. 中央财经大学学报，2009（2）.

［7］李晓林. 寿险产品体系研究［J］. 中央财经大学学报，2005（7）.

［8］李晓林 . 保险是社会治理的实施者［J］. 中国金融，2015（2）.

［9］秦亦菲，李晓林 . 保险市场逆向选择问题研究新进展［J］. 经济学动态，2008（3）.

［10］华宝证券 . 保险资产管理行业 2012 年度报告［R］. 2013-01-30.

［11］华宝证券 ."泛资管"时代下的保险资产管理行业：2013 年保险资产管理行业报告［R］. 2014-01-24.

［12］华宝证券 ."新常态"下的保险资产管理行业：2014 年保险资产管理行业报告［R］. 2015-02-04.

［13］华宝证券．低利率下的保险资产管理行业：2016 年保险资产管理行业报告［R］．2017-02-17.

［14］华泰证券．保险行业深度报告［R］．2016-07-05.

［15］中信建投证券．我国保险资管发展概况及中报举牌梳理［R］．2016-09-05.

［16］苏向杲．保险资管产品注册规模突破 1.8 万亿元“一带一路”保险资金投入 6260 亿元［N］．证券日报，2017-05-18（B02）．

［17］李超．险资“定投”蓝筹　保险资管计划股债双收［N］．中国证券报，2017-03-01（A06）．

［18］吴海燕．保险资管存量规模破 1.6 万亿　不动产投资占比最大［N］．证券时报，2017-01-05（A05）．

［19］蔡虹．“偿二代”实施对保险资产管理的重大影响——基于资产端的研究［J］．上海保险，2017（2）：10-14.

［20］张伟楠．保险资产管理进入新时代［N］．中国保险报，2017-01-23（001）．

［21］贾雅琪．中国保险资金另类投资问题研究［D］．首都经济贸易大学，2016.

［22］赵燕妮，郭金龙，英国保险业演化发展过程及对我国的启示［J］．金融理论与实践，2014（12）．

［23］赵燕妮．英国人寿保险市场发展现状及五力分析模型［J］．时代金融，2016（1）．

［24］赵玉林．产业经济学原理及案例（第三版）［M］．北京：中国人民大学出版社，2014.

［25］苏东水．产业经济学（第四版）［M］．北京：高等教育出版社，2015.

［26］刘志彪，安同良．现代产业经济分析［M］．南京：南京大学出版社，2014.

［27］蒲成毅. 保险产业结构与保险发展的关系［J］. 保险研究，2005（6）.

［28］王森. 保险资管大象起舞［J］. 金融客，2016（Z1）：78-87.

［29］李光荣. 保险举牌常态化［J］. 英才，2016（5）：96-97.

［30］曾炎鑫. 去年险资举牌股票市值 1257 亿元　目前浮盈 13.75%［N］. 证券时报，2016-01-20（A5）.

［31］吴世农，李常青，余玮. 我国上市公司成长性的判定分析和实证研究［J］. 南开管理评论，1999（4）.

［32］Sigma Insurance Data Resource［EB/OL］. http：// www. Sigma-explore. com.

［33］Insurance Council of Australia［EB/OL］. http：// www. insurancecouncil. com. au.

［34］Australian Prudential Regulation Authority［EB/OL］. http：//www. apra. gov. au.

［35］The General Insurance Association of Japan［EB/OL］. http：//www. sonpo. or. jp.

［36］The Life Insurance Association of Japan［EB/OL］. http：//www. seiho. or. jp.

［37］Financial Services Agency［EB/OL］. http：//www. fsa. go. jp.

附　录

附录1　中国保险公司综合竞争力评价结果①

表1　2016年中国人身险公司综合竞争力评价的排名与得分

2016年中国人身险公司综合竞争力					
公司名称	排 名	得 分	公司名称	排 名	得 分
国寿股份	1	97.0	前海人寿	29	72.3
泰康人寿	2	95.6	中荷人寿	30	71.7
平安人寿	3	95.2	人保健康	31	71.7
太平养老	4	91.6	长城人寿	32	71.7
太保人寿	5	81.6	北大方正	33	71.7
东吴人寿	6	80.8	光大永明	34	71.6
工银安盛	7	79.2	建信人寿	35	71.4
民生人寿	8	79.0	阳光人寿	36	71.0
中邮人寿	9	79.0	信泰人寿	37	69.9
人保寿险	10	78.1	平安健康	38	69.2
利安人寿	11	78.0	华泰寿险	39	67.8
安邦人寿	12	77.7	中美联泰	40	67.8
平安养老	13	77.4	君康人寿	41	66.1
华夏人寿	14	77.3	中德安联	42	66.1
中英人寿	15	76.8	君龙人寿	43	64.7

① 具体内容和评价方法参见《2017中国保险公司竞争力评价研究报告》，中国财政经济出版社，2017.

续表

2016 年中国人身险公司综合竞争力					
公司名称	排 名	得 分	公司名称	排 名	得 分
中宏人寿	16	76.6	中银三星	44	62.5
百年人寿	17	76.0	吉祥人寿	45	60.6
招商信诺	18	76.0	汇丰人寿	46	60.5
恒安标准	19	75.8	恒大人寿	47	59.5
陆家嘴国泰	20	75.6	合众人寿	48	54.0
新华人寿	21	75.2	复星保德信	49	51.4
英大泰和	22	75.1	瑞泰寿险	50	49.9
交银康联	23	74.8	生命人寿	51	48.8
友邦人寿	24	74.5	幸福人寿	52	48.4
天安人寿	25	74.2	昆仑健康	53	44.3
国华人寿	26	73.8	弘康人寿	54	42.5
太平人寿	27	72.7	中韩人寿	55	41.1
信诚人寿	28	72.4	德华安顾	56	40.0

表 2　2016 年财产保险公司综合竞争力评价的排名与得分

2016 年中国财产保险公司综合竞争力					
公司名称	排 名	得 分	公司名称	排 名	得 分
人保财险	1	97.0	安盛天平	29	69.7
平安财险	2	89.9	中华联合	30	69.6
国寿财险	3	88.5	中航安盟	31	69.3
太保财险	4	83.8	英大泰和	32	68.9
太平财险	5	83.4	都邦财险	33	67.3
永安财险	6	82.6	阳光农业	34	66.5
大地财险	7	80.5	众诚保险	35	66.0
中石油保险	8	80.1	阳光财产	36	65.8
安诚财险	9	79.9	安华农业	37	64.2
爱和谊财产	10	79.5	长安责任	38	64.1
鑫安汽车保险	11	79.2	美亚财险	39	62.4
安邦财险	12	78.5	长江财险	40	62.3

续表

2016 年中国财产保险公司综合竞争力					
公司名称	排 名	得 分	公司名称	排 名	得 分
亚太财险	13	78.4	三井住友	41	61.1
日本兴亚	14	78.1	永诚财险	42	60.8
国泰财产	15	77.4	安达财险	43	60.8
鼎和财险	16	77.3	乐爱金财产	44	60.2
安信农业	17	77.1	信达财险	45	58.7
华安财险	18	76.4	东京海上	46	58.1
华泰财险	19	75.9	三星财险	47	56.6
泰山财险	20	75.6	利宝互助	48	54.3
紫金财险	21	74.7	瑞再企商	49	51.6
中银保险	22	74.3	天安财险	50	50.2
国元农业	23	73.9	中煤财险	51	47.9
华海财险	24	72.9	苏黎世财险	52	46.9
北部湾财险	25	72.9	富邦财产	53	45.4
渤海财险	26	71.0	安联财险	54	38.9
锦泰财险	27	70.6	日本财险	55	38.7
史带财险	28	69.9	浙商财险	56	30.0

附录2 中小型保险公司价值成长性评价结果

表1 2016年价值成长性排名前20位的中国人身险公司

公司	排名	得分	公司	排名	得分
建信人寿	1	97.0	交银康联	11	75.9
新华人寿	2	96.8	平安养老	12	75.8
民生人寿	3	88.6	君康人寿	13	75.8
百年人寿	4	88.2	中德安联	14	74.6
国华人寿	5	86.2	太平养老	15	73.6
利安人寿	6	85.0	招商信诺	16	71.5
合众人寿	7	84.7	幸福人寿	17	71.4
信诚人寿	8	83.4	中宏人寿	18	71.3
中美联泰	9	80.0	友邦人寿	19	69.1
中英人寿	10	76.0	中荷人寿	20	68.2
前10名的均值		87.6	第11~20名的均值		72.7
前10名的标准差		6.5	第11~20名的标准差		2.7

表2 2016年价值成长性排名前20位的中国财产保险公司

公司	排名	得分	公司	排名	得分
安信农业	1	98.0	英大泰和	11	78.8
华农财险	2	97.7	恒邦财险	12	77.8
诚泰财险	3	92.7	中航安盟	13	77.3
永安财险	4	90.2	三星财险	14	77.1
紫金财险	5	87.0	长安责任	15	76.3
美亚财险	6	86.7	华泰财险	16	76.1
鼎和财险	7	82.3	阳光农业	17	75.0
华安财险	8	82.2	国元农业	18	74.9
安华农业	9	80.1	中银保险	19	74.5
永诚财险	10	79.5	泰山财险	20	73.7

续表

公 司	排 名	得 分	公 司	排 名	得 分
前 10 名的均值		87.6	第 11~20 名的均值		76.2
前 10 名的标准差		6.5	第 11~20 名的标准差		1.5

附录3 中国保险资产管理业的政策与机构建设

1. 中国保险资产管理业政策梳理

1995 年

• “自由时代”终结

该年颁布的《中华人民共和国保险法》对保险资金运用的范围和形式等都做了严格的规定。规定资金运用的形式限于银行贷款、买卖政府债券、金融债券和国务院规定的其他资金运用模式。保险企业的资金不得用于设立证券经营机构和向企业投资。保险资金陆续退出证券市场。

1996 年

• 政策强化

中国人民银行发布《保险管理暂行规定》。该《规定》明确指出，对于保险资金的运用仅限于银行存款、买卖政府债券、买卖金融债券，以及国务院规定的其他资金运用方式。

1999 年

• 1999 年 5 月，债权比例调整

《保险公司购买中央企业债券管理办法》颁布，规定保险公司购买的企业债券余额按成本价格计算不得超过公司上月末总资产的 10%。

• 1999 年 8 月，债券回购

中国人民银行发布《关于批准保险公司在全国银行间同业市场办理债券回购业务的通知》，批准保险公司在银行间同业市场办理债券回购业务。

• 1999 年 10 月，间接入市

《保险公司投资证券投资基金管理暂行办法》颁布，批准保险资金间接入市。保险公司投资基金占总资产的比例不得超过中国保监会核定的比例。根据当时证券投资基金市场的规模，确定保险资金间接进入证券市场的规模为保险公司资产的5%。以后视具体情况适当增加。

2002年

•2002年10月，修法明典

《保险法》修正案获得通过。原法第一百零四条第三款“保险公司的资金不得用于设立证券经营机构和向企业投资”，修改为第一百零五条第三款“保险公司的资金不得用于设立证券经营机构，不得用于设立保险公司以外的企业”。

2003年

•2003年1月，明确投资基金比例

中国保监会重新修订了《保险公司投资证券投资基金管理暂行办法》，进一步明确了保险公司资金运用于各类基金的比例，资金运用监管进一步细化。保险公司投资基金的余额按成本价格计算不得超过本公司上月末总资产的15%。

•2003年6月，放宽企业债券投资

《保险公司投资企业券管理暂行规定》颁布，保险公司可投资于信用评级在AA级以上的所有企业债券；同时，保险公司投资企业债券的比例限制也由原来的10%提高到20%。

•2003年6月，外汇资金投资开闸

中国保监会与央行联合发布《关于保险外汇资金投资境外股票有关问题的通知》，明确保险外汇资金投资境外成熟资本市场证券交易所上市的股票，但仅限于中国企业在境外发行的股票。

•2003年7月，投资央行票据

中国保监会发布了《关于保险公司投资中央银行票据的通知》，允许保险公司在银行间债券市场投资中央银行票据。

2004年

•2004年2月，政策导向

国务院《关于推进资本市场改革开放和稳定发展的若干意见》出台，提出要鼓励合规资金入市，支持保险资金以多种方式直接投资资本市场，逐步提高社会保障基金、企业补充养老基金、商业保险资金等投入资本市场的资金比例。要培养一批诚信、守法、专业的机构投资者，使基金管理公司和保险公司为主的机构投资者成为资本市场的主导力量。这标志着保险资金直接入市的政策坚冰开始融化。

• 2004 年 3 月，投资银行次级债

中国保监会下发《关于保险公司投资银行次级定期债务有关事项的通知》，允许保险公司投资银行次级债。

• 2004 年 4 月，规范保险资产管理公司

中国保监会公布《保险资产管理公司管理暂行规定》，确定了保险资产管理公司与保险公司之间的权利义务关系以及受托管理保险资金应遵循的基本规则，标志着保险资金的运用将进一步专业化、规范化。

• 2004 年 8 月，境外运用保险外汇资金

中国保监会、中国人民银行联合颁布《保险外汇资金境外运用管理暂行办法》，首次允许保险公司在接受严格监管的前提下在境外运用外汇资金。

• 2004 年 10 月，直接入市

中国保监会和中国证监会联合发布《保险机构投资者股票投资管理暂行办法》，保险资金直接入市获准。

2005 年

• 2005 年 2 月，出台股票直投细则

中国保监会同中国证监会联合下发《关于保险机构投资者股票投资交易有关问题的通知》及《保险机构投资者股票投资等级结算业务指南》，明确了保险资金直接投资股票市场设计的证券账户、交易席位、资金结算等问题。

• 2005 年 2 月，资产托管

中国保监会联合中国银监会下发《保险公司股票资产托管指引（试行）》和《关于保险资金股票投资有关问题的通知》，明确了保险资金直接投资股市涉及的资产托管、投资比例、风险监控等问题，规定保险机构股票

投资的余额，不超过上年底总资产扣除投资连结保险产品资产和万能保险产品资产后的5%。

- 2005年5月，风险控制体系

中国保监会出台《保险资金运用风险控制指引（试行）》，对保险公司和保险资产管理公司建立运营规范、管理高效的保险资金运用风险控制体系，制定完善的保险资金运用风险控制制度提出了具体要求。

- 2005年8月，债券投资进入新阶段

中国保监会发布《保险机构投资者债券投资管理暂行办法》，整合了现行保险债券投资政策，增加了企业短期融资券等新的投资品种，明确了债券及其发行人资质条件，实行了债券投资比例差别控制，标志着保险机构的债券投资即将进入新的发展阶段。

- 2005年9月，保险外汇运用细则出台

中国保监会发布《保险外汇资金境外运用管理暂行办法实施细则》，保险外汇资金境外运用渠道包括结构性存款、住房抵押贷款证券、货币市场基金，以及内地企业在境外发行的股票，为保险资金在国际金融市场配置资产提供了操作平台。

- 2005年12月，规范股票投资条件

中国保监会发布《保险机构投资者股票投资资格条件》，规范了直接或者委托保险资产管理公司从事股票的资格条件。

2006年

- 2006年3月，基础设施投资办法出台

中国保监会颁布了《保险资金间接投资基础设施项目试点管理办法》，允许保险资金采取债权、股权、物权及其他可行方式，投资交通、通信、能源、市政、环境保护等国家重点基础设施项目。

- 2006年6月保险“国十条”发布

《国务院关于保险业改革发展的若干意见》正式发布，具体提出了10条意见，被称为保险“国十条”。该意见提出，要在风险可控的前提下，鼓励保

险资金直接或间接投资资本市场，逐步提高投资比例，稳步扩大保险资金投资资产证券化产品的规模和品种，开展保险资金投资不动产和创业投资企业试点；支持保险资金参股商业银行；支持保险资金境外投资；支持相关保险机构投资医疗机构；允许符合条件的保险资产管理公司逐步扩大资产管理范围。

• 2006 年 10 月，投资银行股权开闸

中国保监会发布《关于保险机构投资商业银行股权的通知》，允许保险机构投资为上市商业银行的股权。

• 2006 年 11 月，风险管理工作新发展

中国保监会发布《关于加强保险资金风险管理的意见》，标志着保险资金风险管理工作进入了新的阶段。

2007 年

• 2007 年 2 月，信用风险管理新阶段

中国保监会发布《保险机构债券投资信用评级指引（试行）》，要求保险机构建立内部信用评级系统，评估债券投资信用风险。这是保险业全面落实《关于加强保险资金风险管理的意见》的重要举措，标志着保险资金债券投资开始步入信用风险管理阶段。

• 2007 年 7 月，规范同业拆借业务

中国人民银行发布《同业拆借业务管理办法》《保险公司等第六类非银行金融机构进入全国银行间同业拆借市场审核规则》，允许保险公司、保险资金管理公司进入银行间同业拆借市场，并对保险公司申请同业拆借业务资格程序做出了规定。

• 2007 年 7 月，保险资金境外投资办法出台

中国保监会同中国人民银行、国家外汇管理局正式发布《保险资金境外投资管理暂行办法》，允许保险机构运用自有外汇或购汇进行境外投资，投资范围包括股票、股票型基金、股权、股权型产品等权益类产品。

• 2007 年 7 月，基础设施债权投资办法出台

中国保监会发布《保险资金间接投资基础设施债权投资计划管理指引（试行）》，以推动和规范保险资金在基础设施领域内的债权投资。

2008 年

• 2008 年 1 月，银保深层次合作

银监会与保监会签署《中国银监会与中国保监会关于加强银保深层次合作和跨业监管合作谅解备忘录》，在商业银行和保险公司相互投资所涉及的准入条件、审批程序、机构数量、监管主体、风险处置与市场退出程序及信息交换六个方面达成一致意见。

2009 年

• 2009 年 3 月，规范股票投资业务

保监会发布《关于保险机构股票投资业务的通知》，要求保险公司及保险资产管理公司改进股票资产配置管理，强化股票池制度管理，建立公平交易制度，依规运作控制总体风险，加强市场风险动态监测，并落实岗位风险责任。

• 2009 年 3 月，管理能力标准出台

保险会发布《关于加强资产管理能力建设的通知》，该通知包括《保险公司股票投资管理标准》和《保险机构信用风险管理能力标准》，这两个标准是监管机构评估保险机构有关管理能力的主要依据。

• 2009 年 3 月，基础设施债权投资计划管理办法发布

保监会发布《关于保险资金投资基础设施债权投资计划的通知》和《基础设施债权投资计划产品设立指引》。保险资金投资基础设施债权投资计划在投资主体、投资比例、投资范围和项目上均有所放宽。

• 2009 年 3 月，增加债券投资品种

保监会发布《关于增加保险机构债券投资品种的通知》，增加了部分债券投资品种，明确了保险机构投资有关债券的资产比例，允许保险机构投资境内市场发行的无担保债券。

• 2009 年 8 月，加强债券回购业务管理

保监会发布《关于加强保险机构债券回购业务管理的通知》，要求保险机构加强回购融入资金管理，包括加强账户管理、强化成本控制、明确资金用途、控制融资规模、严格比例管理等。

• 2009 年 9 月，调整债券投资政策

保监会发布《关于债券投资有关事项的通知》，对于保险机构债券投资的有关政策进行调整。保险机构投资企业（公司）债券的比例，由不超过该保险机构上季末总资产的 30%，调整为不超过该保险机构上季末总资产的 40%。

• 2009 年 11 月，两岸监管合作

保监会与台湾金融监管管理机构签署了《海峡两岸保险业监督管理合作谅解备忘录》。根据该备忘录，两岸保险监督管理机构在信息交换、机构设立、人员培训和交流等方面开展合作，标志着两岸保险监管机构将据此建立监管合作机制。

• 2009 年 12 月，规范无担保债券投资

为加强无担保债券投资管理，规范投资行为，防范投资风险，《关于保险机构投资无担保企业债券有关事宜的通知》出台。

2010 年

• 2010 年 7 月，调整保险资金投资政策

为加强负债管理，优化资产结构，分散投资风险，保监会出台《关于调整保险资金投资政策有关问题的通知》。

• 2010 年 8 月，《保险资金运用管理暂行办法》出台

保监会发布《保险资金运用管理暂行办法》，该《办法》是《保险法》修订实施后，中国保监会发布的关于保险资金运用的重要基础性规章，对规范保险资金运用，保障保险资金运用安全，维护广大投保人和被保险人权益，防范保险业风险，具有重要的意义。

• 2010 年 8 月，投资政策调整办法出台

为加强负债管理，优化资产结构，分散投资风险，保监会出台《关于调整保险资金投资政策有关问题的通知》。

• 2010 年 9 月，不动产和股权投资办法出台

保监会发布《保险资金投资不动产暂行办法》和《保险资金投资股权暂行办法》，宣告了保险资金投资不动产由此进入实质运作阶段。

2011 年

• 2011 年 4 月，调整保险资产管理公司管理暂行规定

为防范资金运用风险，促进资产管理业务发展，保监会出台《关于调整保险资产管理公司管理暂行规定有关规定的通知》。

2012 年

• 2012 年 4 月，规范财险公司投资业务

保监会出台《关于进一步加强财产保险公司投资型保险业务管理的通知》，对财险公司参加范资产管理做了细化规范。

• 2012 年 7 月，规范险资投资债券业务

为规范保险资金投资债券行为，改善资产配置，维护保险当事人合法权益，保监会出台《保险资金投资债券暂行办法》。

• 2012 年 7 月，制定保险资产配置管理办法

保监会颁布《保险资产配置管理暂行办法》，对保险公司独立账户做了清晰的定义，为保险资产管理公司开展以财富增值为目的的资产管理业务奠定政策基础。

• 2012 年 7 月，规范保险资金委托投资行为

保监会制定《保险资金委托投资管理暂行办法》，规范保险资金委托投资行为，防范投资管理风险，切实保障资产安全，维护保险当事人的合法权益。

• 2012 年 7 月，规范保险资金投资股权和不动产行为

为进一步规范保险资金投资股权和不动产行为，增强投资政策的可行性和有效性，防范投资管理风险，中国保监会结合市场实际需要，调整放松了部分限制，强化了风险控制要求，发布了《关于保险资金投资股权和不动产有关问题的通知》。

• 2012 年 10 月，规范投资交易业务

为规范保险资金参与各种金融衍生品，有效防范风险，保监会制定并印发《保险资金参与股指期货交易规定》《保险资金参与金融衍生产品交易暂行办法》。

• 2012 年 10 月，柜外境外投资管理

为规范保险资金境外投资运作行为，防范投资管理风险，实现保险资产保值增值，保监会出台《保险资金境外投资管理暂行办法实施细则》对保险公司投资海外的具体事项做了规定。

• 2012 年 10 月，规范基础设施债权投资业务

为促进基础设施投资计划创新，规范管理行为，加强风险控制，维护投资者合法权益，中国保监会制定并印发了《基础设施债权投资计划管理暂行规定》。

• 2012 年 10 月，规范投资有关金融产品

为进一步优化保险资产配置结构，促进保险业务创新发展，规范保险资金投资理财产品等类证券化金融产品，保监会出台《关于保险资金投资有关金融产品的通知》。

• 2012 年 12 月，制定公募证券投资基金管理办法

保监会出台《资产管理机构开展公募证券投资基金管理业务暂行规定（征集意见稿）》，拟允许符合条件的证券公司、保险资产管理公司、私募证券基金管理机构三类机构直接开展公募基金管理业务。

2013 年

• 2013 年 1 月，规范投资创业板上市公司股票业务

保监会出台《关于保险资金投资创业板上市公司股票等有关问题的通知》，允许保险资金投资创业板上市公司股票。

• 2013 年 1 月，启动历史存量保单投资蓝筹股政策

经国务院同意，保监会将启动历史存量保单投资蓝筹股政策，允许符合条件的部分持有历史存量保单的保险公司申请试点。

• 2013 年 2 月，规范债权投资计划

为推动债权投资计划业务创新发展，提高监管效率和透明程度，债权投资计划发行将由备案制调整为注册制，保监会出台《关于债权投资计划注册有关事项的通知》。

- 2013 年 2 月，规范资产管理产品业务试点

为支持保险资产管理公司开展资产管理产品（以下简称“产品”）业务试点，保护产品持有人权益，防范和控制风险，保监会出台《关于保险资产管理公司开展资产管理产品业务试点有关问题的通知》。

- 2013 年 6 月，制定设立基金管理公司办法

证监会和保监会联合发布《保险机构投资设立基金管理公司试点办法》，申请投资设立基金管理公司的保险机构，包括保险公司、保险集团（控股）公司、保险资产管理公司和其他保险机构。

- 2013 年 7 月，规范跨境人民币结算再保险业务

2012 年以来，国际金融环境发生深刻变化，我国逐步调整对跨境人民币结算的相关政策，《关于跨境人民币结算再保险业务有关问题的通知》（保监发〔2011〕49 号）中的部分规定已不适应跨境人民币结算再保险业务发展的要求。保监会发布《关于跨境人民币结算再保险业务有关问题的补充通知》。

- 2013 年 8 月，加强外部信用评级监管

进一步加强保险资金信用风险管理，规范外部信用评级使用行为，中国保监会发布《关于加强保险资金投资债券使用外部信用评级监管的通知》

- 2013 年 9 月，规范资金运用比例监管

保监会发布《关于加强和改进保险资金运用比例监管的通知（征集意见稿）》，对各类资产重新分大类监管，更加关注投资品的真实属性，回归风险收益的本质，增加了基础设施债权计划和不动产投资比例，由 20% 提升到 30%。

2014 年

- 2014 年 1 月，允许保险资金投资创业板上市公司股票

为促进保险业支持经济结构调整和转型升级，支持中小企业发展，优化

保险资产配置结构，保监会发布《关于保险资金投资创业板上市公司股票等有关问题的通知》，允许保险资金投资创业板上市公司股票。

• 2014 年 1 月，启动历史存量保单投资蓝筹股政策

经国务院同意，保监会将启动历史存量保单投资蓝筹股政策，允许符合条件的部分持有历史存量保单的保险公司申请试点。

• 2014 年 2 月，加强和改进保险资金运用比例监管

为进一步推进保险资金运用体制的市场化改革，加强和改进保险资金运用比例监管，中国保监会出台《中国保监会关于加强和改进保险资金运用比例监管的通知》，系统梳理了现有的比例监管政策，并在整合和资产分类的基础上，形成了多层次比例监管框架。

• 2014 年 3 月，规范保险资金银行存款业务

为加强保险资金银行存款业务监管，防范资金运用风险，中国保监会出台《关于规范保险资金银行存款业务的通知》。

• 2014 年 4 月，授权北京等保监局开展保险资金运用监管试点

为防范保险资金运用风险，推进保险资金运用属地监管工作，优化配置监管资源，提升监管工作效率，保监会颁布《关于授权北京等保监局开展保险资金运用监管试点工作的通知》。

• 2014 年 5 月，规范资金运用关联交易信息披露

中国保监会制定《保险公司资金运用信息披露准则第 1 号：关联交易》，规范保险公司资金运用关联交易的信息披露行为，防范投资风险。

• 2014 年 5 月，制订集合资金信托计划有关事项

保监会出台《关于保险资金投资集合资金信托计划有关事项的通知》，加强保险机构投资集合资金信托计划业务管理，规范投资行为，防范资金运用风险。

• 2014 年 6 月，规范内控与合规计分监管

为提高保险资金运用合规与内控监管的有效性，推进量化监管和分类监管，防范投资风险，中国保监会印发《保险资金运用内控与合规计分监管规

则》的通知。

• 2014 年 8 月，新“国十条”出台

《国务院关于加快发展现代保险服务业的若干意见》（国发〔2014〕29 号，简称新“国十条”）出台，明确了保险业未来发展的总体要求、重点任务和政策措施，提出到 2020 年，基本建成保障全面、功能完善、安全稳健、诚信规范，具有较强服务能力、创新能力和国际竞争力，与我国经济社会发展需求相适应的现代保险服务业，努力由保险大国向保险强国转变。同时，提出了 9 方面 29 条政策措施。

• 2014 年 10 月，规范投资细则

中国保监会发布《关于保险资金投资优先股有关事项的通知》，允许保险资金可以直接投资优先股，并规范投资细则。

• 2014 年 10 月，制定保险资产风险五级分类

为完善保险资金投后管理，科学审慎评估资产风险，提高保险资产质量，中国保监会发布关于试行《保险资产风险五级分类指引的通知》。

• 2014 年 10 月，规范非保险子公司管理

保监会提出《保险公司所属非保险子公司管理暂行办法》，对保险公司所属非保险子公司的风险进行全面监测，切实防范风险传递，保护保险消费者利益，促进保险业健康发展。

• 2014 年 10 月，保监会与银监会联合规范托管业务

为加强保险资产托管业务管理，规范保险资产托管行为，维护保险资产安全，中国保监会与中国银监会联合发布《关于规范保险资产托管业务的通知》。

• 2014 年 12 月，规范保险资金运用属地监管试点

中国保监会办公厅发布《关于保险资金运用属地监管试点工作有关事项的通知》，授权北京、上海、江苏、湖北、广东、深圳保监局代行部分保险资金运用监管职权。

• 2014 年 12 月，规范保险资金投资创业投资基金业务

保监会发布《关于保险资金投资创业投资基金有关事项的通知》，允许保险资金投资创业投资基金行为，支持创业企业和小微企业健康发展，防范投资风险。

• 2014 年 12 月，制定《保险集团并表监管指引》

中国保监会关于印发《保险集团并表监管指引的通知》，该《通知》以控制为基础，兼顾风险相关性，确定并表监管范围。同时，明确了包括集团结构、公司治理、风险管理、内部交易、偿付能力、资产负债管理、流动性风险 7 个方面的并表监管内容。

2015 年

• 2015 年 1 月，“偿二代”政策出台

为完善我国保险监管体系，改进和加强偿付能力监管，深化保险业市场化改革，转变行业增长方式，更好地保护保险消费者权益，保监会于 2012 年启动了“中国风险导向偿付能力体系”（以下称“偿二代”）建设工作，2015 年 1 月，保监会将研制完成的“偿二代”全部主干技术标准共 17 项监管规则（见附件）予以发布。

• 2015 年 2 月，规范保险资产管理产品风险责任人有关事项

为加强保险资产管理产品风险管理，落实保险资产管理产品业务风险责任，中国保监会发布《关于保险资产管理产品风险责任人有关事项的通知》。

• 2015 年 3 月，调整境外投资业务

保监会发布《关于调整保险资金境外投资有关政策的通知》，进一步拓宽了海外投资范围，扩大了境外债券投资范围，开放了香港创业板股票投资领域。

• 2015 年 4 月，规范关联交易有关问题

为进一步规范保险公司关联交易行为，有效防范经营风险，保护保险消费者合法权益，中国保监会出台《关于进一步规范保险公司关联交易有关问题的通知》。

• 2015 年 4 月，制定信息披露准则

保监会印发《保险公司资金运用信息披露准则第 2 号：风险责任人的通知》，规定了风险责任人的信息披露细则、保险公司风险责任人的信息披露行为，防范投资风险。

• 2015 年 7 月，规范融资融券债权收益权业务

为维护资本市场健康稳定发展，防止股市非理性下跌，切实维护投资者和投保人合法权益，保监会发布《关于保险资产管理产品参与融资融券债权收益权业务有关问题的通知》，保险资产管理公司通过发行保险资产管理产品募集资金，与证券公司开展融资融券债权收益权转让及回购业务，可以协商合理确定还款期限，不得单方强制要求证券公司提前还款。

• 2015 年 7 月，规范蓝筹股票监管比例有关事项

为优化保险资产配置结构，促进资本市场长期稳定健康发展，保监会出台《关于提高保险资金投资蓝筹股票监管比例有关事项的通知》。

• 2015 年 7 月，制定互联网保险业务监管办法

保监会印发《互联网保险业务监管暂行办法的通知》，放开互联网保险业务经营区域的限制，鼓励保险机构通过互联网创新产品，提升保险行业的服务质量。同时，针对目前互联网保险业务存在的诸多问题，如信息披露不充分、产品不规范等，《办法》给出了具体的方案。

• 2015 年 8 月，规范个人所得税优惠型保险业务

为贯彻落实财政部、国家税务总局、保监会《关于开展商业健康保险个人所得税政策试点工作的通知》（财税〔2015〕56 号）精神，促进个人税收优惠型健康保险业务健康发展，保护被保险人的合法权益，保监会研究制定了《个人税收优惠型健康保险业务管理暂行办法》。

• 2015 年 9 月，规范保险私募基金业务

为进一步发挥保险资金长期投资的独特优势，支持实体经济发展，防范相关风险，保监会就规范设立保险私募基金有关事项做出通知即《关于设立保险私募基金有关事项的通知》。

• 2015 年 9 月，规范资产支持计划业务

中国保监会根据基础资产风险状况和监督需要对基础资产的范围实施动态负面清单管理，印发《资产支持计划业务管理暂行办法的通知》。

• 2015 年 10 月，修改非保险金融产品销售规则

保监会发布《关于修改中国保监会关于严格规范非保险金融产品销售的通知》，进一步强调保险从业人员不得销售非保险金融产品，同时，对于销售人员的资质提出了更高的要求，有助于优化保险销售人员的整体素质，防止因销售误导或不当出现的风险交叉传递。

• 2015 年 12 月，出台保险资金运用内部控制指引

为防范新形势下保险公司资产负债错配风险和流动性风险，加强对保险公司资产配置行为的监管，保监会印发《保险资金运用内部控制指引及应用指引的通知》。

• 2015 年 12 月，完善保险资金运用信息披露准则

针对 2015 年保险公司频繁举牌上市公司的激进行为，保监会要求保险公司举牌上市公司股票的信息披露行为更为规范，防范投资风险，就此保监会印发《保险公司资金运用信息披露准则第 3 号：举牌上市公司股票的通知》。

• 2015 年 12 月，规范中国保险保障基金有限责任公司业务监管办法

为进一步完善保险保障基金管理机制，保护投保人利益，防范风险，维护保险市场平稳健康发展，保监会对《中国保险保障基金有限责任公司业务监管暂行办法》进行了修订，并印发《中国保险保障基金有限责任公司业务监管办法》（以下简称《办法》）。

• 2015 年 12 月，规范保险业防范和处置非法集资工作

为严厉打击涉及保险领域的非法集资活动，切实防范和化解保险业非法集资风险，进一步完善健全行业非法集资风险防控体系和工作机制，明确保险业防范和处置非法集资工作的责任和工作要求，中国保监会印发《关于进一步做好保险业防范和处置非法集资工作的通知》。

2016 年

• 2016 年 5 月，完善保险资金运用信息披露准则

为规范保险公司大额未上市股权和大额不动产投资的信息披露行为，防范投资风险，中国保监会印发《保险公司资金运用信息披露准则第 4 号：大额未上市股权和大额不动产投资》。

• 2016 年 5 月，加强保险公司管理交易信息披露

为提高保险资金投资运作透明度，中国保监会出台《关于进一步加强保险公司管理交易信息披露工作有关问题的通知》。

• 2016 年 6 月，规范组合类保险资产管理产品业务监管

为加强保险资产管理产品业务监管，规范市场行为，强化风险管控，将对组合类保险资产管理产品业务进行规范，中国保监会出台《关于加强组合类保险资产管理产品业务监管的通知》。

• 2016 年 6 月，规范保险资金间接投资基础设施

保险机构对 PPP 项目投资态度仍然较为谨慎，印发《保险资金间接投资基础设施项目管理办法》对于保险机构投资 PPP 项目具有一定的促进作用。

• 2016 年 6 月，规范保险资管公司通道类业务

为对通道类业务进行限制，防范监管套利，中国保监会印发《中国保监会关于清理规范保险资产管理公司通道类业务有关事项的通知》。

• 2016 年 7 月，规范保险公司股权管理

保监会对保险公司单一股东持股比例已进行多次调整，目前多数险企的单一股东都面临超标持股的风险，中国保监会特印发《保险公司股权管理办法》。

2. 保险资产管理公司一览表

公司名称	设立时间	注册地	股东情况	注册资本	管理资产规模	产品和服务内容
中国人保资产管理股份有限公司	2003年	上海	股东为中国人民保险集团股份有限公司和慕尼黑再保险资产管理公司	8亿元	超过8200亿元	公司具备保监会核准的股票投资能力、无担保债券投资能力、股权投资能力、基础设施投资计划产品创新能力、不动产投资计划产品创新能力、衍生品运用能力（股指期货）和信托产品投资能力，具有人社部批准的企业年金投资管理人资格和国家外管局批准的经营外汇业务资格，获准发行投资理财产品和受托管理合格投资者资金
中国人寿资产管理有限公司	2003年	北京	由中国人寿保险（集团）和中国人寿保险股份有限公司共同出资设立	30亿元	超过21000亿元	业务涵盖固定收益类投资、权益类投资、项目投资及国际业务
华泰资产管理有限公司	2005年	上海	由华泰保险集团股份有限公司发起设立	1亿元	超过1500亿元	经营范围包括管理运用自有资金及保险资金、受托资金管理业务、与资金管理业务相关的咨询业务以及国家法律法规允许的其他资产管理业务
平安资产管理有限责任公司	2005年	上海	由中国平安保险（集团）股份有限公司发起设立	5亿元	19700亿元	涵盖资本市场及非资本市场等投资领域，具有长期成功大额资产投资管理经验，及跨市场资产配置和全品种投资能力

续表

公司名称	设立时间	注册地	股东情况	注册资本	管理资产规模	产品和服务内容
中再资产管理股份有限公司	2005 年	北京	中国再保险（集团）股份有限公司、中国大地财产保险股份有限公司、中国人寿再保险股份有限公司、中国财产再保险股份有限公司、瑞士再保资产管理（亚洲）有限公司、福禧投资控股有限公司 6 家股东联合发起成立	5 亿元	超过 130 亿元	拥有包括受托管理保险资金业务资格、信用风险管理能力资格、基础设施债券投资计划受托投资能力资格、基础设施债券投资计划产品创新能力资格、不动产投资计划产品创新能力资格、股权投资业务能力资格及不动产投资资格在内的全部保监会同意开展的资金运用业务能力资格
泰康资产管理有限责任公司	2006 年	北京	股东为泰康人寿保险股份有限公司和中诚信托有限责任公司	10 亿元	超过 8300 亿元	投资范围涵盖固定收益投资、权益投资、境外投资、基础设施及不动产投资、股权投资、金融产品投资等，所提供的服务和产品包括保险资金投资管理、另类项目投资管理、企业年金投资管理、金融同业业务、财富管理服务、资产管理产品、养老金产品、境外理财产品、QDII（合格境内机构投资者）专户、公募基金产品等
太平洋资产管理有限责任公司	2006 年	上海	股东为中国太平洋保险（集团）股份有限公司、中国太平洋人寿保险股份有限公司、中国太平洋财产保险股份有限公司	5 亿元	—	公司具备中国保监会要求的股票投资能力、无担保债券投资能力、股权投资能力、不动产投资能力、基础设施投资计划产品创新能力、不动产投资计划产品创新能力和衍生品运用等多项能力

续表

公司名称	设立时间	注册地	股东情况	注册资本	管理资产规模	产品和服务内容
太平资产管理有限公司	2006年	上海	由中国太平保险集团公司发起设立	1亿元	超过3000亿元	具有丰富的海内外保险经营和资产管理经验
新华资产管理股份有限公司	2006年	北京	控股股东为新华人寿保险股份有限公司	5亿元	约5000亿元	公司日益成为国内外股票市场、基金市场、债券市场等资本市场上重要的大型机构投资者之一
安邦资产管理有限责任公司	2011年	北京	由安邦保险集团股份有限公司发起成立	6亿元	—	以受托管理保险资金为主要业务，投资范围涵盖固定收益类资产、权益类资产、流动性资产、不动产类资产、其他金融产品类资产等，同时提供的服务和产品包括受托保险资金投资管理，定向或集合保险资产管理产品，以及基础设施债权投资计划、不动产投资计划、项目资产支持计划等创新金融产品等
生命保险资产管理有限公司	2011年	深圳	股东为富德保险控股股份有限公司、富德生命人寿保险股份有限公司和深圳市富德金融投资控股有限公司	1亿元	近千亿元	已获得信用风险管理能力、股票投资能力、不动产投资计划产品创新能力、基础设施债权计划产品创新能力、股指期货运用能力等5项能力，并与公司股东共享股权、不动产投资能力及团队，投资范围涵盖了固定收益投资、权益投资、基础设施不动产投资、股权投资等，所提供的产品和服务包括保险及非保险资金受托管理、另类项目投资管理、资产管理产品、基础设施债权投资计划、不动产投资计划、投资顾问等

续表

公司名称	设立时间	注册地	股东情况	注册资本	管理资产规模	产品和服务内容
光大永明资产管理股份有限公司	2012 年	北京	由中国光大集团股份公司和光大永明人寿保险有限公司共同发起设立	5 亿元	超过 4300 亿元	公司获得了中国保监会信用风险管理能力、债权投资计划产品创新能力和股票直接投资能力备案，拥有广大的业务空间和强大的业务创新能力；具有全国银行间债券市场交易资格，并在中央国债登记结算有限责任公司和上海清算所股份有限公司申请了 DVP（券款对付）服务
合众资产管理股份有限公司	2012 年	北京	由合众人寿保险股份有限公司和中发实业（集团）有限公司共同发起设立	1 亿元	—	—
民生通惠资产管理有限公司	2012 年	上海	由民生人寿保险股份有限公司出资设立	1 亿元	约 700 亿元	公司具有基础设施投资计划、不动产投资计划、项目资产支持计划及资产管理产品的设立发行资格
阳光资产管理股份有限公司	2012 年	深圳	主要股东有阳光保险集团股份有限公司、阳光人寿保险股份有限公司、阳光财产保险股份有限公司等	1 亿元	5898.13 亿元	主要业务包括管理运用自有资金、保险资金、受托资产管理以及与资金管理相关的咨询业务，其业务领域涵盖权益投资、固定收益投资、股权投资、金融产品投资、境外投资、基础设施及不动产投资等多个方面
中英益利资产管理股份有限公司	2013 年	北京	由中英人寿、信泰人寿、华润信托和凯石投资共同出资组建	1 亿元	—	受托管理委托人委托的人民币、外币资金；管理运用自有人民币、外币资金；开展保险资产管理产品业务等

续表

公司名称	设立时间	注册地	股东情况	注册资本	管理资产规模	产品和服务内容
中意资产管理有限责任公司	2013年	北京	由中意人寿保险有限公司、中意财产保险有限公司、昆仑信托有限责任公司三方共同出资设立	2亿元	超过740亿元	受托管理委托人委托的人民币、外币资金；管理运用自有人民币、外币资金；开展保险资产管理产品业务等
华安财保资产管理有限责任公司	2013年	天津	由华安财产保险股份有限公司和特华投资控股有限公司共同筹建	2亿元	—	受托管理委托人委托的人民币、外币资金；管理运用自有人民币、外币资金；开展保险资产管理产品业务等
长城财富资产管理股份有限公司	2015年	深圳	股东为长城人寿保险股份有限公司、北京金融街投资（集团）有限公司、工布江达长润投资管理有限公司和中建二局第三建筑工程有限公司	1亿元	—	受托管理委托人委托的人民币、外币资金；管理运用自有人民币、外币资金；开展保险资产管理产品业务等
英大保险资产管理有限公司	2015年	北京	由国家电网公司资产管理有限公司等31家国有大型骨干企业发起成立	12亿元	—	受托管理委托人委托的人民币、外币资金；管理运用自有人民币、外币资金；开展保险资产管理产品业务等
华夏久盈资产管理有限责任公司	2015年	北京	由华夏人寿保险股份有限公司和北京世纪力宏计算机软件科技有限公司共同发起设立	1亿元	2000亿元	受托管理委托人委托的人民币、外币资金；管理运用自有人民币、外币资金；开展保险资产管理产品业务等
建信保险资产管理有限公司	2016年	深圳	由建信人寿保险有限公司和建银国际（中国）有限公司共同发起设立	1亿元	—	—

续表

公司名称	设立时间	注册地	股东情况	注册资本	管理资产规模	产品和服务内容
百年资产管理有限责任公司（筹）	—	大连	由百年人寿保险股份有限公司、大连一方地产有限公司和江西恒茂房地产开发有限公司 3 家企业共同出资设立	1 亿元	—	—
永诚保险资产管理有限公司（筹）	—	宁波	由永诚财产保险股份有限公司全资发起	3 亿元	—	—
中再资产管理（香港）有限公司	2015 年	香港	—	1 亿港元	—	—
中国人保香港资产管理公司	2014 年	香港	—	5000 万港元	—	—
新华资产管理（香港）有限公司	2013 年	香港	—	5000 万港元	—	—
生命资产管理（香港）有限公司	2012 年	香港	—	1 亿元港元	—	—
安邦资产管理（香港）有限公司	2011 年	香港	—	2 亿港元	—	—
中国太保资产管理（香港）有限公司	2009 年	香港	—	5000 万港元	—	—
华泰资产管理（香港）有限公司	2007 年	香港	—	1500 万港元	—	—

续表

公司名称	设立时间	注册地	股东情况	注册资本	管理资产规模	产品和服务内容
中国人寿富兰克林资产管理公司	2006年	香港	—	6000万港元	—	—
泰康资产管理（香港）公司	2007年	香港	—	1500万港元	—	—
中国平安资产管理（香港）有限公司	2006年	香港	—	—	—	—
太平资产管理（香港）有限公司	1996年	香港	—	—	—	—

注：数据截至2016年12月31日。

数据来源：保监会官网、各公司官网。

附录4　险资举牌情况

保险公司	上市公司	持股比例（%）	保险公司	上市公司	持股比例（%）
安邦保险	万科A	6.20	国华人寿	天宸股份	15.00
	金地集团	20.50		国农科技	5.00
	金融街	25.00		东湖高新	7.50
	金风科技	10.00		华鑫股份	10.00
	大商股份	10.00		有研新材	5.00
	欧亚集团	10.00		新世界	10.00
	民生银行	15.60		鸿达兴业	5.40
	招商银行	10.70		天海投资	14.50
	同仁堂	10.00		长江证券	5.00
前海人寿	万科A	6.70	阳光保险	承德露露	5.00
	南玻A	21.80		中青旅	5.00
	南宁百货	14.70		凤竹纺织	5.00
	中炬高新	24.90		京投发展	5.00
	韶能股份	15.00	华夏人寿	同洲电子	10.00
	合肥百货	6.70	君康人寿	东华科技	9.20
	明星电力	5.00		三特索道	5.10
富德生命人寿	浦发银行	20.00		中视传媒	5.70
	金地集团	29.90	中融人寿	天孚通信	5.00
	农产品	30.00		鹏辉能源	5.00
				真视通	5.00

数据来源：Wind资讯。数据截至2016年12月31日。

附录5　近两年保险公司的股权变动情况①

保险公司	转让方及原持股比例	受让方及原持股比例	转让后持股比例	变更时间
弘康人寿	南通燃料：12%	句容国盛建材：0	南通燃料：7.7% 句容国盛建材：4.3%	2017年1月
安信农业	上海富利农投资：11.03%	上海农业发展：0	上海富利农投资：0 上海农业发展：11.03%	2017年6月
中银三星	增资扩股	中银保险 韩国三星生命保险	中银保险：51% 韩国三星生命保险：25% 中国航空集团：24%	2015年8月
	中银保险：51%	中银投资资产管理：0	中银保险：0 中银投资资产管理：51%	2017年6月
信达财险	中国信达资产管理：51%	深圳市投资控股：0	中国信达资产管理：10% 深圳市投资控股：41%	2016年12月
	台州万邦置业：2.5%	中国铁建投资集团：4.2%	台州万邦置业：0 中国铁建投资集团：6.7%	2017年3月
泰山财险	中国重型汽车集团	山东高速集团	中国重型汽车集团：0 山东高速集团：39.4%	2016年3月
	济钢集团：7.4% 莱芜钢铁集团：7.4%	山东融鑫投资：0	济钢集团：0 莱芜钢铁集团：0 山东融鑫投资：14.8%	2017年4月
中意财险	中国石油天然气集团：51%	中国石油集团资本：0	中国石油天然气集团：0 中国石油集团资本：51%	2016年9月
中意人寿	中国石油天然气集团：50%	中国石油集团资本：0	中国石油天然气集团：0 中国石油集团资本：50%	2016年9月

① 资料来源于微信公众号：慧保天下。

续表

保险公司	转让方及原持股比例	受让方及原持股比例	转让后持股比例	变更时间
中国石油专属	中国石油天然气集团：51%	中国石油集团资本：0	中国石油天然气集团：0 中国石油集团资本：51%	2016年9月
安心财险	中诚信投资：14%	北京群胜科技：0	中诚信投资：0 北京群胜科技：14%	2016年
	辽宁银珠化纺集团：14%	玺萌融投资控股：0 北京辉昭新科投资：0 北京嘉祥祥和投资：0 北京金燕飞胜影视传媒：0 北京启盛融业投资：0	辽宁银珠化纺集团：0 玺萌融投资控股：4% 北京辉昭新科投资：4% 北京嘉祥祥和投资：4% 北京金燕飞胜影视传媒：1% 北京启盛融业投资：1%	2016年
利安人寿	江苏凤凰出版传媒	雨润控股集团 远东控股集团 红豆集团	江苏凤凰出版传媒：3.1% 雨润控股集团：28.2% 远东控股集团：13% 红豆集团：9.3%	2015年8月
	江苏汇鸿国际	江苏苏汇资产管理	江苏汇鸿国际：1.7% 江苏苏汇资产管理：8.7%	2015年8月
	江苏汇鸿国际：1.7%	江苏汇鸿国际集团：0	江苏汇鸿国际：0 江苏汇鸿国际集团：1.7%	2015年12月
	红豆集团：6.7% 远东控股：9.3%	深圳市柏霖资产管理：5.5%	红豆集团：2% 远东控股：1.2% 深圳市柏霖资产管理：18.4%	2016年8月
	南京紫金投资集团：9.65%	江苏苏汇资产管理：5.3%	南京紫金投资集团：5% 江苏苏汇资产管理：9.9%	2016年12月
	凤凰出版传媒：3.4%	江苏苏汇资产管理：5.3%	凤凰出版传媒：0 江苏苏汇资产管理：8.7%	2017年3月
大地财险	大唐国际发电：2.03%	宁波开发投资集团：4.43%	大唐国际发电：0 宁波开发投资集团：6.46%	2017年2月
长城人寿	大新人寿保险	北京华融综合投资 厦门华信元喜投资	大新人寿保险：0 北京华融综合投资：19% 厦门华信元喜投资：10.5%	2016年3月
	北京金宸星合资产管理：6.04%	中民投资本管理：0	北京金宸星合资产管理：0 中民投资本管理：6.04%	2016年11月
	三捷投资集团：4.18%	中民投资本管理：6.04%	三捷投资集团：1.19% 中民投资本管理：9.03%	2017年1月

续表

保险公司	转让方及原持股比例	受让方及原持股比例	转让后持股比例	变更时间
中融人寿	启迪控股	清华控股有限公司	启迪控股：0 清华控股有限公司：20%	2015年
	报喜鸟集团 芜湖隆威工贸 神力集团	深圳市力元资产管理 宁波杉辰实业 中润合创投资	报喜鸟集团：0.8% 芜湖隆威工贸：0 神力集团：2.4% 深圳市力元资产管理：7.6% 宁波杉辰实业：10% 中润合创投资15.6%	2016年
	报喜鸟集团：0.8% 神力集团：2.4% 丹棱申宇木业：3.2%	深圳市力元资产管理：7.6%	报喜鸟集团：0 神力集团：0 丹棱申宇木业：0 深圳市力元资产管理：14%	2016年9月
	清华控股：7.69%	贵阳金融控股：19%	清华控股：0 贵阳金融控股：26.69%	2017年1月
华安财险	广州市泽达棉麻纺织品：14.8%	渤海金控投资：0	广州市泽达棉麻纺织品：0 渤海金控投资：14.8%	2016年12月
星光海航	新光人寿：50%	深圳市柏霖资产管理：0 深圳市国展投资：0	新光人寿：25% 深圳市柏霖资产管理：51% 深圳市国展投资：10% 深圳市光汇石油集团：14%	2016年
	海航集团：50%	深圳市柏霖资产管理：0 深圳市光汇石油集团：0		
恒邦财险	南昌施必得：2.56% 江西翔麟矿业：2.24%	中植企业集团：12%	南昌施必得：0 江西翔麟矿业：0 中植企业集团：16.8%	2016年
信泰人寿	浙江建艺装饰 湖州万国汽车维修 杭州供销五交化 杭州商宇房地产开发	浙江华升物流	浙江建艺装饰：2.7% 湖州万国汽车维修：0 杭州供销五交化：0 杭州商宇房地产开发：0 浙江华升物流：10.3%	2015年11月
	巨化控股	利时集团	巨化控股：0 利时集团：10.5%	2016年7月
	三井住友海上火灾保险	北京九盛资产管理	三井住友海上火灾保险：0 北京九盛资产管理：19.8%	2016年10月

续表

保险公司	转让方及原持股比例	受让方及原持股比例	转让后持股比例	变更时间
中华联合保险控股	中国保险保障基金	辽宁成大中国中车富邦人寿	中国保险保障基金：5.6% 辽宁成大：19.6% 中国中车：13% 富邦人寿：6.5%	2016年2月
中华联合	中华联合保险控股新疆生产建设兵团	中融新大集团	中融新大集团：7.79%	2016年10月
农银人寿	上海安尚实业 中国西格玛	西藏山南世纪金源投资	上海安尚实业：0 中国西格玛：0 西藏山南世纪金源投资：10%	2016年3月
	中国新纪元	西藏山南世纪金源投资	西藏山南世纪金源投资管：9.8%	2016年9月
	重庆国际信托	大连汇盛投资有限公司	大连汇盛投资有限公司：12.15%	
燕赵财险	开深集团：19.75%	华夏幸福基业：0	开深集团：0 华夏幸福基业：19.75%	2016年6月
永诚财险	中国大唐集团：7.6%	中国大唐集团资本：0	中国大唐集团：0 中国大唐集团资本：7.6%	2016年9月
利宝保险	利宝互助保险：100%	三胞集团：0	利宝互助保险：49% 三胞集团：51%	2016年8月
华海财险	莱州诚源盐化：11.11%	烟台诚泰投资：0	莱州诚源盐化：0 烟台诚泰投资：11.11%	2016年7月
中韩人寿	浙江省国际贸易集团：50%	浙江东方集团：0	浙江省国际贸易集团：0 浙江东方集团：50%	2016年3月
国联人寿	江苏开源钢管：5%	无锡万迪动力集团：0	江苏开源钢管：2.5% 无锡万迪动力集团：2.5%	2016年
昆仑健康	西藏恒实投资：17.98% 福建清科投资：12.98%	深圳市宏昌宇：0 深圳市正远大科技：0 深圳市泰腾材料：0	西藏恒实投资：0 福建清科投资：0 深圳市宏昌宇：10.3% 深圳市正远大科技：7.68% 深圳市泰腾材料：7.44% 深圳市正达莱实业：5.54%	2016年
中法人寿		广西长久汽车投资：0 宁德时代新能源科技：0 西藏先仁投资：0	广西长久汽车投资：19.9% 宁德时代新能源科技：19.9% 西藏先仁投资：8.57%	2017年4月

续表

<table>
<tr><th>保险公司</th><th>转让方及原持股比例</th><th>受让方及原持股比例</th><th>转让后持股比例</th><th>变更时间</th></tr>
<tr><td>华夏人寿</td><td>天津高速公路集团</td><td>北京中胜世纪科技</td><td>天津高速公路集团：0
北京中胜世纪科技：13.41%</td><td>2015 年 8 月</td></tr>
<tr><td rowspan="3">国华人寿</td><td>新理益集团</td><td>上海博永伦科技
海南凯益实业</td><td>新理益集团：0
上海博永伦科技：17.73%
海南凯益实业：19.19%</td><td rowspan="2">2014 年 12 月</td></tr>
<tr><td>上海汉晟信投资</td><td>天茂实业集团</td><td>上海汉晟信投资：15.93%
天茂实业集团：7.14%</td></tr>
<tr><td>上海日兴康生物
上海合邦投资
上海汉晟信投资</td><td>天茂实业集团</td><td>上海日兴康生物：0
上海合邦投资：0
上海汉晟信投资：12%
天茂实业集团：51%</td><td>2016 年 3 月</td></tr>
<tr><td>幸福人寿</td><td>中国中旅</td><td>深圳市拓天投资</td><td>中国中旅：0
深圳市拓天投资 10.3%</td><td>2014 年 12 月</td></tr>
<tr><td>百年人寿</td><td>国电电力发展
辽宁时代万恒</td><td>大连万达集团</td><td>国电电力发展：0
辽宁时代万恒：0
大连万达集团：6.67%</td><td>2014 年 6 月
2015 年 2 月</td></tr>
<tr><td>东吴人寿</td><td>苏州创元投资发展</td><td>东吴证券股份</td><td>东吴证券股份有限公司 7.7%</td><td>2016 年 12 月</td></tr>
<tr><td rowspan="3">渤海人寿</td><td>增资扩股</td><td>渤海租赁：0
天津天保控股：0
宁波君安物产：0
江苏凌云置业：0
北京莱福资本：0</td><td>渤海租赁：20%
天津天保控股：18.97%
宁波君安物产：11.33%
江苏凌云置业：11.14%
北京莱福资本：5.22%</td><td>2015 年 11 月</td></tr>
<tr><td></td><td>安信信托：0
山东如意科技：0</td><td>安信信托：3.85%
山东如意科技：0.62%</td><td>2016 年 11 月</td></tr>
<tr><td>上海元序石化电力
硅谷天堂资产管理
北京中化兴源投资</td><td>宁波君安物产</td><td>上海元序石化电力：0
硅谷天堂资产管理：0
北京中化兴源投资：0
宁波君安物产：16.85%</td><td>2016 年 3 月</td></tr>
<tr><td rowspan="2">华泰保险</td><td>华润股份
华润集团</td><td rowspan="2">内蒙古君正</td><td>华润股份：0
华润集团：0
内蒙古君正：9.1%</td><td rowspan="2">2015 年 6 月</td></tr>
<tr><td>中海石油投资
宝钢集团
宝钢集团八一钢铁
宝钢集团上海五钢</td><td>中海石油投资控股：0
宝钢集团：0
宝钢集团八一钢铁：0
宝钢集团上海五钢：0
内蒙古君正：6.18%</td></tr>
</table>

续表

保险公司	转让方及原持股比例	受让方及原持股比例	转让后持股比例	变更时间
正德人寿	美好控股集团	上海华服投资	美好控股集团：8.8% 上海华服投资：19.7%	2015 年 7 月
君康人寿	浙江波威控股：6.3158%	湖北中经中小企业投资：0	湖北中经中小企业投资：6.3158% 浙江波威控股：20%	2015 年 10 月
	福州天策实业 5.26315%	芜湖隆威工贸：0	芜湖隆威工贸：5.26315% 福州天策实业：0	2015 年 12 月
	伟杰投资 20000 万股	芜湖隆威工贸：5.26315%	芜湖隆威工贸：6.72%	2016 年 8 月
	上海华服投资：7.84%	宁波福烨贸易	宁波福烨贸易：7.84% 上海华服投资：4.16%	2016 年 12 月
	上海华服投资：4.16%	芜湖隆威工贸：6.72%	芜湖隆威工贸：10.88% 上海华服投资	2016 年 12 月
	浙江波威控股：12.18%	宁波福烨贸易：7.84%	宁波福烨贸易：20% 浙江波威控股：0	2016 年 12 月
恒大人寿	重庆地产集团：25% 重庆城建：25%	恒大集团：0	恒大集团 50% 重庆地产集团：0 重庆城建：0	2015 年 11 月
天安财险	增资入股	内蒙古西水股份	内蒙古西水股份：50.87%	2016 年 1 月
	上海浦高工程：0.11%	深圳市德景新投资：11.7%	深圳市德景新投资：11.81% 上海浦高工程：0.056%	2016 年 7 月
亚太财险	海口美兰国际机场：20% 海航资本：20% 上海恒嘉美联发展：20% 宁波君安物产：20% 陕西东岭工贸集团：15% 金达融资担保：5%	新华联控股：0 武汉中央商务区建设投资：0 亿利资源集团：0 重庆三峡果业：0	武汉中央商务区建设投资：51% 新华联控股：20% 亿利资源集团：15% 重庆三峡果业：14% 海口美兰国际机场：0 海航资本：0 上海恒嘉美联发展：0 宁波君安物产：0 陕西东岭工贸集团：0 金达融资担保：0	2015 年 11 月
安华农险	青岛正和投资	中科恒源科技	青岛正和投资：1.1% 中料恒源科技：9.1%	2015 年 12 月

续表

保险公司	转让方及原持股比例	受让方及原持股比例	转让后持股比例	变更时间
安华农险	吉林名门电力	陕西佳乐紫光科贸	吉林名门电力：0 陕西佳乐紫光科贸：5.4%	2016 年 4 月
	沈阳中一集团：6.809%	联想控股：0	联想控股：6.809% 沈阳中一集团：0	2016 年 6 月
渤海财险	津联集团：6.77%	天津渤海国有资管：6.77%	天津渤海国有资管：13.54% 津联集团：0	2016 年 8 月
华农财险	中厦建设集团：14.1%	西部同泰建筑环艺	西部同泰建筑环艺：14.1% 中厦建设集团：0	2015 年 10 月
	北京华牧家禽育种中心 中国渔业互保协会	中国牧工商集团	北京华牧家禽育种中心：0 中国渔业互保协会：1.1% 中国牧工商集团：9.4%	2016 年 9 月
安诚保险	重庆旅游投资集团	重庆市城市建设投资	重庆旅游投资集团：0 重庆市城市建设投资：24%	2015 年 8 月
	上海三毛：1.23%	重庆渝富资产：17.54%	重庆渝富资产：18.77%	2016 年 7 月
中煤财险	山西省煤炭工业社保：16.67%	山西金融投资控股集团：0	山西金融投资控股集团：16.67% 山西省煤炭工业社保	2016 年 3 月
浙商财险	嘉凯城：5.5%	浙江省商业集团：20%	浙江省商业集团：5.5% 嘉凯城：0	2015 年 1 月
	德邦控股集团：3%	雅戈尔：18%	雅戈尔：21% 德邦控股集团：0	2015 年 11 月
锦泰财险	新湖中宝：18.18%	成都文化旅游发展集团：0 成都城乡商贸物流发展投资：0	成都文化旅游发展集团：9.09% 成都城乡商贸物流发展投资：9.09% 新湖中宝：0	2015 年 2 月
	国家开发投资公司	国投资本控股有限公司	国家开发投资公司：0 国投资本控股有限公司：20%	2015 年 6 月
美亚保险	AJUI 持股：100%	AHAC 持股：0	AHAC 持股：100%	2015 年 3 月
安达保险	美国联邦保险公司独资子公司	安达保险：0	安达保险：70%	2015 年 7 月

续表

保险公司	转让方及原持股比例	受让方及原持股比例	转让后持股比例	变更时间
国泰财险	国泰世纪产物保险：50% 国泰人寿：50%	蚂蚁金服：0	蚂蚁金服持股占比：51% 国泰世纪产物保险：24.5% 国泰人寿：24.5%	2016年7月
阳光资管	北京瀚隆天诚投资：20%	金利富通（北京）国际贸易：0	北京瀚隆天诚投资：5.2% 金利富通（北京）国际贸易：14.8%	2015年6月
阳光资管	北京瀚隆天诚投资：5.2%	西藏恒谊投资：0	北京瀚隆天诚投资有限公司：0 西藏恒谊投资管理有限公司：5.2%	2016年9月
光大永明	中国兵器工业集团	中兵投资管理	中国兵器工业集团：0 中兵投资管理：12.5%	2015年7月
长城人寿	增资扩股	中国长城资产管理 长城国富置业	中国长城资产管理：51% 长城国富置业：9%	2015年7月
前海人寿	深圳凯诚恒信仓库 深圳华南汽车交易 深圳健马科技	深圳市钜盛华股份	深圳凯诚恒信仓库：4.6% 深圳华南汽车交易：4.6% 深圳健马科技开发：0 深圳市钜盛华股份：51%	2015年9月
安联财险	安联保险公司	安联保险集团	安联保险集团：100%	2015年9月
富德生命人寿	东京海上日动火灾保险 东京海上（亚洲）	富德保险控股	东京海上日动火灾保险：0 东京海上（亚洲）：0 富德保险控股：10.57%	2015年12月
阳光保险集团	上海健特生命科技	山南泓泉股权投资	上海健特生命科技：2.3亿股 山南泓泉股权投资：3.7亿股	2016年3月
吉祥人寿	湖南省铁路投资集团 湖南发展投资集团	湖南财信投资控股	湖南省铁路投资集团：0 湖南发展投资集团：0 湖南财信投资控股：29%	2016年3月
中英益利资管	信泰人寿	弘康人寿	信泰人寿：0 弘康人寿：34%	2016年11月
中邮人寿		中国邮政集团 中国集邮总公司 北京中邮资产管理 邮政科学研究规划院	中国邮政集团：51% 中国集邮总公司：20% 北京中邮资产管理：14.8% 邮政科学研究规划院：14.3%	2016年7月

续表

保险公司	转让方及原持股比例	受让方及原持股比例	转让后持股比例	变更时间
众安在线	优孚控股	上海灏观投资（有限合伙） 上海谦果投资（有限合伙）	上海灏观投资（有限合伙）：2.3% 上海谦果投资（有限合伙）：2.5% 优孚控股：7.2%	2016年7月
新华人寿		上海复星高科技	上海复星高科技：5.01%	2016年12月
泰康人寿	中国外运长航集团	中国嘉德国际拍卖 河南未来投资咨询 北京九鼎房地产开发	中国外运长航集团：0 中远财务：0 中国嘉德国际拍卖：22.7% 河南未来投资咨询：6.8% 北京九鼎房地产开发：1.2%	2015年6月
	中远财务	河南未来投资咨询 北京九鼎房地产开发		
	中国交建	赣州壹锋投资（有限合伙）	中国交建：0 赣州壹锋投资（有限合伙）：3%	
	中信信托	泰康收回股份	中信信托：0	2015年7月
	中国仪器进出口集团	上海豫园旅游商城 华美现代流通发展	中国仪器进出口集团：1.11% 上海豫园旅游商城：0.6% 华美现代流通发展：2.4%	2015年9月
	中国仪器进出口集团	信诚汇房地产 弘泰汇富（有限合伙） 北京鼎兴创业投资	信诚汇房地产：0.18% 弘泰汇富（有限合伙）：0.87% 北京鼎兴创业投资：0.07% 中国仪器进出口集团：0	2015年9月
	物美控股集团	华美现代流通发展 北京康平投资担保	华美现代流通发展：3.84% 北京康平投资担保：2.85% 物美控股集团：2.13%	2015年9月
	中国嘉德国际拍卖	嘉德投资控股	嘉德投资控股：23.77%	2016年8月

后 记

本报告的写作得到学校的大力支持和帮助，在此对中央财经大学副校长李俊生教授、保险学院院长李晓林教授、中国精算研究院院长陈建成教授，以及中国精算研究院的其他领导和老师（周明研究员、周桦副教授、郑苏晋副教授、徐景峰教授、高洪忠副研究员等）表示衷心的感谢！

报告得到教育部①、中国保险报业股份有限公司②、中央财经大学保险学院/中国精算研究院等单位的课题资助，在此表示感谢！

报告的完成得益于课题组成员的团结和辛苦工作，课题组成员既有从事保险、精算教育多年的教师，也有具有丰富保险、精算实践经验的业界精英。

课题组主要成员有：

寇业富，经济学博士，副教授；保险数据文献中心主任，中国精算师协会正会员；

陈辉，经济学博士，助理研究员，众惠财产相互保险社副总经理；

张宁，理学博士，副研究员；

刘达，理学博士，精算学硕士，副教授

在大量数据的搜集、整理等工作中，有许多保险、精算专业的研究生和本科生参加了这项工作，他们为本报告的完成付出了艰辛繁杂的劳动。主要有：赵建川、常扬、刘升阳、李明子、薛新月、李冰、李纪洋、梁晨、隋宁、张璐、刘媛媛、朱敬毅、范月潇、孙晨、陈嘉莹、刘玉雪等研究生，在此对

① 本报告获得教育部人文社会科学重点研究基地重大项目“大数据背景下的风险量化与保险业发展指数体系研究”（项目批准号：16JJD790060）的资助。

② 本报告获得项目“中国保险市场发展分析（项目号批准号：022876116001）”的资助。

他们的付出表示感谢！感谢中国精算研究院办公室的欧阳和霞、薛丽娜等为本书的出版付出的劳动！

课题组在指标的设立、信息的搜集整理、模型的探索完善等方面付出了很大的努力，但是《保险蓝皮书——中国保险市场发展分析（2017）》中的不足和疏漏之处在所难免，欢迎各位读者不吝赐教，以便我们做进一步的修改和完善。

联系方式：kouyefu@ cufe. edu. cn；（010） 62288159-802

寇业富

2017 年 8 月 9 日